دستیابی به امنیت جمعی

دستیابی به امنیت جمعی

سویدا معانی یوینگ

ترجمه: روحیه فنائیان

CPGG | CENTRE FOR PEACE & GLOBAL GOVERNANCE

مرکز صلح و حکومت جهانی

Dastyabi Be AmniyateJam'i
دستیابی به امنیت جمعی
Collective Security Within Reach

By Sovaida Ma'ani Ewing

First Edition in English, 2008
George Ronald, Oxford, UK

Farsi Translation by Rouhieh Fananian

Cover Design by Reza Mostmand

Published by the Center for Peace and Global Governance,
Washington, D.C., U.S.A.
Printed in the United States.
E-mail: sovaidamaani@cpgg.org
Website: cpgg.org

فهرست مطالب

دیباچه به قلم قائم‌مقام عالی و معاون دبیر کلّ سازمان ملل،
انورال کریم چودری   *ix*

پیش‌گفتار   *xiii*

فصل اول: طرح کلّی یک نظام کارآمد امنیت جمعی   **1**

درک ناامنی جهانی: بشریت در رنج‌های نوجوانی   *1*

ابزاری برای ساختن یک نظام جدید امنیت جمعی   *3*

عناصر طرح حضرت بهاءالله برای یک نظام امنیت جمعی   *10*

فصل دوم: آنچه تا به حال ساخته‌ایم   **20**

تلاش‌های رهبران جهان در جهت اقدام جمعی   *21*

تعیین نهائی مرزها   *40*

تعیین اصولی برای ادارهٔ روابط بین‌المللی خود   *47*

تدوین تعهّدات، قوانین و توافق‌نامه‌های بین‌المللی   *56*

کنترل و کاهش تسلیحات   *57*

تعهّد به اصل امنیت جمعی   *67*

ایجاد یک نیروی بین‌المللی دائمی   *70*

ایجاد یک دادگاه کارآمد بین‌المللی   *77*

تلاش در جهت ایجاد اتحادیهٔ جهانی حکومت‌ها وتوزیع
عادلانهٔ منابع حیاتی   *84*

فصل سوم: آنچه از اینپس باید بسازیم   **99**

دیدار یک گروه مرکزی از رهبران عالم   *99*

توافق بر سر اصول مشترک و اولویت‌های حاکم بر
روابط بین‌المللی   *101*

تقویت توانائی شورای امنیت برای عمل سریع، مؤثّر،
عادلانه و قاطع   *109*

تقویت برنامه‌های عدم گسترش و کنترل تسلیحات
و شتاب‌بخشیدن به کاهش تسلیحات | 158
بازبینی و تثبیت مرزهای دائمی | 175
بازبینی دادگاه جهانی | 179
تدوین قانون امنیت جهانی | 185
به سوی حکومت جهانی و توزیع عادلانهٔ منابع حیاتی | 187
به سوی اتحادیهٔ جهانی | 196

نتیجه‌گیری | **199**

کتاب شناسی | **200**
کتاب‌شناسی فارسی | 200
کتاب شناسی انگلیسی | 201

یادداشت ها و مراجع | **224**

تقدیم به

بهاریه ، مادر مهربانم
کسی که عشق و نمونه ی زندگیش مرا الهام
و تشویق های همیشگی اش مرا تاب و توان می بخشد

کن، همسر و یار دلبندم
که بدون او ایجاد این اثر ممکن نمی شد

و

ژی ژی ، دختر و با ارزش ترین گنجینه ام،
که امیدوارم این کتاب دنیای امن تری را برایش به ارمغان آورد.

دیباچه

با انتظاراتی زیاد و با پیش‌بینی‌هائی شورانگیز قدم به هزارهٔ سوم نهاده‌ایم. سازمان ملل آخرین سال قرن گذشته را «سال جهانی صلح و فرهنگ» و اولین سال قرن بیست و یکم را «سال گفتگوی فرهنگ‌ها» نامید. متأسفانه ازآنجا که جهان در محاصرهٔ فجایع عظیم، نگرانی‌های جدی و خشونت بی‌اندازه است، این مقاصد عالی همچنان با چالش‌های جدیدی رو به روست. قرن گذشته خشونت بارترین قرن در تاریخ بشر بوده است.

اولین گام در مسیر صلح درک تغییر در ماهیت مخاصمات است. روزهای جنگ کشورها برای کشورگشائی یا برای گسترش حوزه‌های نفوذ به نام اعتقاد گذشته است. امروزه به علت پیشرفت علم و فنّآوری، جهان و مشکلاتش به طور روزافزونی به هم وابسته‌تر و پیوسته‌تر می‌شوند. از همه آزاردهنده‌تر این است که این قساوت‌ها اغلب مردمی را که در همان جامعه یا در همسایگی آن زندگی می‌کنند هدف گرفته‌اند. تنفّر و عدم بردباری چشمان کسانی را که به این بی‌رحمی‌ها دست می‌زنند، گرفته است. اگر عاقلانه با وابستگی متقابل جهان رو به رو نشویم، احتمال آن وجود دارد که این وابستگی عاقبت به فجایع اجتماعی، اقتصادی، هسته‌ای یا محیط زیستی بیانجامد. خشونت عاملان غیردولتی و درگیری‌های داخلی رو به افزایش بوده و فکر و ذهن مقامات دولتی را، که اقدامات پیشگیرانهٔ آنها چه بسا ناقض آزادی‌های مدنی و حقوق اساسی بشر است، به خود مشغول کرده است. چیزی که این وضعیت را پیچیده‌تر کرده گسترش سلاح‌هائی بوده که می‌توانند باعث ویرانی و کشتار گسترده شوند. از آنجا که دسترسی به این اسباب نابودی با منابع فنّی و مالی که به سهولت در اختیار هستند، آسان شده، این وضعیت بدتر گردیده است. شهروندان بی گناه و بی طرف، که درصد بسیار بالائی از آنان را زنان و کودکان تشکیل می‌دهند، قربانیان اصلی این وضعیت هستند.

دامنهٔ این مشکلات به حدّی گسترده است که همکاری همهٔ انسان‌ها برای یافتن راه حل‌های جدید، کارآمد و واقع‌بینانه را به خود می‌طلبد.

همین طور که سفر خود را در قرن بیست و یکم آغاز می‌کنیم، به آیندهٔ درخشانی که پیش روی بشر قرار دارد توجّه داریم. ما امکانات عظیمی را می

دستیابی به امنیت جمعی

ببینیم. ما قدرت اصلاح عالم را داریم. ما ثروت و فنّآوری لازم را داریم. با اراده و تلاش جمعی می‌توانیم گرسنگی را از بین ببریم، بیماری را ریشه‌کن کنیم، با فقر و سوء تغذیه مبارزه کنیم و آیندهٔ رضایت‌بخشی را برای همه بیافرینیم. ما نبوغ و خلاقیت انسان را برای پیشرفتی که به دست آورده است، می‌ستائیم. در همهٔ پیشرفتی که شده است، در زمینهٔ دانش، ادبیات، هنر، مدیریت و پزشکی، ذهن انسان نقشی محوری داشته است. این ذهن جهان را به جای بهتری برای زیستن بدل کرده است.

اما ذهن انسان جنبهٔ دیگری نیز دارد. این جنبهٔ دیگر می‌تواند عدم بردباری ایجاد کند، نفرت بپروراند، و سبب درد و رنج همنوعان شود. این جنبه از ذهن انسانی است که بزرگترین چالش‌ها را در مقابل بشریت قرار می دهد. چالش ما این است که نگذاریم ذهن انسان صرف نادانی، ترس، خشونت، برادرکُشی و عدم مدارا شود. فقط کافی است به قرن گذشته بنگریم تا ببینیم اینها برای ضعیف‌کردن پیشرفت نوع بشر چه می‌توانند بکنند. ما دیده‌ایم که فرهنگ جنگ و خشونت چگونه چنگال‌های نفرت‌انگیز خود را گشوده و همهٔ آنچه را که خوب و اخلاقی و عادلانه است، در معرض تهدید قرار داده است.

طلوع هزارهٔ جدید به ما فرصت می‌دهد که از گذشتهٔ خود درس بگیریم و فردای تازه و بهتری بسازیم. یکی از درس‌هائی که گرفتیم این بود که برای جلوگیری از تکرار تاریخ ارزش‌هائی نظیر عدم خشونت، مدارا و دموکراسی باید در ذهن همهٔ زنان، مردان و کودکان القاء شود. اساس‌نامهٔ یونسکو می‌گوید «از آنجا که جنگ از ذهن انسان‌ها شروع می‌شود، نظام دفاع از صلح هم در ذهن انسان‌هاست که باید ایجاد شود». همان طور که دبیر کلّ سابق سازمان ملل و برندهٔ جایزهٔ صلح نوبل، کوفی عنان، گفته است «با گذشت سال‌ها فهمیده ایم که کافی نیست برای جدا کردن طرف‌های درگیر نیروهای پاسدار صلح بفرستیم. کافی نیست پس از این که جوامع از جنگ ویران شدند به تلاش‌هائی برای سازندگی و حفظ صلح دست بزنیم. کافی نیست دست به اجرای سیاست های پیشگیرانه بزنیم. همهٔ اینها کارهای لازمی هستند،

اما آنچه که ما می‌خواهیم نتایج پایداراست. کوتاه آنکه ما به یک فرهنگ صلح احتیاج داریم.»

تلاش در جهت صلح و آشتی باید بر مبنای درک این واقعیت جدید صورت گیرد. تلاش‌های جهانی که برای رسیدن به صلح و آشتی صورت می‌گیرد، فقط با یک رویکرد جمعی که مبنی براعتماد و گفتگو و همکاری باشد، به موفقیت منجر می‌شود. به این دلیل باید اتحادیهٔ عظیمی از همه، به خصوص با مشارکت فعّال جامعهٔ مدنی و جوانان ایجاد کنیم. هیچ مسئولیت اجتماعی، بزرگتر یا هیچ

دیباچه

کاری سنگین‌تر از تأمین صلح بر روی این سیاره نیست. بنا بر این ایجاد یک فرهنگ صلح عملی‌ترین راه برای پرداختن به علل ریشه‌ای جنگ و خشونت است.

چرا این قدر بر یک فرهنگ صلح تأکید دارم؟ به سه دلیل. اول، افراد را هدف می‌گیرد. اگر در ذهن افراد صلح برقرار نباشد، صلح واقعی در کار نخواهد بود. دوم، همهٔ فعالان را گرد هم می‌آورد. علاوه بر حکومت‌ها و سازمان‌های بین‌المللی، پدرها و مادرها، خانواده‌ها، آموزگاران، هنرمندان، روزنامه‌نگاران، دانشجویان و دانش‌آموزان و رهبران دینی و اجتماعی، ... و همهٔ طبقات جامعه، می‌توانند در جهت پیشبرد فرهنگ صلح فعالیت کنند. سوم، هدفش را بر اساس اصل «چشم در مقابل چشم» قرار نمی‌دهد، بلکه مبنای خود را بر مدارا، همبستگی و گفتگو برای حل اختلافات و درمان آسیب‌ها می‌گذارد.

آشکارا ضروری است که باید رویکردی تازه و مبتکرانه نسبت به تهدیدهای جهانی که در حال حاضر صلح و امنیت جهان را به خطر انداخته‌اند، داشته باشیم. روندهای فعلی که در اختیار جامعهٔ جهانی هستند تا به کمک آنها به مقابله با تهدیدهای امروزی با همهٔ پیچیدگی‌شان، بپردازند، یا به علّت اقدامات یک‌جانبه برهم خورده‌اند یا به کلّی از حل این چالش‌ها ناتوان هستند. شورای امنیت و سایر ابزارهای مؤسّساتی که در اختیار هستند آن قدر مورد سوء استفاده قرار گرفته‌اند که میزان قابل توجّهی از کارآئی خود را از دست داده‌اند. آنچه لازم است نظرات نو و تفکّر خارج از چهارچوب است. خانم سویدا معانی اوینگ دقیقاً همین‌ها را فراهم می‌سازد.

تحلیل جامع خانم معانی اوینگ از خطراتی که در حال حاضر صلح و امینت با آنها رو به روست، ناتوانی‌های روند فعلی را برای مقابله با این تهدیدات نشان می‌دهد. استدلال وی برای اصلاح نظام سازمان ملل متّحد در این حوزه‌ها قوی و با ارزش است. وی اصولی را مطرح می‌کند که اساس پیشنهادهای عینی وی برای اصلاح روال‌های موجود و همچنین ایجاد روال‌های جدید را تشکیل می‌دهد. به خصوص پیشنهادهای وی برای اصلاحات گسترده در شورای امنیت قابل توجّه است و خوراک مهمّی را برای فکر، و انشاءالله اقدام، جامعهٔ بین‌المللی فراهم می‌سازد.

خانم معانی اوینگ ارادهٔ سیاسی که در جستجوی خود به دنبال صلح جهان آن را چنین گریزان یافته‌ایم، تحلیل می‌کند و تشریح می‌کند که چگونه ارادهٔ سیاسی را می‌توان از طریق چهارچوب‌های مؤسساتی رشد داد. وی بر لزوم ساختارهائی که توان مقابله با مقتضیات فعلی و آیندهٔ روابط بین‌المللی را داشته باشند تأکید می‌کند و فهرستی را برای بازبینی این ساختارها و روال‌ها فراهم می

سازد. وی به خصوص اهمّیّت پُرکردن خلائی را مطرح می‌سازد که در نظام بین‌المللی در زمینهٔ هشدار دادن در مورد نقاط احتمالی انفجار وجود دارد.

خانم معانی اوینگ دفاع جانانه‌ای از محدود ساختن حاکمیت ملّی به عنوان گامی حیاتی به سوی صلح و امنیت جمعی به عمل می‌آورد. در سال‌های اخیر حمایت از این نظریه رو به افزایش بوده است. هرچند به نظر می‌رسد که از ایجاد یک مرجع فراملّیّتی، نظیر دولت جهانی و پارلمان جهانی که خانم معانی اوینگ پیشنهاد می‌کند، فاصلهٔ زیادی داشته باشیم، اما وی به اختصار به توصیف تأثیر نیرومندی می‌پردازد که عمل جمعی بر روی روابط بین‌المللی خواهد داشت.

بیش از سه دهه تجربهٔ مستقیم در این نظام چندجانبه به من آموخته است کشورهائی که باید برای ایجاد ساختارهای کارآمدی برای آینده اقدام کنند، احتمالاً دُرُست همان کشورهائی هستند که در سر راه آن مانع ایجاد کرده‌اند. به خصوص کشورهای قدرتمند موانع اصلی در راه عادلانه و منصفانه کردن نظام جهانی هستند. بنا بر این لازم است که مردم سراسر جهان را به بحث در بارهٔ این کشاند که چگونه می‌توان به میزان زیادی بر کارآئی نظام جهانی، به ویژه در زمینهٔ حفظ صلح و امنیت جهانی، افزود. تنها چیزی که حقّ مطلب را در بارهٔ کتاب پُرمحتوای خانم معانی اوینگ ادا

می‌کند آن است که کارآئی و توان واقعی ساختارهائی که وی پیشنهاد می‌کند مورد مطالعهٔ وسیع قرار گیرد و درهمایش‌های مختلف مورد بحث و بررسی واقع گردد.

اشاره به آثار بهائی که منظری از امنیت جمعی را فراهم می‌سازند، به محور اصلی رسالهٔ خانم معانی اوینگ که تفکّر برانگیز بوده و به خوبی پژوهش و به دقّت تدوین شده است تازگی و طراوت مطبوعی می‌بخشد.

نمایندهٔ رسمی، انورال کریم چودری
قائم مقام عالی و معاون دبیر کلّ سازمان ملل
نیویورک
۲۸ جون ۲۰۰۷

پیش گفتار

دنیای ما در مقابل تهدیدهای متوالی نسبت به صلح و امنیت خود به لرزه درآمده و بحران‌های متناوب و اوج‌گیرنده آن را به ستوه آورده است. به نظر می‌رسد که هر روز حملهٔ تازه‌ای در کار است. از یک سو به نظر می‌رسد که قادر نیستیم خود را از بلای نسل‌کُشی خلاص کنیم. از رواندا، که تخمین زده می‌شود، در حالی که دنیا بدون هیچ اقدام مؤثری کنار ایستاده بود، فقط در عرض ۱۰۰ روز ۸۰۰۰۰۰ تا ۱۰۰۰۰۰۰ نفر در آن قتل عام شدند، تا بوسنی و هرزگوین، و حال دارفور، نسل‌کُشی به عنوان جنبهٔ زشتی از زمانهٔ ما نمودار گشته است. از سوی دیگر، سلاح‌های کشتار جمعی همچنان گسترش پیدا می کنند، و این احتمال افزایش می‌یابد که به طور تصادفی یا از سوی عاملان دولتی دیوانه مورد استفاده قرار گیرند یا به دست تروریست‌هائی بیفتند که درمورد استفاده از آنها هیچ نوع عذاب وجدانی را احساس نمی‌کنند. در این میانه به صورت شاهدان فلج شدهٔ سرنوشت وحشتناکی که خود رقم می‌زنیم، کنار ایستاده ایم. از نگرانی دست بر دست می‌مالیم، اما نمی‌توانیم در بارهٔ اقدامات مؤثری که برای متوقّف‌کردن این دیوانگی باید صورت گیرد، تصمیم بگیریم. شبکه های تروریستی روز به روز پیشرفته‌تر می‌شوند و ممکن است به زودی به فنّ آوری‌هائی دست یابند که آنها را قادر به ساخت سلاح‌های زیستی و شیمیائی می کند. دشمنی و عدم بردباری مذهبی همچنان جوامع ما را فرا گرفته و برای کشتار و ناقص‌کردن یکدیگر بهانهٔ دیگری به دستمان داده است. شبه نظامیان و شورشیان آواره بدون این که مجازات شوند عمل می‌کنند. آنها به جوامع تجاوز و آنها را غارت می‌کنند، رعب و وحشت در دل مردمان محلی می‌اندازند، باعث سقوط کشورها می‌شوند و جامعهٔ بین‌المللی را در کلّ دچار بی‌ثباتی بیشتری می کنند. جنایت سازمان‌یافته با در دسترس قرار دادن آزادانهٔ مواد مخدّر، قاچاق زنان و کودکان و ترویج فسادی که کلّ اقتصاد را ضعیف می‌کند، تار و پود اجتماعی ما را از بین می‌برد. متأسفانه پاسخ ما به عنوان جامعه‌ای از افراد که دولت‌ها نمایندگان آنها به شمار می‌روند، این بوده است که منفعلانه و تلوتلو خوران از یک بحران به بحرانی دیگر پیش برویم و در بهترین حالت مُسَکّن های موقّتی و سطحی فراهم کنیم.

ما نه می‌توانیم و نه می‌خواهیم که به طور عملی و مؤثری به حلّ این بحران‌ها بپردازیم. ما نتوانسته‌ایم نظام جامعی ایجاد کنیم که بتواند به طور مؤثّری با این مشکلات اساسی که تا این حدّ وحشت ایجاد می‌کند و منابع و نیروی بشریت را به تحلیل می‌برد، مقابله کند. به عنوان شهروندان این جامعهٔ جهانی، اعتماد خود را به این که دولت‌ها و مؤسّسات بین‌المللی به طور جمعی و به نحو مؤثری به مشکلات مشترکمان پاسخ می‌دهند، از دست داده‌ایم.۱ سئوالاتی که باید از خودمان بپرسیم بدین قرار است: آیا صرفاً بازهم به اشتباهات گذشتهٔ خود ادامه می‌دهیم و دوباره و دوباره به جر و بحث در بارهٔ مؤثّرترین راه مقابله با بحران روز می‌پردازیم؟ آیا باید در حالی که تعداد بی شمار دیگری رنج می‌کشند، به بحث در این باره ادامه بدهیم که نوبت کیست که منابع آنچه انجامش لازم است را فراهم سازد؟ آیا باز هم در کوششی بیهوده برای تسکین احساس گناه خود به سرزنش یک دیگر مشغول می‌شویم؟ آیا برایمان مقدور است که باز هم به کارهای گذشتهٔ خود ادامه بدهیم؟

اما این بحران‌ها درس‌های ارزشمندی به ما داده‌اند که عاقلانه است به آنها توجّه کنیم. درس اوّل این که چه دوست داشته باشیم و چه نداشته باشیم، دنیای ما بسیار به هم پیوسته است، آنقدر زیاد که که یک بحران به ظاهر مجزّا در یک گوشهٔ جهان می‌تواند اثرات ویران‌کننده‌ای درسایر نقاط جهان داشته باشد. یک نمونهٔ چشم‌گیر از آن حملات تروریستی ۱۱ سپتامبر ۲۰۰۱ به برج‌های دوقلو در شهر نیویورک بود که، بر اساس تخمین بانک جهانی، دَه‌میلیون نفر بر تعداد کسانی که در سراسر جهان در فقر زندگی می‌کنند، افزوده است. بانک جهانی همچنین تخمین می‌زند که همین ترور یک‌روزه بیش از ۸۰ میلیارد دلار برای اقتصاد جهانی خرج برداشته است.۲ ما منافعی مشترک و در نتیجه انگیزهٔ نیرومندی داریم که به طور جدّی فکر خود را برای یافتن راه حل‌هائی برای مشکلات مشترکمان به کار اندازیم. درس دوم این که به همین اندازه نیز معلوم است که هیچ کشوری، هر چقدر هم که قدرتمند باشد، منابع مالی و انسانی کافی برای این که بتواند به تنهائی با همهٔ تهدیداتی که فراوان هم هستند، مقابله کند، ندارد، حتی اگر مقابله با این تهدیدات فقط منحصر به جلوگیری از گسترش سلاح‌های کشتار جمعی یا سرکوبی تروریسم باشد.۳ حتی از نظر اقتصادی و نظامی قدرتمندترین کشور تاریخ بشر، یعنی ایالات متّحده هم ممکن است منابع انسانی این را نداشته باشد که علاوه بر عملیات جاری خویش در افغانستان و عراق مثلاً برای مقابله با یک درگیری در شمال شرقی آسیا به یک مداخلهٔ نظامی دیگر دست بزند.۴ به علاوه، هزینه‌های مالی این عملیات نظامی تا به حال بسیار سنگین بوده است. تخمین زده می‌شود که جنگ عراق تا سال ۲۰۱۵

می‌تواند بین ۴۶۱ تا ۴۶۴ میلیارد دلار هزینه بردارد.۵ بعید است که مردم ایالات متّحده حاضر باشند پرداخت این نوع هزینه را به مدّت نامحدود تحمّل کنند. درس سوم، به یمن رسانه‌های گروهی که تصاویر فجایع را درست به اتاق‌های نشیمن ما می‌آورند و پخش می‌کنند، یاد گرفته‌ایم که در بشر بودن مشترکیم. همهٔ انسان‌ها اساساً به یک نحو رنج می‌کشند. هیچ چیز ما را بیش از دیدن مادرانی که در غم از دست‌دادن بی‌دلیل شوهران و فرزندانشان گریه و زاری می‌کنند، تکان نمی‌دهد.

وقت آن است از این درس‌ها، که به بهای سنگین جان و رنج انسان‌ها به دست آمده است، استفاده کنیم و به طور جدی خود را وقف شکل‌دادن مبتکرانه به دنیائی کنیم که در آن به نحوی کارآمد، عادلانه و مؤثر با بحران‌ها مقابله می شود، همان نوع دنیائی که دوست داریم فرزندان ما به ارث ببرند. فشار برای تغییر باید از جانب ما صورت گیرد، یعنی همان توده‌های مردمی که با جان خود بهای سنگین سیاست‌هائی را می‌پردازند که به انحراف رفته‌اند. اوّل باید این فروتنی و این شهامت را در خود به وجود آوریم که اعتراف کنیم برخی از قوانین و مؤسّسات ما دیگر آن طور که باید به ما خدمت نمی‌کنند و بنا بر این باید به مقتضای ضرورت اصلاح یا جای‌گزین شوند. همچنین باید تشخیص دهیم آنچه کم داریم یک نظام سنجیده و منسجم و جامع امنیت جمعی است که نه برای پرداختن به بحران موجود، بلکه برای پرداختن منظّم، اصولی، یکپارچه، عادلانه و مؤثّر به همهٔ بحران‌های ایجاد شده باشد که مبتلای آن هستیم.۶ منظورم از «امنیت» این حقّ همهٔ مردم است که رها از خطر آسیب‌دیدن از اعمال بوالهوسانهٔ هم‌نوعان خود، به خصوص اعمالی که از سوی بخش‌های سازمان‌یافتهٔ جامعه صورت می‌گیرند، زندگی کنند. این تهدیدات عبارتند از: نَسل‌کُشی، تصفیهٔ قومی، گسترش سلاح‌های کشتار جمعی، اعمال تروریستی، تجاوز و قتل و غارت از سوی شبهِ‌نظامیان و شورشیان، و قاچاق مواد مخدّر و قاچاق زنان و کودکان از سوی سندیکاهای جنایات سازمان‌یافته.

دنیای ما خواهان خلّاقیت و تفکر جدید است. خوشبختانه پاسخ این خواسته از قبل وجود دارد. آثار بهائی که تاکنون کمتر مورد بررسی جهان قرار گرفته اند، دقیقاً همان چیزی را برایمان فراهم می‌سازند که نیاز داریم: مجموعه‌ای از اصول اولیه همراه با طرحی برای یک نظام عادلانه، کارآمد و جامع امنیّت جمعی که صلح و امنیّت دنیای ما را تضمین کند. این کتاب سه وظیفه برعهده دارد: تشریح این اصول بهائی و عناصر این طرح، بررسی این که جامعهٔ جهانی تا چه حد در به‌کارگیری آنها پیش رفته است و پیشنهاد گام‌های عملی و

تأثیرگذار بعدی که در کوتاه‌مدّت می‌توانند برداشته شوند تا آن نظام جامع امنیّت جمعی را که در آثار بهائی پیش‌بینی شده است، ایجاد کنند.

اما تفکّر و رویکردهای جدید کافی نیستند. باید در مورد رویکرد جدید اتّفاق نظر حاصل شود.۷ ما که توده‌های مردم را در جوامع خود تشکیل می دهیم، باید رهبران خود را تحت فشار قرار دهیم تا به اتّفاق نظر برسند. نقش ما به عنوان شهروندان جهان آن است که با مشکلاتی که جامعۀ جهانی ما را دربر گرفته‌اند، آشنا شویم و همۀ راه حل‌های پیشنهادی، از جمله راه حل‌های پیشنهادی این کتاب را، بررسی و با حرارت مورد بحث قرار دهیم. باید دائماً خواهان آن شویم که رهبرانمان با عزم جزم و به طورخستگی‌ناپذیری کار کنند تا با یک دیگر در مورد اصول یک نظام جامع امنیت جمعی به توافق نظر برسند. آنگاه باید این رهبران به نوبۀ خود با تمام قوا بکوشند توافق خود را با وحدت کامل به مورد اجرا بگذارند. این مباحث حیاتی‌تر از آن هستند که به بخت و تصادف واگذارگردند.

همین که این کار انجام شد، باید با تحت فشار قرار دادن رهبران خود به این که تفکّر جمعی را به عمل بدل سازند، حول روی‌کرد قطعی‌شده به وحدت برسیم. فوران پراکنده و مجزای عمل جمعی دیگر کافی نیست. آنچه لازم است اقدام جمعی متّحد و پایدار از سوی کشورهای جهان درمقابله با همۀ بحران‌هائی است که صلح و امنیت را تهدید می‌کنند. تاریخ نشان می‌دهد که بدون وحدت، هم در نظر و هم در عمل، موفّق نمی‌شویم که خود را ازبلایائی که ما را مبتلا ساخته‌اند، رها سازیم. اما تاریخ اخیر دیدگاه‌های کوچکی به آنچه که در صورت اتّحاد داشتن می‌توانیم بدست آوریم، فراهم کرده است. برای مثال، در ماه فوریۀ سال ۲۰۰۵ وقتی فاور ناسینگبه پس از مرگ پدرش برخلاف قانون اساسی توگو مدعی مقام ریاست جمهوری شد، خطرجنگ داخلی توگو و خطر بی ثباتی سراسر آفریقای غربی را مورد تهدید قرارداد. اما در مقابل عزم جزم و اتحاد کامل **جامعه ی اقتصادی کشورهای غرب آفریقا** و همچنین **اتحادیه ی** 53 عضوی **آفریقا** که عضویت توگو دراین اتحادیه را معلق ساخت و درمورد رهبران آن مجازات های اقتصادی و تحریم سفر اعمال نمود، آقای ناسینگبه توافق کرد که به طور صلح آمیز از قدرت کناره گیری کند و اجازه دهد انتخابات طبق قانون اساسی برگزار گردد.۸ عقب نشینی نیروهای سوریه از لبنان۹ در آوریل سال 2005 پس از 29 سال سلطه ی نظامی براین کشور و هشت ماه پس ازتصویب قطعنامه ی 1559 شورای امنیت سازمان ملل درسال 2004 که خواهان خروج همه ی نیروهای بیگانه و انحلال همه ی گروههای شبه نظامی لبنان و محترم شمردن استقلال سیاسی آن کشور بود، شاید از این

پیش گفتار

هم گویا تر باشد. عوامل چندی دست به دست هم دادند و زمینه را برای پاسخ های جامعه ی جهانی و سوریه، به ترتیب، فراهم ساختند. این عوامل ازجمله شامل خشم و انزجارقبلی نسبت به قتل آشکارصلح طلب و سیاست مدار کهنه کار لبنانی ، رفیق حریری به دست سوریه می شد. آمادگی که ایالات متحده برای حمله به عراق نشان داد همراه با سخن پردازی های آن درباره ی حمایت سوریه از شورشیان عراقی نیز دراین قضیه نقش داشت. به هرحال نهایتا" این فشار یکپارچه که از سوی کشورهای کلیدی شامل ایالات متحده، فرانسه، اردن، آلمان، روسیه ، عربستان سعودی و مصر اعمال شد و این تهدید به در انزوا قرار دادن سیاسی و اقتصادی سوریه از سوی جامعه ی بین المللی بود که سرانجام به نتیجه رسید. ۱۰

فصل اوّل

طرح کلّی یک نظام کارآمد امنیت جمعی

در اواسط قرن نوزدهم یک اشراف‌زادهٔ ایرانی به نام میرزا حسین‌علی به جهانیان اعلام نمود که آخرین مربی الهی از مجموعه مربیانی است که خداوند در مقاطعی از تاریخ جمعی ما می‌فرستد تا ما را بنا بر نیازها و همچنین ظرفیتی که برای پذیرش حقائق روحانی داریم هدایت و تعلیم فرماید. وی که به «بهاءالله» مشهور شد ادعا کرد که درمان همهٔ دردهائی را که در حال حاضر بشریت مبتلای به آنهاست، در دست دارد و از رهبران دینی و دنیائی زمان خود، هر دو دعوت نمود که تعالیمش را بررسی نمایند و به نفع مردم خود به کار گیرند. آثار حضرت بهاءالله فراوان بوده و به بیش از صد جلد کتاب می رسد. این آثار همراه با تبیینات دو مُبَیّن منصوص آنها، یعنی تبیینات حضرت عبدالبهاء و حضرت ولی امرالله مجموعاً «آثار بهائی»[۱] را تشکیل می‌دهند. همین آثارند که الهام‌بخش نظرات این کتاب در بارهٔ امنیت جمعی بوده‌اند.

درک نا امنی جهانی : بشریت در رنج های نوجوانی

قبل از این که بخواهیم مشکلی، به خصوص مشکلی که مربوط به روابط انسانی می‌شود، را حل کنیم، غالباً بهتر است که آن را با توجّه به زمینه و نیروهائی که آن را پیش می‌برند، بررسی نمائیم. این کار نه تنها باعث دستیابی ما به راه حل‌های احتمالی می‌شود، بلکه به ما انگیزه می‌دهد که قدم‌های لازم را برای حل مشکل برداریم. این امر در مورد مشکلات جهانی که امنیت و صلح ما را به خطر انداخته‌اند نیز مصداق دارد. آثار بهائی به ما کمک می‌کنند که این مشکلات را در زمینهٔ وسیع‌تری ببینیم و نیروهای پیشبرندهٔ آنها را درک کنیم.

تصویر روشنی که آثار بهائی به دست می‌دهد به ما کمک می‌کند جامعهٔ انسانی و مشکلات فعلی آن را در زمینهٔ مناسبی قرار دهیم. تصوّر کنید که

بشریت در کلّ مانند یک فرد انسانی است. این فرد زندگی را به عنوان یک نوزاد شروع می‌کند و به تدریج رشد می‌کند و مراحل نوپائی، کودکی و نوجوانی را پشت سر می‌گذارد و سرانجام به یک فرد بالغ تبدیل می‌گردد. درست همان طور که فرد از هر یک از این مراحل عبور می‌کند، بشریت در کلّ هم از مراحل مشابهی می‌گذرد. و درست همان طور که هر یک از این مراحل با رفتاری که از نظر مرحلهٔ رشد متناسب با آن است همراه گشته است، هر یک از مراحل رشد و تکامل بشری هم با رفتاری که لازمهٔ آن است، مشخص شده است. فقط کافی است در تاریخ بشر به مطالعه بپردازیم تا دریابیم که این تشبیه چقدر درست است. یکی از صُوَر بروز این رفتار تکاملی وسعت اجتماعی است که جامعه نسبت به آن احساس وابستگی می‌کند. هرچه حلقهٔ این وابستگی وسیع‌تر باشد، جامعه به رشد بیشتری رسیده است. در نتیجه، برای مثال حس وابستگی به طایفه و قبیله نشان‌دهندهٔ بلوغ کمتری در سازمان اجتماعی است تا حس وابستگی به دولت شهر یا ملّت. به تدریج که از خودمحوری اعضای جامعه‌ای کاسته می‌گردد و حاضر می‌شوند که منافع دایرهٔ وسیع‌تری از اجتماع را در نظر بگیرند، حلقهٔ اتّحاد گسترده‌تر می‌شود و سازمان جامعه متنوّع‌تر و پیچیده‌تر می‌گردد. تا اینجا عالی‌ترین شکل سازمان اجتماعی که بشر به آن رسیده است اتّحادیهٔ ملت‌هاست که در آن هر واحد حاضر است به نفع یک کلّ وسیع‌تر از حقّ حاکمیت بیشتر چشم‌پوشی کند.

آثار بهائی شرح می‌دهند که در حال حاضر نوع بشر در حال تجربهٔ رنج های نهائی دورهٔ پرآشوب نوجوانی خویش است، دوره‌ای که با طغیان‌ها و رفتارهائی که مرزهای شایستگی و روائی را به سَرحَدّات خود کشانده، مشخّص شده است. جنگ‌ها، فجایع مربوط به نقض حقوق بشر، گسترش سریع سلاح های کشتار جمعی، تروریسم، دسته‌های تبه‌کاری و شورشی و گروه‌های شبهِ نظامی بی‌رحم و دل‌بستگی شدید ما به ملّیّت‌گرائی مفرط، همه بازتابی از تلاش های دورهٔ نوجوانی بشر برای به دست آوردن تعریفی از خود و برای مشخّص کردن مرزهای قانونی و اخلاقی گذرناپذیراست. اما آثار بهائی ما را مطمئن می‌سازند که این مرحله گذراست، بشریت به رشد و بلوغ می‌رسد و طغیان‌های سال‌های نوجوانی خود را کنار می‌گذارد. هرچند گذشته و آینده یأس‌آور به نظر می‌رسند، اما به آیندهٔ فوق‌العاده روشن و باشکوهی وعده داده می‌شویم.

چنین دیدگاهی نسبت به رفتار ظاهراً تجاوزگرانه‌ای که داریم، نه تنها از نظر فهمیدن علّت رفتارهایمان اهمّیّت حیاتی دارد، بلکه مهمّتر از آن به ما امید می‌دهد که این مشکلات نیز خواهند گذشت و اوضاع بهتر خواهد شد. چنین امیدی به نوبهٔ خود به ما انگیزه و دل‌گرمی می‌دهد که آنچه لازم است، انجام

دهیم تا این مرحلۀ نوجوانی هرچه زودتر پایان گیرد و بتوانیم با آغوش باز به استقبال بلوغ خود برویم. آثار بهائی ما را در این مقطع رها نمی‌کنند، بلکه از این فراتر می‌روند و از زندگی جمعی ما پس از این که به بلوغ رسیدیم، تصویری ارائه می‌دهند. این تصویر نه تنها به ما کمک می‌کند که وقتی به بلوغ رسیدیم آن را تشخیص بدهیم، بلکه نمائی عینی و اهدافی دقیق به ما ارائه می‌کند تا بتوانیم این گذر از نوجوانی به بلوغ را شتاب بخشیم. این آثار به ما می‌گویند که مرحلۀ گریزناپذیر بعدی در رشد جمعی ما آگاهی فزاینده از وحدتی است که در بین ما وجود دارد. این آگاهی فزاینده به نوبۀ خود به اتّحاد بیشتر و درک این نکته که اولین تعهّد ما باید نسبت به بشریت به عنوان یک کلّ باشد، منجر می‌گردد. یکی از اجزاء حیاتی این مرحله از بلوغ ما ایجاد یک نظام امنیت جمعی به نحوی است که توسّط حضرت بهاءالله پیش‌بینی شده است، نظامی که امنیت و صلحی را که تشنه و سزاوار آن هستیم برای ما به ارمغان می‌آورد.

همچنین آثار بهائی با اشاره به این که نهادها و قوانین و سیاست‌های حاکم بر آنها برای خدمت به منافع و تأمین سعادت ما ایجاد شده‌اند، ارادۀ ما را برای انجام آنچه لازم است، استوار می‌کنند. اگر این نهادها و مقرّرات دیگر این اهداف اساسی را برآورده نمی‌سازند، یا بدتر از آن، اگر به نحو قاطعی به ما ضرر می‌رسانند و برای حفظ آنها قربانی می‌شویم، نباید در زدودن و انداختن آنها به زباله‌دان تاریخ تردیدی به خود راه دهیم. آثار بهائی به ما یادآوری می کنند که همه چیز در این جهان دستخوش تغییر و تباهی است. ما نمی‌توانیم نهادها، قوانین و سیاست‌هائی را که در گذشته، حتی اگر با مشقّت و سختی هم بوده، ایجاد کرده‌ایم، از این قانون تغییرناپذیر مستثنیٰ کنیم. اگر سرسختانه به فرضیات اجتماعی و آرمان‌های کهنه و روش‌های از کار افتادۀ انجام امور بچسبیم، نباید انتظار داشته باشیم که بتوانیم آن تحوّل مثبتی را که همه مشتاق آن هستیم به وجود آوریم. باری، وقتی چیزهای کهنه را کنار گذاشتیم، باید سیاست ها، مؤسّسات و قوانین تازه‌ای به وجود آوریم که متناسب با نیازهای زمان ما باشند. این امر مستلزم آن است که خلاق باشیم و از همۀ نیروی تخیّل خود استفاده کنیم. باید حاضر باشیم که خارج از چهارچوب متداول فکر کنیم.

ابزاری برای ساختن یک نظام جدید امنیت جمعی

آثار بهائی مجموعه ابزاری را برای ساختن یک نظام جدید امنیت جمعی ارائه می‌دهد که بتواند جای‌گزین نحوۀ تفکّر، قوانین، و نهادهای فرسوده‌ای بشود

که بشریت دیگر برای استفادهٔ از آنها بیش از حدّ رشد و ترقّی کرده است. این ابزارها مجموعه‌ای از اصول اساسی و اجرائی هستند که در جستجوی نظام‌های پیوسته رو به رشد ادارهٔ جهانی و روابط بین‌المللی هرگز نمی‌توان بر سر آنها سازش کرد. باید به خصوص درمقابل منفعت‌طلبی یا پیروی از منافع کوتاه‌مدّت شخصی هشیار باشیم. شورای حاکمهٔ دیانت بهائی با بیان این که ما باید زمینه ای را که می‌خواهیم در آن یک نظام جدید و کارآمد امنیت جمعی را به وجود آوریم «از مرحلهٔ صرفاً عملی و اجرائی ... به سطحی بالاتر، یعنی توجّه به موازین اخلاقی و اصولی»۲ ارتقاء دهیم، بر این نکته تأکید می‌کند. همچنین می‌گوید که «رهبران کشورها و تمام صاحبان رتبه و مقام وقتی می‌توانند بهتر به حل مشاکل پردازند که ابتدا اصول و مبادی مربوط به آن مشاکل را بشناسند، سپس در پرتو آنها به اقدام پردازند.»۳ ما، هم در زندگی فردی به عنوان افراد، و هم در زندگی جمعی خود به عنوان ملّت‌ها گرایش داریم که بدون فکر کردن و یا اهمّیّت‌دادن به پیامدهائی که رفتارها و یا غفلت‌هایمان در درازمدّت دارند، روی منافع کوتاه‌مدّت خود متمرکز شویم. در نتیجه اغلب تصمیماتی در مورد عمل کردن یا نکردن می‌گیریم که در آینده برایمان به کابوس تبدیل می‌شوند. خیلی اتّفاق می‌افتد که راه حل ما برای بحران امروز بذرهای بحران‌های فردا را می‌کارد. تنها راه شکستن این حلقه آن است که برگردیم، مجموعه‌ای از اصول اساسی که باید بر روابط بین‌المللی ما حاکم باشند و می‌خواهیم بر اساس آنها یک نظام امنیت جمعی به وجود آوریم، را مشخص کنیم و سپس در مورد آنها به اتّفاق نظر بین‌المللی برسیم. وقتی به این مجموعهٔ اصلی اصول متعهّد گشتیم، باید با پیروی تزلزل‌ناپذیر از آنها، مُراقب خطرات ناشی از تصمیم‌گیری‌هائی باشیم که انگیزهٔ آنها منفعت‌طلبی، یعنی منافع کوتاه‌مدّت است. آثار بهائی از برخی از این اصول اساسی طرحی به دست می‌دهند.

وحدت بشر

اوّل و مهمّتر از همه، لازم است که اصل زیربنائی وحدت بشر را با همهٔ تبعات و شاخه‌های آن بپذیریم. همهٔ انسان‌ها در نظر آفریدگار ما یکی هستند. رنگ پوست ما یا جنسیت ما هرچه که باشد، هر چقدر دارا یا ندار، تحصیل کرده یا نکرده باشیم و از هر قومیّت یا ملّیّتی که آمده باشیم، باز هم به یک روح انسانی جان گرفته‌ایم و بر اساس یک هدف دوگانه زندگی می‌کنیم: کسب کمالات و در نتیجه تضمین تکامل و تعالی مداوم روح خود و پیشبرد یک تمدّن بشری

دائم‌الترقّی. برخورداری از حقوق و فرصت‌های برابر برای رشد و پیشرفت، حقّ همهٔ ماست. در واقع، آثار بهائی می‌گویند که ریشهٔ همهٔ مشکلات مربوط به عدم امنیّت و فقدان صلح و آرامش را می‌توان در ناتوانی رهبران ما از درک کامل معنای اصل وحدت و ایجاد و بازسازی دستگاه دولت‌های ما به نحوی دانست که بتواند معیارهائی را که این اصل متضمّن آنهاست، تأمین نماید.۴ این آثار می‌گویند که هدف ما باید آن باشد که وحدت عالم انسانی را به اصل«حاکم بر حیات بین‌المللی بشر»۵ بدل سازیم. جریانی که به رسیدن به این هدف منجر می‌شود به ماهیت روابط اساسی که دولت‌ها و ملّت‌ها را به عنوان اعضای یک جامعهٔ منسجم بین‌المللی به یک دیگر می‌پیوندد، مربوط می‌شود و چنان تغییری حیاتی (اُرگانیک) را در ساختار جامعه به دنبال دارد که نظیر آن را هرگز چشم عالم به خود ندیده است.۶ در واقع، آثار بهائی مدّعی هستند که به اجرا درآمدن اصل وحدت عالم انسانی «نماینده و نشانهٔ تحقّق کامل نوع بشر در این جهان» است.۷ این مرحله، مرحلهٔ نهائی و قطعی در جریان تکامل بشر است که در مرحلهٔ ابتدائی خود را به شکل تولّد حیات خانواده نشان داد و با پیشرفت‌های بعدی به وحدت قبیله، پیدایش دولت شهر، و بعدها ایجاد حکومت‌های مستقل ملّی انجامید.

<u>عدل و انصاف و بی‌طرفی</u>

این اصل را می‌توانیم از دیدگاهی پیامد طبیعی اصل وحدت که در بالا مورد بحث قرار گرفت، بدانیم. منطق چنین حکم می‌کند که وقتی همهٔ ما یکی هستیم و دیگران هم به اندازهٔ ما شایسته‌اند و به اندازهٔ ما حقّ برخورداری ازمواهب و نعمات را دارند، با همه رفتار یکسانی داشته باشیم. این به آن معناست که تحت هیچ شرایطی نباید نسبت به ملّت یا گروهی از ملّت‌ها در مقایسه با سایرین مزیتی قائل شویم. به‌کارگیری چنین اصلی در روابط بین حکومت های ملّی، نهادها، قوانین و سیاست‌های ما را به کلّی دگرگون می‌کند و کمک بزرگی به ایجاد یک دنیای امن‌تر و صلح‌آمیزتر است. برای مثال به کارگیری این اصل در شورای امنیت سازمان ملل به معنای سلب حقّی از پنج دولت پیروزمند جنگ جهانی دوم است که با آن می‌توانند هر آنچه را که بقیهٔ دنیا ممکن است خواستار انجامش باشند، در شورا وتو کنند. به همین نحو لازم است که جامعهٔ بین‌المللی به سرعت و به نحو مؤثّری در مقابل نَسل‌کُشی واکنش نشان دهد، چه در آستانهٔ اروپا و در بوسنی و هرزگوین رخ دهد و چه دورتر

از مرکز قدرت و در رواندا یا دارفور. علاوه بر آن لازم است به جای آن که داشتن سلاح‌های کشتار جمعی برای تعدادی از ملّتها مجاز و برای بقیه ممنوع باشد، همهٔ ملّت‌ها از حقّ داشتن این سلاح‌ها صرف نظر نمایند. گزینهٔ دیگر این خواهد بود که همهٔ ملّت‌ها سلاح‌های کشتار جمعی را تولید کنند و در اختیار داشته باشند، اما این گزینه به این علت که ما را به یک مسابقهٔ تسلیحات هسته‌ای می‌کشاند و به وحشت و ناامنی بیشتری می‌انجامد، غیر قابل قبول است.

محدود کردن حاکمیت نامحدود ملّی

قرنهاست که قوانین و نهادهای مربوط به روابط بین‌المللی به دقّت حاکمیت نامحدود ملّتهای مستقل را حفظ کرده‌اند. دورهٔ مفید بودن حاکمیت نامحدود ملّی گذشته است و هرج و مرجی که در درون آن وجود دارد «به اعلیٰ درجهٔ خود نزدیک می‌شود.»۸ دل‌بستگی به این حاکمیت نامحدود برای ما بیشتر درد و رنج به ارمغان می‌آورد تا سود و منفعت. بنابر این وقت آن است که به بازبینی نقش آن در حیات بین‌المللی بپردازیم و آن را محدود نمائیم.۹ در دنیائی به پیوستگی دنیای ما، و در دنیائی که تهدیدهائی که با آنها رو به رو هستیم، نظیر تروریسم، جنایت سازمان‌یافته، تولید انبوه سلاح‌های کشتار جمعی و بیماری‌های میکروبی در آن هیچ مرز ملّی را نمی‌شناسند، عاقلانه نیست که باز هم روی مطلق‌بودن حاکمیت ملّی اصرار داشته باشیم. جامعهٔ بین‌المللی قبلاً نشان داده است (هرچند نه به طور مداوم) که برای مثال اجازه نمی‌دهد حکومت‌های ملّی مصونیت کامل داشته باشند، و هر طور که بخواهند با مردم خود رفتار کنند؛ و این حقّ را برای خود محفوظ می‌داند که برای دفاع از مردم در مقابل فجایعی نظیر نَسل‌کُشی و تصفیهٔ قومی مداخله کند. همچنین نقض غرض است که روی مطلق‌بودن حاکمیت ملّی اصرار کنیم، زیرا چنین رویکردی به ضرر خیر عموم بوده و به پیشبرد منفعت‌طلبی تنگ‌نظرانه منجر می‌شود و مانع از آن می‌گردد که توان جمعی خود را برای رسیدن به راه حل مشکلاتی که آشکارا جهانی هستند، به کار گیریم. وقتی رهبران ما با وجود تلاش‌هائی که در دو گردهم‌آئی جداگانهٔ بین‌المللی که در سال ۲۰۰۵ صورت گرفت نتوانستند به تصمیمی برسند که جلوی گسترش خطرناک سلاح‌های هسته‌ای را بگیرد، این نکته به وضوح آشکار گشت.

در این رابطه اصل دیگری هم در کار است که آن را نیز آثار بهائی به روشنی بیان کرده‌اند و آن این است که نفع جزء در نفع کلّ بهتر از همه تأمین

می‌شود و اگر از نفع کلّ غفلت شود، هیچ نفع درازمدتی به جزء نخواهد رسید.۱۰ در زمینهٔ روابط بین‌المللی این اصل به آن معناست که نفع هر کدام از ملّت‌ها به بهترین وجه با تصمیماتی تأمین می‌شود که نفع همهٔ ملّتها را به حساب آورده و تضمین کرده باشند.

به دنبال جنگ جهانی دوم و پس از آن که اروپا با اقتصادی فروپاشیده رو به رو گشت، این اصل را امتحان کرد و منافع عظیمی را از این کار به دست آورد. تعدادی از کشورهای اروپای غربی، یعنی فرانسه، آلمان، لوکزامبورگ، هلند، بلژیک و ایتالیا می‌دانستند برای آن که بتوانند با موفقیت اقتصاد خود را بازسازی کنند باید دسترسی کافی به منابع ذغال و فولاد داشته باشند. مهمّتر از آن، تشخیص می‌دادند که تا به حال کوشش‌هائی که به طور جداگانه برای ایجاد بازار و به حداکثر رساندن منافع فردی خود کرده‌اند، ناموفق بوده است. در نتیجه، به این باور رسیدند که یکپارچه‌کردن منابع ذغال و فولادشان منفعت جمعی و در نتیجه منفعت فردی آنها را تأمین خواهد کرد. همچنین تشخیص دادند که یکی از راه‌های پرهیز از یک جنگ دیگر اروپائی به انگیزهٔ تسلّط بر این منابع حیاتی، ایجاد نظامی خواهد بود که در آن همه به طور یکسان به ذغال سنگ و فولاد دسترسی داشته باشند. همین ترکیب مناسب نیاز اقتصادی، منفعت‌طلبی روشن‌بینانه همراه با مقداری آرمان‌گرائی بود که آنها را به پذیرش نقشهٔ بی‌نظیر کمیسر عالی برنامه‌ریزی فرانسه، ژان مونه، رهنمون گردید. نقشهٔ وی این بود که منابع ذغال‌سنگ و فولاد اروپا تحت مدیریت یک مرجع عالی فراملّیّتی یکپارچه شود تا این منابع با شرایط مساوی در اختیار ملّتهائی که تمایل داشتند در این ائتلاف شرکت کنند، قرار گیرد.

نتیجتاً در سال ۱۹۵۱ شش کشوری که در بالا از آنها نام بردیم به توافق رسیدند تا جامعهٔ فولاد و ذغال‌سنگ اروپا[1] را به وجود آورند و در سال ۱۹۵۲ ECSC متولّد شد. در عرض دو سال منافعی که این طرح به طور جمعی و فردی عاید کشورهای عضو می‌ساخت، آشکار گردید. تولید کلّ ECSC بیشتر از مجموع تولیدی بود که قبلاً شش کشور عضو داشتند و قیمت‌ها به نفع هر یک از شش کشور عضو تثبیت شده بود.۱۱ علاوه بر آن منافعی که هر یک از شش کشور عضو از زندگی مسالمت‌آمیز با همسایگان و رهائی از هزینه‌های انسانی و اقتصادی جنگ بردند، غیر قابل محاسبه است. در واقع این تجربهٔ اروپائی آن قدر موفقیت‌آمیز بود که اساس یک ائتلاف بسیار عمیق‌تر و

---

[1] European Coal and Steel Community (ECSC)

وسیع‌تر بین حکومت‌های ملّی اروپا را به شکل اتحادیهٔ اروپا گذاشت، اتحادیه‌ای که تا تابستان ۲۰۰۷، ۲۷ کشور عضو را در بر می‌گرفت.

هرچند قوانین و نهادهای حاکم بر حیات بین‌المللی باید منفعت کلّ جامعهٔ جهانی را به حساب بیاورند، اما این به آن معنا نیست که مفهوم استقلال ملّی باید به کلّی نابود شود. در واقع چنین استقلالی از آنجا که برای پرهیز از ضررهای تمرکز افراطی اهمّیّت حیاتی دارد، در خدمت هدفی مهم و مفید است.۱۲ همچنین مرجع مشخّص و معلومی را بنا می‌نهد که مسئول حفظ و سعادت مردم یک کشور است، مرجعی که در مقابل این مردم و در مقابل جامعهٔ بین‌المللی در مورد هر گونه کوتاهی در انجام این وظیفهٔ سنگین پاسخگوست.۱۳ آنچه لازم است این است که حسّ پیوستگی خود را طوری گسترش دهیم که همهٔ نوع بشر را در بر بگیرد و حاضر باشیم که انگیزه‌ها و منافع ملّی خود را تابع مطالبات ضروری یک جهان یکپارچه نمائیم.۱۴

نیروی نظامی در خدمت عدالت

نظام امنیت جمعی حضرت بهاءالله بر آن نیست که استفاده از نیروی نظامی ممنوع گردد، بلکه بر آن است که این نیرو در خدمت عدالت قرار گیرد. نیروی نظامی به کلّی بد نیست و نباید طرد شود. در مواردی باید از نیروی نظامی برای رسیدن به یک خیر کلّی‌تر استفاده کرد. حضرت عبدالبهاء اولین مُبَیّن منصوص آثار بهائی به روشنی می‌فرمایند مواردی هست که در آنها جنگ «بنیان اعظم صلح»۱۵ است و «تدمیر سبب تعمیر.»۱۶ در این موارد استفاده از نیروی نظامی همانند یک درمان خشن است، مثل شیمی‌درمانی برای معالجهٔ سرطان. به ناچار بعضی از سلول‌های سالم که خوب کار می‌کنند نیز همراه سلول‌های سرطانی از بین می‌روند. اما از دست دادن بعضی از سلول‌های سالم قیمتی است که برای نجات بیمار باید پرداخته شود. پرهیز از درمان به سبب ترس از کشتن چند سلول بی‌گناه در حکم خودکشی خواهد بود. آثار بهائی با تشخیص این که نیروی نظامی ابزاری است که گاهی باید برای اجرای عدالت در هیکل انسانی به آن پناه برد، ملّت‌ها را دعوت به رسیدن به توافقی می‌کنند که به استفاده از جنگ به عنوان ابزاری در روابط بین‌المللی پایان دهد و اظهار می‌دارند که از نیروی نظامی باید به صورت جمعی استفاده نمود.۱۷ چنین اقدامی به نحو قابل توجّهی از درد و رنج بشری خواهد کاست، زیرا ملّت‌ها نیروهائی را که در حال حاضر در جنگ‌های ویران‌کننده هدر می‌رود، صرف

ساختن ابزاری برای حل اختلافات خود خواهند کرد. این ابزار شامل ایجاد یک نظام روابط بین‌المللی است که به جای سیاست‌های مُبهَم بر اساس قوانینی روشن شکل گرفته باشد و به وسیلهٔ دادگاه‌های بین‌المللی کارآمد با اختیارات قانونی اجباری و ابزار مناسب برای به اجراء درآوردن احکام خود کامل گشته باشد. این ابزار همچنین لازم است یک نیروی نظامی دائمی جهانی را در بر گیرد که قادر به اجرای ارادهٔ جامعهٔ بین‌المللی که از سوی یک هیئت اجرائی بین‌المللی، یا یک دادگاه بین‌المللی بیان می‌شود، باشد.

همکاری بین‌المللی و وحدت فکر و عمل

همهٔ ملّت‌ها باید به همکاری بین‌المللی متعهّد گردند، چه که بدون آن هیچ چیز به دست نمی‌آید و هیچ نظام امنیّت جمعی، حتی اگر هم پیش‌بینی شده باشد، نمی‌تواند مستقرّ شود یا ادامه پیدا کند. با توجّه به این واقعیت که هیچ ملّتی، هر چقدر هم قدرتمند باشد، نمی‌تواند به طور کامل از خود در مقابل همهٔ خطراتی که امروزه صلح و امنیت ما را تهدید می‌کنند، دفاع کند، همهٔ ملّت‌ها انگیزهٔ بسیار بزرگی برای تعهّد به این نوع همکاری دارند. همهٔ ملّت‌ها به شدّت آسیب پذیر هستند و تنها شانس آنها برای صلح و امنیّت آن است که با یکدیگر و با وحدت عمل کنند. آثار بهائی این واقعیت را با استفاده از استعاره‌ای که در آن عالم بشری به هیکل انسانی تشبیه شده است به نحو مناسبی بیان می‌کند. یک عضو بدن، هر چقدر هم که کوچک و بی‌اهمّیّت به نظر برسد، وقتی درد بگیرد تمامی بدن آن درد را احساس خواهد کرد و در رنج آن شریک خواهد شد.۱۸ برای مثال، حتی اگر فقط به انگشت کوچک پای خود آسیب برسانیم، درد آن را بقیهٔ بدن احساس خواهد کرد و چه دوست داشته باشیم و چه دوست نداشته باشیم، تمامی بدن متأثّر خواهد شد. واقعیت نهائی این است که صلح و امنیّت و سعادت تنها در صورتی در دنیای ما برقرار خواهد شد که پایه‌های وحدت در آن مستحکم شده باشد.۱۹

اصلاح نهادها، قوانین و سیاست ها بنابر نیازهای زمان

ما انسان‌ها باید گاهی به خود یادآورشویم که هدف همهٔ مؤسّسات ما، هر چقدر هم که قدیمی باشند و هر چقدر هم که نقش اصیل و ارزشمندی را در

حیات ما بازی کرده باشند، این است که در خدمت آسایش ما باشند و به نیازهای ما رسیدگی کنند. این امر در مورد قوانین، فرضیات اجتماعی، سیاست‌ها، نظریه‌های اقتصادی و سیاسی و قواعد دینی هم مصداق دارد و به محض این که دیگر به آسایش ما کمک نکنند، باید آنها را کنار بگذاریم. نباید تردیدی در این امر داشته باشیم، زیرا فقط یک لحظه تفکر ما را مطمئن می‌سازد که یکی از قوانین غیر قابل تغییر حیات آن است که تغییر و تباهی همهٔ ما را فرا می‌گیرد. چرا باید مؤسّسات و قوانین خودمان را از این قانون عمومی مستثنیٰ داریم؟ بیهوده است که برای حفظ یک مؤسّسه یا قانون یا نظریهٔ خاصّ سیاسی خودمان را آزار دهیم و شکنجه کنیم.۲۰ اگر رهبرانمان به درستی علائم و مقتضیات زمانه را می‌خواندند و نظام نهادهای اقتصادی و سیاسی را با آنها سازگار می کردند و دستگاه‌های دولتی را مطابق با آنها تغییر می‌دادند، از بسیاری از بیماری‌های اجتماعی جلوگیری می‌شد.۲۱

عناصر طرح حضرت بهاءالله برای یک نظام امنیت جمعی

تصویر بهائی از امنیت جمعی دارای چندین بخش است. هر بخش را می توان به طور جداگانه بررسی کرد و پیاده‌کردن هر کدام از آنها کمک بزرگی به صلح و امنیّت جهانی خواهد بود. امّا قوت طرح حضرت بهاءالله در ترکیب همهٔ بخش‌هاست. همان طور که خواهیم دید این بخش‌ها با یکدیگر کار می‌کنند تا نظام مُنسَجمی را برای پرداختن به همان اختلافات و ضعف‌هائی که مؤسّسات فعلی و سیاست‌های خلق‌الساعهٔ ما از آنها رنج می‌برند، ایجاد کنند.

دیدار یک گروه اصلی از رهبران دنیا با هم و تنظیم یک عهدنامه

طرح دیانت بهائی از امنیّت جمعی با این فکر آغاز می‌گردد که باید «چند» تن از رهبران جهان فقط به هدف یافتن راه‌هائی برای ایجاد صلح جهانی با یکدیگر ملاقات کنند.۲۲ نیّت آنها باید این باشد که در جهت «خیریت و سعادت عموم بشر» کار کنند. این رهبران باید همچنین «بزرگوار»، « بلندهِمَّت» و «آفتاب رخشندهٔ عالم غیرت و حمیّت» باشند.۲۳ این دیدار باید به ایجاد «یک معاهدهٔ قویه» که من آن را «میثاق بین‌المللی» می‌نامم، بیانجامد. سپس این قرارداد باید برای تصویب به بقیهٔ عالم ارائه گردد. طرح بهائی در عین حال

هم دعوت رهبران دنیا به عمل است و هم وعده‌ای است به ما مردم جهان که اگر برای دست‌یابی به آن کوشش کنیم این طرح می‌تواند به واقعیت بپیوندد، و چنین نیز خواهد بود.۲۴

طرح بهائی چندین نکتهٔ ظریف در بر دارد که می‌تواند انگیزه‌بخش ما برای به تحقّق درآوردن آن باشد. اول این که در ابتدا کافی است یک گروه اصلی از رهبران جهان با یک دیگر دیدار کنند و لازم نیست که همهٔ رهبران دنیا در این اولین دیدار و در تنظیم این موافقت‌نامهٔ حسّاس شرکت داشته باشند. با کمی تفکر، درمی‌یابیم که این امر بسیار منطقی است. مشورت در یک گروه کوچک از افراد بسیار آسان‌تر است. مشورت در گروه‌های بسیار بزرگ بی‌نتیجه می ماند و تمرکز خود را ازدست می‌دهد. علاوه بر آن بقیهٔ رهبران دنیا احتمالاً به نتیجهٔ هر مشورتی که بین یک گروه اصلی صورت می‌گیرد، در صورتی که اعضای آن گروه سابقهٔ روشنی از خدمات ممتازداشته باشند (یعنی بزرگوار باشند)، اهداف عالی در سر داشته باشند که به نفع همه باشد و از نظر ثبات قدم، پای‌بندی و پشتکار در امور مشهور باشند، اعتماد می‌کنند. خود این واقعیت که تنها هدف اجتماع آنها گفتگو در بارهٔ ایجاد صلح جهانی است نشان‌دهندهٔ بی غرضی، عُلُوّ افکار و تعهّد آنهاست. هیچ کَس نمی‌تواند با هدفی که بنا به تعریف به نفع همه است و به سعادت عموم بشر منجر می‌شود، مخالفت کند.

دوم، همین که گروه اصلی پشتکار به خرج داد و با جدیّت به مشورت پرداخت، باید نتایج مشورت خود را به صورت یک معاهده برای تصویب به همهٔ ملّت‌های عالم ارائه کند. این امر برای موفقیت این اقدام ضروری است. هر ملّت باید خود را متعهّد و مؤظّف به اجرای مواد این میثاق بین‌المللی بداند و برای مجازات هر نوع تخلّفی دست به اقدام مناسب بزند. طرح بهائی برای نظام امنیّت جمعی برخی از موضوعات اساسی را که باید در این میثاق بین المللی گنجانده شوند، مشخّص می‌سازد. این موضوعات باید به شکل بخشی از دستور کار این گروه اصلی از رهبران ممتاز و بلندهمّت درآید.

روشن‌کردن مرزهای ملّی

این میثاق بین‌المللی پیش‌بینی‌های روشنی را برای تثبیت مرزهای ملّی دَربَر خواهد داشت. تجربهٔ ما در چند دههٔ اخیر شاهدی است بر اهمّیّت عظیمی که حل نهائی و دائمی این موضوع دارد. آتش جنگ‌ها و مناقشات متعدّدی به سبب دعاوی کشورهای رقیب نسبت به یک سرزمین شعله‌ور شده و بسیاری دیگر

نیز بالا گرفته و بیم بروزشان می‌رود. جنگ‌های بین اتیوپی و اریتره، فلسطین و اسرائیل، کوزُوُ و یوگوسلاوی، هند و پاکستان، ایران و عراق، عراق و کویت، کرهٔ شمالی و جنوبی، فقط برخی از این جنگ‌ها هستند. این مشکل بیشتر از این ریشه می‌گیرد که این مرزها در طول دو قرن گذشته از سوی نیروهای خارجی و به طور قراردادی، بدون به حساب آوردن خواسته‌ها و نیازهای مردم محلی و مرزهای قبلی تعیین شده‌اند. اگر قرار باشد مرحلهٔ نوجوانی را با بحران‌های پُرآشوبش پشت سر بگذاریم و به سوی مرحلهٔ بعدی رشد جمعی خود پیش برویم، باید گام‌های لازم را برداریم تا مطمئن شویم اختلافات مرزی و ارضی به عنوان محرّک جنگ‌های وحشیانه از میان رفته‌اند. اینک زمان مناسب برای آن فرا رسیده است که این مسائل را به طور نهائی و دائمی حل کنیم.

مشخص‌کردن اصول حاکم بر روابط بین‌المللی

میثاق بین‌المللی «مناسبات دُوَلیه و روابط و ضوابط مابین حکومتیهٔ بشریه»۲۵ را نیز در بر خواهد داشت. این اصول، آن ابزار اساسی و اصول اجرائی را شامل می‌شود که قبلاً گفته شد نظام جدید روابط بین‌المللی باید بر اساس آن ایجاد شود. این اصول زیربنائی را تشکیل می‌دهند که پاسخ تمام تنگناها، مشکلات و اختلافات از آن برگرفته خواهد شد. این اصول که بنیاد ثابتی را برای نظام روابط جهانی تشکیل می‌دهند، هرگز نباید به نام مصلحت اندیشی نادیده گرفته شوند یا مورد سازش واقع گردند.

علاوه بر اصولی که در بالا مورد بحث قرار گرفت، اصول دیگری را نیز می‌توان اضافه نمود. برای مثال توافق بر سر این اصل منطقی است که ملّت‌ها باید از به‌کارگیری نیروی نظامی به عنوان ابزاری در روابط بین‌المللی چشم پوشی کنند، مگر این که چنین استفاده‌ای به طور جمعی به تصویب رسیده باشد.۲۶ همچنین لازم است اصول حاکم بر شرایطی که در آن قرار است نیروی نظامی در خدمت عدالت قرار گیرد و به طور جمعی و به منظور حفظ صلح و امنیت به کار رود، تعیین شود و روی آن توافق گردد. همچنین توافق عمومی روی شرایطی نظیر دفاع از خود که در آنها استفادهٔ یک‌جانبه از نیروی نظامی قابل قبول است، نیز به همین اندازه اهمّیّت دارد. بعداً در بخش سوم این کتاب پیشنهادهای مفصّلی در بارهٔ محتوای احتمالی این اصول مطرح خواهد شد.

تدوین مقرّرات، توافق‌نامه‌ها و تعهّدات بین‌المللی

جهان به قدری به هم پیوسته و روابط میان دولت‌ها به قدری پیچیده و چندلایه شده است که آشکارا وقت آن است که مقرّرات و تعهّدات بین‌المللی که در زندگی همهٔ ما تأثیر دارند، تدوین و ساده و جمع و جور شوند. در حال حاضر تعیین مقرّرات و تعهّدات بین‌المللی که در هر حوزهٔ موضوعی حاکم بر ملّت‌ها هستند، امر دشواری است. صرف تعدّد معاهداتی که در هر مورد وجود دارد می‌تواند حتی فهمیدن تعهّدات یک حکومت ملّی را برای آن حکومت مشکل سازد، چه رسد به این که بخواهد آنها را اجراء کند. پیچیدگی این مقرّرات و تعهّدات هم به همین اندازه کار نظارت بر اجرای آنها را برای جامعهٔ بین‌المللی دشوار کرده است. نمونه‌های آن بسیارند، از حفظ و حمایت از محیط زیست از یک سو گرفته تا کنترل تروریسم از سوی دیگر. مزیّت آشکار دیگری که تعیین روشن تعهّدات بین‌المللی دارد، آن است که شفافیت را تضمین می‌کند. این شفافیت برای ایجاد اعتماد بین ملّت‌ها که به نوبهٔ خود در ایجاد یک نظام موفّق امنیّت جمعی عنصری اساسی است، اهمّیت حیاتی دارد.

کاهش تسلیحات

این میثاق بین‌المللی به حقّ هر ملّتی برای نگه‌داشتن نیروهای نظامی نیز توجّه خواهد کرد. طبق طرح بهائی: «قوهٔ حربیهٔ هر حکومتی به حدّی معلوم مخصّص شود.»۲۷ هر ملّتی اجازه خواهد داشت که فقط به حدّی که برای حفظ آرامش در درون مرزهایش و حفظ نظم داخلی لازم است، سلاح داشته باشد.۲۸ انگیزهٔ محرّک این اصل آن است که هر گونه افزایشی در نیروهای نظامی از سوی یک کشور فقط به تحریک سوء ظنّ سایر حکومت‌ها می‌انجامد تا اقداماتی را که برای جبران و برگرداندن موازنه لازم می‌دانند، انجام دهند. به این ترتیب مشکل مشهور مسابقهٔ تسلیحاتی، با همهٔ افزایش تنش و امکان حوادث غیرعَمدی که به همراه دارد، آغاز می‌شود. دنیای ما به خوبی با این داستان آشناست. جنگ سرد اساساً نمونهٔ بسیار بارزی از همین پدیده بود، پدیده ای که ما را بر این باوَر مُضحِک وامی‌داشت که ایدهٔ نابودی تضمین‌شدهٔ متقابل به ما احساس امنیّت می‌دهد.

طرح بهائی به تلویح می‌رساند که میثاق بین‌المللی جزئیات مربوط به میزان تسلیحاتی را که هر کشور مجاز به داشتن آن است در بر خواهد داشت. برای

آن که بتوان به ارقام مناسبی رسید، کار بُنیادی لازم است و مطالعات و بررسی های مفصّلی باید انجام شود تا اطّلاعات لازم را برای تصمیم‌گیری در اختیار سران جهان قرار دهد.

به اطاعت واداشتن جمعی

محور اصلی کلّ طرح بهائی برای ایجاد یک نظام کارآمد امنیّت جمعی این اصل است که اگر دولتی ماده‌ای از این معاهده را نقض کرد، «کلّ دُوَل عالم بر اضمحلال او قیام نمایند، بلکه هیئت بشریه به کمال قوت بر تدمیر آن حکومت برخیزد.»۲۹ آثار بهائی پیش‌بینی می‌کنند که این اصل زیربنای میثاق بین‌المللی را تشکیل خواهد داد.۳۰ چنین طرحی مستلزم سطح بی‌سابقه‌ای از تعهّد و وحدت عمل و هدف درامور بشری است. این طرح مستلزم آن است که ملّت های جهان مسئولیت صلح و امنیت سیارهٔ خود را بپذیرند و با آمادگی واقعی برای اقدام دسته‌جمعی از تعهّدات کلامی خود پشتیبانی کنند.۳۱ فرمان حضرت بهاءالله چنین طنین‌انداز می‌شود که: «ان اتحدوا یا معشر الملوک ... ان قام احد منکم علی الآخر قوموا علیه ان هذا الا عدل مبین.»۳۲ باری، اتّحاد در پیروی از این اصل صلح و امنیّت سیارهٔ ما را تضمین خواهد کرد. حضرت بهاءالله می فرمایند: «نور اتّفاق آفاق را روشن و منوّر سازد.»۳۳ به هیچ ملّتی نباید اجازه داد که موازنهٔ صلح دنیا را بر هم بزند. اگر کشوری تهدیدی برای صلح ایجاد کند، باید به نحوی مؤثّر و بر اساس اقدام جمعی با آن مقابله شود. هزینه‌ای که بشریت فقط به صورت رنج و درد باید بپردازد بیش از آن است که بتوان هر گونه کوتاهی در اقدام از سوی جامعهٔ بین‌المللی، به عنوان یک اتّحادیه، را تحمّل نمود. آثار بهائی به ما اطمینان می‌دهند که: «اگر جسم مریض عالم به این داروی اعظم موفّق گردد البته اعتدال کلّی کسب نموده به شفای باقی دائمی فائز گردد.»۳۴ این نوع طرز کار نمونهٔ بارزی از آن تغییر ارگانیک در ساختارها و ساز و کار حکومت است که در دیانت بهائی توصیه شده است، ساختارهائی که این حقیقت را مجسّم و منعکس می‌سازند که همه یکی هستیم.۳۵ برای آن که اقدام مؤثّر جمعی بر اساسی نظام‌یافته، عادلانه و منصفانه صورت گیرد، دو چیز لازم است: یکی توافق‌نامه‌ای مفصّل در مورد اصول و مقرّراتی که اقدام جمعی را به جریان خواهد انداخت و دومی روالی عملی برای به اجراء در آوردن این مقرّرات. عامل دوم ما را به عنصر بعدی در ایجاد یک

طرح کلّی یک نظام کارآمد امنیت جمعی

نظام کارآمد امنیّت جمعی در طرح بهائی می‌کشاند، یعنی ایجاد یک نیروی دائمی نظامی.

ایجاد یک نیروی دائمی نظامی

اجرای اصل امنیّت جمعی حضرت بهاءالله متضمّن و مستلزم ایجاد یک نیروی نظامی و پلیس جهانی است که در آثار بهائی به عنوان ائتلاف نیروهای نظامی ملّت‌های مختلف پیش‌بینی شده‌اند، نیروهائی که سرانجام واحدهای متحّد اتحادیهٔ جهانی ملل را تشکیل خواهند داد.۳۶ قرار است جامعهٔ بین‌المللی از این نیروی نظامی به عنوان وسیله‌ای برای اقدام جمعی و برای رسیدن به چند هدف استفاده کند. برخی از این اهداف عبارتند از: حفظ صلح و وحدت نظام‌یافتهٔ سیاره۳۷ که ممکن است به شکل‌های مختلف، مثلاً با نقض عمدی یک ماده از میثاق بین‌المللی از سوی یک حکومت، مورد تهدید قرار گیرد؛ به اجراء درآوردن تصمیمات یک دادگاه جهانی که قرار است از طریق معاهده ایجاد شود، اجرای مقررات بین‌المللی۳۸ و اجرای قوانین هر مرجعی که در آینده برای قانون‌گزاری بین‌المللی ایجاد گردد.

ایجاد یک دادگاه جهانی کارآمد

یکی از عناصر اساسی طرح حضرت بهاءالله برای ایجاد یک نظام امنیّت جمعی تأسیس «محکمهٔ کبرای بین‌المللی» است که هدفش کمک به استقرار و حفظ صلح جهانی است.۳۹ وقتی اختلافاتی بین ملّت‌ها و سایر اجزای نظام بین المللی (قاعدتاً در این مرحله از پیشرفت نظام جهانی، این اجزاء سازمان‌های منطقه‌ای و بین‌المللی و سایر فعالان بین‌المللی، مانند شرکت‌های چَندمِلّیّتی، را در بر می‌گیرند) بروز می‌کند که نمی‌توانند آنها را به سایر وسائل، مانند مذاکرات دوجانبه یا چندجانبه، مساعدت و میانجی‌گری، مصالحه و آشتی، حکمیت یا سایر روش‌های حل اختلاف، حل کنند، این دادگاه به عنوان آخرین پناه برای آنها عمل می‌کند. نیت آن است که ملّت‌ها با رجوع‌دادن اختلافات به این دادگاه عالی برای حکم نهائی، دیگر برای حل اختلافات خود به نیروهای نظامی پناه نبرند. آثار بهائی تأکید دارند که این دادگاه عالی باید با تضمین

رعایت عدالت در همهٔ تصمیماتش، بیان‌گر اصل وحدت ملل و بشر باشد. این آثار چندین خصوصیت مهمّ را برای کارآئی این دادگاه عالی برمی‌شمرند.

نحوهٔ انتخاب

اوّل آن که نحوهٔ انتخاب قُضّات دادگاه عالی باید به نحوی باشد که اعتماد ایجاد کند. این قُضّات باید نمایندهٔ حقیقی مردم دنیا، بسیار توانا، فارغ از تعصّبات و آزاد از خواست‌های یک ملّت یا گروه خاصّی از ملّت‌ها باشند. آنها باید مُنصف و مشتاق گرفتن تصمیمات منصفانه و عادلانه و نسبت به فشارهای سیاسی تأثیرناپذیر باشند. به این منظور آثار بهائی پیشنهاد می‌کنند که همهٔ پارلمان‌های دنیا دو یا سه نماینده که در کشور خود بسیار محترم و ممتاز باشند، انتخاب کنند. تعداد دقیق این نمایندگان باید متناسب با جمعیت آن کشور تعیین شود. آنها باید در حقوق بین‌الملل و روابط جهانی خبره بوده و از مقتضیات و نیازهای جهان آگاه باشند. انتخاب آنها باید توسّط همهٔ اجزای قانون‌گزاری، از جمله مجلس اعلاء یا کنگره، تأیید شود. همچنین این انتخاب باید توسّط شاخهٔ اجرائی، شامل کابینهٔ دولت و رئیس جمهور یا پادشاه، تأیید شود. به این ترتیب کسانی که انتخاب می‌شوند حقیقتاً هم نمایندهٔ مردم خواهند بود و هم نمایندهٔ دولت. سپس از میان کلّ این نمایندگان در سراسر دنیاست که باید اعضای دادگاه عالی انتخاب شوند.۴۰ جزئیات این که این انتخابات چگونه برگزار شود و چه کسانی حقّ داشته باشند به اعضای دادگاه عالی رأی دهند، احتمالاً در آینده توسّط رهبران جهان تعیین خواهد شد.

حکمیت اجباری و الزام‌آور

این دادگاه عالی باید حکمیت اجباری داشته باشد و قادر باشد در مورد همهٔ اختلافاتی که بین ملّت‌ها پیش می‌آید،۴۱ حتی وقتی طرف‌های درگیر داوطلبانه موافقت نکنند که مورد خود را تسلیم این دادگاه کنند، حکم صادر کند. همهٔ احکام این دادگاه باید از سوی اجزای نظام بین‌المللی نهائی و الزام‌آور تلقّی شود. از آثار بهائی چنین استنباط می‌شود که این اجزاء دست کم دولت‌های عضو و همچنین قوای آیندهٔ مقننه و مجریهٔ جهانی را در بر خواهند گرفت.۴۲

تصمیمات قابل اجراء

این دادگاه عالی بدون وجود روالی برای اجرای تصمیمات آن، فاقد قدرت اجرائی و بسیار ناتوان خواهد بود و این خطر وجود خواهد داشت که احکام آن در مقابل بی‌توجّهی عمدی و عدم اطاعت آشکار یا حتی صرفاً تأخیر و وَقت کُشی ملّت‌های سرکش بی‌معنا گردد و در نتیجه نتواند نقش حیاتی خود را در حفظ صلح و امنیّت و حل اختلافات ایفا دارد تا از توسّل طرفین دعواها به خشونت جلوگیری شود. طرح بهائی تصریح کرده است که در صورتی که ملّتی از وظیفهٔ خود در جهت اجرای سریع و مؤثّر تصمیمات لازم‌الاجرای این دادگاه کوتاهی کند، همهٔ ملّت‌ها باید با تکیه بر ارتش بین‌المللی که پیشتر از آن سخن رفت، به طور جمعی برای اجرای حکم این دادگاه اقدام کنند.۴۳

روابط با سایر اجزای یک اتحادیهٔ رو به رشد

همین‌طور که نهادهای بین‌المللی ما به پیشروی خود به سوی آن اتحادیهٔ جهانی که مورد نظر حضرت بهاءالله است، ادامه می‌دهند یکی از مسائلی که باید در آینده در بارهٔ آن تصمیم‌گیری شود ماهیت دقیق روابط بین این دادگاه عالی و سایر اجزای اتحادیهٔ جهانی است.۴۴

حرکت به سوی یک دولت متحد جهانی و توزیع عادلانه ی منابع جهان

نظام بهائی امنیت جمعی سرانجام ایجاد یک اتحادیهٔ جهانی را پیش‌بینی می کند که در آن وحدت در کثرت یک اصل اساسی است. این به آن معناست که هرچند روال کار دولت جهانی یکپارچه است و در زمینهٔ اقدامات بین‌المللی وحدت فکر وجود دارد، اما مردم جهان مجبور نیستند که به نحوی یکسان فکر و یا رفتار و یا زندگی کنند. بلکه تنوّع اقوام و فرهنگ‌ها فعالانه مورد توجّه و تقدیر قرار می‌گیرد. علاوه بر آن همهٔ ملّت‌های این اتحادیه داوطلبانه از همهٔ دعاوی خود در مورد جنگ، برخی حقوق مربوط به بستن مالیات، و همهٔ حقوق مربوط به نگهداری تسلحیات، به جز آنچه که برای دفاع از خود و حفظ نظم در درون مرزهای خود لازم دارند، چشم‌پوشی می‌کنند.۴۵ ایجاد چنین نظامی قدم

مؤثّری به سوی تضمین صلح و امنیت این سیاره خواهد بود. تجربهٔ دنیا از اتحادیهٔ حکومت‌ها و حتی همکاری نزدیک دولتها که هنوز به سطح اتحادیه نرسیده نشان می‌دهد که وقتی اختلافی پیش می‌آید کمتر احتمال دارد اعضای مختلف آنها به خشونت پناه ببرند. آثار بهائی به ایالات متّحدهٔ آمریکا به عنوان نمونهٔ موفّقی از اتّحادیه اشاره می‌کنند و از ما می‌خواهند که پیروی از این نمونه را در سطح جهانی مورد نظر قرار دهیم. در این رابطه حضرت عبدالبهاء، جانشین مؤسّس دیانت بهائی، حضرت بهاءالله، و مبیّن منصوص آثار ایشان، در اوائل قرن بیستم به هنگام بازدید از آمریکا به یک مقام دولت آمریکا نصیحت می‌فرمایند که بهترین راهی که با آن می‌تواند منافع دولت و مردم خود را پیش ببرد آن است که بکوشد به عنوان یک شهروند جهان به استفاده از اصل فدرالیسم، یعنی همان اصلی که زیربنای دولت آمریکا را تشکیل می‌دهد، در روابط بین دولتهای جهان کمک کند.۴۶

طرح بهائی پیش‌بینی می‌کند که این اتحادیهٔ جهانی متشکل از تعدادی از سازمان‌ها، از جمله یک مجلس قانون‌گزاری یا پارلمان جهانی خواهد بود که اعضایش را شهروندان کشورهای مختلف انتخاب و دولت‌های مربوطه تأیید می کنند. این مجلس قانون‌گزاری، در نهایت، تمام منابع همهٔ کشورهای عضو را دراختیار خواهد داشت و قوانین لازمه را برای «تنظیم حیات و رفع حاجات و ترمیم روابط جمیع ملل و اقوام» وضع خواهد نمود.۴۷ آثار بهائی پیش‌بینی می کنند که به این منظور «منابع اقتصادی جهان تحت نظم آید» و از منابع خام آن «بهره‌برداری و استفاده شود» و بازارهایش «توسعه و هماهنگی یابد» و محصولاتش «به طور عادلانه توزیع شود».۴۸ به طور خلاصه هدف آن است که یک اتحادیهٔ جهانی ایجاد شود که بر سراسر کرهٔ زمین حکومت کند و اختیار تامّ روی منابع وسیع آن داشته باشد و نیروهایش را در جهت بهره‌برداری از همهٔ منابع موجود و به نفع تمامی ساکنان آن هدایت به کار گیرد.۴۹ این اتحادیه یک قوهٔ مجریهٔ جهانی را هم در برخواهد گرفت که یک نیروی نظامی بین المللی دائمی را در اختیار خواهد داشت و برای اجرای قوانینی که مجلس قانون گزاری وضع می‌کند، شامل مجموعهٔ واحدی از قوانین بین‌المللی و احکام صادره از دادگاه عالی اختیار تامّ خواهد داشت. این قوهٔ مجریه همچنین از وحدت یکپارچهٔ کلّ ممالک متّحد۵۰ محافظت خواهد کرد. این حکومت فدرالی همان طور که پیشتر از آن سخن رفت یک دادگاه عالی را نیز شامل خواهد بود.۵۱

اما از همه جالب‌تر در مورد این طرح، تأکید آثار بهائی بر این نکته است که رسیدن به این نوع وحدت یکپارچه علامت به‌بلوغ‌رسیدن کلّ نژاد بشری

طرح کلّی یک نظام کارآمد امنیت جمعی

است. این مرحله، آخرین و بالاترین مرحله در پیشرفت جمعی ما در این سیاره است. این اتحادیۀ جهانی که با ظهور یک جامعۀ جهانی، یعنی آگاهی از این که همۀ ما اهل یک عالم و پایه‌گزاران یک فرهنگ و مدنیت واحد جهانی هستیم، پیوستگی دارد، آخرین حدّ در سازماندهی جامعۀ بشری است.۵۲

فصل دوم

آنچه تا به حال ساخته‌ایم

کلید ساختن دنیائی صلح‌آمیزتر و امن‌تر برای خود و فرزندانمان آن است که به جای واکنش‌نشان‌دادن صرف در مقابل بحران‌های پیش‌آمده، مبتکر و پیشتاز باشیم. ما نه تنها باید از آن نظام امنیت جمعی که ضامن آن صلحی است که تشنهٔ آن هستیم، تصوری داشته باشیم، بلکه باید با برآورد دقیق پیشرفت‌هائی که کرده‌ایم و تعیین صحیح ضعف‌های مؤسّسات و سیاست‌های جاری از اشتباهاتمان درس بگیریم. تنها در این صورت است که می‌توانیم تعیین کنیم برای حرکت از نقطهٔ فعلی به سوی نقطهٔ عملی‌شدن طرحمان، برداشتن چه گام هائی لازم است.

روشن است که جهان تا به حال، ولو هر از گاهی و ناآگاهانه، به سوی طرح بهائی پیش رفته است. اما پیشرفت به سوی طرح بهائی منظّم نبوده است. گاهی با یک پرش چند گام به جلو رفته‌ایم و بعد دوباره چند قدم عقب‌نشینی کرده ایم. این نیز روشن است که بیشتر پیشرفتی که در این جهت صورت گرفته است، از روی میل نبوده است. حوادث پیش‌بینی‌نشدهٔ جهانی بشریت را مجبور می‌کنند که با مسئولیت‌های خود رو به رو شود و با پختگی بیشتری واکنش نشان دهد. ما درست مثل یک نوجوان سرکش در مقابل انتخاب‌های روشنی که درد و رنج ما را از بین می‌برد مقاومت می‌کنیم، زیرا ترجیح می‌دهیم به روش های آسودهٔ قدیمی، هرچند که ناتوان و مخرّب باشند، توسّل کنیم. اما با وجود این مقاومت، با هر بخران یا با هر سلسله‌ای از بحران‌های جدید اندکی نرم‌تر می‌شویم و کمی به طرح بهائی نزدیک‌تر می‌گردیم.

از نظر بهائیان تمامی این جریان شاهدی است بر این حقیقت که نقشهٔ اعظم الهی در کار است.۱ خداوند از طریق نیروهای اجتماعی، اقتصادی و سیاسی به بشریت در یادگیری برخی از درس‌های اساسی کمک می‌کند. به بشریت فرصت‌های متعددی برای عمل صحیح داده می‌شود تا سرانجام درس‌های خود را بگیرد، رشد کند و پیش برود. هر بار که در یادگیری کوتاهی کنیم، امتحان تکرار می‌شود ولی هر دفعه سخت‌تر می‌گردد. در روند جریان فعلی امور

بحران‌هائی نظیر نَسل‌کُشی و گسترش سلاح‌های هسته‌ای تکرار می‌شوند، ولی با هر مرتبهٔ تکرار، خطرشان عظیم‌تر می‌شود. این بحران‌ها با توالی شتاب گیرنده‌ای تکرار می‌شوند. تقریباً مانند آن است که دنیا دچار درد زایمان است و منتظر تولّد یک نظام کارآمد امنیت جمعی است.۲

تلاش‌های رهبران جهان درجهت اقدام جمعی

تلاش‌های متعدّدی، به خصوص در پانزده سال اخیر صورت گرفته است تا رهبران جهان برای مشورت و توافق در بارهٔ راه حل برخی از مشکلات ظاهراً لاینحلی که جامعهٔ ملّت‌ها با آنها روبروست، گرد هم آیند. این تلاش‌ها عموماً به هدایت و پشتیبانی سازمان ملل متّحد صورت گرفته است.

برخی از جدیدترین این همایش‌ها ارتباط مخصوصی با موضوع امنیت جمعی دارند. در اوائل سپتامبر سال ۲۰۰۰، سران حکومت و دولت‌های ۱۹۱ کشور عضو سازمان ملل در «کنفرانس سران هزاره» در شهر نیویورک شرکت کردند. شرکت‌کنندگان گرد هم آمدند تا «بر ایمان خود به سازمان و منشور آن به عنوان زیربنای لازم برای ایجاد یک جهان صلح‌آمیزتر، مرفّه‌تر و عادلانه‌تر» تأکید ورزند.۳ در پایان همایش رهبران کشورهای عضو با به تصویب‌رساندن یک سند وظیفهٔ خود را در قبال همهٔ مردم دنیا، به خصوص نسبت به آنهائی که از همه آسیب‌پذیرتر هستند، به رسمیت شناختند و نوشتند که: «مصمّم به استقرار صلحی عادلانه و پایدار در سراسر عالم، مطابق با اهداف این منشور» هستند۴ و «ارزش‌های اساسی» خاصّی را که «برای روابط بین المللی در قرن بیست و یکم اساسی» می‌دانستند، برشمردند.۵ این ارزش‌ها مواردی مانند آزادی، برابری، انسجام، مدارا، احترام به طبیعت و مسئولیت مشترک را در بر می‌گرفت. این رهبران تحت عنوان مسئولیت مشترک، خاطرنشان ساختند که مسئولیت مقابله با تهدیداتی که نسبت به صلح و امنیت جهانی وجود دارد، «باید بین کشورهای جهان تقسیم گردد و این مقابله باید به صورت چندجانبه صورت گیرد»۶ و سازمان ملل باید نقش محوری را در ایفای چنین مسئولیتی به عهده داشته باشد. این رهبران برای دُخول این ارزش‌های مشترک به میدان عمل، اهداف کلیدی چندی را مشخص نمودند. در میان این اهداف رهائی مردم از بلای جنگ، چه جنگ داخلی و چه جنگ خارجی، و از بین بردن خطر ناشی از سلاح‌های کشتار جمعی به چشم می‌خورد.

این کشورها تصمیم گرفتند که چندین گام بردارند. آنها تصمیم گرفتند که با تضمین اطاعت حکومت‌های عضو از تصمیمات دادگاه عدالت بین‌المللی احترام به حاکمیت قانون را در امور بین‌المللی تقویت کنند. آنها موافقت کردند که برای کارآمدترشدن سازمان ملل در زمینهٔ حفظ صلح و امنیت، منابع و ابزار لازم برای جلوگیری از مناقشات، حل صلح‌آمیز اختلافات، پاسداری از صلح و مانند آن را در اختیار این سازمان قرار دهند. همچنین توافق کردند که اجرای معاهدات مربوط به محدود کردن نیروهای نظامی و خلع سلاح، قوانین انسان دوستانهٔ بین‌المللی و حقوق بشر را از سوی احزاب حکومتی‌شان تضمین کنند. صد و نود و یک کشوری که گرد هم آمده بودند تصویب کردند که در مقابل تروریسم بین‌المللی اقدام جمعی کنند و هرچه زودتر با همهٔ معاهدات بین‌المللی مربوطه موافقت نمایند. علاوه بر آن تصویب کردند که برای نابودسازی سلاح های کشتار جمعی، به خصوص سلاح‌های هسته‌ای، بکوشند و به معاملات غیرقانونی تسلیحات کوچک و سلاح‌های سبک خاتمه دهند.

سایر حوزه‌هائی که کشورهای جهان در آنها تصمیم به عمل گرفتند، موضوعات مربوط به توسعهٔ اقتصادی و از بین بردن فقر، حفظ محیط زیست مشترک، حقوق بشر، دموکراسی و حُسن حکومت، حمایت از قشرهای آسیب پذیر، تأمین نیازهای خاصّ آفریقا و تقویت سازمان ملل بود. پس از این کنفرانس، رهبران جهان موافقت کردند که هشت هدف را که قصد دارند تا سال ۲۰۱۵ به آن برسند، به تصویب برسانند. این اهداف عبارتند از پایان‌بخشیدن به فقر و گرسنگی مفرط، رسیدن به تعلیمات ابتدائی اجباری، پیشبرد برابری دو جنس و ترقّی زنان، کاهش میزان مرگ و میر کودکان، بهبود بخشیدن به سلامت زنان، مبارزه با اچ‌آی‌وی/ایدز و مالاریا و سایر بیماری‌ها، تضمین پایداری محیط زیست و ایجاد همکاری بین‌المللی در جهت توسعه.۷ اما همهٔ این اهداف مربوط به توسعه هستند و هیچ کدام ربطی به ایجاد روندی برای امنیّت جمعی ندارند.

هرچند رهبران جهان در کنفرانس سران هزاره به موفقیت‌های بزرگی دست پیدا کردند، اما به همهٔ آنچه که در آثار بهائی پیش‌بینی شده، نرسیدند و آشکارا نتوانستند یک نظام پایدار و کارآمد امنیّت جمعی را برقرار سازند. اول آن که، هرچند اعلامیهٔ هزاره این که «ملّت‌ها و اقوام جهان به طور روزافزونی پیوسته و وابسته شده‌اند» را مورد تشخیص و تأیید قرار می‌دهد،۸ اما باز هم تأکید بیش از حدّی بر تصوّرات سنّتی از حاکمیت ملّی دارد که همان طور که در طرح بهائی تشخیص داده شده است، اکنون مانع پیشرفت به سوی یک نظام امنیّت جمعی حقیقتاً کارآمد است. دوم آن که، اعلامیهٔ هزاره و اهداف آن از

22

پرداختن به برخی از اجزاء امنیّت جمعی که در طرح بهائی عنوان شده و برای موفقیت نهائی حیاتی است، کوتاهی کرده است. برای مثال هیچ نشانه‌ای از نیاز به بازنگری در مرزهای بین کشورها و تعیین روشن آنها در این بیانیه نیست. به همین نحو هرچند از ارزش‌های خاصّی به عنوان ارزش‌هائی که در قرن بیست و یکم دررزمینهٔ روابط بین‌المللی مهمّ هستند، نام برده شده، اما این ارزش ها برخی از اصول اساسی مانند وحدت اقوام و ملل را در بر ندارند. کشورهای جمع‌شده تصمیم گرفتند که مطابق با مواد فصل ۸ منشورسازمان ملل همکاری بین سازمان ملل و سازمان‌های منطقه‌ای را تقویت نمایند، اما به ضرورت ایجاد یک نیروی پلیس یا ارتش دائمی بین‌المللی برای پشتیبانی از تصمیمات صادره از شورای امنیت یا از دادگاه عدالت بین‌المللی نپرداختند. در زمینهٔ کاستن و عدم گسترش سلاح‌های هسته‌ای تصویب کردند که اجرای معاهدات مربوط به محدود کردن نیروهای نظامی و خلع سلاح را از سوی احزاب دولتی تضمین نمایند و در جهت نابودسازی سلاح‌های کشتار جمعی بکوشند، اما هیچ اقدام عینی برای کاهش تولید سلاح برنداشتند. به همین نحو تصویب کردند که اطاعت از تصمیمات دادگاه عدالت بین‌المللی را تضمین نمایند، اما هیچ گام عملی برای ایجاد یک روند به اطاعت واداشتن یا گسترش حکمیت این دادگاه به کشورهای عضوی که نمی‌خواهند از تصمیمات آن پیروی کنند، برنداشتند. از ضرورت این که با ایجاد تغییراتی در نحوهٔ انتخاب قضات این دادگاه بر اعتبار و قابلیت اعتماد آن اضافه شود نیز هیچ ذکری نشد و سرانجام به این موضوع نیز که چگونه باید جامعهٔ بین‌المللی را به سوی یک اتحادیهٔ جهانی هدایت کرد و همچنین به موضوع سپردن برخی از منابع مهم انرژی و منابع مهم دیگر به یک آژانس فراملّیّتی برای استفاده درجهت منافع کل بشریت، توجّه نشد.

با وجود این نقائص، کنفرانس سران را می‌توان مقدمه‌ای بر همایش یا همایش‌های آیندهٔ سران جهان دانست که در آنها می‌توان با صراحت بیشتری به ایجاد یک نظام عملی برای حفظ صلح و امنیت بین‌المللی پرداخت. در واقع از همایش سران هزاره به بعد، رهبران جهان به تدریج ضعف‌های شدیدی را که در درون نظام فعلی امنیت جمعی وجود دارد، مشخّص ساخته و تمایل خاصّی به یافتن راه حل‌های جدید از خود نشان داده‌اند. این به خودی خود گام بلندی در جهت صحیح است، زیرا تنها وقتی پذیرفتیم که دورهٔ مفید بودن برخی نهادها، سیاست‌ها و قوانین گذشته و باید کنار گذاشته شوند، می‌توانیم با موفّقیّت دست به اصلاحات دامنه‌دار در دستگاه حکومت بین‌المللی بزنیم. رهبران جهان با تشخیص نقائصی که در درون نظام جاری وجود دارد میزگردهائی در سطح بالا با شرکت افراد با تجربه و برجسته‌ای که در مشاغل رهبری در سطوح ملّی و

بین‌المللی خدمت کرده بودند تشکیل دادند و به آنها مأموریت دادند که به مطالعه و بررسی بپردازند. دو هیئت از این هیئت‌ها و گزارش‌هائی که تهیه نمودند، به سبب تأثیرات دامنه‌داری که داشتند، از بقیه ممتازند.

میزگرد عالی درمورد عملیات صلح سازمان ملل

میزگرد عالی در بارهٔ اقدامات صلح سازمان ملل که به مناسبت نام رئیس آن لخدر براهیمی،[2] وزیر امور خارجهٔ سابق الجزایر، به کمیسیون براهیمی نیز مشهور است، توسّط دبیر کلّ سازمان ملل، کوفی عنان، در تاریخ ۷ مارس ۲۰۰۰ تشکیل شد.۹ این میزگرد وظیفه داشت که اقدامات مربوط به صلح و امنیت سازمان ملل را به طور کامل مرور کند و توصیه‌های صریح، دقیق و واقع‌بینانه‌ای را در جهت اصلاح به سازمان ملل بدهد، تا به این سازمان در جهت انجام بهتر این اقدامات در آینده کمک کند.۱۰ این میزگرد علاوه بر آقای براهیمی از شخصیت‌های برجستهٔ دیگری از سراسر دنیا تشکیل شده بود که تجربه‌های وسیعی درجلوگیری از مناقشات، حفظ صلح و ایجاد آرامش داشتند. این میزگرد گزارش خود را که به گزارش براهیمی مشهور است در تاریخ ۱۷ آگست ۲۰۰۰ ارائه داد. دبیر کلّ از مجمع عمومی و شورای امنیت خواست که توصیه‌های آن را که وی «گسترده اما منطقی و عملی» و «برای حقیقتاً معتبر ساختن سازمان ملل به عنوان یک عامل صلح، حیاتی»۱۱ توصیف کرد، به سرعت به مورد اجراء گذارند. وی امیدوار بود که این گزارش مورد توجّه رهبران شرکت‌کننده در همایش سران هزاره قرار گیرد تا روند تقویت قابلیت های سازمان ملل را برای مقابله با خطراتی که صلح جهانی را در حال حاضر و در آینده تهدید می‌کنند، آغاز نمایند.

یکی از ملاحظات مهمّ گزارش براهیمی این بود که «سازمان ملل درگیر جنگ نمی‌شود.»۱۲ هر وقت سازمان ملل دریافته است که لازم است دولتی را مجبور به اطاعت کند این عمل را به ائتلافی از دولت‌های داوطلب سپرده و به آنها اختیار داده است که تحت ضوابط فصل ۷ منشور سازمان ملل عمل کنند. گزارش براهیمی همچنین این نکتهٔ مهمّ را خاطرنشان ساخت که سازمان ملل یک نیروی پلیس یا ارتش دائمی برای عملیات میدانی ندارد.۱۳ این میزگرد بر این نکته نیز تأکید نمود که بسیاری از کشورهای عضو با استقرار این نیروی

---

[2] Lakhdar Brahimi

پلیس و ارتش دائمی مخالفت کرده و از داخل‌شدن به تمهیدات قابل اتّکای آماده باش که طبق آن باید نفرات و تجهیزات نظامی و پلیس و سایر کارشناسان غیرنظامی را در صورت درخواست در اختیار سازمان ملل بگذارند، خودداری کرده اند.۱۴

نظام تدارکات آماده باش سازمان ملل متحد[3] (UNSAS) که در اواسط دههٔ نود راه‌اندازی شد تا قابلیت صف‌آرائی سریع سازمان ملل را تقویت کند، هنوز به مرجع قابل اتّکائی از منابع نظامی و پلیسی بدل نشده است. UNSAS اساساً یک پایگاه اطّلاعاتی در مورد نیروی نظامی، پلیس غیرنظامی و امکانات و مهارت‌های غیرنظامی است که دولت‌های شرکت‌کننده در آن متعهّد شده‌اند در صورت درخواست سازمان ملل و با اطلاع قبلی هفتاد تا نود روزه، برای اقدامات مربوط به حفظ صلح در اختیار سازمان ملل قرار دهند. تا سال ۲۰۰۰ که گزارش براهیمی منتشر شد، ۸۷ کشورعضو که در UNSAS شرکت کرده بودند، متعهّد شده بودند که مجموعاً ۱۴۷,۹۰۰ نفر را وارد میدان کنند. از این تعداد، ۸۵,۰۰۰ نفر در واحدهای رزمی نظامی به سر می‌بردند؛ ۵۶,۷۰۰ نفر در موقعیت‌های مربوط به پشتیبانی نیروهای نظامی مشغول بودند و ۱۶۰۰ نفر ناظر نظامی به شمار می‌رفتند. این رقم ۲,۱۵۰ نفر پلیس غیرنظامی و ۲,۴۵۰ نفر کارشناس غیرنظامی را نیز در بر می‌گرفت.۱۵ اما متأسفانه از ۸۷ کشور شرکت‌کننده تنها ۳۱ کشور با سازمان ملل یادداشت‌های تفاهمی امضاء کردند که مسئولیتهای آنان را در قبال سطح آمادگی کارکنانی که در اختیار سازمان می گذاشتند شرح می‌داد. علاوه بر آن یادداشت‌هائی که روی آنها توافق شد، عباراتی را در بر داشت که تعهّدات آنان را مشروط می‌ساخت. این یادداشت‌ها، تحت عنوان حفظ حاکمیت ملّی، به کشورهای شرکت‌کننده اجازه می‌داد که از اجرای تعهّدات خود در مورد دادن آن منابع به درخواست دبیر کلّ و برای عملیات پاسداری از صلح خودداری کنند. بسیاری از کشورهای عضو عملاً به دفعاتی بسیار بیشتر از آنچه که توافق کرده بودند از در اختیار گذاشتن واحدهای مُتِشَکّل نظامی برای عملیات پاسداری از صلح سازمان ملل خودداری می کنند.۱۶ این امر باعث می‌شود که سازمان ملل برای ایفای اساسی‌ترین مسئولیت خود فاقد تجهیزات باشد، مسئولیتی که در واقع اصلاً علت وجودی آن است، یعنی حفظ و بازگرداندن صلح و امنیت به بشریت غارت‌شده از سوی جنگ و ستیز.

---

[3] The United Nations Standby Arrangements system

گزارش براهیمی به وضوح روشن ساخت که سازمان ملل در زمینهٔ تضمین صلح و امنیت به شدّت ناتوان بوده و اگر با نیروئی که برای تبدیل کلام به عمل نیاز دارد، تجهیز نشود همین طور هم خواهد ماند. واقعیت این است که بسیاری از طرف‌های درگیر در جنگ نه احترامی برای محکومیت‌های کلامی شورای امنیت قائلند و نه ترسی از آن دارند. فقط عملیاتی قوی و نیرومند در جهت اجرای تصمیمات شوراست که برای برخی از کشورهائی که تمایل به از بین بردن صلح و امنیت دیگران دارند، قانع کننده است. همان طور که گزارش براهیمی می‌گوید آنچه لازم است «قاطعیت است، نه حرف».۱۷

گزارش براهیمی نقطهٔ عطفی در تحولات اخیری است که در اقدامات جمعی جامعهٔ جهانی رخ داده است. وجود نیروی نظامی و پلیس دائمی عنصر شاخصی را در طرح بهائی برای امنیت جمعی تشکیل می‌دهد. گزارش براهیمی با اقتدار فقدان چنین نیروئی را یکی از مهمّترین مشکلاتی می‌داند که باید قبل از بنای یک نظام کارآمد امنیت جمعی به آنها پرداخت. بنا بر این بدیهی است متفکرانی که در امور بین‌المللی نفوذ دارند، شروع به بازنگری در این ضعف شدّت‌گیرنده در زیرساخت بین‌المللی ما کرده‌اند.

میزگرد عالی در بارهٔ تهدیدها و چالش‌ها و تغییر

در سوم نوامبر سال ۲۰۰۳ میلادی دبیر کلّ سازمان ملل مجمع عمومی را آگاه ساخت که گروهی متشکل از ۱۶ نفر از افراد برجسته از سراسر دنیا را برای خدمت در یک میزگرد عالی در بارهٔ تهدیدها و چالش‌ها و تغییر به ریاست نخست‌وزیر سابق تایلند، آقای آناند پان یاراچان[4] انتصاب نموده است.۱۸ شرایط رجوع به این میزگرد با این کلمات شگرف آغاز گردید که حکایت از وخامت وضعیت صلح و امنیت در دنیای ما دارد: «سال گذشته شالودهٔ امنیت جمعی به لرزه درآمد و اطمینان به‌امکان‌نشان‌دادن واکنش‌های جمعی در مقابل مشکلات و چالش‌های مشترک ضعیف گردید.»۱۹ به این میزگرد مأموریت داده شد که به بررسی چالش‌ها و تهدیدات عمدهٔ فعلی و آتی که صلح و امنیت بین‌المللی را به خطر انداخته بپردازد و نحوهٔ مقابلهٔ سیاست‌ها و مؤسّسات کنونی را با آنها ارزیابی کند و سرانجام توصیه کند که برای فراهم ساختن امنیت مؤثر جمعی در

[4] Anand Panyarachun

قرن بیست و یکم چگونه باید زیرساخت‌های موجود بین‌المللی، از جمله نهادهای اصلی سازمان ملل را تغییر داد.

انگیزۀ تشکیل این میزگرد را حوادث دردناک ۱۲ماهۀ قبل از آن فراهم نموده بود. در بسیاری از کشورها تروریسم یک بار دیگر برای افراد بی‌گناه مرگ و رنج به ارمغان آورده، خشونت د ر خاورمیانه و آفریقا همچنان شدت گرفته و در شبه‌جزیرۀ کُره و سایر نقاط خطر گسترش سلاح‌های هسته‌ای سایۀ شوم خود را بازهم گسترده‌تر کرده بود. معلوم شده بود که بایستی علاوه بر تهدیدات قبلی با تهدیدات جدیدی به صورت ترکیبات تازه و خطرناک (مانند ترکیب تروریسم و سلاح‌های کشتار جمعی) رو به رو شد. همچنین این درک شکل می‌گرفت که همۀ تهدیدات، چه خطرات جانی و عضوی داشته باشند (مانند سلاح‌های کشتار جمعی، تروریسم و جنایت سازمان‌یافته)، چه درد و رنج اقتصادی (مانند فساد مالی و جنایت سازمان‌یافته) و چه مشکلاتی در سلامتی ایجاد کنند (مانند بیماری‌های عالم‌گیر)، همه به یک دیگر پیوسته‌اند. سرانجام معلوم شده بود که ملّت‌های جهان در مورد این که چگونه باید به نحو مؤثری با این تهدیدهای چندگانه مقابله نمود با یک دیگر توافق ندارند. این امر به نوبۀ خود خطر عظیمی ایجاد کرده بود که دبیر کلّ سازمان ملل در سخنرانی سپتامبر ۲۰۰۳ خود خطاب به مجمع عمومی آن را بیان کرده بود: فقدان یک نظام مؤثّر جمعی برای پرداختن به این تهدیدها باعث می‌شد که برخی از کشورها به طور یک‌جانبه یا در ائتلاف‌های موقّتی برای دفاع از خود قیام کنند. چنین رویکردی، با دلیل موجّه یا بدون آن، سرانجام به استفادۀ غیرقانونی از نیرو منجر می‌شد و به تضعیف ساختار نظام بین‌المللی، آن طور که بیش از ۵۰ سال است آن را می‌شناسیم، می‌پرداخت. راه حل مشکل این نبود که صرفاً اقدامات یک‌جانبه را محکوم کنیم، بلکه همان طور که دبیر کلّ اذعان نموده بود باید «مستقیماً با نگرانی‌هائی که باعث می‌شود برخی از دولت‌ها احساس کنند به طور ویژه‌ای آسیب‌پذیر هستند، رو به رو شویم، زیرا این نگرانی‌هاست که آنها را وادار به اقدامات یک‌جانبه می‌کند». وی با این جمله نتیجه‌گیری کرده بود که «ما باید نشان بدهیم که می‌توان با اقدام جمعی به نحو مؤثری این نگرانی‌ها را برطرف نمود و این کار انجام خواهد شد.»[۲۰]

دبیر کلّ با بیان این باور خود که بشریت به دوراهی رسیده و در زمان حاضر می‌تواند به اندازۀ سال ۱۹۴۵، که در آن سازمان ملل بنیاد نهاده شد، سرنوشت‌ساز باشد، به سخنان خود ادامه داده بود. مسئله‌ای که باید حل می‌شد این بود که آیا برای ما امکان دارد که بر اساس همان قوانینی که درسال ۱۹۴۵ برای ادارۀ روابط بین‌المللی تنظیم شده و با همان مؤسّساتی که برای امن‌تر

ساختن دنیا ایجاد گشته بود، ادامه بدهیم یا «تغییرات اساسی لازم است». وی ادامه داده بود که: «ما نباید از سئوالات مربوط به کفایت و کارآئی مقررات و ابزاری که در اختیارمان قرار دارد، پرهیز کنیم.» بلکه برعکس، زمان آن فرا رسیده که نگاهی جدی به مباحث اساسی حقوقی و همچنین تغییرات ساختاری که احتمالاً برای پرداختن به آنها لازم است، بیندازیم.

گزارش این میزگرد، تحت عنوان یک دنیای امن‌تر، مسئولیت مشترک ما۲۱ که به گزارش آنانِد نیز مشهور است، در دسامبر سال ۲۰۰۴ منتشر شد. این میزگرد از دامنهٔ وسیعی از منابع شامل دولتها، کارشناسان دانشگاهی و سازمان‌های اجتماعی غیرنظامی کمک گرفته بود. ترکیب خود این میزگرد هم متنوع بود. همان طور که دبیر کلّ سازمان ملل متّحد اشاره کرد این که چنین گروه متنوعی بتواند در مورد اختلاف‌آفگنانه‌ترین مباحث در میان اقوام و ملل به اتّفاق نظر برسد و بتواند به توصیه‌هائی دوراندیشانه و در عین حال قابل اجراء دست پیدا کند، امید می‌داد که کشورهای دنیا هم می‌توانند همین کار را بکنند و به نام «ملل متّحد»۲۲ معنای تازه‌ای ببخشند. این گزارش بی‌نهایت مهمّ است و به خصوص در سایهٔ طرح بهائی برای امنیت جمعی ارزش آن را دارد که دقیقاً مطالعه و اجراء شود.

این گزارش در ابتدا به این واقعیت اعتراف و بر آن تأکید می‌کند که دنیای ما به نحو بی‌سابقه‌ای به هم پیوسته و تهدیدهائی هم که با آنها رو به رو هستیم به هم پیوسته‌اند. علاوه بر آن، این تهدیدها به گونه‌ای است که هیچ ملّتی نمی تواند امیدوار باشد که بتواند به تنهائی از عهدهٔ آنها برآید. همهٔ ما متقابلاً آسیب پذیر هستیم، چه کشور ما ضعیف باشد، چه قدرتمند، چه کوچک باشد و چه بزرگ. همهٔ کشورها برای امنیت خود احتیاج به همکاری سایرین دارند.۲۳ در واقع اگر قرار باشد به خوبی با این تهدیدات مقابله کنیم، چیزی که به آن نیاز داریم مؤسّسات، تدابیر جمعی و سیاست‌های مشترک و یک حس مسئولیت مشترک است.۲۴ نظریهٔ محوری این گزارش این است که به یک نظام جامع امنیت جمعی که با نگرانی‌های امنیتی همهٔ کشورها مقابله کند، نیاز داریم. اما اولین گام آن است که به یک شناخت مشترک از این تهدیدها برسیم، زیرا اغلب اتفاق می‌افتد که گروهی از کشورها تهدیدهای خاصّی را تهدیداتی جدی نسبت به صلح جهانی نمی‌دانند. در نتیجه، برای مثال همهٔ ملّت‌ها توافق ندارند که ویروس HIV/AIDS تهدیدی نسبت به صلح این سیاره است. به همین صورت کشورهائی هستند که باور ندارند تروریسم تهدیدی نسبت به صلح و امنیت این سیاره است.۲۵ متأسفانه تا به حال این مکان زندگی ما و نیز میزان

ثروت و قدرت ما بوده که تعیین کرده چه چیزی را تهدیدی واقعی یا جدی بدانیم.

این گزارش می‌گوید لازم است در مورد مسئولیت مشترکی که در قبال امنیت یک دیگر داریم به توافق نظر جدیدی برسیم. آنچه که این گزارش نمی‌گوید، اما در نتیجه‌گیری‌اش مستتر است این واقعیت است که همهٔ ما از یک نژاد هستیم. حقیقت این است که اگر در ابتداء نپذیریم که همه یکی هستیم و هیچ ملّت و قومی نباید به دیگران فخر بفروشد، رسیدن به توافق نظر در بارهٔ مسئولیت مشترک دشوار می‌شود. نهایتاً، فقط زمانی که حقیقتاً این اصل وحدت را به عنوان زیربنای روابط بین کشورها و ملّت‌ها پذیرفتیم، می‌توانیم تهدید نسبت به یکی را تهدید نسبت به همه بدانیم و صرفاً به این علّت که معتقدیم تهدیدی بر ما تأثیر فوری ندارد، جدی‌بودن آن را انکار نکنیم. فقط زمانی که خود را اعضای یک هیکل واحد بشری بدانیم است که برای دفاع از عضوی که مورد تهدید قرار گرفته دست به دست هم می‌دهیم. در واقع تنها با قبول این اصل اساسی در روابط بشری است که به احساس مسئولیت مشترک و محبّت حقیقی که جهان تشنهٔ آن است و به جای حرف‌های توخالی به عمل می‌انجامد، دست می‌یابیم. راه دیگری که مدّت‌هاست آن را تجربه کرده‌ایم این است که هر کشوری فقط مواظب خودش باشد، بی‌اعتمادی حاکم باشد و برای رسیدن به منافع مشترک بلندمدّت با یکدیگر همکاری نکنیم.

هرچند این گزارش صراحتاً اذعان دارد که رویکردها، سیاست‌ها و نهادهای خاصّی باید تغییر کنند، اما برعلیه ایجاد تغییری که صرفاً فقط برای ایجاد تغییر صورت گرفته باشد، هشدار می‌دهد. تغییر باید از نوعی باشد که به ما کمک کند با خطراتی که امروزه با آنها مواجه هستیم مقابله کنیم. مهم‌ترین تغییری که لازم است صورت گیرد در برداشت ما از معنای اقتدار ملّی است. این گزارش چنین می‌گوید که جدا از تصوّراتی که به هنگام امضای عهدنامهٔ وستفالی و استقرار نظام نوین حکومت ملّی در بارهٔ اقتدار ملّی رایج بود، امروزه مفهوم اقتدار ملّی با تعهّد حکومت به حمایت از سعادت مردم خود و تعهّد نسبت به جامعهٔ بین‌المللی در کلّ همراه است. علاوه بر آن برای داشتن یک نظام کارآمد امنیت جمعی لازم است که هر وقت دولتی نخواهد یا نتواند به مسئولیت‌هایش در قبال حمایت از مردم خود و آسیب‌نرساندن به همسایه‌هایش عمل کند، جامعهٔ بین‌المللی این مسئولیت‌ها را بپذیرد.۲۶ این گزارش پس از گفتن این مطلب تأکید می‌کند که موفقیت یک نظام کارآمد امنیت جمعی بستگی به کارآئی و قدرت دولت‌هائی دارد که نظام بین‌المللی را تشکیل می‌دهند، زیرا دولت‌ها خط اوّل مقابله با خطرات امروزی را تشکیل می‌دهند. بنا بر این باید

سعی کنیم که توانائی آنها را برای انجام مسئولیت‌های حکومتی‌شان تقویت کنیم.۲۷ این گزارش همچنین توصیه می‌کند که باید ضعف‌های نهادین خاصی رفع شوند تا بتوانیم با کارآئی نسبت به تهدیدهای جاری واکنش نشان بدهیم. برای مثال لازم است شورای امنیت ابتکار عمل بیشتری داشته باشد و قابلِ اعتمادتر، معتبرتر و فراگیرتر باشد. لزوم شدیدی هم وجود دارد که مجمع عمومی سازمان ملل به جای درگیر شدن در موضوعات ریز یا مباحثی که ربطی به مشکلات جاری ما ندارند و فقط وقت را تلف می‌کنند، روی ضروری ترین مباحث روز تمرکز کند.۲۸

نکتهٔ مهمّ دیگری که در این گزارش به آن اشاره شده این است که جامعهٔ بین‌المللی باید سریعاً، قاطعانه و به طور دسته‌جمعی برای انجام وظائفی که در مورد حمایت از اعضایش درمقابل تهدیدات به عهده دارد عمل کند، به خصوص درمقابل تهدیداتی که به کشتارهای وسیع یا به تضعیف دولت‌ها به عنوان واحدهای سازندهٔ نظام بین‌المللی منجر می‌شوند.۲۹ در بسیاری از موارد، نظیر رواندا، اقدامات مربوطه خیلی دیر، یا نظیر سودان، با بی‌میلی صورت گرفته است. علاوه بر آن یک نظام قابل اعتماد امنیت جمعی باید مؤثّر، کارآمد و عادلانه باشد.۳۰ این گزارش، مانند آثار بهائی، این اصل اساسی را تشخیص می‌دهد که مواردی هست که در آنها ایجاد مؤثر امنیت جمعی مستلزم استفاده از نیروی نظامی است.۳۱ اما برای این که این به‌اطاعت‌واداشتن با قوت صورت بگیرد، جامعهٔ بین‌المللی باید منابع نظامی لازم را به صورت نفرات و تجهیزات در اختیار داشته باشد. این گزارش بر ضرورت این که همهٔ اعضای جامعهٔ بین المللی کوشش بیشتری نمایند تا چنین منابعی را برای سازمان ملل فراهم سازند، تأکید دارد. تا به حال بیشتر تصمیمات مربوط به استفاده از نیروی نظامی متّکی به نیروهای چندملّیّتی بوده است، و سازمان ملل حقّ استفاده از نیروی نظامی برای برقرارکردن صلح را، به جای کلاه‌آبی‌های سازمان ملل، که تحت فرمان مستقیم خود سازمان هستند، به آنها واگذار می‌کرده است. نیروهای اخیر بارها وقتی شرایط مقتضی پاسداری از صلح بوده، و نه مداخلهٔ نظامی برای بازگرداندن صلح، وارد میدان شده‌اند. به عبارت دیگر، آنها وقتی وارد میدان شده‌اند که طرفین درگیر با حضور آنها مثلاً برای نظارت بر آتش‌بس موافقت کرده بوده‌اند. اما حال زمان آن فرارسیده است که مانند مأموریت‌های مربوط به پاسداری از صلح برای مأموریت‌های کامل استقرار صلح که در آنها از نیروی نظامی استفاده می‌شود هم نفرات و تجهیزات لازم برای سازمان ملل فراهم گردد. یکی از راه‌های رسیدن به این هدف تشویق ایجاد پایگاه‌های پاسداری از صلح منطقه‌ای است که در اختیار سازمان ملل قرار گیرند، به شرط

آنچه تا به حال ساختهایم

آن که این کار برای افزودن بر مجموع پاسداران صلح صورت گیرد و نه کاستن از آن. پاسداران صلح همان سپاهی هستند که سازمان ملل نیروهای کلاه‌آبی مورد نیاز خود را از آن تأمین می‌کند.

یکی از اظهارات صادقانهٔ این گزارش آن است که ما با عدم رعایت عدالت در به‌کارگیری نظام فعلی امنیت جمعی، اعتبار آن را خدشه‌دار کرده‌ایم. بسیار پیش آمده است که جامعهٔ بین‌المللی در پاسخ به خطراتی که امنیت جهانی را تهدید می‌کرده، بسته به این که افراد ذی‌نفع چه کسانی هستند، کجا هستند، و منابع یا ارتباطشان با قدرت‌های بزرگ چیست، با تبعیض عمل کرده است. یکی از تضادهائی که این میزگرد ما را دعوت به بررسی آن می‌کند، تضادی است که بین پاسخ سریع به حملات ۱۱ سپتامبر به نیویورک و واشنگتن و پاسخ به حوادث بسیار مرگبارتری وجود دارد که از آوریل تا اواسط جون ۱۹۹۴ در رواندا اتفاق افتاده بود. آن کشور به مدت ۱۰۰ روز، روزانه معادل سه حملهٔ ۱۱ سپتامبر را تجربه کرد. با وجود این وقایع وحشتناک، واکنش شورای امنیت آن بود که بیشتر نیروهای پاسدار صلح خود را، درحالی که دو هفته بود نَسل کُشی ادامه داشت، از آن کشور بیرون بکشد. تقریباً یک ماه دیگر طول کشید تا مقامات سازمان ملل این وقایع وحشتناک را به نام واقعی‌اش نَسل‌کُشی خواندند. علاوه بر آن وقتی سرانجام یک مأموریت جدید به تصویب رسید، کشورهای اندکی حاضر به اعزام سرباز شدند و زمانی که بالاخره این گروه وارد میدان شد، نَسل‌کُشی به خودیِ خود تمام شده بود. به همین شکل، پاسخ نهادهای بین‌المللی ما به نقض گستردهٔ حقوق بشر در منطقهٔ دارفور سودان فوق العاده کُند بوده است.۳۲

جالب است که گزارش مربوطه این را نیز خاطرنشان می‌کند که از وقتی که جنگ سرد بین ایالات متّحده و اتّحاد جماهیر شوروی تمام شده، شورای امنیت به طور روزافزونی فعال و حاضر به استفاده از نیروهایش بر اساس فصل ۷ منشور سازمان بوده است. این امری است که به نحو نمایانی موازنه را از استفادهٔ یک‌جانبه از نیروی نظامی به سود استفادهٔ مصوّب جمعی از آن تغییر داده است. این امر اخیراً به این انتظار و پیدایش این هنجار منجر شده است که شورای امنیت باید تعیین‌کنندهٔ استفاده از نیروی نظامی باشد.۳۳ با این حال این گزارش، با دادن هشدار بر علیه هرج و مرج، بر ضرورت توافق عمومی روی قوانینی تأکید می‌کند که باید بر تصمیم‌گیری‌های مربوط به مداخلهٔ نظامی حاکم باشند.۳۴ به عبارت دیگر، یک تفاهم عمومی در بارهٔ این که استفاده از نیروی نظامی چه موقع از نظر اخلاقی و قانونی موجّه و مبنی بر شواهد محکم می‌باشد، لازم است.۳۵ این گزارش به درستی اشاره می‌کند که

یک نمایش قدرت، اگر به اندازهٔ کافی زود و زمانی صورت گیرد که هنوز تنش ها در حال بالاگرفتن هستند و به شروع تمام‌عیار درگیری منجر نشده‌اند، اغلب متجاوزین بالقوه را منصرف می‌کند و در عین حال طرفینِ جویای راه حل‌های صلح‌آمیز را اطمینان می‌بخشد.۳۶

این گزارش به همین منوال شرح می‌دهد که چگونه دادگاه جنائی جدید بین المللی می‌تواند مانع برخی از موارد نقض صلح بشود. این گزارش توصیه می کند که شورای امنیت، با استفاده از قدرتی که تحت مجموعهٔ قوانین رُم دارد، موارد را به این دادگاه رجوع دهد.۳۷ قوانین رُم همان قوانینی است که این دادگاه را ایجاد کرده است. عجیب است که این گزارش تقویت دادگاه عدالت بین المللی را توصیه نمی‌کند. این کار می‌تواند به خصوص با گسترش حوزهٔ قضائی این دادگاه صورت گیرد تا حکمیتش در مورد همهٔ اختلافات مابین کشورها اجباری شود. این گزارش به اهمیت ایجاد یک نیروی نظامی بین‌المللی برای اجرای تصمیمات دادگاه عدالت بین‌المللی نیز توجهی نمی‌کند.

حوزهٔ مهمّی که این گزارش وارد آن نمی‌شود نقشی است که جنگ بر سر منابع طبیعی در از بین بردن صلح و امنیت جهانی دارد. نمونه‌های این امر را می‌توان در جنگهائی یافت که سیرالئون، آنگولا و جمهوری دموکراتیک کنگو را ویران کرد. این گزارش توصیهٔ خوبی برای مقابله با این مشکل ارائه می دهد: پیشنهاد می‌کند که از کمیسیون حقوق بین‌الملل[5] (ILC) خواسته شود که قوانینی را برای استفاده از منابع فراملّیّتی، نظیر آب و نفت و گاز تدوین کنند.۳۸ همچنین پیشنهاد می‌کند که سازمان ملل به دولت‌های ضعیف در زمینهٔ ادارهٔ منابع طبیعی خود کمک کند تا از بروز جنگ در آینده جلوگیری شود.۳۹ این گزارش آنقدر پیش نمی‌رود که ضرورت این که یک مؤسّسهٔ فراملّیّتی منابع خاصّی را در اختیار خود بگیرد، تشخیص دهد.

حوزهٔ کلیدی دیگری که این گزارش با مقداری تفصیل به آن می‌پردازد ضرورت محدود کردن تولید سلاح‌های مختلف است، از سلاح‌های کوچک و سلاح‌های سبک از یک سوی طیف گرفته تا سلاح‌های کشتار جمعی یعنی سلاح های هسته‌ای، زیستی و شیمیائی در سوی دیگر طیف. این گزارش در ارتباط با سلاح‌های کوچک با استفاده از دفتر ثبت سلاح‌های متعارف سازمان ملل که در سال ۱۹۹۱ ایجاد شده، خواهان شفافیت روزافزون سلاح‌های متعارفی است که کشورهای عضو دارند و به دست می‌آورند. تحت این نظام اعضاء هر ساله سلاح‌های متعارفی که خرید و فروش کرده‌اند، به علاوهٔ سلاح‌هائی که در

International Law Commission [5]

اختیار دارند، و همچنین نظریه‌ها، سیاست‌ها و تدابیر دفاعی خود را به سازمان ملل اعلام می‌کنند. متأسفانه این اعلام‌های سالانه کاملاً اختیاری است. اعلام هائی که انجام گرفته ناقص، بی‌موقع و نادرست بوده است. در مورد گسترش سلاح‌های هسته‌ای، نظام معاهدات بین‌المللی حاکم بر آن نزدیک به سقوط است. این سقوط در کشف غافل‌گیرانهٔ این واقعیت که چندین کشور، از جمله عراق، کُرهٔ شمالی و لیبی، هر کدام سال‌هاست روی برنامهٔ محرمانهٔ سلاح‌های هسته ای خود کار می‌کنند، در ناتوانی مداوم این نظام از مقابله با نقض معاهده از سوی کرهٔ شمالی و ایران و همچنین در تمایل اخیر ایالات متّحده به شروع همکاری با هند در زمینهٔ فن‌آوری هسته‌ای غیرنظامی بازتاب یافته است. هند کشوری است که سرسختانه از پیوستن به معاهدات مربوط به عدم گسترش سلاح‌های هسته‌ای خودداری کرده است. برای ساختن یک نظام جدید و کارآمد امنیت جمعی توجّه به سلاح‌های متعارف و سلاح‌های کشتار جمعی هر دو اهمیت اساسی دارد. بنا بر تشخیص این گزارش، لازم است مؤسّسات بین المللی مربوطه، مانند آژانس بین‌المللی انرژی اتمی و سازمان منع سلاح‌های شیمیائی همکاری نزدیک‌تری با شورای امنیت داشته باشند و همچنین نظام‌های بازرسی، دیده‌بانی و رسیدگی به طور عمده‌ای تقویت شوند. این مشکل نیز وجود دارد که باید از امنیت ذخائر موجود تسلیحاتی و عدم دسترسی تروریست ها یا کسان دیگری که ممکن است از آنها سوءاستفاده کنند، اطمینان حاصل شود. این گزارش از این توصیه بازمانده است که هر کشور مجاز باشد فقط تعداد مشخّصی سلاح که برای حفظ نظم داخلی آن لازم است نگه دارد و نه بیشتر. این امر یکی از عناصر کلیدی طرح بهائی برای ایجاد یک نظام کارآمد امنیت جمعی است.

کار میزگرد عالی در بارهٔ تهدیدها، چالش‌ها و تغییر، حاکی از جهش آشکاری در تفکّر عمومی در بارهٔ نظام امنیت جمعی است، نظامی که در این مرحله از تاریخ برقراری صلح را بر روی سیارهٔ ما تضمین می‌کند. این گزارش به بسیاری از اصول و عناصری که در آثار بهائی مشخّص شده به عنوان عناصری اساسی برای یک نظام عملی امنیت جمعی می‌پردازد و به وضوح می‌کوشد که دنیا را، هرچند ناآگاهانه، به سوی طرحی که حضرت بهاءالله به ما ارائه فرموده‌اند، حرکت دهد. هرچند این گزارش همهٔ عناصر طرح بهائی برای امنیت جمعی، مانند ضرورت بازنگری در مسئلهٔ مرزها و تعیین مجدّد قطعی و نهائی آنها را در بر نمی‌گیرد، اما با این حال حاکی از یک تغییر جهت عظیم فکری است که عاقلانه است ملّت‌ها از آن استقبال کنند. سئوالی که باقی می‌ماند این است که چقدر طول می‌کشد تا جامعهٔ بین المللی

توصیه‌های این میزگرد را عملی سازد. هرچند همهٔ اعضای این میزگرد اعضای برجستهٔ جامعهٔ بین‌المللی بودند، اما از جایگاه فردی خود عمل می‌کردند و نه از طرف دولت‌های خود. بسیاری از افکار ارائه‌شده در این گزارش برای دبیر کلّ سازمان ملل متّحد قانع‌کننده بود و وی در گزارش خود به مجمع عمومی سازمان ملل از این گزارش استفاده‌های زیادی کرد.

«در آزادی بیشتر»

گزارش دبیر کلّ تحت عنوان «در آزادی بیشتر»،[6] (ILF)، که مورّخ مارس ۲۰۰۵ بود،۴۰ به بررسی پیشرفت‌های جامعهٔ بین‌المللی در اجرای اعلامیهٔ هزاره پرداخت و برنامهٔ بُلندپروازانه‌ای را برای اصلاح سازمان ملل پیشنهاد نمود. دبیر کلّ امیدوار بود که رهبران جهان این پیشنهادها را در همایش سرانی که در سپتامبر ۲۰۰۵ تشکیل می‌شد بپذیرند و «نهادهای منطقه ای و جهانی میان دولتی چابک و کارآمدی برای بسیج و هماهنگ‌کردن عمل جمعی» ایجاد کنند.۴۱ به اعتقاد دبیر کلّ این توصیه‌ها در ماه‌های بعدی هم اهمّیّت حیاتی داشتند و هم قابل دستیابی بودند.

گزارش ILF با بازگو کردن موضوع وابستگی جهانی که حال به مضمون آشنائی در این گزارش‌ها تبدیل شده است، شروع می‌شود. دبیر کلّ می‌نویسد: «هیچگاه در تاریخ بشر سرنوشت همهٔ مردان، زنان و کودکان در سراسر جهان چنین در هم تنیده نبوده است. ما هم به سبب الزامات اخلاقی و هم به سبب منافع عینی به هم پیوسته‌ایم.»۴۲ وی می‌گوید: «بندهای منافع مشترک و انگیزه های ناشی از انسانیت مشترک ما، هر دو» باید کشورهای جهان را در تلاش برای رسیدن به اتّفاق نظر در بارهٔ یک روند اقدام جمعی به یکدیگر بپیوندند، اتّفاق نظری که بسیاری ازحوزه‌ها تشنهٔ آن هستند.»۴۳ وی با بیان این باور به سخنان خود ادامه می‌دهد که لازم است همهٔ ملّت‌ها به همکاری بین‌المللی وسیع، عمیق، و پایدار دست یابند، نوعی همکاری که فقط وقتی ممکن است که همهٔ کشورها در سیاست‌های خود نه تنها نیازهای شهروندان خود، بلکه نیازهای سایرین را هم به حساب آورند.۴۴ لحظه‌ای تفکر در این کلمات و نظرات آشکار می‌سازد که وی عملاً از اصل وحدت بشر حضرت بهاءالله سخن می گوید، اصلی که برای تحقق آن لازم است ملل عالم خود را اعضای یک هیکل

[6] 'In Larger Freedom'

بدانند. آنچه که به کلّ یک هیکل منفعت می‌رساند، مسلماً به نفع همهٔ اعضای آن نیز هست.

دبیر کلّ همچنین در بارهٔ نیاز به اصول و اولویت‌های مشترک سخن می گوید.۴۵ وی می‌گوید که باید سازمان ملل متّحد را که در سال ۱۹۴۵، در جهانی بسیار متفاوت ایجاد شده به نحوی که قبلاً تصور آن هم نمی‌شده و با صراحت و سرعتی که قبلاً سابقه نداشته چنان تغییر شکل دهیم که از عهدهٔ نیازها و شرایط قرن بیست و یکم برآید. وی مصرّانه از ما می‌خواهد که: «در این لحظهٔ سرنوشت‌ساز در تاریخ، بُلندپَرواز باشیم.»۴۶

گزارش ILF ضمن پرداختن به موضوع امنیت جمعی خاطرنشان می‌کند که با این که همهٔ ما وجود خطر شدیدی را احساس می‌کنیم، اما نتوانسته‌ایم حتی به یک اتّفاق نظر کلّی در بارهٔ این که چگونه باید با این خطر مقابله کنیم، برسیم و هر کوشش و اقدامی که می‌کنیم مالامال از اختلاف و تضادّ است. بنا بر این گزارش، امروزه امنیت جمعی بسته به پذیرش این حقیقت است که خطری که یک منطقه از جهان برای خود از همه فوری‌تر می‌داند، در واقع برای بقیه هم همین قدر فوری است.۴۷ این گزارش همچنین نیاز به نظارت بهتر و اجرای قوی‌تر را تشخیص می‌دهد و به همین منظور از دولت‌ها می‌خواهد نیروهای استراتژیک ذخیرهٔ نظامی ایجاد کنند تا در اختیار سازمان ملل قرار گیرد و بتواند به هنگام نیاز وارد میدان شود. این گزارش همچنین تشکیل نهادهای منطقه‌ای با پایگاه‌های ذخیرهٔ نظامی را تأیید و تشویق می‌کند و ایجاد نظامی را پیشنهاد می‌دهد که همکاری سازمان ملل با این گروه‌ها را ممکن سازد.۴۸ اما داشتن سپاه کافی کفایت نمی‌کند. باید در این باره که کی و چگونه جامعهٔ بین المللی می‌تواند برای دفاع از صلح و امنیت جهانی از نیروی نظامی استفاده کند، توافق نظر وجود داشته باشد.۴۹ این موضوع در میان ملّت‌ها موضوعی بسیار اِختلاف‌بَرانگیز بوده و اگر با توافق حل نشود همین طور هم باقی خواهد ماند. به همین سبب دبیر کلّ تصویب قطع‌نامه‌ای با اصول و خطوط راهنمای لازم را به شورای امنیت توصیه می‌کند تا به هنگام تصمیم‌گیری در بارهٔ دادن فرمان مداخلهٔ نظامی یا تفویض اختیار برای استفاده از نیروی نظامی مورد مراجعهٔ شورا قرارگیرد.۵۰

یکی از اصولی که دبیر کلّ از آن حمایت می‌کند، اصل «مسئولیت جمعی برای دفاع» است. مسئولیت دفاع در درجهٔ اول و بیش از همه به عهدهٔ تَک تَک کشورهاست و به معنای دفاع از حقوق بشر و سعادت و سلامت شهروندان هر کشور، به خصوص در مقابل نَسل‌کُشی، تصفیهٔ نژادی، جنایات جنگی و جنایت بر علیه بشریت می باشد. همین که معلوم شود مقامات ملّی نمی‌توانند یا

نمی‌خواهند از شهروندان خود در قبال این فجایع دفاع کنند، این مسئولیت به جامعهٔ بین‌المللی محوّل می‌شود که با تمام وسایلی که دراختیار دارد، از جمله عملیات قاطع و سریع نظامی از سوی شورای امنیت و تحت اختیاراتی که در فصل ۷ منشور سازمان به آن شورا تفویض شده از مردم غیرنظامی دفاع کند.۵۱ اصل دیگری که این گزارش به اختصار به آن می‌پردازد، ضرورت اجرای قانون به طور یکسان و مداوم است. دبیر کلّ می‌گوید که ما باید اجرای دل‌بخواهی و انتخابی قوانین بین‌المللی خود را که باعث به‌هم‌خوردن بی‌نتیجهٔ آرامش می‌شود، کاهش دهیم.۵۲ در واقع اجرای نابرابر این قوانین به خدشه‌دار شدن اعتبار این نظام در کلّ انجامیده است. این که قوانین ما به درستی و به تساوی اجرا شوند ، اهمیت حیاتی دارد.

گزارش ILF به تفصیل به ضرورت احیای زیرساخت‌های چندجانبه برای مقابله با تهدیدات سلاح‌های هسته‌ای و بیولوژیکی و شیمیائی می‌پردازد.۵۳ این گزارش ضمن تصدیق نقشی که تا به حال این زیرساخت‌ها در پیشبرد خلع سلاح و جلوگیری از گسترش این سلاح‌ها در میان کشورها داشته‌اند، تأیید می‌کند که این زیرساخت‌ها به سرعت در حال فرسودگی‌اند.۵۴ این گزارش چند پیشنهاد ارائه می‌کند. جامعهٔ بین‌المللی باید تنش‌هائی را که در ریشهٔ مشکلات جاری مربوط به گسترش سلاح‌های هسته‌ای وجود دارد، به خصوص تنش بین خواست انرژی ارزان هسته‌ای از یک سو و خواست احتراز از گسترش سلاح‌های هسته ای از سوی دیگر، را حل کند. قدرت رسیدگی و کنترل آژانس بین‌المللی انرژی اتمی باید تقویت شود. دولت‌ها باید انگیزه‌هائی پیدا کنند که در قبال دریافت مقدار تضمین‌شده‌ای از سوخت لازم برای استفاده‌های صلح‌طلبانه از انرژی هسته‌ای، داوطلبانه از ظرفیت‌های غنی‌سازی اورانیوم و جداسازی پلوتونیم خود چشم پوشی کنند. این گزارش همچنین توصیه می‌کند که شورای امنیت در همهٔ موارد مربوط به خطرات هسته‌ای، شیمیائی، و بیولوژیکی اطّلاعات بیشتری داشته باشد. اما در هیچ کجای این گزارش حتی اشاره‌ای هم به این نشده که می توان شمارهٔ سلاح‌هائی که هر کشور مجاز به داشتن آن است را به سطح لازم برای حفظ نظم در داخل مرزهایش و نه بیشتر، محدود ساخت. جامعهٔ بین‌المللی هنوز تا رسیدن به این توصیهٔ ساده ولی دامنه‌دار حضرت بهاءالله فاصله دارد.

گزارش ILF تأیید می‌کند که باید با تشویق مشارکت بین‌المللی در معاهدات چندجانبه به تقویت حاکمیت قانون پرداخت. بَرخلاف گزارش میزگرد، این گزارش نقش محوری را که دادگاه عدالت بین‌المللی با صدور حکم در بارهٔ اختلافات میان کشورها در نظام جهانی بازی می‌کند، تشخیص می‌دهد و توصیه می‌کند که کار این دادگاه تقویت گردد. یک راه این است که کشورها درصورتی

که هنوز چنین کاری را نکرده‌اند، وادار به تصدیق حکمیت اجباری این دادگاه شوند. گزارش ILF همچنین توصیه می‌کند که از توانائی‌های مشورتی این دادگاه استفادهٔ بیشتری شود.۵۵ اما گزارش ILF تا آنجا پیش نمی‌رود که توصیه کند اجرای حکم این دادگاه برای همهٔ کشورها اجباری باشد یا همان طور که در پیشنهادهای حضرت بهاءالله برای امنیت جمعی آمده، در صورت لزوم تصمیمات این دادگاه از سوی یک نیروی نظامی پشتیبانی گردد.

گزارش ILF تشخیص می‌دهد که بسیاری از هیئت‌های مربوط به معاهدات بین‌المللی به واسطهٔ کوتاهی تعدادی از کشورها از تسلیم به موقع گزارش‌های لازمه لطمه خورده‌اند. علت این امر به نوبهٔ خود تا حدّی تکراری‌بودن موارد گزارشات بوده است. گزارش ILF توصیه می‌کند که اصولی کلّی برای هماهنگ‌کردن گزارشاتی که باید به هیئت‌های مربوط به معاهدات مختلف تسلیم شوند، ایجاد شود تا همه بتوانند به صورت یک نظام یک‌پارچه عمل نمایند.۵۶ علاوه بر آن، برنامه‌ها، صندوق‌ها و آژانس‌های چندوجهی که اختیارات و وظائف تکراری یا تداخل قابل توجّهی با یک دیگر دارند باید تجدید سازمان شوند تا موارد تداخل حذف و بقیه به صورت مجموعه‌هائی با مدیریت منسجم گروه‌بندی شوند.۵۷

گزارش ILF به مسئلهٔ اصلاحات سازمانی در درون سازمان ملل متّحد نیز می‌پردازد و بر این ضرورت تأکید می‌ورزد که مجمع عمومی به جای عَقب‌گرد به سوی کلّیّات و کوتاهی در زمینهٔ اقدام، روی مسائل عمدهٔ روز شور کند.۵۸ این گزارش همچنین تأکید دارد که شورای امنیت فراگیرتر و در نتیجه معتبرتر گردد و نحوهٔ عمل خود را کارآمدتر و شفاف‌تر سازد.۵۹ اما این گزارش تا آنجا پیش نمی‌رود که خواهان لغو حق وتو از پنج عضو دائمی شورای امنیت گردد.

مرور بر همایش سران هزاره و «سند نتیجه»

در فاصلهٔ بین انتشار گزارش ILF و همایش جهانی سران که در سپتامبر ۲۰۰۵ برگزار شد، مشاجرهٔ جامعهٔ بین‌المللی در بارهٔ گزارش دبیر کلّ و پیشنهادهای دامنه‌دار آن و نگرانی در بارهٔ این که این جامعه تا کجا حاضر است پیش برود، بالا گرفت. بسیاری از مسائلی که در مقابل رهبران ما قرارداشت، بَحث‌بَرانگیز از کار درآمد و نگرانی از هر سو فزونی یافت. بسیاری از کشورها حاضر نبودند فراتر از منافع تنگ‌نظرانهٔ ملّی را ببینند و یا سازش‌های

لازم را به نفع منفعت جمعی اجراء دارند. برعکس، پافشاری نمودند و حاضر نبودند مواضعی را که برای منافع خود حیاتی می‌دانستند ترک کنند. همین طور که زمان پایان همایش نزدیک می‌شد این نگرانی به وجود می‌آمد که جامعهٔ بین المللی نتواند روی پیش‌نویس نهائی سندی که بتواند مورد تصویب همایش قرارگیرد، توافق کند. به هر حال در دقیقهٔ نود یک توافق بسیار رقیق و ضعیف فراهم شد، توافقی که به این کلمات دبیر کلّ در گزارش ILF حقیقت بخشید که مجمع عمومی به «عقب‌نشینی به سوی کلّیّات» گرایش دارد و «بسیاری از این به اصطلاح تصمیمات صرفاً بیان‌گر حدّ اقلّ نقطهٔ اشتراک بین نظرات بسیار مختلف است.» ۶۰

«سند نتیجه» نهائی۶۱ بسیار ناامید کننده بود. رهبران جهان نتوانستند از این فرصت تاریخی برای حل مسائل بحران‌آفرین استفاده کنند و تصمیمات مهمّی برای ایجاد یک نظام کارآمد امنیت جمعی اتّخاذ کنند. آنها ترجیح دادند که از بسیاری از مباحث بحث‌برانگیزی که دبیر کلّ، کوفی عنان، مطرح کرده بود، بپرهیزند. مهمّتر از همه مسئلهٔ عدم گسترش سلاح‌های هسته‌ای و خلع سلاح بود. حتی یک کلمه هم در بارهٔ این حیاتی‌ترینِ نگرانی‌های زمان ما در این سند نیست. این شکست به علّت عدم موفّقیّت کشورهائی که در ماه می همان سال معاهدهٔ عدم گسترش سلاح‌های هسته‌ای را مرور می‌کردند، حادّتر بود. این کشورها نتوانستند روی هیچ مسئلهٔ مهمّی به توافق برسند. غفلت همایش سران هزاره نشان از افلیج کنونی رهبران جهان در مقابل نگرانی‌هائی دارد که گستردگی آنها مسلّم است، یعنی نگرانی‌های مربوط به گسترش سلاح های کشتار جمعی و نگرانی از این که این سلاح‌ها به دست کسانی بیفتند که با بی‌وجدانی از آنها برای نابودی همگان استفاده کنند. مذاکره‌کنندگان نتوانستند روی چندین موضوع مهمّ و حیاتی دیگر هم به توافق برسند. از جمله نتوانستند روی یک تعریف روشن از تروریسم به توافق برسند، تعریفی که این اصل اخلاقی را نشان بدهد که در قرن بیست و یکم کشتن افراد غیرنظامی به هر دلیل سیاسی یا غیر آن غیرقابل قبول است. چنین تعریفی می‌توانست پیام روشنی به جوامع سراسر دنیا بفرستد. این مذاکره‌کنندگان نتوانستند روی معیار استفادهٔ مشروع از نیروی نظامی به توافق برسند. آنها نتوانستند روی گسترش شورای امنیت نیز به توافق برسند تا فراگیرتر شود. پاسخ دبیر کلّ به «سند نتیجه» به خصوص نسبت به ناتوانی آن در پرداختن به مسائل مربوط به عدم گسترش و خلع سلاح خیلی ساده بود: «این یک رسوائی واقعی است».۶۲

شاید مهمّترین توافقی که در همایش سران هزاره حاصل شد مربوط به مسئولیت مشترک جامعهٔ جهانی در مقابل مداخله و دفاع از جمعیت‌های

غیرنظامی‌ای بود که با نَسل‌کُشی، تصفیهٔ نژادی، جنایات جنگی و جنایت بر علیه بشریت رو به رو هستند. سران موافقت کردند که وقتی حکومت ملّی، که خطّ مقدّم دفاع از مردم خود به شمار می‌رود، به وضوح در این امر کوتاهی کرد، به طور جمعی مداخله و در صورت لزوم از نیروی نظامی استفاده کنند. پذیرش اصل مسئولیت دفاع به معنای آن است که این رهبران همچنین این واقعیت را که حاکمیت ملّی نامحدود و بی قید و شرط نیست و این که حاکمیت ملّی نه تنها حقوق، بلکه مسئولیت‌هائی را نیز به همراه دارد، پذیرفته‌اند. توافق مهمّ دیگر این بود که نیروهای ذخیرهٔ موجود، هم نظامی و هم غیرنظامی، را برای عملیات پاسداری از صلح و برقرارسازی صلح سریع‌تر ارسال کنند. رهبران جهان همچنین موافقت کردند که یک شورای جدید حقوق بشر برای جای‌گزینی کمیسیون بی‌اعتبار شدهٔ حقوق بشر۶۳ و نیز یک کمیسیون برقراری صلح که به نیاز های بعد از جنگ ملّت‌ها بپردازد، ایجاد کنند.

با وجود این که بسیاری امید داشتند همایش سران سپتامبر ۲۰۰۵ جهشی در روابط بین‌المللی ایجاد کند و دنیا را به مسیری رهنمون دارد که صلح و امنیت این سیاره را تضمین کند، اما رهبران ما اجازه دادند که این فرصت از دست برود. آنها ضرورت تغییرات اساسی را تشخیص می‌دادند و طرح دبیر کلّ را برای عمل در دست داشتند. اما در تحلیل نهائی ارادهٔ سیاسی را برای پذیرش تغییرات لازم نداشتند. یکی از علل شکست این همایش ناتوانی تعدادی از رهبران جهان برای شرکت در مباحث حیاتی و تأثیرگزاری بر آنها بود. با وجود یأسی که بسیاری از این شکست احساس می‌کنند، ما نباید دست برداریم، در واقع نمی‌توانیم چنین کنیم. چاره‌ای نداریم جز این که پیش برویم. باید رهبران خود را تشویق کنیم که بیشتر در مباحث مهمّ روز شرکت جویند و هرچه در توان دارند انجام دهند تا دنیای امن‌تری را برای نسل حاضر و نسل های بعدی تضمین نمایند. تاریخ به ما آموخته است که اگر یک روال جهانی که مسئول توجّه به صلح و امنیت این سیاره باشد، نداشته باشیم، باید آن را مهیّا داریم. ما این را در دههٔ ۱۹۳۰ آموختیم، هنگامی که مجمع ملل متّفق، که وظیفهٔ حفظ صلح دنیا را بر عهده داشت، از هم فرو پاشید. در آن زمان چاره‌ای جز این نداشتیم که نهاد جدیدی را به شکل سازمان ملل متّحد برای جای‌گزینی آن ایجاد کنیم. شایستهٔ ما نیست که به جای آن که با شجاعت به اصلاحات لازم برای امن‌شدن جهان بپردازیم، منتظر سقوط کامل دیگری بشویم تا ما را مجبور به اقدام کند.

تعیین نهائی مرزها

بزرگترین جنگ‌های قرن بیستم، ازجمله دو جنگ جهانی، جنگ کره، جنگ ویتنام و اولین جنگ خلیج، شواهد روشنی از این واقعیت هستند که اگر اختلافات مرزی برطرف نشوند می‌توانند کلّ مناطق و حتی کشورهای دوردست را در جنگ و اختلاف درگیر سازند. بنا بر این شکی نیست که این موضوع حائز بیشترین اهمّیّت است. متأسفانه تلاش‌هائی که تا به حال برای حل مشکلات مرزی صورت گرفته نامنظم بوده و با این که گاهی به موفّقیت انجامیده، تنهٔ اصلی مشکل را دست‌نخورده باقی گذاشته است. در نتیجه برای مثال در حالی که قانون بین‌الملل مقرّرات مشخّصی را برای تعیین حاکمیت ارضی یا به عبارت دیگر تعیین مقدار آب و خاکی که می‌توان گفت در قلمرو یک حکومت خاصّ است، وضع کرده، اما اختلافات مرزی همچنان بروز می کنند.

یکی از مشکلاتی که در مقابل ما قراردارد، مشکل تاریخی ناشی از این واقعیت است که بسیاری از مناطق جهان از سوی قدرت‌های خارجی، چه قدرت های استعماری غرب و چه مثلاً امپراتوری‌های روسیه و عثمانی اشغال شده بودند. همین که این امپراتوری‌ها سقوط کردند، جنگ سرد این ساختارهای سیاسی را به همان شکلی که در پایان جنگ جهانی دوم بودند، تثبیت کرد. در طول جنگ سرد، موازنهٔ قدرت به نفع حفظ وضع موجود عمل می‌کرد، اما به محض این که جنگ سرد پایان گرفت، آتش همهٔ اختلافات قومی و مذهبی که زیر خاکستر نهفته بود، شعله‌ور گردید. اقوام ناراضی کوشیدند تا از حکومت های خود جدا شوند و درقلمروهائی که ایجاد می‌کنند به خودمختاری برسند. قانون بین‌الملل برای مقابله با این گونه مشکلات نظریه‌ای را به نام نظریهٔ «بعد از اشغال»[7] ایجادکرد، به این امید که استقلال و ثبات دولت‌های جدید را، به خصوص بعد از رهائی از استعمار، حفظ کند. این نظریه مستلزم آن است که مرزهائی که در زمان کسب استقلال وجود داشته‌اند، محترم شمرده شوند.۶۴ اما با وجود این نظریه، همچنان اختلافات مرزی متعدّدی پدیدارگشتند. علت عمدهٔ این اختلافات آن بود که ملّت‌های مستقلی که بعد از استعمار ظاهر شدند نقشی در نحوهٔ تعیین مرزهایشان نداشتند و به کلّی حاضر نبودند نظام مرزبندی قدرت‌های استعماری را که از بند و زنجیرشان رها شده بودند، بپذیرند. علاوه بر آن نظریهٔ « بعد از اشغال» اغلب با اصل دیگری از قانون بین‌الملل در

---

[7] uti possidetis

تضاد است، اصل خودمُختاری ملّت‌ها.۶۵ نمونه‌ای از اختلافات مرزی که بعد از استقلال ایجاد شده و مربوط به اصل خودمختاری می‌شود، مسئلهٔ سومالی است که بخش‌هائی از اتیوپی و کنیا را که قبائل سومالیائی در آن ساکن هستند، از آن خود می‌داند.۶۶

با وجود این که اختلافات مرزی مرتّب مشکل‌ساز می‌شوند، هیچ تلاش سازمان‌یافته‌ای از سوی جامعهٔ بین‌المللی در جهت حل مؤثّر این مسئله صورت نگرفته است. هیچ نظام بین‌المللی برای شناسائی به موقع مواردی که در آنها چنین اختلافاتی به حدّ انفجار رسیده، وجود ندارد. مجموعه قوانین منسجم و عادلانه‌ای که بتوان آن را از روی قاعده برای حل چنین اختلافاتی به کار گرفت یا هیئت بین‌المللی که اختیار اتّخاذ چنین تصمیماتی را داشته باشد، وجود ندارد. رویکردی که نسبت به این مسئله اتّخاذ کرده‌ایم نیز منفعلانه بوده است، و نه فعالانه. روند معمول ما این است که منتظر شویم تا یک اختلاف مرزی بروز کند، که در این صورت معمولاً دو حالت پیش می‌آید: یا طرفین درگیر داوطلبانه مورد را به دادگاه عدالت بین‌المللی ارجاع می‌دهند و منتظر حکم آن، که بعداً ممکن است آن را اجراء هم نکنند، باقی می‌مانند؛ یا اختلاف رو به وخامت می‌گذارد و منجر به خشونت و درگیری می‌شود و جامعهٔ بین‌المللی را وادار می‌سازد که مداخله و اقدام کند.۶۷

هر دو رویکرد بسیاری از امور را به قضا و قَدَر می‌سپارند و ذاتاً رضایت بخش نیستند، زیرا متضمّن یک طریقهٔ مؤثّر، کارآمد و منظّم برای حل مشکلات که به نحوی عادلانه و به موقع عمل کند، نیستند. اولین این رویکردها خطرناک است، زیرا متّکی به حُسن نیَّت طرفین درگیر است، که با توجّه به منفعت‌طلبی که خصیصهٔ چنین موقعیت‌هائی است، نمی‌توان روی آن حساب کرد. این رویکرد مستلزم آن است که طرفین درگیر در یک اختلاف مرزی دو کار انجام بدهند. اول این که حاضر باشند تسلیم حکم دادگاه بین‌المللی شوند، زیرا در شرایط فعلی، این دادگاه حکمیت اجباری روی همهٔ کشورها و در رابطه با همهٔ اختلافات ندارد. این تسلیم داوطلبانه معمولاً یا از یک توافق مخصوص که «مصالحه» نامیده می‌شود، حاصل شده است، یا از تسلیم‌شدن قبلی طرفین به حکمیت اجباری این دادگاه. دوم، با توجّه به این که این دادگاه برای اجرای احکامش هیچ روالی را در اختیار ندارد، باید حاضر باشند هر تصمیمی که این دادگاه گرفت به مورد اجرا بگذارند.

این رویکرد چندین بار با موفقیت رو به رو شده است اما، فقط به این علّت که طرفین حاضر بوده‌اند که هر دو گام لازم را بردارند. یک نمونه، مورد بحرین و قطر است که هر دو سرانجام در سال ۱۹۹۱ توافق کردند که برای

حل اختلافات مرزی قدیمی خود به دادگاه بین‌المللی عدالت رجوع کنند.۶۸ این اختلافات آن قدر پیچیده بود که این منطقهٔ حساس بین‌المللی را در سال ۱۹۸۶ به آستانهٔ جنگ کشانده بود. دادگاه بین‌المللی در ماه مارس سال ۲۰۰۱ این اختلافات را حل کرد. جزایر هوار و جزیرهٔ قی‌الطجراده را به بحرین و جزیرهٔ جنان و ارتفاع جزری فشت الجبال را به قطر اعطاء کرد. این دادگاه همچنین به تقاضای طرفین یک مرز َآبی را نیز تعیین نمود. هر دو کشور تقریباً بلافاصله این حکم را تحسین کردند، با آن که برخی از دعاوی دو طرف را که مدّت‌ها بود آنها را غیر قابل سازش می‌دانستند ردّ می‌کرد. احساس آسودگی محسوسی در هر دو طرف ایجاد شد، زیرا دادگاه موفق شده بود که گرهٔ کوری را که مدّت‌ها کانون اصلی مشاجرهٔ بین این دو همسایهٔ خلیج بود، باز کند. واکنش طرفین به این مورد نشان می‌دهد که حتی اختلافات طولانی را هم می شود کنار گذاشت، به شرطی که از سوی یک میانجی مورد قبول، که در این مورد دادگاه بین‌المللی عدالت بود، حل شوند. نمونهٔ دیگر مربوط به اختلاف بین بلژیک و هلند بر سر قطعات مرزی اطراف دهستان بلژیکی بائرل دوک[8] و دهستان هلندی بائرل ناسو[9] می‌شود.۶۹ این دو کشور حل این اختلاف را با یک توافق‌نامهٔ مخصوص به دادگاه بین‌المللی سپردند و از آن خواستند تعیین کند حاکمیت با کدام کشور است. دادگاه حکم داد که قطعات مورد اختلاف به بلژیک تعلق دارد و طرفین تصمیم دادگاه را پذیرفتند.

اختلاف بین کامبوج و تایلند بر سر معبد «پریا وی هیر»[10] حاکی از نیروی متقاعدسازی حکم دادگاه حتی در مواردی است که طرفین به طور رسمی و قانونی آن را نپذیرند.۷۰ کامبوج ادّعا می‌کرد که تایلند به حقّ حاکمیت این کشور بر سرزمین‌های اطراف خرابه‌های معبد «پریا وی هیر» که مهراب و مقبره‌ای با ارزش‌های قابل توجّه هنری و جذابیت‌های باستان‌شناسی است، تجاوز کرده است. دادگاه به نفع کامبوجی رأی داد. تایلند ظاهراً با رأی دادگاه که هنوز هم تردید مبهمی در بارهٔ آن دارد، مخالفت کرد.۷۱ اما با وجود این که تایلند رسماً با این حکم مخالفت کرد، از آن موقع تا به حال عملاً از حکم دادگاه پیروی کرده و دیگر از سوی هیچ کدام از طرفین دعوائی در بارهٔ این معبد مطرح نگشته است.

---

[8] Baerle-Duc
[9] Baarle-Nassau
[10] Preah Vihear

اختلافات بین کامرون و نیجریه بر سر مرزهای زمینی و آبی نمونه‌ای از حل یک اختلاف دشوارتر است. درسال ۱۹۹۴ وقتی کامرون مسئلهٔ حاکمیت بر شبه‌جزیرهٔ «باکاسی»[11] را که دارای ذخائر غنی نفت است، مطرح نمود،۷۲ دادگاه بین‌المللی برای اولین بار حل این دعوا را به عهده گرفت. از آنجا که هر دو طرف حکمیت اجباری این دادگاه را تحت مادهٔ ۳۶(۲) قانون دادگاه (که «عبارت اختیاری» نیز نامیده می‌شود) پذیرفته بودند، دادگاه تصمیم گرفت که در این مورد حقّ قضاوت دارد. در سال ۱۹۹۶، قبل از این که دادگاه بتواند عمل کند، درگیری‌های مسلحانه بین این دو کشور روی داد و منجر به اشغال این شبه‌جزیره و دریاچهٔ «چاد» از سوی نیجریه گردید. به دنبال آن، کامرون تقاضای خود را از دادگاه با این درخواست وسعت بخشید که دادگاه مرز خشکی بین دو کشور را از دریاچهٔ «چاد» تا دریا و امتداد مرز آبی را تا اقیانوس تعیین کند. کامرون همچنین از نیجریه به علّت آسیب‌هائی که در نتیجهٔ اشغال «باکاسی» و دریاچهٔ «چاد» متحمّل شده بود، تقاضای خسارت کرد. دادگاه حکم خود را اکتبر سال ۲۰۰۲ صادر نمود. اما برقرار کردن مرزهائی که دادگاه تعیین کرده بود مشکل‌ساز از کار درآمد. تا ماه می سال ۲۰۰۶ با وجود این که بیشتر مرز علامت‌گزاری شده بود و سرزمین‌ها و روستاها بین نیجریه و کامرون دست به دست شده بودند، اما هنوز شبه‌جزیرهٔ «باکاسی» در دست نیجریه باقی بود و دعوای اصلی حل‌نشده مانده بود. پس از پادرمیانی‌های بسیار دبیر کلّ سازمان ملل متّحد در آن زمان، آقای کوفی عنان، رئیس جمهور نیجریه، اولوزگان اوباسانجو[12] بالاخره طی ملاقاتی با همتای کامرونی خود پاول بیا[13] که در ماه می سال ۲۰۰۶ در ژنو صورت گرفت، متعهّد شد که نیجریه سربازانش را از شبه‌جزیرهٔ نفتی «باکاسی» بیرون بکشد. عقب‌نشینی سربازان نیجریه در اول آگست سال ۲۰۰۶ آغاز شد. این عقب نشینی با واگذاری رسمی بخش شمالی شبه‌جزیره طی مراسمی در ۱۴ آگست دنبال گردید. طرفین توافق کردند که بقیهٔ شبه جزیره تا دو سال دیگر و تا پایان سال ۲۰۰۸ تحت حکومت غیرنظامی نیجریه باقی بماند. در این مدّت ساکنان شبه جزیره فرصت خواهند داشت تا بین ماندن و به شهروندی کامرون درآمدن، و استقرار مجدّد در نیجریه، یکی را انتخاب کنند.۷۳

---

[11] Bakassi Peninsula
[12] Olusegun Obasanjo
[13] Paul Biya

نمونهٔ باز هم دشوارتر جنگ مسلحانهٔ بین لیبی و چاد بر سر نوار «آ اوزو»[14] در شمال چاد بود که گزارش‌ها آن را منبع اورانیوم می‌دانند.۷۴ در سال ۱۹۷۳ لیبی جنگ و ستیز را با ضمیمه‌کردن این باریکهٔ خاک آغاز کرد. چاد و لیبی عاقبت به کمک سازمان اتحادیهٔ آفریقا متقاعد شدند که دعوای خود را تسلیم دادگاه نمایند. دادگاه مرزهای قلمروهای پهناور مورد اختلاف را با صدور حکمی به نفع چاد تعیین نمود. طرفین این حکم را پذیرفتند، زیرا این حکم نشان می‌داد که «معاهدهٔ دوستی و حُسن هَمجواری» که در سال ۱۹۵۵ بین دو کشور امضاء شده بود هیچ مرزی را مبهم باقی نگذاشته و سوابق معاهده نشان داد که لیبی می‌دانسته که مرزها تعیین شده‌اند. سربازان تحت نظارت شورای امنیت عقب‌نشینی کردند و از آن موقع تا به حال صلح بر این مرزها حاکم بوده است.

در تمام موارد بالا طرفین داوطلبانه توافق کردند که حل دعوای خود را به دادگاه بسپارند و حاضر شدند که حکم دادگاه را بپذیرند. اما خیلی از اوقات کشورها حاضر نیستند حکمیت دادگاه را بپذیرند یا حکم آن را اجراء کنند. برای مثال استرالیا و تیمور شرقی مدّت‌ها بر سر مرز آبی بین دو کشور اختلاف داشتند. ریشهٔ این اختلاف در ذخایر نفت و گاز قابل ملاحظه‌ای بود که در زیر دریای تیمور قرار دارد. با این که تیمور شرقی پیشنهاد کرد که دادگاه در بارهٔ این اختلاف تصمیم بگیرد، اما استرالیا حاضر به این کار نشد.۷۵ در واقع در ماه مارس، یعنی دو ماه قبل از آن که تیمور شرقی از اندونزی مستقلّ شود، استرالیا توافق‌نامهٔ کامل قبلی خود را در مورد پذیرش حکمیت اجباری دادگاه پس گرفت و یک اظهارنامهٔ محدودتر را جای‌گزین آن ساخت. ازجمله موارد اظهارنامهٔ جدید مواردی بود که دعواهای مربوط به تعیین مرز آبی یا دعواهای مربوط به استخراج یک منطقهٔ مورد اختلاف و یا متّصل به یک منطقهٔ مورد اختلاف را از این توافق مستثنیٰ می‌ساخت. اظهارنامهٔ جدید چنین استدلال می‌کرد که این نوع مسائل با مذاکره بهتر از حکمیت یک دادگاه یا هیئت داوری حل می‌شود.۷۶ در ژانویه سال ۲۰۰۶ این دو کشور توافق کردند که مسئلهٔ تعیین یک مرز آبی دائمی را که مورد اختلاف است به مدت ۵۰ سال عقب بیندازند و منافع حاصله از استخراج گاز و نفت از حوزهٔ «گریتر سان رایز»[15] را به طور مساوی بین خود تقسیم کنند. این یک نمونهٔ روشن از

---

[14] Aozou

[15] Greater Sunrise

مواردی است که در آن طرفین دعوای خود را به دادگاه تسلیم نکردند، بلکه کوشیدند اختلاف خود را با توافق بین خودشان حل کنند.

به همین نحو، جمهوری خلق چین و ژاپن هم مدّت‌هاست بر سر حاکمیت برخی جزایر (جزایر سنکاکو)[16] در دریای چین شرقی اختلاف دارند. علاوه بر آن، این دو کشور بر سر این که مرز آبی بین آنها کجا قرار دارد نیز به توافق نرسیده‌اند. ژاپن می‌گوید که خطّ وسط یا هم‌فاصلهٔ بین جزایر «ریوکیو»[17] و سرزمین اصلی چین مرز منطقهٔ انحصاری آن در شرق چین است. ازسوی دیگر، بِی‌جینگ[18] اصرار دارد که کفهٔ قاره باید مبنای تعیین این مرز باشد. آنچه مهمّ است ذخایر نفت و گازی است که در منطقهٔ مورد اختلاف نهفته است و هر طرف می‌خواهد حقّ بهره‌برداری از آن را به دست آورد. تا به حال گفتگوهای بین دو کشور به نتیجه‌ای نرسیده است. با این حال، این دو کشور اختلافات خود را نه به دادگاه بین‌المللی ارجاع داده‌اند و نه به داوری تحت شروط پیمان‌نامهٔ دریائی قانون سازمان ملل.

وقتی طرفین یک اختلاف مرزی نخواهند به دادگاه بین‌المللی عدالت تکیه کنند، اختلاف اغلب بالا می‌گیرد تا به جنگ و خشونت آشکار بیانجامد. در این جا جامعهٔ بین‌المللی ممکن است تصمیم بگیرد که برای بهبود اوضاع وارد عمل شود یا این که به امید حل‌شدن خود به خود مسئله کنار بایستد. اختلاف مرزی قدیمی بین عراق و کویت نمونه‌ای از مواردی است که در آن جامعهٔ بین‌المللی مدّتها کنار ایستاد، اما عاقبت مجبور شد که وارد عمل شود. این اختلاف ریشه در دوران پس از جنگ جهانی اوّل دارد که در آن انگلستان کویت و عراق را به صورت دو امیرنشین جداگانه از یکدیگر جدا کرد. در واقع در دههٔ ۱۹۶۰ بریتانیا برای جلوگیری از ضمیمه‌شدن کویت به عراق، به کویت سپاه فرستاد. اما عراق، که هنوز حاکمیت کویت را به رسمیت نمی‌شناخت، در آگست سال ۱۹۹۰ به نحوی غیرقانونی به کویت حمله کرد تا آن را ضمیمهٔ خود سازد. در مقابل این تجاوز آشکار عراق، جامعهٔ بین المللی سرانجام تصمیم به واکنش گرفت. نیروهای ائتلافی از ۲۸ کشور، تحت رهبریَ ایالات متّحده و با استفاده از اختیاراتی که سازمان ملل به آنها داده بود، وارد میدان شدند تا عراق را از کویت بیرون برانند. پس از آن شورای امنیت، که چندین سال دیر وارد عمل شده بود، «کمیسیون تعیین مرز بین عراق و کویت» را ایجاد کرد تا با تعیین

---

[16] Senkaku Islands
[17] Ryukyu
[18] Beijing

مرز بین آن دو کشور اختلاف آنها را حل نماید.۷۷ این کمیسیون شامل یک نماینده از عراق، یک نماینده از کویت و سه کارشناس بی‌طرف می‌شد. با وجود این که عراق در سال ۱۹۹۲ از شرکت بیشتر در این کمیسیون خودداری کرد، اما کمیسیون کار خود را به پایان رساند و مرز را در طول همان خطوطی تعیین نمود که عراق و کویت درسال ۱۹۳۲ و دو باره درسال ۱۹۶۳ روی آن توافق کرده بودند. سپس شورای امنیت از عراق و کویت خواست که این مرز را محترم بشمارند و از آن تجاوز ننمایند. در نوامبر سال ۱۹۹۴ سرانجام تحت فشار تحریم‌های بین المللی و نظارت مداوم شورای امنیت، عراق دبیر کلّ سازمان ملل متّحد را از این که تصمیم کمیسیون را پذیرفته است، باخبر ساخت و تمامیت ارضی و حقّ حاکمیت کویت و مرزهای بین‌المللی را به رسمیت شناخت.۷۸

اما مداخلهٔ موفّقیّت‌آمیز از سوی جامعهٔ بین‌المللی بیشتر یک استثناست تا یک قاعده. در بیشتر موارد جامعهٔ بین‌المللی ترجیح داده است که کنار بایستد و ببیند که چه می‌شود. این رویکرد را در بسیاری از نقاط جهان می‌توان دید و شامل برخی از شناخته‌شده‌ترین اختلافات مرزی زمان ما هم می‌شود. برای نمونه می‌توان از مسئلهٔ مرز مناسب بین اسرائیل و سوریه در بلندی‌های جولان و همچنین مسئلهٔ اسرائیلی/فلسطینی بر سر سرزمین مورد اختلاف در ساحل غربی رود اردن و نوار غزه نام برد. هرچند اعضای جامعهٔ بین‌المللی طی چند دهه برای حل این مشکلات آمده و رفته‌اند، اما این مداخلات منجر به رسیدن به یک راه حل موفّقیّت‌آمیز نشده است. اختلاف بین هند و پاکستان بر سر کشمیر هم نمونهٔ دیگری است که جامعهٔ بین‌المللی از این هم کمتر در آن دخالت کرده و به این رضایت داده که طرفین را رها کند تا خودشان راه حلی را پیدا کنند.

بدیهی است که رویکردی مبتکرانه‌تر لازم است تا این اقدامات را هدف قراردهد: شناسائی زودهِنگام بالقوه بحران‌آفرین، طلب مشارکت از همهٔ طرف های درگیر، ایجاد مجموعه‌ای از اصول و قوانین مورد توافق عموم که با توافق قبلی جامعهٔ بین‌المللی در مورد همهٔ اختلافات مرزی به کار گرفته شود و انتصاب یک هیئت بین‌المللی مانند شورای امنیت سازمان ملل یا دادگاه جهانی با اختیار به‌کارگیری اصول و قوانین مربوطه. دست آخر باید یک روال اجرائی وجود داشته باشد تا اطاعت طرف‌های درگیر را از تصمیم نهائی هر هیئت بین المللی‌ای که عهده‌دار حل این اختلافات است، تضمین کند. طرح حضرت بهاءالله الهام‌بخش توصیه‌هائی عینی برای عمل است که در بخش ۳ این کتاب بیشتر مورد بحث قرار خواهند گرفت.

تعیین اصولی برای ادارهٔ روابط بین‌المللی خود

اخیراً برخی از متفکرین دقیق، به خصوص در حوزهٔ امنیت جمعی، شروع به درک این واقعیت کرده‌اند که برای پید اکردن راه حل‌های مؤثّر برای مشکلات خاصّی نظیر نَسل‌کُشی، انباشتن سلاح‌های کشتار جمعی، تروریسم و مانند آن باید کار را با تعیین اصول اولیه و توافق بر سر آنها شروع کنیم. گارث ایوانز،[19] وزیر امور خارجه و رئیس جمهور سابق استرالیا و مدیر کلّ گروه بین‌المللی بحران، که مقرّ آن در بروکسل است، همین را به اختصار چنین می‌گوید: «هیچ چیز جای عَقب‌گرد به سوی اصول اولیه، توافق روی آنها و سپس به کارگیری آنها را نمی‌گیرد.»۷۹ وی اضافه می‌کند که «متأسفانه هیچ کدام از این کارها، چه درسطح منطقه‌ای، و چه درسطح بین‌المللی، روال‌های دولتی متداولی نیستند.» تجربه‌ای که وی، هم به عنوان یک وزیر کابینه در استرالیا در بیش از یک دهه داشته است، و هم به عنوان عضو کمیسیون‌های برجستهٔ بین‌المللی و میزگردهای سطح بالا، باعث شده که مشاهدات دست اوّلی از کارکردهای درونی دولت‌ها، هم در سطح ملّی و هم در سطح بین‌المللی، داشته باشد. بنا بر این برای اظهار نظر فوق موقعیّت مناسبی دارد. اما وی تنها نیست.

دیگران هم به نتایج مشابهی رسیده‌اند. از جمله دبیر کلّ سابق سازمان ملل، کوفی عنان، که گفت لازم است جامعهٔ بین‌المللی «بر اساس اولویت‌ها و اصولی مشترک» همکاری کند.۸۰ رابرت کاگان،[20] وابستهٔ ارشد در بنیاد کارنگی برای صلح بین‌المللی در واشنگتن دی‌سی و کارشناس سیاست خارجی و امنیت ملّی ایالات متّحده به نتیجهٔ مشابهی رسیده است. وی در سخنانی که در نوامبر سال ۲۰۰۴ در ملبورن ایراد کرد، گفت که اختلافات بین اروپا و ایالات متّحده که بر سر مسئلهٔ عراق آشکار شد، «فقط در بارهٔ سیاست نبود، در بارهٔ اصول اولیه هم بود».۸۱ وی خاطرنشان ساخت که نظرخواهی‌هائی که قبل، بعد، و در طول مداخلهٔ نظامی ایالات متّحده در ماه مارس سال ۲۰۰۳ در عراق صورت گرفت نشان داد که حدود ۸۰ درصد آمریکائیان و کمتر از ۵۰ درصد از اروپائیان معتقد بودند که گاهی جنگ می‌تواند عدالت را به همراه بیاورد. علاوه بر آن، اروپائیان تنفّر شدیدی از قدرت نظامی، سیاست قدرت، و حتی نظریهٔ موازنهٔ قدرت در روابط بین‌المللی داشتند. آمریکائی‌ها و اروپائی‌ها در

---

[19] Gareth Evans
[20] Robert Kagan

بارۀ نقش نهادها و قانون بین‌الملل و این مسئلۀ کلیدی که چه چیزی اقدام بین المللی را مشروع می‌سازد، نیز با یکدیگر اختلاف نظر داشتند. ۸۲. کاگان گفت که این اختلاف نظرها به یک «شکاف فلسفی» در غرب انجامیده که با توجّه به گسترش خطرات و تهدیدات جدید می‌تواند عواقب وخیمی داشته باشد. ۸۳.

خوشبختانه در نتیجهٔ این درک تازه از ضرورت تعیین اصول اوّلیه‌ای که بتوانند ما را به راه حل‌های مؤثّری هدایت کنند، تدریجاً شاهد مباحثات بیشتری در میان رهبران فکری و رهبران سیاسی که می‌کوشند این اصول را تعیین کنند، هستیم. یک نمونه از بحث جدی و قوی که به چیزی می‌انجامد که دبیر کلّ سابق سازمان ملل متّحد آن را یک «هنجار در حال بروز» ۸۴ و قابل تشخیص می‌نامد، بحث در بارۀ مسئولیت جمعی در قبال دفاع از مردم غیرنظامی در مقابل خطرات نَسل‌کُشی، تصفیۀ نژادی، جنایات جنگی و جنایات بر علیه بشریت است. این بحث که به ابتکار کمیسیون بین‌المللی در بارۀ مداخله و حاکمیت ملّی آغازشد، توسّط میزگرد عالی در بارۀ تهدیدها، چالش‌ها و تغییر ادامه یافت. این اصل با گذشت زمان از پشتیبانی بیشتری در میان رهبران جامعۀ بین‌المللی برخوردار گردید. دبیر کلّ سابق سازمان ملل بر اساس آنچه که در گزارش ILF خود بیان کرده یکی از این رهبران است. ۸۵. این اصل با آنچه که در آثار بهائی روی آن تأکید گردیده، تطابق دارد. اصول مشابه دیگری نیز تدریجاً در مباحثات و نوشته‌هائی مانند خود این کتاب ظاهر می‌شوند که امید است با گذشت زمان توافق نظر استواری بر اساس آنها ایجاد شود.

اصل جنگ موجه

نمونۀ بارزی از یک اصل قدیمی و آشنا که اخیراً دو باره به شکل مداخلات نظامی سازمان ملل احیاء شده این است که جنگ می‌تواند موجّه باشد، اگر دلیلی که جنگ برای آن صورت می‌گیرد و نحوۀ جنگ شرایط خاصّی را رعایت کرده باشد. اصل «جنگ موجه» ارتباط نزدیکی با سنت فلسفی مسیحی دارد که برخی آن را به سَنت‌آگوستین نسبت می‌دهند. برای این که جنگی موجّه باشد باید به عنوان آخرین راه و از سوی مرجع مشروع و به نیّت برقرار ساختن مجدّد یک صلح پایدار مورد استفاده قرار گیرد و باید احتمال قابل قبولی برای پیروزی داشته باشد تا از کُشت و کشتار و آسیب و خشونت بی‌ثمر پرهیز شود و خشونتی که بروزمی‌کند باید با آسیبی که برای آن جبران آن به کار رفته تناسب

داشته باشد. در چنین جنگی باید نهایت کوشش مبذول شود تا از کشتار غیرنظامیان جلوگیری گردد.

جنگ موجّه نتیجهٔ منطقی این اصل حضرت بهاءالله است که می‌فرمایند زور باید در خدمت عدل قرار گیرد و جنگی که به یک هدف درست صورت گیرد، می‌تواند مبنای نیرومندی برای صلح باشد. میزان توافق نظر در بارهٔ جنگ موجّه در گزارشی که از سوی همایش اقتصادی در بارهٔ امنیت و مسائل جغرافیائی سیاسی تهیه شده، آمده است. همایش اقتصادی ژانویه سال ۲۰۰۳ در دیوس برگزار شد. گزارشی که این همایش تهیه کرد می‌گوید کسانی که در جلسات همایش شرکت می‌کردند عموماً اصل جنگ موجّه را قبول داشتند.۸۶ شرکت‌کنندگان توافق نظر داشتند که جنگ‌هائی که در بوسنیا و کورزو صورت گرفته و همچنین جنگ ایالات متّحده بر علیه افغانستان که برای مجازات طالبان به جرم پناه‌دادن به تروریست‌های القاعده صورت گرفت، موجّه و مشروع تلقّی می‌شوند.۸۷ آنها همچنین تصدیق کردند که هر کشوری می‌تواند، اگر خطر به اندازهٔ کافی واقعی باشد، جنگی را برای دفاع از خود و برای جلوگیری از حمله آغاز کند. شرکت‌کنندگان حتی حاضر بودند تصدیق کنند که اقدام نظامی بازدارنده یا پیش‌گیرانه بر علیه تهدیدی که قریب‌الوقوع نیست نیز می‌تواند مشروع باشد، به شرطی که شواهد فراوان و محکمی برای موجّه‌کردن چنین حمله‌ای موجود باشد و مراحل قانونی طی شده باشد.۸۸ چنین به نظر می‌رسد که با وجود این که بسیاری از ما در غرب در مورد استفاده از نیروی نظامی دچار یک احساس ناراحتی غریزی می‌شویم، اما در حال بازآموزی این واقعیت هستیم که جنگ در بعضی شرایط می‌تواند یک عنصر مترقّی باشد.۸۹

اصل مسئولیت دفاع

یکی از نتایج منطقی اصل جنگ موجّه، اصل به‌تازگی‌بیان‌شدهٔ «مسئولیت دفاع» است که از کار ابتکاری کمیسیون بین‌المللی در بارهٔ مداخله و حاکمیت ملّی (ICSS)[21] که از سوی دولت کانادا حمایت مالی می‌شد،۹۰ حاصل گردید. گزارش این کمیسیون که در دسامبر سال ۲۰۰۱ به دبیر کلّ سازمان ملل ارائه شد، تأکید داشت که جامعهٔ بین‌المللی مسئول دفاع از کسانی است که از آسیب های جدی و غیر قابل جبرانی نظیر مرگ‌های دسته‌جمعی و فجایع آشکار حقوق

[21] International Commission on Intervention and State Sovereignty

بشر رنج می‌برند و نیاز مُبرَمی به دفاع دارند. این گزارش چنین استدلال می‌کند که این مسئولیت دفاع «یک هنجار بین‌المللی در حال ظهور یا یک اصل راهنمای رفتار برای جامعهٔ جهانی حکومت‌هاست» که قابلیت آن را دارد که با گذشت زمان، چنانچه با اجرای دولت‌ها تقویت و تحکیم شود، به یک قانون عرفی بین‌المللی بدل گردد.۹۱

این گزارش با استفاده از یک زبان جدید برای بیان این اصل به عنوان مسئولیتی در قبال دفاع توانسته است با یک حرکت هم یک اصل را برای بررسی و توافق در اختیار جامعهٔ بین‌المللی بگذارد و هم از آن واکنش‌های غریزی و احساسات دیرپای منفی که در اثر سخن‌گفتن دولت‌ها از اصل «حقّ مداخله» حاصل شد، احتراز کند. این «حقّ مداخله» عموماً با آرمان‌های استعماری و جریحه‌دار شدن آنچه که حقوق مقدّس و محفوظ برای حاکمیت ملّی تصوّر می‌شود، همراه است. این کمیسیون با استفاده از زبانی که به جای استفاده از مفاهیم خشن‌تر «حقوق» و «مداخله»، احساسات شریف و انسانی مربوط به مسئولیت و دفاع را برمی‌انگیزد، از دولت‌ها و رهبران می‌خواهد که هم به عنوان ملّت‌های جداگانه و هم به عنوان جامعهٔ ملّت‌ها در مواضع مستحکم قبلی خود تجدید نظر کنند.

نحوهٔ بیان این کمیسیون دیدگاه مداخلهٔ بین‌المللی را نیز وسیع‌تر کرد. در حالی که نحوهٔ بیان تاریخی و منفور «حق مداخله» صرفاً روی اقدام در طول یک بحران تمرکز داشت، مسئولیت برای دفاع حاکی از منحنی به‌هم‌پیوسته‌ای از تعهّدات در مراحل مختلف یک بحران می‌شد، مسئولیت‌هائی که شامل مسئولیت جلوگیری از آسیب از راه پرداختن به علل ریشه‌ای تضادّ داخلی، مسئولیت مداخله برای متوقّف‌کردن رنج انسانی و مسئولیت تجدید بنا، به خصوص پس از مداخلهٔ نظامی و از راه کمک کامل به بازتوانی، بازسازی و آشتی می‌شود.

از وقتی که این اصل به این شکل بیان شد، هم از سوی میزگرد عالی در بارهٔ تهدیدها، چالش‌ها و تغییر و در گزارشی که قبلاً در باره‌اش در این کتاب بحث شد و می‌گوید که اعضایش شاهد «هنجار در حال بروز مسئولیت مشترک در قبال دفاع» هستند۹۲ و هم از سوی دبیر کلّ سازمان ملل در گزارشی که تحت عنوان «در آزادی بیشتر» نوشت، مورد حمایت قرار گرفت.۹۳ دبیر کلّ تشریح کرد که مسئولیت اولیهٔ دفاع از مردم یک کشور با دولت هر کشوری است، اما اگر آن دولت حاضر نبود و یا نتوانست این کار را بکند، این مسئولیت به عهدهٔ جامعهٔ بین‌المللی می‌افتد که به هر طریق ممکن و از جمله اگر لازم باشد، از طریق اقدام نظامی، وارد عمل شود.۹۴ مهمّ‌تر از همه آن که این اصل

اخیراً از سوی رهبران جهان درهمایش سران در سپتامبر ۲۰۰۵ مورد تأیید قرار گرفته است.۹۵

اصل مسئولیت دفاع نیز همتای خودش را در آثار حضرت بهاءالله که در بیش از یک قرن پیش نازل شده، دارد. در نامه‌هائی که حضرت بهاءالله خطاب به پادشاهان و رهبران جهان نوشتند، آنها را دعوت کردند که با مردمی که مراقبت از آنان به آنها سپرده شده با محبّت و شفقت رفتار کنند۹۶ و از مردم مظلوم خود حمایت نمایند.۹۷ ایشان هشدار دادند که کوتاهی در این امر به نابودی دولت‌ها و حکّام مربوطه می‌انجامد. آثار بهائی نه تنها حقّ، بلکه وظیفهٔ دولت‌ها را برای استفاده از نیروی نظامی به منظور حفظ نظم و قانون و دفاع از مردم خود به رسمیت می‌شناسد.۹۸

اصل منافع جمعی و محدود کردن حاکمیت ملّی

یک اصل مرتبط دیگر که در نتیجهٔ کار ICSS در حال پیدایش است، مربوط به خود مفهوم حاکمیت ملّی می‌شود و به بحث‌های مربوط به هدف و محتوای حاکمیت ملّی می‌پردازد. تفکری که درحال شکل‌گیری است می‌گوید حاکمیت ملّی به معنای مسئولیّت نسبت به مردمی است که در محدودهٔ یک حکومت زندگی می‌کنند و نه به معنای به دست گرفتن اختیار سرنوشت آنان و این نیز به نوبهٔ خود به این معناست که حاکمیت ملّی مطلق نیست، بلکه نسبی و محدود است. در واقع اعضای ICSS از این کشف خود به هیجان آمدند که حتی پرشورترین حامیان و مدافعین مفهوم سنّتی حاکمیت ملّی نیز نمی‌گویند که دولت قدرت نامحدودی دارد تا هر کاری که می‌خواهد با مردم خود بکند.۹۹ بر عکس جامعهٔ بین‌المللی تا حدّ زیادی از تصوّر سنّتی احترام‌گذاشتن به حاکمیت ملّی دور شده و تشخیص داده که چنین حاکمیتی به واسطهٔ اصولی که به طور عمومی پذیرفته شده‌اند با محدودیت رو به روست، اصولی نظیر حقوق بشر و امنیت انسانی که در کلّ به صورت حمایت از افراد و جوامع در مقابل هر نوع خشونت سیاسی مانند جنگ داخلی، نَسل‌کُشی و جابه‌جائی جمعیت‌ها درک می‌شود.۱۰۰

سخنرانی دکتر خاویر سولونا در سال ۱۹۹۸، وقتی که هنوز دبیر کلّ ناتو بود، شاهد دیگری است بر این تغییر تفکر در رابطه با مفهوم حاکمیت ملّی. وی در این سخنرانی به تشریح محدودیت‌های اصل حاکمیت ملّی پرداخت، اصلی که در قلب نظام جدید حکومتی که به نام نظام وستفال نیز مشهوراست،

وجود دارد. وی تأکید کرد: «اساسی را که این اصل به وجود می‌آورد برای طرد است و نه برای الحاق، و برای رقابت است و نه برای اجتماع دولتها». وی ادامه داد و خاطرنشان ساخت که حاکمیت ملّی با «حمیت و غیرت ملّی که رو به فساد نهاد و به صورت یک نیروی مخرّب سیاسی درآمد» به هم پیوست. وی این طور نتیجه گرفت که در مجموع این نظام نتوانسته است صلح را تضمین کند یا جلوی جنگ را بگیرد. سپس به پیشنهاد یک رویکرد جایگزین پرداخت و گفت «نظر کلّی من این است که بشریت و دموکراسی، دو اصلی که اساساً ارتباطی با نظم اوّلیهٔ وستفال ندارند، می‌توانند به عنوان اصول راهنما برای ایجاد یک نظم نوین بین‌المللی که با واقعیات امنیتی و چالش‌های اروپای امروز سازگاری بیشتری داشته باشد، به کار روند.» ۱۰۱

دیدگاه جدیدی که از حاکمیت ملی در حال شکل‌گیری است، حاکی از دگرگونی الگوئی عظیم در همان چهارچوبی است که منشور سازمان ملل بر اساس آن ایجاد شد. این دگرگونی یک پیروزی خوشایند در امور بین‌المللی به شمار می‌آید که تا به حال به تأخیر افتاده بوده است. همچنین کاملاً با یکی از اصول اصلی نهفته در طرح بهائی همخوان است، این اصل که اگر قرار است به نحو مناسبی به مشکلات فراوان امنیت جمعی که ما را به ستوه آورده بپردازیم، باید حاکمیت بی قید و شرط ملّی را محدود سازیم. این مورد نمونه‌ای عینی از تغییر به اقتضای زمان نیز هست که در آثار بهائی از آن حمایت شده و چنین حکم می‌کند که هرگاه مؤسّسات، قوانین، مفاهیم، سیاست‌ها و یا روش‌های دولتی دیگر به بهترین نحو منافع ما را تأمین نکنند، باید کنار گذاشته شوند. این که بشریت را برای حفظ این نظرات از کار افتاده قربانی کنیم، دیوانگی و خودکُشی است. سرانجام، درکی که ازحاکمیت ملّی در حال شکل‌گیری است از یک اصل اساسی‌تر که در آثار بهائی تشریح شده ریشه می‌گیرد که می‌گوید بهترین شکل تضمین نفع جزء، تضمین نفع کلّ است.

اصل وحدت در فکر و عمل

اصل دیگری که در نتیجهٔ کاری که از چند سو انجام شده (از سوی ICSS و همچنین دیگران) و در حال شکل‌گیری است این است که جامعهٔ بین‌المللی وقتی به مسئولیت خود برای دفاع متوسّل می‌شود، باید در مورد اصول کلّی مربوط به اقدام نظامی جمعی وحدت نظر داشته باشد. در واقع اصول همکاری بین‌المللی و عمل جمعی به طور روزافزونی مورد شناسائی و احترام قرار

گرفته‌اند. دبیر کلّ آن موقع سازمان ملل با اصرار بر این که رهبران جهان در همایش ۲۰۰۵ خود دستور کار وی را برای اصلاح سازمان ملل بپذیرند، گفت: «کاهش اعتماد به این نهاد با افزایش اعتقاد به اهمّیت اقدام مؤثّر و چندجانبه برابری می‌کند.»۱۰۲ وی با خاطر نشان ساختن این نکته که در دنیای امروز، هیچ کشوری، هر چقدر هم که قوی باشد، نمی‌تواند به تنهائی از عهدهٔ حفظ خود برآید،۱۰۳ خواهان «همکاری وسیع، عمیق و پایدار میان کشورها» شد۱۰۴ و تأکید نمود که «در بسیاری از حوزه‌ها برای یک توافق نظر جدید که بتوان اقدام جمعی را بر اساس آن بنا نهاد، اشتیاق هست.»۱۰۵

اصل همکاری مشابه این درخواست آثار بهائی از جامعهٔ بین‌المللی است که در مشاورات خود اصل وحدت نظر و در اجرای ثمرات مشاوراتی که با وحدت انجام شده اصل وحدت عمل را در نظر بگیرند. ضرورت رسیدن به این سطح از بلوغ در جامعهٔ بین‌المللی از سوی حضرت عبدالبهاء، مبیّن منصوص آثار بهائی، نیز در بخشی از لوح «هفت شمع اتّحاد» بیان شده است. این هفت شمع نمایندهٔ هفت مرحله‌ای هستند که بشریت در گام‌هایش به سوی بلوغ کامل باید از آنها بگذرد. یکی از این هفت شمع «وحدت آراء در امور عظیمه»۱۰۶ است.

کافی است فقط به تجربیات گستردهٔ خود بازگردیم تا خطرات و قیمتی که باید برای عدم اتّحاد بپردازیم را از یک سو و مزایای اتّحاد در عزم و اراده را از سوی دیگر مشاهده نمائیم. نمونه‌های مشکلاتی که از عدم اتّحاد ریشه می گیرند، فراوانند، مانند ناتوانی اخیر شورای امنیت از توافق روی تحریم‌هائی که کرهٔ شمالی را از افزایش بیشتر توان هسته‌ای خود باز دارد. خوشبختانه نمونه هائی نیز در دست داریم که قدرت وحدت عمل را نشان می‌دهد. برای مثال وقتی در فوریه ۲۰۰۵ فاور گاسینگبه[22] به طور غیرقانونی قدرت را در توگو غصب نمود تا با نقض قانون اساسی آن کشور رئیس جمهورشود، اقدام یکپارچهٔ جامعهٔ اقتصادی کشورهای غرب آفریقا (ECOWAS)[23] که یک جبههٔ تجاری بزرگ برای پیشبرد یکپارچگی اقتصادی غرب آفریقاست، و سایر اعضای اتحادیهٔ آفریقائی او را مجبور به کناره‌گیری کردند تا انتخابات طبق قانون اساسی برگزار شود. به این ترتیب خطر یک جنگ داخلی در توگو و همچنین خطر بی‌ثباتی در غرب آفریقا برطرف شد. نمونه‌ای دیگر از این موارد، تلاش مشترک کشورهای مختلفی مانند روسیه، آلمان، فرانسه، عربستان سعودی، ایالات متّحده و مصر بود که سوریه را وادار کرد تا سربازانش را پس از ۲۹

[22] Faure Gnassingbe

[23] Economic Community of West African States

سال از لبنان بیرون بکشد و از قطعنامهٔ ۱۵۵۹ شورای امنیت که خواستار عقب نشینی همهٔ نیروهای خارجی شده بود، اطاعت نماید. در هر دو مورد نتایج فوری که مورد نظر یک جامعهٔ متّحد از کشورها بود در یک مدّت زمان کوتاه (سه هفته در مورد توگو و هشت ماه در مورد سوریه) و بدون این که نیازی به مداخلهٔ نظامی باشد، به دست آمد. ما باید از این تجربیات قوت قلب پیدا کنیم.

اصل وحدت

جامعهٔ بین‌المللی تقلّا می‌کند که از عهدهٔ سنگ زیربنای همه اصول، یعنی اصل وحدت، برآید. از یک سو حتی یک بررسی مختصر در مؤسّسات کلیدی بین‌المللی نشان می دهد که بسیاری از ملّت‌ها و اقوام دست کم برخی از دیگران را هم‌ردیف خود نمی‌دانند. بر عکس بعضی از ملّت‌ها خود را بهتر از دیگران تصوّر می‌کنند، زیرا به نظرشان می‌رسد که قوی‌تر، یا باهوش‌تر، یا عاقل‌تر، یا قابل اعتمادتر هستند. این احساس برتری در ساختار برخی از مؤسّسات کلیدی ما بازتاب یافته است. مهمّ‌ترین مورد شورای امنیت است که اولین نهاد بین المللی به شمار می‌آید که مسئولیت حیاتی تضمین صلح و امنیت سیارهٔ ما را به عهده دارد. با این حال عضویت در این نهاد مهمّ امنیت جمعی طوری تقسیم شده است که تعداد انگشت‌شماری از کشورها اعضای دائمی آن را تشکیل می دهند و بقیه فقط در دوره‌های کوتاهی عضویت دارند. این پنج کشور خوش وقت کشورهائی هستند که عملیات مربوط به شکست آلمان نازی و ژاپن فاشیست را در جنگ جهانی دوم رهبری کرده‌اند. اینان کرسی‌های ثابتی در شورای امنیت دارند، در حالی که عضویت برای بقیه چرخشی است. علاوه بر آن ساختار رأی‌گیری، امتیاز این فاتحان جنگ جهانی دوم را محفوظ نگه داشته و به آنها این حقّ انحصاری را داده است که با اِعمال حقّ وتو مانع از اقدام شورای امنیت شوند. در نتیجه تصمیمات مربوط به امنیت ما به جای آنکه ضمن قائل‌شدن ارزش و احترام مساوی برای نظرات سنجیدهٔ همهٔ اعضاء و بر اساس رأی اکثریت اعضای شورا اتّخاد شود، پنج عضو دائمی آن هر کدام از این قدرت برخوردارند که نظرات جمعی همکاران خود را ردّ کنند. در واقع اگر حتی ۱۴ عضو از ۱۵ عضو رأی‌دهنده در شورای امنیت تصمیم بگیرند که اقدامی به نفع کلّ جامعهٔ بین‌المللی است، هر کدام از اعضای دائمی، حتی اگر بر اساس منافع تنگ‌نظرانهٔ ملّی عمل کند، می‌تواند مانع از این اقدام شود و در نتیجه جامعهٔ بین‌المللی را از مزایای آن تصمیم محروم سازد.

اما به خصوص در دو سالهٔ اخیر بارقه‌های امیدی درخشیده است. تدریجاً فکر وحدت در میان رهبری جامعهٔ بین‌المللی معتقدانی پیدا کرده است. گزارش دبیر کلّ سابق سازمان ملل تحت عنوان «در آزادی بیشتر» خاطرنشان ساخت که اگر سیاست‌های هر کشور نه فقط نیازهای شهروندان خود، بلکه نیازهای دیگران را هم به حساب بیاورد، همکاری بین‌المللی ممکن است. این نوع همکاری هم به نفع همه تمام می‌شود و هم انسان‌بودن مشترک همهٔ ما را به رسمیت می‌شناسد.۱۰۷ وی، علاوه بر آن، از این که این عصر «عصر وابستگی جهانی» است و از این که ضروری است «بندهای علائق مشترک» و همچنین «انگیزه‌های انسانیت مشترک ما» همهٔ کشورها را به هم بپیوندد تا این جهان را به مکانی امن‌تر، ثروتمندتر و بهتر تبدیل کنند، سخن می‌گوید.۱۰۸

اصل عدالت، برابری و انصاف

گزارش سال ۲۰۰۵ دبیر کلّ سازمان ملل متّحد تحت عنوان «در آزادی بیشتر»، به رهبران جهان یادآوری کرد که «امروزه برقراری امنیت جمعی بستگی به پذیرش این واقعیت دارد که اگر یک منطقه از جهان خطری را فوری بداند، آن خطر در واقع برای همهٔ مناطق جهان همان قدر فوری است.»۱۰۹ در حقیقت، او می‌گوید که در این جهان یکپارچه‌شده، خطراتی که در مقابل ما قرار دارند به قدری به یک دیگر پیوسته‌اند که همهٔ ما نسبت به خطراتی که ملّت‌های دیگر را تهدید می‌کنند، آسیب‌پذیر هستیم. درک حقیقی این واقعیت باعث می‌شود که به طور یکسان به همهٔ خطرات، از هر کجا که برخاسته باشند، توجّه کنیم. در جهانی که این واقعیت در آن عمیقاً پذیرفته شده باشد، با نَسل‌کُشی‌هائی نظیر نَسل‌کُشی که در روآندا شاهد آن بودیم، با همان کارآئی برخورد خواهد شد که با تهدید استفاده از سلاح‌های کشتار جمعی در مورد شهرهای اروپائی و آمریکائی. اگر همه واقعیت هم‌بسته‌بودن دنیای خود را بپذیریم آن وقت با تهدیدها به طور یکسان رو به رو خواهیم شد و در نتیجه در مقابله‌های جمعی خود با بحران، با عدالت و برابری و انصاف عمل خواهیم کرد.

اصل تغییر به اقتضای زمان

جامعهٔ بین‌المللی سرانجام در حال تشخیص این واقعیت است که قوانین و سیاست‌ها و مؤسّسات دیرپا بایستی برای تأمین نیازهای جاری بشریت اصلاح شوند. آشکارترین شاهد بر این تشخیص را شاید بتوان در گزارش دبیر کلّ سابق سازمان ملل یافت که از اصلاحات گسترده در مهمّترین نهاد بین‌المللی، یعنی سازمان ملل متحد جانبداری می‌کند. وی در این گزارش تصدیق می‌کند که امروزه اصول و اهدافی که در منشور سازمان ملل تشریح شده همان قدر معتبر و بجاست که در سال ۱۹۴۵ بود، اما این را نیز می‌پذیرد که نحوهٔ عمل و سازمان‌دهی این هیئت بین‌المللی «باید با زمان پیش برود» و «اگر قرار است سازمان ملل ابزار مفیدی برای کشورهای عضو و برای مردم جهان باشد ... باید کاملاً با نیازها و شرایط قرن بیست و یکم سازش داده شود».۱۱۰ وی ازجامعهٔ بین‌المللی می‌خواهد که جرح و تعدیلی در «نهادهای فرادولتی بزرگ ما به وجود آورند تا بازتابی از دنیای امروز باشند» و «سازمان را به نحوی که قبلاً غیر قابل تصوّر بوده و با صراحت و سرعتی که قبلاً نظیری نداشته، اصلاح کنند».۱۱۱ از دید آثار بهائی یکی از حیاتی‌ترین عناصر لازم برای ایجاد تغییرات یکپارچهٔ متناسب با نیازها و مقتضیات عصر در ساختار جامعه، وجود ارادهٔ سیاسی است که در نتیجهٔ مشورت جمعی به دست آمده باشد.۱۱۲ نیاز به این عنصر بسیار مهمّ در گزارش دبیر کلّ نیز انعکاس یافته است.۱۱۳

تدوین تعهّدات، قوانین و توافق‌نامه‌های بین‌المللی

یکی از خصوصیات ویژهٔ حیات بین‌المللی به شکلی که امروزه آن را می شناسیم، تعدّد تعهّدات و موافقت‌نامه‌های بین‌المللی است که این حیات را تنظیم می‌کنند. سازمان ملل از بیش از ۴۸۰ موافقت‌نامهٔ چندجانبه حمایت کرده است.۱۱۴ این موافقت‌نامه‌ها بخشی از بدنهٔ قانون بین‌الملل هستند که برای پیشبرد رفاه اقتصادی و اجتماعی جهان و همچنین صلح و امنیت جهانی به وجود آمده‌اند. این موافقت‌نامه‌ها طیف وسیعی از موضوعات را در بر می گیرند و کشورهائی که آنها را امضاء کرده‌اند از نظر قانونی ملزم به رعایت آنها می‌باشند. آنها بر مجموعهٔ گسترده‌ای از فعالیت‌ها، از خدمات پستی و حمل و نقل بین‌المللی از طریق هوا و راه آهن و دریا گرفته تا تجارت، کشاورزی، محیط زیست، عدم گسترش سلاح‌های هسته‌ای و تروریسم حاکم بوده

و آنها را تنظیم می‌کنند. این موافقت‌نامه‌ها معمولاً پیچیده بوده و هر کدام اعضای خاصّ خود را دارند. علاوه بر این مجموعه از قوانین بین‌المللی که از قبل وجود دارد، مجمع عمومی در سال ۱۹۴۷ کمیسیون قانون بین‌الملل (ILC) را برای پیشبرد شکل‌گیری تدریجی قانون بین‌الملل و تنظیم آن تشکیل داد، تا ضمن تشکیل جلسات سالانه روی پیش‌نویس اسناد در دامنۀ وسیعی از موضوعاتی که مربوط به تنظیم روابط بین دولت‌هاست، کار کند و برای ملاحظۀ آن هیئت بین‌المللی ارائه دهد. با توجّه به تعدّد و پیچیدگی موافقت‌نامه‌های بین المللی موجود و ظهور مداوم قوانین جدیدی که از سوی ILC یا سایرین پیشنهاد می‌گردد، یکی از چالش‌هائی که در مقابل جامعۀ بین‌المللی قرار دارد این است که این معاهدات را ساده کند و چهارچوب سازمانی لازم برای پشتیبانی و پیاده سازی آنان را یکپارچه‌تر سازد. خوشبختانه اخیراً دبیر کلّ سازمان ملل متّحد به این واقعیت پی برده است.۱۱۵

کنترل و کاهش تسلیحات

جریان کشیده‌شدن جامعۀ بین‌المللی با اکراه و لج‌بازی به سوی طرح امنیت جمعی حضرت بهاءالله هیچ کجا به اندازۀ حوزه‌های عدم گسترش سلاح‌های هسته‌ای و کاهش تسلیحات آشکارتر نیست. از یک سو گسترش سلاح‌های کشتار جمعی (بیولوژیکی، شیمیائی، و هسته‌ای) یکی از جدی‌ترین خطرات را متوجّه جهان کرده است و جامعۀ جهانی با تشخیص این خطر، نظامی از معاهدات چندجانبه ایجاد نموده تا چنین گسترشی را محدود سازد. از سوی دیگر این نظام معاهدات از چند ضعف اساسی رنج می‌برد که اگر به آنها توجّه نشود، بیم آن می‌رود که کلّ نظام را تضعیف کنند و به موجی از گسترش تسلیحات با خطراتی که برای کلّ جهان دارد، بیانجامند.

تولید انبوه سلاح‌های مدرن منجر به درک ضرورت کنترل آنها شد. اما فقط استفاده از گاز سمی در طول جنگ جهانی اوّل بود که باعث شد بعد ازجنگ تلاشی جمعی برای بحث در بارۀ ممنوع‌ساختن استفاده از بعضی سلاح ها، یعنی گازهای بیولوژیک، خفه‌کننده و سمّی در طول جنگ صورت گیرد. این تلاش منجر به ایجاد پروتوکل ژنو شد که در جون ۱۹۲۵ به امضاء رسید و از فوریه ۱۹۲۸ به مورد اجراء گذاشته شد. اما این پروتوکل محدود به ممنوعیت استفاده از گاز سمّی بود و مانع از این نمی‌شد که کشورها آن را تولید و انبار کنند. سرانجام در طول دهه‌های بعدی چندین معاهده به منظور کنترل

تولید به ترتیب تسلیحات هسته‌ای، بیولوژیکی و شیمیائی منعقد شد. این بخش به سه معاهده از این نوع معاهدات می‌پردازد که نقش کلیدی خاصّی در تلاش برای رها ساختن جهان از سلاح‌های کشتار جمعی داشته‌اند.

اولی معاهدهٔ منع گسترش سلاح‌های هسته‌ای (NPT)[24] بود که در جولای ۱۹۶۸ به امضاء رسید و در سال ۱۹۷۰ به مورد اجراء گذاشته شد. هدف اصلی آن این بود که عدم سوء استفادهٔ نظامی از مواد هسته‌ای غیرنظامی را تضمین کند. این معاهده در ابتدا در جلوگیری از گسترش سلاح‌های هسته‌ای موفّق بود و باعث شد که چندین کشور مانند کرهٔ جنوبی، تایوان، برزیل، آرژانتین، آفریقای جنوبی، اوکرائین و قزاقستان بلندپروازی‌های مربوط به سلاح های هسته‌ای خود را کنار بگذارند. همچنین برای سایر دولت‌های فاقد سلاح های هسته‌ای دستیابی به مواد و فن‌آوری لازم برای ساختن چنین سلاح‌هائی یا در امان ماندن از کشف برنامه‌های مخفی تولید سلاح‌های هسته‌ای را دشوار ساخت. اما با وجود این موفّقیت‌ها، ضعف‌های اساسی خاصّی در نظامی که بر اساس این معاهده شکل گرفته وجود دارد که در عرض چند سالهٔ اخیر روز به روز آشکارتر شده است و حال کلّ نظام را در خطر تضعیف قرار داده است. این ضعف‌ها در زیر مورد بحث قرار گرفته‌اند. آژانس بین‌المللی انرژی اتمی (IAEA)[25] در سال ۱۹۵۷ به عنوان روال مقدم برای تضمین اطاعت از NPTو برای پیشبرد استفادهٔ صلح‌آمیز از انرژی اتمی و تحت یک نظام بین المللی از تدابیر حفاظتی طراحی شد. این آژانس در انجام سرپرستی خود به طور کامل موفّق نبود و چنانچه جامعهٔ جهانی در بارهٔ فرونشاندن موج گسترش سلاح‌های هسته‌ای جدی است، لازم است این آژانس تقویت گردد.

دومین معاهدهٔ بین‌المللی که منعقد گردید پیمان سلاح‌های بیولوژیکی (BWC)[26] بود که هدف آن جلوگیری از تولید و انبار کردن سلاح‌های بیولوژیکی به شمار می‌رفت. BWC در آوریل سال ۱۹۷۲ به امضاء رسید و از ماه مارس ۱۹۷۵ به مورد اجراء گذاشته شد. این معاهده از ضعف‌های جدی متعددی رنج می‌برد که به شدّت کارآئی آن را تضعیف کرده است.

سومین معاهده پیمان سلاح‌های شیمیائی بود که انعقاد آن از همه بیشتر وقت گرفت. این پیمان در سال ۱۹۹۳ به امضاء رسید و تا سال ۱۹۹۷ به مورد اجراء گذاشته نشد. این پیمان جریانی را که پروتوکل ژنو با ممنوع‌ساختن

---

24 Nuclear Non-Proliferation Treaty
25 International Atomic Energy Agency
26 Biological Weapons Convention

استفاده از گاز سمّی شروع کرده بود، با غیرقانونی‌کردن طبقهٔ دیگری از سلاح های کشتار جمعی مانند آنهائی که مجهّز به عناصر شیمیائی نظیر گاز خردل، سومان، سارین و VX هستند، کامل کرد. این پیمان همچنین پیش‌بینی‌های لازم برای ایجاد یک سازمان دیده‌بانی بین‌المللی تحت عنوان سازمان ممنوع‌سازی سلاح‌های شیمیائی (OPCW)[27] را دربر دارد تا اطاعت از شرایط این معاهده را تضمین نماید.

با وجود نیّت ستودنی این سه معاهدهٔ بین‌المللی، هر کدام از آنها کمابیش از معایبی اساسی رنج می‌برند. اول این که اجرای مفاد این معاهدات برای همهٔ اعضای جامعهٔ بین المللی در کلّ اجباری نیست. دولت‌ها مختارند که با آنها موافقت کنند یا نکنند، در حالی که، به منظور حفظ امنیت بین‌المللی، شرکت در این معاهدات باید اجباری باشد. با توجّه به خطرات بی سابقه‌ای که سلاح‌های کشتار جمعی برای سلامت، صلح و امنیت و حتی هستی ملل جهان به وجود آورده‌اند، جامعهٔ بین‌المللی باید به طورمطلق از همهٔ دولت‌های عضوش بخواهد که ملزم به پیروی ازاین معاهدات گردند. این یکی از آن حوزه‌هائی است که در آن حاکمیت ملّی باید به نفع جامعهٔ بین‌المللی و کلّ اقوام و ملل جهان محدود شود.

ضعف دوم در واقع نتیجهٔ منطقی اولی است. هر سه معاهده اجازه می‌دهند که یک دولت عضو از آنها انصراف گزینند. علاوه بر آن، شرایط لازم برای انصراف خیلی آسان و حدّ اقلّ زمان لازم برای دادن اطلاع قبلی فوق‌العاده کوتاه است. بنا بر این برای مثال یک دولت عضو می‌تواند فقط سه ماه قبل به سایر اعضاء و شورای امنیت اطّلاع دهد تا بتواند از NPT خارج شود. این دولت می‌تواند «اگر به این نتیجه برسد که حوادث فوق‌العاده‌ای که مربوط به موضوع این معاهده هستند منافع اعلای کشورش را به خطر انداخته‌اند»،۱۱۶ از این معاهده خارج شود. علاوه بر آن انصراف هیچ پیامدی دربر ندارد، حتی اگر معلوم شود که دولتی قبل از انصراف، تعهّدات خود را نقض کرده است. باورکردنی نیست که با توجّه به خطراتی که سلاح‌های کشتار جمعی برای صلح و امنیت ما ایجاد کرده‌اند، در وهلهٔ اول حتی این فکر را به ذهن خود راه دهیم که به دولت عضوی اجازه دهیم از یکی از این معاهدات که تا این حدّ برای صلح عالم اساسی است، انصراف جوید. اما این که اجازه دهیم خروج از این معاهده صرفاً بر مبنای نتیجه‌گیری خود یک دولت و به سبب «حوادث فوق العاده» (اصطلاحی که در NPT تعریف نشده) و به نام حاکمیت ملّی صورت

[27] Organization for the Prohibition of Chemical Weapons

گیرد، به معنای تضمین از هم پاشیده‌شدن این معاهدات است. همهٔ دولت‌ها باید بدون استثناء و بدون هیچ راهی برای انصراف ملزم به اجرای این معاهدات باشند. سومین نقص اساسی این معاهدات فقدان یک نظام اطّلاعاتی مشترک و قابل اتّکاء همراه با نظارت و بررسی جدی است که تضمین نماید دولت‌هائی که با این معاهدات موافقت کرده‌اند واقعاً از تعهّدات خود پیروی می‌کنند. NPT نظامی از تدابیر حفاظتی بین‌المللی مناسب برای تضمین پیروی از موادش ندارد. هدف آن است که انرژ ی هسته‌ای از استفاده‌های صلح‌آمیز به سوی تسلیحات هسته‌ای یا وسایل انفجاری منحرف نشود. این تدابیر حفاظتی در موافقت‌نامه‌هائی که IAEA و دولت‌های عضو NPT روی آن ها به توافق رسیده‌اند، تجسم یافته‌اند.۱۱۷ نقش IAEA آن است که به عنوان بازرس بین المللی بررسی کند که تا چه حدّ از این تدابیر حفاظتی پیروی می‌شود. اما گذشت زمان معلوم کرده است که هم این تدابیر و هم دامنهٔ اختیارات IAEA برای این که جامعهٔ بین المللی را به موقع از موارد نقض NPT مطّلع سازند، کافی نیستند. در نتیجه، برای نمونه جامعهٔ بین‌المللی از طریق مخالفان از فعالیت‌های هسته‌ای اعلام‌نشدهٔ ایران خبردار شد و نه از طریق عملکرد این تدابیر حفاظتی. جهان از فعالیت‌های اعلام‌نشدهٔ کرهٔ شمالی هنگامی آگاه شد که این کشور تصمیم گرفت اسرار آن را افشاء کند، و نه به علّت وجود این تدابیر حفاظتی. سپس کرهٔ شمالی به کلّ انصراف خود را از NPT به جریان انداخت. و ما از برنامهٔ مخفیانهٔ عراق برای تولید سلاح‌های هسته‌ای بعد از جنگ ۱۹۹۱ خبردار شدیم و نه در اثر کارآئی این تدابیر حفاظتی.

در نتیجهٔ این ضعف‌های آشکار، IAEA برنامهٔ جدیدی برای بررسی و نظارت بر اجرای مفاد NPT و منع سوء استفاده از مواد هسته‌ای اعلام‌شده و همچنین برای افزایش توانائی خود برای کشف برنامه‌های سرّی هسته‌ای تنظیم نمود. این برنامهٔ جدید که به نام برنامهٔ ۲+۹۳ یا «پروتوکل الحاقی» مشهور است، در سال ۱۹۹۷ از سوی شورای حکام IAEA به تصویب رسید. این برنامه متّکی به شرطهای وسیع‌تری برای اعلام و دسترسی بیشتر برای رسیدن به اهداف خود است. اما پروتوکل الحاقی هم مانند برنامهٔ تدابیر حفاظتی اجباری نیست. کشورهای عضو NPT می‌توانند خودشان تصمیم بگیرند که آن را امضاء کنند یا نه. تا سال ۲۰۰۴ فقط یک‌سوم کشورهای عضو NPT این پروتوکل را تصویب کرده‌اند. علاوه بر آن این پروتوکل از محدودیت‌ها و کمبودهای خود هم رنج می‌برد. یک نمونه از چنین کمبودهائی استثنای امنیت ملّی است که به یک دولت عضو اجازه می‌دهد تنها به تشخیص خود پیروی از پروتوکل را براساس الزامات امنیت ملّی کنار بگذارد. کشوری که مخفیانه در

حال تولید سلاح‌های هسته‌ای است به آسانی می‌تواند برای پنهان‌کردن چنین فعالیت‌هائی از IAEA بر این استثناء تکیه کند. جالب است توجّه کنیم که موفّق ترین الگوی نظارت و بررسی که تا به حال ایجاد شده کمیسیون مخصوص سازمان ملل (UNSCOM)[28] بوده است که از سوی شورای امنیت و با این اختیارات تشکیل شده که سلاح‌های غیرقانونی کشتار جمعی را در عراق پیدا کند و به بازرسی‌های بدون اخطار قبلی بپردازد. از IAEA خواسته شد که وظائف مشابهی را به کمک UNSCOM در حوزۀ هسته‌ای به عهده بگیرد.۱۱۸

CWC روی کاغذ دارای جدی‌ترین روال نظارت و بررسی است، اما آژانس دیده‌بان آن، یعنی OPCW، از بکارگیری مداخله‌گرانه‌ترین این روال‌ها اکراه داشته است، زیرا بیم آن دارد که مدرکی برای اثبات نقض معاهده‌ای که ظنّ آن می رود، به دست نیاید و باعث روسیاهی و کاهش اعتبار OPCW در چشم همگان شود. BWC در میان این سه معاهده از همه ضعیف‌تر است، زیرا اصلاً روالی برای نظارت و بررسی ندارد و این کار را به دولت‌های عضو واگذار کرده است.

نقص چهارم، در فقدان مجازات‌های مؤثّر برای بازداشتن دولت‌های عضو از سرپیچی از مقرّرات بین‌المللی مربوط به عدم گسترش سلاح‌های هسته‌ای و همچنین برای به اطاعت واداشتن آنها به هنگام نقض این قوانین است. بهترین کاری که به عنوان جامعه‌ای از ملّت‌ها توانسته‌ایم بکنیم این بوده که عضوی که مقرّرات را نقض کرده تهدید کنیم که مورد را به شورای امنیت ارجاع خواهیم داد، اما چنین ارجاع‌هائی همیشه موفّقیّت‌آمیز نبوده است. برای نمونه تهدید به ارجاع فعالیت‌های کرۀ شمالی به شورای امنیت به جائی نرسید، زیرا چین تهدید کرد که اگر موضوع در شورای امنیت طرح شود آن را وتو خواهد کرد. علاوه بر آن اگر موردی با موفّقیّت به شورای امنیت ارجاع داد ه شود، عواقب آن برای کشوری که مقرّرات را نقض کرده در بدترین حالت تهدید به تحریم‌های اقتصادی و سیاسی است و نه به‌کارگیری ابزار قهری برای به اجراء درآوردن مقرّرات یا جای‌گزین‌کردن دولت متمرّد با دولتی که حاضر به اطاعت از مقرّرات بین‌المللی است. در نتیجۀ این دو عامل و با گذشت زمان به نظر می رسد که تهدید به ارجاع به شورای امنیت اثر بازدارندۀ خود را از دست داده و دیگر به نظر نمی‌رسد که این تهدید تأثیری بر رفتار کشورهای متمرّد داشته باشد.

---

[28] United Nations Special Commission

گزارش‌های مطبوعات در بارهٔ واکنش‌های ایران درطول زمان، اوّل نسبت به اخطارهای مربوط به این که اگر به طورکامل دامنه و هدف فعالیت‌های هسته ای خود را فاش نسازد و برنامهٔ هسته‌ای خود را کنار نگذارد به شورای امنیت ارجاع داده خواهد شد؛ و سپس نسبت به اِعمال مجازات‌های شورای امنیت، این واقعیت را به قدر کفایت نشان می‌دهد. وقتی موضوع مجازات‌ها برای اولین بار مطرح شد، مطبوعات از دبیر شورای عالی امنیت ملّی ایران، علی لاریجانی نقل کردند که گفته است: «ایران را نمی‌توان از شورای امنیت ترساند، ما این تهدیدها را جدی نمی‌گیریم.»۱۱۹ در دسامبر سال ۲۰۰۶ شورای امنیت مبادرت به وضع اولین دورهٔ مجازات‌ها نمود و فروش کلّیهٔ فن آوری‌های حسّاس هسته‌ای، و موادی که می‌توانستند به برنامهٔ غنی‌سازی اورانیوم تهران کمک کنند، را به ایران ممنوع ساخت و منابع مالی فهرستی از افراد و واحدهای خاّص را مسدود نمود.۱۲۰ در ماه مارس ۲۰۰۷ شورای امنیت قطع‌نامهٔ دیگری صادر کرد و با ممنوع‌ساختن صادرات اسلحه از ایران و ازدیاد تعداد افراد و واحدهائی که اموالشان مسدود شده بود، این مجازات‌ها را کمی شدیدتر کرد.۱۲۱ با این حال هر دوی این مجازات‌ها بی‌تأثیر از کار درآمدند. ایران هنوز قاطعانه با متوقّف‌کردن فعالیت‌های مربوط به غنی‌سازی و پردازش مجدّد خود مخالفت می‌کند. در واقع شورای امنیت در جون ۲۰۰۷ برای بحث در بارهٔ دورهٔ سومی از مجازات‌ها آماده می‌شد که از رئیس جمهور، محمود احمدی‌نژاد، نقل شد که گفته است برای متوقّف‌ساختن برنامهٔ هسته‌ای ایران دیگر «خیلی دیر» است. وی در ادامه به ایالات متّحده و متّحدینش هشدار داد که برای اعمال مجازات‌های بیشتر به سازمان ملل متّحد فشار نیاورند و گفت: «ما آنها را نصیحت می‌کنیم که با دُم شیر بازی نکنند.»۱۲۲ مجلهٔ اکونومیست رویکرد ایران نسبت به شورای امنیت را با این کلمات خلاصه کرد که: «نادیده‌گرفتن یک قطع‌نامهٔ به اتّفاق آرای شورای امنیت سازمان ملل را ممکن است به حساب گستاخی بگذاریم، اما سرپیچی از دومی این طور نشان می‌دهد که این کار سیاست این دولت است.»۱۲۳

فقدان یک روال اجرائی کارآمد، برخی از کشورها را بر آن داشته است که روال‌های ضدّ گسترش جدیدی ایجاد کنند. نمونه‌ای ازچنین ابتکار عمل‌هائی ابتکار عمل امنیتی ضدّ گسترش (PSI)[29] است. PSI تلاش داوطلبانه‌ای از سوی گروهی از ملّت‌ها است که هدف آن جلوگیری از معاملات غیرقانونی سلاح‌های هسته‌ای، شیمیائی و بیولوژیکی از طریق ممنوع‌ساختن تجارت

---

[29] Proliferation Security Initiative

آنچه تا به حال ساختهایم

مخفیانهٔ چنین سلاح‌هائی، نظام‌های توزیع آنها، و مواد مربوطه، در سراسر جهان می‌باشد. شرکت کشورها در این اقدام کاملاً داوطلبانه است. بنا بر گزارش‌ها تا آوریل ۲۰۰۷ بیش از ۸۰ کشور از این اقدام حمایت کرده‌اند. هرچند PSI حاکی از درک فزاینده‌ای از ضرورت وجود یک روال کارآمدتر اجرائی و همچنین ضرورت همکاری در راه رسیدن به امنیت جمعی است، اما عمومیت‌نداشتن آن و ماهیت تصادفی‌اش دست و پای آن را بسته است.

نقص پنجم، که به خصوص در مورد NPT صادق است، تنش حل‌نشده‌ای است که بین نیازکشورها، به خصوص کشورهای در حال توسعه، به دستیابی به فن‌آوری صلح‌آمیز هسته‌ای و نیاز جامعهٔ بین‌المللی به محدودسازی و کنترل گسترش تسهیلات هسته‌ای وجود دارد. کشورهای در حال توسعه این فن‌آوری را برای تأمین نیازهای فزایندهٔ انرژی خود می‌خواهند و جامعهٔ بین‌المللی از این بیم دارد که از این فن‌آوری برای تولید مواد شکاف‌پذیر و برای استفاده‌های غیرصلح‌آمیز استفاده شود. این تنش در عبارات خود این معاهده هم بازتاب یافته است، به خصوص در مقدّمه و در بند IV آن که به ترتیب قید می‌کنند که «مزایای به کارگیری صلح‌آمیز فن‌آوری هسته‌ای ... که مورد بهره‌برداری کشورهائی است که سلاح‌های هسته‌ای دارند ... باید برای مقاصد صلح‌آمیز در دسترس همهٔ طرف‌های معاهده قرارگیرد» و این که «هیچ چیز در این معاهده نباید این طور تفسیر شود که بر حقّ مسلّم و بدون تبعیض همهٔ طرف‌های این معاهده نسبت به پژوهش، تولید و استفاده از انرژی هسته‌ای برای مقاصد صلح آمیز اثر دارد ...» چنین تنشی بازتابی از واقعیت نیازهای ظاهراً دوگانه و متضاد دنیای ماست. یکی از ثمرات تأسف‌بار این تنش مداوم و نحوهٔ تفسیر NPT تا به حال این بوده است کشورها بتوانند بدون این که صراحتاً این معاهده را نقض کنند، از راه قانونی به این فن‌آوری که آنها را تا آستانهٔ تولید سلاح‌های هسته‌ای می‌کشاند، دست پیدا کنند. این به آن معناست که کشورهائی که به تولید سلاح‌های هسته‌ای گرایش دارند می‌توانند با وجود تضاد آشکاری که این کار با تعهّداتشان نسبت به این عهدنامه دارد، مخفیانه و تحت پوشش عضویت در NPTمواد و مهارت لازم برای انجام این کار را به دست آورند، سپس همین که برای به‌کارگیری این فن‌آوری‌ها و مواد برای تولید سلاح آماده بودند، بدون هیچ مجازاتی از معاهده خارج شوند.

نقص ششم در این معاهدات آن است که به نحوی قاطعانه و مؤثّر به مسئلهٔ نابودسازی ذخایر موجود سلاح‌های کشتار جمعی و مواد مربوطه نمی‌پردازند. برای مثال NPT کاری بیش از این نمی‌کند که بگوید طرف‌های معاهده متعهّد می‌شوند که به زودی با حُسن نیّت به مذاکرات خود در مورد اقدامات مؤثّر

برای متوقّف‌کردن مسابقهٔ هسته‌ای و خلع سلاح هسته‌ای ادامه دهند.۱۲۴ در عمل، پیشرفت خیلی کند بوده است: کشورهای دارای سلاح‌های هسته‌ای به اکراه تعهّدات مربوط به خلع سلاح خود را انجام داده و ذخایر خود را کاهش داده‌اند. با وجود این که در زمینهٔ پیاده‌کردن کلاهک‌های هزاران سلاح هسته‌ای موفّقیت‌هائی کسب شده است، اما این موفّقیت‌ها بیشتر در نتیجهٔ موافقت‌نامه‌های دوجانبه بین کشورها، به خصوص ایالات متّحده و اتحادجماهیر شوروی (USSR) سابق و فدراسیون روسیهٔ فعلی به دست آمده است. از نمونه‌های چنین توافق‌نامه‌هائی، از معاهدهٔ ۱۹۷۲ در مورد محدودیت نظام‌های موشکی آنتی‌بالیستیک (معاهدهٔ ABM)[30]، معاهدهٔ ۱۹۸۷ میانی ایالات متّحده – جماهیر شوروی و معاهدهٔ کوتاه‌مدت نیروهای هسته‌ای و معاهدات سال‌های ۱۹۹۱ و ۱۹۹۳ محدودیت سلاح‌های استراتژیک و معاهدات کاهش (استارت I و استارت II) می‌توان نام برد.۱۲۵ با این حال هنوز کارهای بسیاری باقی مانده است. تا سال ۲۰۰۴، ۱۳۰۰ کیلوگرم اورانیوم به‌شدّت‌غنی‌شده که می‌توان آن را برای تولید سلاح‌های هسته‌ای به کار بُرد در راکتورهای پژوهشی ۲۷ کشور دنیا موجود بود، در حالی که کلّ حجم این ذخایر بسیار بیشتر است.۱۲۶ علاوه بر آن بسیاری از پایگاه‌های ذخیرهٔ هسته‌ای در سراسر دنیا از امنیت کافی برخوردار نیستند و موارد مستند زیادی از معاملات غیرقانونی مواد هسته‌ای وجود دارد. این به آن معناست که خطر جدی دستیابی تروریست‌ها به این مواد با نتایج فاجعه‌آمیزی که می تواند داشته باشد، وجود دارد. در نتیجه کشورهائی که سلاح‌های هسته‌ای ندارند یا برای کسب حیثیت یا از ترس این که برای دفاع از خود به آنها نیاز پیدا کنند، انگیزهٔ خود را برای چشم‌پوشیدن از تولید سلاح های هسته‌ای از دست می‌دهند. مشکل دیگر این است که کشورهای هسته‌ای که عضو NPT نیستند، برای کاهش ذخایر هسته‌ای خود تحت پوشش تعهّدات این معاهده قرار ندارند و در فضای خود عمل می‌کنند.

در مورد سلاح‌های شیمیائی و بیولوژیکی، CWC خواهان تخریب و نابودی کامل سلاح‌های شیمیائی از سوی همهٔ کشورهای طرف معاهده است، اما کشورهای دارای سلاح‌های شیمیائی در حال حاضر خیلی از برنامه‌ای که CWC برای نابودی ذخایر اعلام‌شدهٔ آنها تنظیم کرده است، عقب هستند. تا جون ۲۰۰۷، از حدود ۷۱,۰۰۰ تن تسلیحات شیمیائی اعلام‌شده، OPCW فقط نابودسازی ۲۳,۱۲۵ تُن را تأیید کرد، یعنی در حدود یک‌سوم.۱۲۷ با این نرخ، بسیار بعید است که هدف CWC، که نابودی کامل سلاح‌های شیمیائی تا

[30] Limitation of Anti-Ballistic Missile systems

مهلت تمدیدشدهٔ ۲۰۱۲ است، تحقّق پیدا کند. درمورد سلاح‌های بیولوژیک، هرچند BWC از همهٔ کشورها می‌خواهد که حدّ اکثر در عرض نُه ماه پس از تاریخ به اجراء در آمدن این معاهده در سال ۱۹۷۵ همهٔ سلاح‌ها، مواد سمّی، عوامل شیمیائی، و تجهیزاتی که مورد نظر معاهده هستند را یا نابود سازند یا در جهت اهداف صلح‌آمیز به کارگیرند،۱۲۸ این امر هنوز تحقّق نیافته است و هیچ روالی برای بررسی یا پیاده‌کردن آن که تضمین کند تعهّدات آن عملی خواهند شد، وجود ندارد.

نقص هفتم این معاهدات در این است که این معاهدات، به خصوص NPT، در مورد کشورهای مختلف به نحو یکسانی به کار گرفته نشده‌اند. یک نمونه از این رفتار نابرابر در مورد موضوعات هسته‌ای را می‌توان در تفاوتی دید که بین رفتار جاری ایالات متّحده با هند و رفتارش با ایران و کرهٔ شمالی وجود دارد. هند، برخلاف ایران و کرهٔ شمالی، هرگز NPT را امضاء نکرد و خودش برای تولید سلاح‌های هسته‌ای پیش رفت و در سال ۱۹۷۴ و بار دیگر در سال ۱۹۹۸ به آزمایش‌های هسته‌ای دست زد. با وجود سرپیچی چند دهه‌ای هند از کلّ نظام عدم گسترش سلاح‌های هسته‌ای، در اوایل مارچ ۲۰۰۶ ایالات متّحده موافقت کرد که در مقابل این که هند ۱۴ مورد از ۲۲ مورد تسهیلات هسته‌ای خود را به روی نوعی از بازرسی بین‌المللی باز کند، فن‌آوری غیرنظامی هسته‌ای برای هند فراهم نماید. توجیه این همکاری این بود که تأمین نیازهای انرژی هند بستگی به استفادهٔ گسترده از نیروی هسته‌ای دارد. فرانسه نیز کمی قبل به دلائلی مشابه، وارد توافق‌نامهٔ مشابهی شده بود.۱۲۹ برعکس، ایران و کرهٔ شمالی که هر دو NPT را پذیرفتند اما از آن به بعد معلوم شد که مخفیانه با پلوتونیوم و اورانیوم به‌شدت‌غنی‌شده که می‌تواند برای تولید سلاح‌های هسته‌ای مفید باشد، بازی می‌کنند، از سوی ایالات متّحده و چندین کشور دیگر عضو جامعهٔ بین‌المللی، به خصوص کشورهای اروپائی تحت فشار شدید قرار گرفته‌اند، هرچند آنها هم چنین استدلال کرده‌اند که هدفشان از تولید نیروی هسته ای تأمین نیازهای انرژی جاری و فزایندهٔ خود است. درسی که این قضیه به ما می‌دهد این است که به عنوان یک کشور بهتر است نظام عدم گسترش سلاح‌های هسته‌ای را نادیده بگیری. ممکن است «کلوپ هسته‌ای» مدّتی با تو به سردی رفتار کند و اگر تو را قابل اعتماد نداند، تحت فشار شدید قرار بگیری، اما اگر موفّق شوی توانائی‌های هسته‌ای به دست آوری، جامعهٔ بین‌المللی عاقبت با تو معامله خواهد کرد و حتی ممکن است از نیازهای هسته‌ای تو حمایت هم بکند.

گسترش سلاح‌های هسته‌ای یکی از بزرگترین تهدیداتی است که در حال حاضر در مقابل ما قرار دارد. در طول دو دههٔ گذشته یا چیزی در حدود آن،

جامعهٔ بین‌المللی با یکی پس از دیگری از موارد فروپاشی برنامهٔ معاهداتی که برای حفظ این جامعه در مقابل چنین گسترشی طراحی شده، رو به رو گردیده است. نه فقط معلوم شده که عراق، کرهٔ شمالی و ایران هر کدام به فعالیت‌های غیرقانونی و نقض تعهّدات بین‌المللی خود مشغول بوده‌اند، بلکه لیبی هم پذیرفته که همین کار را می‌کرده ولی اکنون اعتراف کرده است. معلوم شده که یکی از کارشناسان هسته‌ای عالی پاکستان در مرکز یک سازمان غیرقانونی گسترده برای توزیع مهارت و تجهیزات لازم برای تولید مواد هسته‌ای بوده است. کشف این فعالیت‌ها که با موفّقیت از نظام دیده‌بانی عدم گسترش مخفی مانده‌اند، تنش بین جامعهٔ بین‌المللی را تشدید کرده، به سوء ظن دامن زده، اعتماد را از بین برده و ترس و واکنش متقابل پدید آورده است. این وقایع که به فاصلهٔ کمی از هم در دههٔ گذشته روی داد، توان رهبران دنیای ما را برای مقابلهٔ قاطعانه و مؤثّر با این مشکل آزمود. هر واقعه فرصتی برای حل رو در روی این مشکل بود. حال اگر خود تجربه کافی نیست، در عوض اطّلاعات و نظرات متفکرین و دانشگاهیانی که به تفصیل این موضوع را مطالعه کرده‌اند، آمادهٔ راهنمائی است. بدون شک زمان آن فرا رسیده است که رهبران ما به تعمیر کلّی این نظام بپردازند. با وجود ضرورت مسلّم اقدام مؤثّر به نظر می‌رسد که رهبران ما به کلّی فلج شده‌اند. در ماه می سال ۲۰۰۵ رهبران ۱۸۸ کشور در کنفرانس بازنگری NPT شرکت کردند تا با مشورت با یک دیگر تصمیمات مهمّی در بارهٔ تقویت و اصلاح نظام عدم گسترش هسته‌ای که همه اذعان دارند در خطر فروپاشی است، بگیرند. متأسفانه این کنفرانس یک شکست کامل بود. با وجود نیاز به پرداختن به موضوعات مهمّی نظیر آزمایش‌های هسته‌ای و برنامه‌های سلاح‌های جدید و تولید مواد شکاف‌پذیر، هیچ توافقی روی هیچ موضوعی حاصل نشد. میزان شکست این کنفرانس از آنجا آشکار بود که حتی نتوانست یک بیانیهٔ نهائی صادر کند، چون چیز مثبتی برای گزارش‌کردن وجود نداشت. این شکست در سپتامبر ۲۰۰۵ وقتی که رهبران کشورهای جهان که در همایش سران در نیویورک شرکت کرده بودند در سند نتیجه‌گیری ذکری از مشکلات آشکار گسترش هسته‌ای و کاهش تسلیحات نکردند، شدیدتر شد. به دنبال این کنفرانس دبیر کلّ سازمان ملل، کوفی عنان، این شکست‌های دوگانه را چنین خلاصه کرد: «بزرگترین چالش و بزرگترین شکست ما در زمینهٔ عدم گسترش هسته‌ای و خلع سلاح است. در سال جاری دو بار، یکی در کنفرانس بازنگری NPT و حال در این همایش اجازه دادیم که ادا و اصول مانع به‌نتیجه‌رسیدن ما شوند. این امری غیر قابل بخشایش است. سلاح‌های کشتار جمعی خطری جدی برای ما ایجاد کرده‌اند، به خصوص در دنیائی که تروریست‌هائی با

بُلَندپَروازی‌های جهانی و بدون هیچ گونه شرمی آن را تهدید می کنند ...»۱۳۰ رئیس کلّ IAEA نیز از این که هیچ کدام از این دو رویداد به هیچ توافقی برای حل گسترش سلاح‌های هسته‌ای یا پیشبرد خلع سلاح نرسیدند، اظهار نااُمیدی کرد: «چالش‌هائی که در حال حاضر در مقابل صلح و امنیت بین‌المللی قرار دارند، از جمله چالش‌های مربوط به عدم گسترش سلاح‌های هسته‌ای و کنترل سلاح‌های هسته‌ای را نمی‌توان با آرزو کردن از میان برداشت ... برای ما ادامهٔ کار ساختن یک نظام امنیت جهانی که هم عادلانه و هم جامع باشد، ضروری و گریزناپذیر است.»۱۳۱

تا زمانی که رهبران جهان بر فلج خود در این زمینه از حیات بین‌المللی مانند سایر زمینه‌ها (مثل جلوگیری از نَسل‌کُشی) فائق آیند، این چالش‌ها باز هم با تناوب و شدّت بیشتری رخ خواهند داد. معلوم است که مشکل گسترش تسلیحات به این زودی‌ها حل نخواهد شد. برعکس، همهٔ نشانه‌ها حاکی از آن است که این مشکل، همان طور که حوادث اخیر جهان نشان داده است، اوج خواهد گرفت. این دردهای زایمان که با هر حادثه با تناوب و شدّت بیشتری ظاهر می‌شود، سرانجام ما را به سوی ایجاد یک نظام مؤثّر و جامع برای کنترل گسترش تسلیحات و کاهش میزان آن، به عنوان بخشی از یک نظام مؤثّر امنیت جمعی که به خوبی از صلح و آرامش سیارهٔ ما حفاظت کند، خواهد کشاند.

تعهّد به اصل امنیت جمعی

بعد از جنگ جهانی دوم، با همهٔ وحشت‌ها و فجایعی که دربر داشت، جامعهٔ بین‌المللی مصمّم شد تا گام‌های ضروری را بردارد تا از این که دیگر هرگز جهان با چنین فجایع انسانی در چنین سطحی رو به رو نشود، مطمئن شود اطمینان حاصل کند. به این منظور بود که منشور سازمان ملل متّحد تهیه شد و سازمان ملل متّحد متشکل از ۵۱ کشور عضو شکل گرفت. یکی از اصول محوری که این توافق‌نامهٔ بین‌المللی بر اساس آن ایجاد شد، اصل امنیت جمعی بود که می‌گفت در آینده کشورها به طور جمعی برای حمایت از یک کشور مظلوم و همین طور برای به‌اطاعت‌وادار کردن طرف خاطی عمل خواهند کرد و با این کار صلح را حفظ کرده یا آن را باز خواهند گرداند. شورای امنیت یکی از نهادهای این سازمان بین‌المللی تازه‌بنیاد بود که مسئولیت اصلی حفظ صلح و امنیت جهان به آن سپرده شد۱۳۲ و قدرت یافت تعیین کند

جامعهٔ بین‌المللی چه موقع باید دست به اقدام جمعی بزند. این شورا این کار را از طریق تصمیم‌گیری در بارهٔ این که آیا اَعمال یا شرایط خاصّی آن قدر جدی هستند که «تهدیدی نسبت به صلح» یا «نقض صلح» یا یک «عمل تجاوزکارانه» به شمار آیند، انجام می‌داد.۱۳۳ همین که شورا چنین تصمیم گیری‌هائی را انجام داد، منشور سازمان برای اقدام مجموعه‌ای از گزینه‌ها را برایش پیش‌بینی کرد. در طرف ملایم‌تر مُنحَنی، این گزینه‌ها شامل توصیه (تحت مادهٔ ۳۹ منشور) و برخی اقدامات موقّتی (مادهٔ ۴۰) مانند اعلام آتش‌بس می‌شود. در طرف شدیدتر مُنحَنی این گزینه‌ها از اقداماتی که شامل استفاده از نیرو نمی‌شوند (مادهٔ ۴۱)، مانند اِعمال مجازات یا قطع روابط سیاسی شروع می شود تا به استفاده از هر میزان نیروی نظامی که لازم باشد، از راه زمین، دریا و هوا برای حفظ صلح و امنیت می‌رسد که شدیدترین همهٔ این اقدامات به شمار می‌آید (مادهٔ ۴۲). برای تهیه‌کنندگان چهارچوب این منشور در همان سال ۱۹۴۵ نیز روشن بود که شرایطی پیش خواهد آمد که در آن چیزی کمتر از استفاده از نیروی نظامی مؤثّر نیست.

در نگاه اوّل چنین به نظر می‌رسید که جهان پس از تحمّل رنج‌های شدید عناصر اصلی طرح حضرت بهاءالله در مورد امنیت جمعی را پذیرفته است. به نظر می‌رسید که این اصل ایشان که همهٔ کشورها باید برای به‌اطاعت‌واداشتن یک کشور متمرّد اقدام کنند در قلب منشور سازمان ملل قرار دارد. علاوه بر آن به نظر می‌رسید این که نیروی نظامی گاهی به عنوان ابزاری برای رسیدن به عدالت لازم است، پذیرفته شده است. پس چه شد؟ چرا این نظام در تأمین صلح سیارهٔ ما موفق نبوده است؟

این سئوال پاسخ چندگانه‌ای دارد. اول این که ناتوانی یا بی‌میلی جامعه بین المللی از این که نیروهای نظامی پیش‌بینی‌شده در منشور سازمان را با نفرات و تجهیزات لازم در اختیار شورای امنیت بگذارد باعث شده که شورای امنیت برای تهدید به عملیات نظامی یا در صورت لزوم دست‌زدن مؤثّر به این اقدامات توانی نداشته باشد. این کوتاهی در بخش سوم همین کتاب با تفصیل بیشتری مورد بحث قرار خواهد گرفت. دوم این که کوتاهی جامعهٔ بین‌المللی از متعهّدشدن به اصل یکی‌بودن بشریت و ملّت‌ها مُنجَر به از کار افتادگی شورای امنیت گشته است، یعنی همان نهادی که مسئولیت حفظ صلح و امنیت جهان را به عهده دارد. این امر خود را در مبارزهٔ قدرت بین ایالات متّحده و اتّحاد جماهیر شوروی سابق در دهه‌های بعد از جنگ جهانی دوم و در طول جنگ سرد و سوء استفاده از حقّ وتو از سوی آنان، که از آن استفاده می‌کردند، نشان داد. سوم این که به واسطهٔ نبود دقّت در مورد شرایطی که در آنها شورای

آنچه تا به حال ساختهایم

امنیت می‌تواند امری را تهدیدی نسبت به صلح، نقض صلح، یا تجاوز اعلام کند، این اکراه از اِقدام تشدید شده است. ابهامِ درونی این اصطلاحات همراه با بالا گرفتن سوء ظنی که در اثر رقابت اَبَرقُدرَت‌ها ایجاد شده، به شدّت کار شورای امنیت را برای حفظ صلح و امنیت این سیاره کُند کرده است.

با وجود این مشکلات، شورای امنیت با گذشت سال‌ها در جهت ایجاد امنیت جمعی به شکلی که در آثار بهائی و همچنین از سوی تنظیم‌کنندگان چهارچوب منشور سازمان ملل پیش‌بینی شده، پیشرفت‌هائی کرده است. این پیشرفت‌ها را می‌توان در افزایش تمایل شورا به گسترش حوزۀ به‌کارگیری مفهوم «نقض صلح» برای دربرگرفتن موقعیت‌هائی دید که سابقاً بنابر مادۀ (۷)۲ کاملاً داخلی و در نتیجه خارج از حوزۀ مداخلۀ شورا تصور می‌شدند. برای نمونه قطع‌نامۀ ۲۲۱ شورای امنیت که در سال ۱۹۶۶ تصویب شد، اقدامات دولت اقلّیّت سفیدپوست یان اسمیت در رودزیا را در اعلام یک‌جانبۀ استقلال از بریتانیای کبیر تهدیدی نسبت به صلح دانست. سپس در سال ۱۹۹۱ قطع‌نامۀ ۷۱۳ شورای امنیت مشخّص کرد که شرایط مربوط به ناآرامی‌های داخلی در یوگوسلاوی سابق تهدیدی نسبت به صلح به شمار می‌رود و آن کشور را تحریم نظامی کرد. سال بعد شورا در قطع‌نامۀ ۷۸۸ (۱۹۹۲) در رابطه با جنگ داخلی در لیبریا به اقدام مشابهی دست زد. دو سال بعد شورا در قطع‌نامۀ ۹۵۵ (۱۹۹۴) حکم کرد که نَسل‌کُشی در رواندا تهدیدی نسبت به صلح جهانی به شمار می‌رود. این شورا به گسترش استفاده از مفهوم «تهدید نسبت به صلح» ادامه داده تا مواردی غیر از ناآرامی‌ها یا جنگ‌های داخلی را هم در بر بگیرد. یکی از این موارد نقض قوانین بشردوستانۀ بین‌المللی است که در قطع‌نامۀ ۷۳۳ که در سال ۱۹۹۲ تصویب شد، بازتاب یافت. این قطع‌نامه در بارۀ وضعیت سومالی بود که رساندن کمک‌های بشردوستانۀ بسیار ضروری به مردم غیرنظامی را برای جامعۀ بین‌المللی فوق‌العاده دشوار می‌ساخت. این موارد تروریسم بین‌المللی را هم دربر می‌گیرد. شورا به وضوح این مسئله را هم در قطع‌نامۀ ۷۴۸ مصوّب سال ۱۹۹۲ بیان کرده است که در آن به کوتاهی دولت لیبی از اطاعت از یک قطع‌نامۀ قبلی و محکوم‌کردن تروریسم اشاره می‌کند، و هم در قطع‌نامۀ ۱۰۷۰ مصوّب سال ۱۹۹۶ که در آن کوتاهی سودان در مورد مستردّ داشتن چند مظنون به شرکت در سوء قصد به جان رئیس جمهور مصر، به هنگامی که در اتیوپی اقامت داشته، را مطرح می‌سازد.

در عوض شورا در مورد اعلام «نقض صلح» محتاطتر بوده و اعلام آن را به چهار مورد محدود کرده است: در سال ۱۹۵۰ پس از حملۀ کرۀ شمالی به کرۀ جنوبی،۱۳۴ در سال ۱۹۸۲ پس از حملۀ آرژانتین به جزایر فالکلند،۱۳۵

در سال ۱۹۸۷ در جریان جنگ ایران و عراق،۱۳۶ و در سال ۱۹۹۰ پس از حملۀ عراق به کویت.۱۳۷ شورا در مورد اعلام «عمل تجاوزکارانه» از این هم کندتر عمل کرده و فقط دو بار چنین اعلامی کرده است: یکی در سال ۱۹۷۶ (قطعنامۀ ۳۸۷) در پاسخ به تعرّض آفریقای جنوبی و فرستادن نیروهای متجاوز به آنگولا که در آنجا ویرانی به بار آوردند و تجهیزات و مواد آنگولائی ها را غصب کردند، و یکی هم در سال ۱۹۹۰ (قطعنامۀ ۶۶۷) در پاسخ به اِعمال خشونت عراق نسبت به نمایندگان سیاسی و کارکنان آنها در کویت که شامل ربودن این کارکنان هم می‌شد.

علاوه بر آن از جنبۀ مثبت باید گفت که از جنگ سرد به بعد شورای امنیت در زمینۀ مقابله با تهدیدات بین‌المللی به نحو روزافزونی فعال شده است. میانگین قطعنامه‌های این شورا از یک قطعنامه در ماه به یکی در هفته (از ۱۵ مورد به ۶۰ مورد) افزایش یافته است.۱۳۸ این شورا همچنین اِعمال مجازات خود را در جهت نیل به اهداف بیان‌شده‌ای که دائماً بر تنوّعش افزوده می‌شود و مواردی نظیر مقابله با تجاوز، برگرداندن دولت‌های دموکراتیک، حمایت از حقوق بشر، خاتمه‌دادن به جنگ، مبارزه با تروریسم و پشتیبانی از معاهدات صلح را دربر می‌گیرد، به ۱۴ برابر افزایش داده است. این امر تضاد آشکاری با بهکارگیری ناچیز مجازات، که تا قبل از سال ۱۹۸۹ فقط به دو مورد محدود می‌شده است، دارد.۱۳۹

با وجود تمایل شورای امنیت به جمع و جورکردن خود و مداخله در شرایط مختلفی که صلح و امنیت جهانی را تهدید می‌کنند، مشکلاتی بوده‌اند که این شورا یا نتوانسته با آنها مقابله کند، مانند اختلافات منطقه‌ای درازمدّتی نظیر اختلافات کشمیر و کره، یا نتوانسته با موفّقیت با آنها مقابله کند، نظیر اختلافات فلسطین و اسرائیل. این مشکلات احتمالاً همین طور ادامه خواهند یافت تا آن که آن نظام امنیت جمعی که در آثار حضرت بهاءالله پیش‌بینی شده است، با همۀ اجزایش، از جمله یک نیروی نظامی دائمی که تحت اختیار شورای امنیت باشد، ایجاد شود.

ایجاد یک نیروی بین‌المللی دائمی

یکی از مهمّترین اجزای یک نظام کارآمد امنیت جمعی توان اجرائی است. ناتوانی شورای امنیت برای به اجراء درآوردن تصمیمات خود، این شورا را فاقد قدرت اجرائی و مداخلاتش را در برخی از ضروری‌ترین و درازمدّت‌ترین

بحران‌ها بی‌تأثیر ساخته است. اختیارات این شورا تحت مادهٔ ۴۲ منشور سازمان برای به‌کارگیری هر میزان نیروی نظامی که برای حفظ یا برگرداندن صلح و امنیت لازم است، از کار افتاده است زیرا مواد ۴۳ تا ۴۶ منشور سازمان ملل که برای دادن ابزار لازم به این شورا تنظیم شده هرگز به مورد اجراء در نیامده است.

اگر از دیدگاه طرح حضرت بهاءالله برای یک نظام امنیت جمعی بنگریم، مادهٔ ۴۳ هم دل‌گرم‌کننده است و هم نومیدکننده. این ماده پیش‌بینی می‌کند که همهٔ اعضای سازمان ملل باید «متعهّد شوند که بنا به درخواست شورای امنیت ... نیروهای نظامی و کمک و تسهیلات، شامل حقّ عبور لازم برای حفظ صلح و امنیت بین‌المللی را در اختیار آن شورا قرار بدهند». این کار باید بر طبق «یک یا چند توافق‌نامهٔ مخصوص» بین شورا و کشورهای عضو صورت گیرد. این توافق‌نامه‌ها باید «تعداد و نوع نیروها، میزان آمادگی و محل کلّی آنها و ماهیت تسهیلات و کمک‌هائی که باید صورت گیرد را تعیین کنند». ماده های بعدی، ۴۴ تا ۴۶، جزئیات بیشتری را در رابطه با این ترتیبات و این که چگونه باید اجراء شوند دربر می‌گیرند. این که از قبل چنین پیش‌بینی‌هائی در منشور سازمان وجود دارد دل‌گرم‌کننده است، زیرا نشان می‌دهد که جهان، دست کم از جنبهٔ نظری، به طرح حضرت بهاءالله برای یک نظام امنیت جمعی نزدیک شده است.

شکست جامعهٔ بین‌المللی در اجرای این مواد حاکی از کوتاهی آنها از پیروی از چیزی است که در سال ۱۹۴۵ تنظیم‌کنندگان منشور سازمان ملل متّحد و جامعهٔ بین‌المللی می‌دانستند شدیداً برای کمک به تضمین صلح و امنیت ما ضروری است. علّت این شکست نومیدکننده عدم تمایل کشورهای ما به چشم پوشی از حاکمیت ملّی در حوزه‌های مربوط به استفاده از نیروی نظامی، از جمله موارد مربوط به ترکیب، حفظ و مقرّ نیروهاست. در فوریهٔ سال ۱۹۴۶ شورای امنیت به کمیتهٔ تجهیزات نظامی فرمان داد که کار خود را آغاز کند. این کمیته هیئتی بود که تحت مادهٔ ۴۷ منشور سازمان ملل متّحد ایجاد شده بود تا «در همهٔ مسائل مربوط به احتیاجات نظامی برای حفظ صلح و امنیت جهانی، شامل استخدام و فرماندهی نیروهائی که در اختیار شورا هستند، به آن شورا کمک و با آن مشاوره کند». این کمیته پس از دو سال و پنج ماه کار روی ترتیب‌دادن یک نیروی ذخیره، اوائل جولای ۱۹۴۸ به شورای امنیت گزارش داد که قادر نیست به وظیفهٔ خود عمل کند.۱۴۰ اعضای این کمیته که از نمایندگان نیروهای هوائی، دریائی و زمینی پنج عضو دائمی شورای امنیت تشکیل شده بودند، به علّت جر و بحث بر سر موضوعات خاصّی نظیر مُهلت

عقب‌نشینی نیروها پس از عملیات، این که نیروها باید فقط در قلمرو کشور خودشان باشند یا در جای دیگر، حقّ بیرون‌کشیدن نیروها در صورت پیش‌آمدن ضرورت ملّی و موضوعات بسیار مهمّ فرماندهی و کنترل، نتوانستند به توافق نهائی برسند.۱۴۱ روشن است که پرداختن به نظریهٔ فرسودهٔ حاکمیت مطلق ملّی مانع ما از انجام کارهائی شده است که برای امنیت‌مان ضروری است.

به علّت ضربهٔ فلج‌کننده‌ای که به مادهٔ ۴۲، و در نتیجه به توانائی شورای امنیت در زمینهٔ حفظ صلح و امنیت بین‌المللی وارد آمد، این شورا مجبور شد به اختیارات محدودتری که تحت مادهٔ ۴۱ منشور سازمان داشت (به بالا مراجعه کنید) تکیه کند. با وجود اینکه شورا از این اختیارات با آزاددَستی برای دامنهٔ وسیعی از اقداماتی که استفاده از نیروی نظامی را دربر نمی‌گیرند، استفاده کرده است، اما این اقدامات اغلب ناکافی از کار درآمده‌اند. شورای امنیت در طول زمان در طراحی تدابیر جدید برای جبران این نقیصه ابتکار به خرج داده است.

یک تدبیر این بوده است که شورای امنیت اختیاراتی را که تحت مادهٔ ۴۲ منشور برای استفاده از نیروی نظامی دارد، به کشورهای عضو تفویض کند. برای نمونه وقتی کرهٔ شمالی در سال ۱۹۵۰ به کرهٔ جنوبی حمله کرد، شورای امنیت این عمل را به عنوان نقض صلح محکوم کرد۱۴۲ و سپس از همهٔ کشورهای عضو خواست که به عقب‌راندن این حمله کمک کنند. شانزده کشور زیر پرچم سازمان ملل و در حالی که ایالات متّحده سکان فرماندهی را در دست داشت، اقدام کردند. این تدبیر در طول دورهٔ دوقُطبی جنگ سرد بین دو عضو شورای امنیت، یعنی ایالات متّحدهٔ آمریکا و اتّحاد جماهیر شوروی فقط یک بار و آن هم به علت تقارن شرایط خاصّ امکان‌پذیر شد: اتّحاد جماهیر شوروی جلسات شورای امنیت را در اعتراض به عضویت نمایندهٔ چین تحریم کرده بود و به اشتباه تصوّر می‌کرد که غیبت آن در طول رأی‌گیری شورا در بارهٔ واگذاری اختیارات به معنای وتوی آن است.

تدبیر دیگری که شورای امنیت مورد استفاده قرار داده آن بوده که به ائتلافی از دولت‌های عضو اختیار عملیات نظامی بدهد. این امر به طور کلّی تا حدّی تحت عبارت «محفوظ بودن حقّ کشورها» برای دفاع فردی یا جمعی از خود که در مادهٔ ۵۱ منشور آمده توجیه شده است. پس از این که در سال ۱۹۹۰ عراق به کویت حمله و آن را ضمیمهٔ خود نمود، شورا از این تدبیر استفاده کرد. به دنبال چندین قطع‌نامه که برخی از اقدامات عراق را به عنوان نقض صلح۱۴۳ و برخی دیگر را به عنوان اعمال تجاوزکارانه محکوم می کرد۱۴۴ و پس از اِعمال تحریم‌های تجاری که نتوانست عراق را از کویت بیرون براند، شورای امنیت قطع‌نامهٔ شمارهٔ ۶۷۸ را صادر۱۴۵ نمود و در آن

۱۵ ژانویهٔ ۱۹۹۱ را به عنوان مهلت عقب‌نشینی تعیین کرد و اجازه داد «همهٔ اقدامات لازم برای اجراء و پیاده‌کردن» قطع‌نامه‌های قبلی در مورد عقب‌نشینی صورت گیرد. چند روز پس از به‌پایان‌رسیدن مهلت، حدود ۲۷ کشور، ۱۴۶ از جمله دولت کویت، به طور جمعی برای حمله به عراق دست به اقدام زدند.

روال دیگر استفاده از نیروهای پاسدار صلح بوده است که مأموریت آنان در طول زمان تغییر کرده و شامل دفاع از خود و بعد اِعمال قدرت صِرف هم شده است. برای مثال در سومالی جنگ داخلی به بحران عظیم انسانی انجامید و در نتیجه شورا به مجموعه‌ای از هیئت‌های نمایندگی اختیار داد تا صلح و امنیت کافی را برای تحویل کمک‌های انسان‌دوستانه برقرار سازند و مرتّب بر اختیارات آنها افزود. این هیئت‌ها شامل نیروهای نظامی از حدود ۲۰ کشور می‌شدند. با این حال سرانجام شکست خوردند و پس از حملات متعدّدی که به آنان صورت گرفت، از کشور بیرون رانده شدند. همان طور که این مثال و همچنین شکست نیروهای پاسدارصلح در فلسطین، کامبوج، کنگو، رواندا و بوسنی نشان می‌دهد، کوشش برای استفاده از نیروهای پاسدار صلح برای به اطاعت وادار کردن اغلب به علّت فقدان تعهّد سیاسی و عدم تأمین منابع کافی از سوی کشورهای عضو سازمان ملل هرگز به جائی نرسیده است. این رویکرد یک مشکل اساسی دیگر هم دارد که به شکست آن در سومالی کمک کرد. پاسداری از صلح به این معناست که طرفین درگیر داوطلبانه به وجود این نیروها در آنجا رضایت داده‌اند. استفاده از نیروهای پاسدار صلح به منظور مداخله برای استقرار یا حفظ صلح و امنیت در شرایطی که برخی از طرف‌های درگیر یا هیچ یک از آنها با این مداخله موافق نیستند، مناسب نیست. بنا بر این وقتی این موافقت واقعاً وجود ندارد ولی نیروهای پاسدارصلح فرستاده می‌شوند، این تدبیر نهایتاً به شکست می‌انجامد و طعم تلخ شکست را در دهان همه باقی می‌گذارد.

اما حوادث اخیر نشان داده است که احتمالاً جریان به نفع استفاده از نیروهای پاسدارصلح در حال تغییر است. به نظر می‌رسد که شکست‌های مکرّر باعث شده است که شورای امنیت به آگاهی بیشتری از این که باید قاطعانه‌تر عمل کند، برسد. بر این اساس مردم محلی نیروهای سازمان ملل در کنگو که به نام MONUC مشهورند را «پروانه» می‌خوانند، زیرا سربازان کلاه‌آبی با این که زیبا هستند اما به درد حفظ صلح نمی‌خورند. در واقع مشهور شده که وقتی گروه‌های شبه‌نظامی و مانند آن غیرنظامیان را کشتار می‌کنند یا به بردگی می‌گیرند، اینها بدون این که کاری بکنند، کنار می‌ایستند. عذر MONUCتا به حال این بوده است که برای پاسخ‌دادن به عملیات گروه‌های شبهِ

نظامی نه تسلیحات کافی دارد و نه نفرات کافی. اما اکنون شورا تعداد آنها را از ۱۰,۸۰۰ نفر به ۱۶,۷۰۰ نفر افزایش داده و پوشش هوائی برایشان فراهم ساخته است. حال این امید وجود دارد که آنها بتوانند نیروهای شبهِنظامی را خلع سلاح کنند و بردگان را آزاد سازند.۱۴۷

تدبیر دیگری که شورا به نحو روزافزونی مورد استفاده قرار می‌دهد تأیید عملیات نظامی نیروهای منطقه‌ای است. نمونه‌هائی از این اقدام را می‌توان در قطع‌نامه‌هائی که از مداخلۀ NATO در درگیری‌های کوزوو و بوسنی و از مداخلات ECOWAS در سیرا لئون استقبال کردند، مشاهده نمود. هرچند به طور منطقی مداخلۀ نظامی از سوی هر کشوری باید از قبل از سوی شورای امنیت مجاز شده باشد، روالی شکل گرفته است که مطابق آن نیروهای منطقه‌ای اوّل مداخله می‌کنند و بعد تأیید شورای امنیت را بعد از واقعه می‌گیرند. کشورهای مداخله‌کننده اغلب از حقّی که تحت مادۀ ۵۱ منشور سازمان برای دفاع از خود به آنان داده شده است، استفاده می‌کنند. شورای امنیت به طور روزافزونی بر نیروهائی که از قبل از سوی یک سازمان چندملّیّتی دیگر، که معمولاً منطقه‌ای است، گِرد هم آورده شده، تکیه می‌کند. اینها منابعی از نفرات و تجهیزات هستند که وجودشان به خصوص در صورت فقدان منابع بین‌المللی غنیمت است. همکاری زیادی بین سازمان ملل و سازمان‌های امنیتی منطقه‌ای در رابطه با پاسداری از صلح وجود داشته است. برای مثال، در هائیتی سازمان دولت‌های آمریکائی با شورا در حال همکاری بوده‌اند، و یا در لیبریا ECOWAS و شورا، و یا در بوسنی NATO و شورا همکاری کرده‌اند.

به طور کلّی، خبر خوب آن است که شورای امنیت با گذشت زمان به نحو فزاینده‌ای فعال و حتی بدون یک نیروی نظامی دائمی و سایر ابزاری که در ماده‌های ۴۳ تا ۴۶ برای آن پیش‌بینی شده، متمایل به استفاده از اختیاراتی گشته است که تحت فصل VII از آن برخوردار است. گزارش آناند که پیش‌تر در این بخش از کتاب از آن سخن رفت، ضمن گزارش نیازهای امنیت جمعی به دبیر کلّ، نتیجه گرفت که شورا به نحو آشکاری موازنه را از استفادۀ یک‌جانبه از نیروی نظامی به نفع استفادۀ جمعی قانونی از آن برهم زده است.۱۴۸ این میزگرد همچنین به وجود آمدن انتظار و ظهور هنجاری را مشاهده کرد مبنی بر این که در مورد استفاده از نیروی نظامی شورای امنیت صاحب اختیار است، هرچند این هنجار «با ارزش اما هنوز فاقد عمق» به نظر می‌رسد.۱۴۹

به نحو روزافزونی معلوم شده است که شورای امنیت اختیاراتی را که تحت مادۀ ۴۲ دارد به حدّ نهائی خود و حتی فراتر از آن گسترش داده است، اما به عنوان دستگاهی برای برقرارسازی صلح دیگر کارآمد نیست. وضعیت عراق

از زمان حملهٔ اولیه‌اش به کویت نمونهٔ درخشانی به دست ما می‌دهد. شورای امنیت در طول ۱۲ سال از هر وسیله‌ای که در اختیارش بود به جز استفادهٔ مستقیم از نیروی نظامی سازمان ملل تحت مادهٔ ۴۳ استفاده کرد تا با تهدید عراق مقابله کند. این ابزارها عبارت بودند از: اِعمال مجازات‌های اقتصادی به شکل‌های مختلف، ممنوع‌ساختن واردات و صادرات، ممنوعیت انتقال سرمایه به داخل و خارج این کشور، ممنوعیت پرواز هواپیما به داخل و خارج کشور، متوقّف‌ساختن ناوگان دریائی، کاهش کارکنان سیاسی، تحمیل مسئولیت قانونی خساراتی که به سبب حملهٔ غیرقانونی آن به کویت به افراد، دولت‌ها، شرکت‌ها و سازمان‌های بین‌المللی وارد شده، پافشاری بر مسئولیت عراق در قبال بدهی های خارجی، تضمین مرزهای بین‌المللی بین عراق و کویت (نقطهٔ عطفی که بعداً در بارهٔ آن بحث خواهد شد)، این قرار که تمام عایدات حاصله از فروش نفت برای استفاده طبق دستورات جامعهٔ جهانی به ودیعه نزد سازمان ملل بماند، قرار نابودسازی همهٔ سلاح‌های کشتار جمعی و استقرار یک برنامهٔ بازرسی بین‌المللی برای تضمین انجام این کار.

اما به غیر از استفاده از نیروی نظامی، هیچ کدام از این اقدامات کافی نبود تا هراس جامعهٔ بین‌المللی را از این که عراق هنوز تهدیدی نسبت به صلح جهانی به شمار می‌آید تخفیف دهد. به علاوه، با وجود توافق نظر عمومی در درون جامعهٔ بین‌المللی در این باره که عراق تهدید مداومی نسبت به صلح و آرامش همسایه‌های خود به شمار می‌رود، جهان قادر به عمل نبود. شورای امنیت نه می‌خواست اختیار استفاده از زور خود را به هیچ دولت یا گروهی از دولت‌ها تفویض کند و نه می‌خواست مهر تأیید خود را به عملیات یک ائتلاف نظامی بزند. از آنجا که عملیات نظامی قبل از استفاده از سلاح‌های کشتار جمعی پیشگیرانه محسوب می‌شد، با الگوی دفاع از خود مادهٔ ۵۱، که بر اساس آن تهدید باید فوری باشد، همخوانی نداشت. پاسداری از صلح، به زور یا غیر آن، نیز امکان نداشت، زیرا رضایت عراق وجود نداشت. علاوه بر آن هیچ نیروی منطقه‌ای عرب که بتوان روی مداخلهٔ نظامی آن و تأیید شورا قبل یا بعد از عمل آن حساب کرد، وجود نداشت. با وجود این که بحران عراق را پشت سر گذاشته‌ایم، هیچ راه حلی برای این وضعیت که بتواند الگوئی برای آینده باشد، وجود ندارد. این سئوال باقی است که اگر جامعهٔ بین‌المللی در آینده با موارد مشابهی رو به رو شود، چه اتّفاقی خواهد افتاد؟ اگر دفعهٔ بعد مدارک روشن و تردید ناپذیری از وجود سلاح‌های کشتار جمعی وجود داشته باشد، چه؟ شورا چه کار ممکن است، یا می‌تواند، بکند؟ اگر شورا نتواند یا نخواهد صلح سیاره را حفظ کند، چه؟ همان طور که دبیر کلّ سازمان ملل در سپتامبر ۲۰۰۳

گفت: «تاریخ قاضی سخت‌گیری است، اگر بگذاریم این لحظه از دست برود، هرگز ما را نخواهد بخشید.» ۱۵۰

خوشبختانه تفکراتی در این زمینه که چگونه می‌توان یک نظام کارآمد امنیت جمعی را ایجاد کرد، صورت گرفته است. گزارش ICISS مثال خوبی است. این گزارش معیارهائی را پیشنهاد می‌کند که باید قبل از پناه بردن به مجازات نهائی و استفادۀ جمعی از نیروی نظامی برآورده شوند. معیارهائی باید ایجاد شوند تا تضمین نمایند جنگ برای بدترین موارد کنار گذاشته شده است. شورای امنیت نباید بیش از حدّ به نیروی نظامی روکند، زیرا در این صورت ارادۀ بین‌المللی برای حمایت از آن از بین خواهد رفت.

گزارش ICISS این معیارها را پیشنهاد کرد.۱۵۱ اوّل این که مداخلۀ نظامی با اهداف بشردوستانه باید اقدامی استثنائی و غیرعادی باشد. باید در اثر اقدام عمدی یا کوتاهی یا ناتوانی یک دولت آسیب جدی و غیر قابل جبرانی نظیر کشتار گسترده یا «تصفیۀ نژادی» رخ داده یا در شرف وقوع باشد. دوم این که اهمّیّت زیادی دارد که هدف استفاده از نیروی نظامی متوقّف‌کردن یا بَرطَرف کَردن رنج انسانی باشد. این کار با عملیات چندجانبه که مورد حمایت افکار عمومی آن منطقه و قربانیان مربوطه باشد، بهتر صورت می‌گیرد. سوم این که قبل از مداخلۀ نظامی باید همۀ راه حل‌های غیرنظامی برای حل یا جلوگیری صلح‌آمیز از این بحران بررسی شده باشد. چهارم، استفاده از نیروی نظامی باید در هر مورد متناسب و در کوچک‌ترین سطح و کوتاه‌ترین مدّت و کمترین شدّت لازم برای رسیدن به هدف دفاع بشردوستانه باشد. پنجم، باید امیدی منطقی به متوقّف یا برطرف کردن موفقیت‌آمیز رنجی که هدف مداخلۀ نظامی است، وجود داشته باشد. سرانجام مرجع بین‌المللی مناسب اختیار مداخلۀ نظامی را به منظور دفاع بشردوستانه داده باشد. مناسب‌ترین مرجع برای این امر شورای امنیت است. اما ICISS تشخیص داد که شورای امنیت ممکن است گاهی نتواند عمل کند، که در این صورت تصدیق کرد دولت‌های منفرد می‌توانند مسئولیت رفع رنج و بلا را به عهده بگیرند. این گزارش همچنین تشخیص داد که خطر عملیات یک‌جانبه در صورت چنین تفویض مسئولیتی کاملاً جدی خواهد بود. بنا بر این برای جامعۀ بین‌المللی ضروری است که در چنین شرایطی شکست خود و پیامدهائی را که به دنبال خواهد داشت، بپذیرد.

اصولی که در دیانت بهائی برای استفاده از نیروی نظامی تعیین شده شرایط گسترده‌تری از اصول مذکور در گزارش ICISS دارند. اما به نظر می‌رسد که رویکرد ICISS هم با روح و هم با متن تعالیم بهائی هماهنگی دارد. اول این که رویکرد حضرت بهاءالله به امنیت جمعی بر این اصل استوار است که

جامعهٔ بین‌المللی باید نیروی نظامی را به عنوان یک ابزار عادی در روابط بین المللی کنار بگذارد و به جای آن بکوشد اختلافات را از روش‌های صلح‌آمیز حل کند. هرچند جامعهٔ بین‌المللی این اصل را به خصوص بعد از جنگ جهانی دوم به عنوان امری حیاتی برای حفظ امنیت جمعی درک و تصدیق نمود و آن را در منشور سازمان ملل تجسم بخشید، اما در عمل هنوز آن را به طور عمومی به کار نگرفته است.

دوم این که بنا بر رویکردی که آثار بهائی نسبت به امنیت جمعی دارد، سران عالم باید بدون ارتباط با هیچ بحران خاصّی جمع شوند و روی اصولی که از آن پیروی خواهند کرد و روالی که برای تضمین صلح در سیارهٔ ما در پیش خواهند گرفت، توافق کنند. به عبارت دیگر، اولین امر لازم موافقت رهبران ما روی این مسئله است که چگونه نسبت به شرایطی که صلح این سیاره را به خطر می‌اندازند یا برهم می‌زنند، واکنش نشان بدهند. با وجود منشور سازمان ملل و با وجود بیش از ۶۰ سال به‌کارگیری آن در بحران‌های بین‌المللی، هنوز اصول روشنی تعیین نشده‌اند که توضیح دهند چه چیزی برهم خوردن صلح به شمار می‌آید و عملیات بین‌المللی را موجّه می‌سازد. به همین نحو، هنوز هیچ کاری روی مقرّرات مربوطه انجام نشده است که معیّن کند جامعهٔ بین‌المللی دقیقاً چه عملیاتی را در پاسخ به چه اختلالاتی در صلح در پیش خواهد گرفت. حضرت بهاءالله به سران عالم می‌فرمایند که باید مانند یک تن برای به اطاعت واداشتن هر کشوری که صلح را برهم می‌زند، اقدام کنند، اقدامی که درصورت لزوم شامل استفادهٔ جمعی از نیروی نظامی نیز می‌شود. هرچند در آثار بهائی مقرّرات خاصّی در این مورد که چه چیزی به معنای برهم زدن صلح بین‌المللی است یا چه اقداماتی باید بشود وجود ندارد، اما اصولی که در این آثار مندرج است الهام‌بخش توصیه‌هائی عینی است که در بخش ۳ این کتاب مورد بحث قرار خواهند گرفت.

ایجاد یک دادگاه کارآمد بین‌المللی

با این که دادگاه بین‌المللی را حضرت بهاءالله از همان قرن نوزدهم به بشریت توصیه فرموده بودند، اما فقط پس از آن که جهان به شکنجه و عذاب جنگی بی‌رحمانه و ویران‌کننده، یعنی جنگ جهانی اوّل مبتلا گشت، بود که یک دادگاه بین‌المللی تحت عهدنامهٔ مجمع اتّفاق ملل ایجاد گردید. این اولین کوشش دنیای مدرن در جهت ایجاد یک دادگاه جهانی، به دادگاه دائمی و بین المللی

صلح (PCIJ)[31] مشهور شد. ملّت‌های به‌وجودآورندۀ این عهدنامه امیدوار بودند به این وسیله تضمین نمایند که بشریت دیگر هرگز دچار کابوسی مانند جنگ جهانی اوّل نمی‌گردد. اما متأسفانه، تعهّد ملّت‌ها به مجمع اتّفاق ملل و به PCIJ تاب امتحانات سال‌های دهۀ ۳۰ میلادی را که از نظر سیاسی سال‌های آشوب‌زده‌ای بودند را نیاورد. بقایای PCIJ نجات داده شد، اما فقط پس از آنکه بشریت آزمون سخت یک جنگ دوم جهانی را نیز پشت سر گذاشت. در طول مراحل نهائی جنگ جهانی دوم و پس از آن، کشورهای پیروز در جنگ و بسیاری از ملّت‌های دیگر منشور جدید سازمان ملل متّحد را به وجود آوردند. دادگاه بین‌المللی در چهارچوب این منشور دوباره ایجاد و این بار دادگاه عدالت بین‌المللی (ICJ)[32] نامیده شد. بار دیگر دنیا امیدوار بود که کشورها برای حل اختلافات خود به جای پناه‌بردن به خشونت و مبارزۀ مسلّحانه به این دادگاه مراجعه کنند. کلمات "Pacis tutela apud Judicem" به معنای «داوری حافظ صلح است» که رویای صلح از طریق قانون بنیان‌گزاران ICJ را مجسّم می‌ساخت روی نمای اصلی کاخ صلح لاهه حکّ گردید.

اما واقعیت طور دیگری از کار درآمد. آرزوهای عالی بنیان‌گزاران منشور سازمان ملل در مورد دادگاه بین‌المللی، اگر به کلّی از هم نپاشید، درهم شکست. با گذشت سال‌ها معلوم شد که دادگاه بین‌المللی از نواقص مهمّی رنج می‌برد که همچنان مانع از رسیدن به اهداف اولیه‌اش خواهند بود و اگر هر کدام از مشکلات چندجانبۀ نهفته در ساختار و نحوۀ عمل‌کرد آن به نحو مناسبی مورد توجّه قرار نگیرد و اصلاح نشود، بعید است که دادگاه بین‌المللی بتواند همان طور که طراحی شده به عنوان ابزاری برای صلح عمل نماید.

اولین مشکل در محدودۀ کاری دادگاه است، چیزی که در محافل حقوقی به آن «صلاحیت» دادگاه می‌گویند. نقش دادگاه بین‌المللی که قرار است در سمت «اُرگان قضائی اصلی سازمان ملل متّحد»۱۵۲ و به عنوان عالی‌ترین مرجع قضائی جهان عمل کند، به حل قضائی محدود شده که عموماً آخرین مرحلۀ حل اختلاف است. به عبارت دیگر اقدامات آن محدود می‌شود به ارائۀ رسمی کتبی و شفاهی مدارک و دلائل حقوقی از سوی طرفین به قضاتی که در میان خود مشورت می‌کنند و تصمیم نهائی را در آن مورد می‌گیرند. در بسیاری از نقاط دنیا، حل قضائی که در میان دامنۀ کاملی از گزینه‌ها نظیر مذاکره، مشورت، میانجی‌گری، مصالحه و حکمیت قرار می‌گیرد، محبوب‌ترین و متداول‌ترین

31 Permanent Court of International Justice
32 International Court of Justice

گزینه نیست. به علاوه حکم دادگاه محدود به اختلافات حقوقی بین دولتهاست.
به عبارت دیگر فقط دولت‌ها می‌توانند طرف دعواهائی باشند که در این دادگاه
مطرح می‌شود.۱۵۳ در نتیجه هرچند دولت‌های عضو سازمان ملل به خودی
خود به این دادگاه دسترسی دارند، اما افراد مستقل و سازمان‌های بین‌المللی نمی
توانند موردی را به آن ارجاع نمایند.۱۵۴

یکی از تبعات محدود بودن صلاحیت این دادگاه گسترش هیئت‌های قضائی
در سطح منطقه‌ای و بین‌المللی، هر دو بوده است. برای نمونه اکنون ما دو
دادگاه جداگانهٔ جنایات جنگی برای یوگوسلاوی سابق و برای رواندا داریم که
برای تعقیب قانونی افراد در مورد جنایات جنگی که در این مناطق خاصّ
جغرافیائی در دوره‌های خاصّ زمانی رخ داده‌اند، ایجاد شده‌اند. همچنین یک
دادگاه جنائی بین‌المللی که تازه تأسیس شده داریم که برای اجرای عدالت در
مورد کسانی که متّهم به ارتکاب جنایات جنگی، جنایت بر علیه بشریت و اعمال
خشونت هستند، طراحی شده، صرف نظر از این که این جنایات در کجا اتّفاق
افتاده باشند. بعد، چندین هیئت داوری یا سازمان حل اختلاف مشابه در
موضوعات محدود و در رابطه با معاهدات چندجانبه داریم، مانند هیئت داوری
بین‌المللی در رابطه با قانون دریا و سازمان تجارت جهانی. دادگاه اروپائی
عدالت، دادگاه اروپائی حقوق بشر و دادگاه بین-آمریکائی حقوق بشر نمونه‌هائی
از دادگاه‌های بین‌المللی هستند که به دامنهٔ وسیعی از موضوعات در یک منطقهٔ
خاصّ جغرافیائی می‌پردازند. این گسترش دادگاه‌های بین‌المللی ممکن است
منجر به صدور احکام متناقض در مواردی خاصّ یا تفاسیری متناقض از اصول
حقوقی در موارد جداگانه‌ای که در حقیقت مشابه هستند، گردد. برای مثال،
اختلافات بین‌المللی در مورد منابع دریائی ممکن است هم توسّط هیئت بین‌المللی
داوری در رابطه با قانون دریا حل شود و هم توسّط دادگاه جهانی. واضح است
که نتایج متناقض در مورد یک اختلاف مشکل ایجاد می‌کند. شکل‌گیری اصول
قانونی متناقض مشکل موذیانه‌تر و بسیار بزرگتری است، زیرا به جای کمتر
کردن احتمال بروز اختلافات در آینده، آن را بیشتر می‌کند، چرا که کشورهای
درگیر در اختلاف تفسیری را که در آن زمان بیشتر به نفع ایشان است، انتخاب
می‌کنند. جهان احتیاج به یک سلسله مراتب یا نظامی از دادگاه‌های بین‌المللی
دارد که در آن رابطهٔ دقیق این دادگاه‌ها با یک دیگر به خوبی تعریف شده و
احتمالاً ICJ به عنوان دادگاه عالی در رأس آن قرار داشته باشد.

دوم این که دادگاه بین‌المللی حتی در محدودهٔ اختلافات بین دولت‌ها، که
کارش حصر به آن شده است، نیز قدرت حکمیت اجباری را که یک قدرت
اساسی است، ندارد. بدون این قدرت این دادگاه به شدّت تضعیف شده است،

زیرا فقط زمانی می‌تواند در بارهٔ یک اختلاف حکم بدهد که همهٔ طرف‌های درگیر داوطلبانه اختلاف خود را برای تصمیم‌گیری تسلیم این دادگاه کرده باشند. این کار را می‌توان به چند طریق انجام داد که رایج‌ترین آن از طریق یک توافق نامهٔ مخصوص بین طرفین است که مصالحه خوانده می‌شود و شرایط اختلاف و چهارچوبی که قراراست دادگاه در آن عمل بکند را دقیقاً مشخّص می‌سازد.۱۵۵ دولت‌ها معمولاً وقتی از این رویکرد استفاده می‌کنند که بدانند توافق روی ضوابط ثابت بیشتر به نفعشان تمام می‌شود تا طولانی‌تر کردن اختلاف. چندین راه دیگر نیز وجود دارد، اما کمتر به آنها اتّکاء می‌شود. تاریخچهٔ یک مورد ممکن است به دادگاه اجازه بدهد که از رفتار طرف‌های دعوا استنباط کند که راضی به حکم دادگاه هستند. البته اگر دولتی بکوشد چنین رضایتی را انکار کند این نوع استنباطها بحث برانگیز خواهند بود. بند دوم ازمادهٔ ۳۶ قانون دادگاه به دولت‌ها اجازه می‌دهد که حکم دادگاه را از قبل، صرف نظر از این که موضوع دعوا چه باشد، بپذیرند. شاید تعجّبی نداشته باشد که اکثر دُوَل عضو سازمان ملل موافقت نکرده‌اند که خود را به این عبارت مقیّد سازند، و یا برای آن شروطی قائل شده‌اند. این به اصطلاح «شروط» از دولتی به دولت دیگر فرق زیادی می‌کند، اما معمولاً می‌کوشد مانع از این گردد که دادگاه در اختلافی که حکومت مربوط به منافع حیاتی خود می‌داند، دخالت کند.۱۵۶ برای مثال، بسیاری از این شروط حاکی از آنند که مواردی که در حوزهٔ قضائی داخلی قرار می‌گیرند و از سوی آن حکومت خاصّ «تعیین» می‌شوند به خودی خود خارج از حوزهٔ قضائی این دادگاه محسوب می‌گردند. آشکار است که این شرطها هر گونه فکر حکمیت اجباری را تضعیف و کلّ این جریان را تبدیل به یک بازی سطحی می‌کند. به علاوه، در طول زمان بسیاری از این دولت‌ها رضایت خود را به دلائل مختلف پس گرفته‌اند. یک راه دیگر برای توسّل به حکمیت این دادگاه تحت یک «مادهٔ توافقی» است که در یک معاهدهٔ بین‌المللی دیگر گنجانده شده باشد و امضاءکنندگان آن معاهده را مجبور به حل اختلافات از طریق دادگاه جهانی نماید. خوشبختانه تعداد زیادی از معاهدات بین‌المللی که هم معاهدات دوجانبه و هم معاهدات چندجانبه را دربر می‌گیرند، مانند پیمان نامهٔ نَسل‌کُشی در سال ۱۹۴۸ و پیمان‌نامهٔ بین‌المللی نابودسازی همهٔ انواع تبعیض نژادی در سال ۱۹۶۵ چنین ماده‌ای را که به ICJ حقّ تفسیر و اجرای توافق‌نامه‌ها را می‌دهد، دربر دارند.۱۵۷ همهٔ این روش‌های کسب داوطلبانهٔ حکمیت از عیبی که همهٔ طرح‌های داوطلبانه دارند، رنج می‌برند: به اجراء درآمدن حکم دادگاه بسته به عمل دوجانبه است. به عبارت دیگر، دادگاه فقط وقتی تحت بند دوم مادهٔ ۳۶ حکمیت خواهد داشت که هر دو طرف درگیر تحت

شرایط یکسانی با این حکمیت موافقت کرده باشند. شگفت آن که حتی اگر شورای امنیت توصیه کند که اختلافی به این دادگاه رجوع داده شود، «حکمی» که طبق مادهٔ ۲۵ منشور سازمان ملل برای همهٔ کشورهای عضو لازم الاجراست، باز هم ICJ بدون رضایت آشکار طرفین قدرتی در مورد آن ندارد.۱۵۸

چطور می‌توانیم به چنین نظامی برای حفظ صلح در دنیائی که از جنگ و بحران به ستوه آمده است، اتّکاء کنیم؟ دولت‌هائی که می‌دانند قانون بین‌المللی را نقض کرده‌اند یا ممکن است در اثر حکم مخالف دادگاه تحقیر شوند فقط در صورتی حاضرند تسلیم حکم آن شوند که یا از نتیجهٔ مطلوب مطمئن باشند یا نتیجه برایشان خیلی مهمّ نباشد. هرگز فکرش را هم نمی‌کنیم که یک نظام قضائی ملّی درست کنیم که در آن مجرمان یا طرفین دعوائی اگر مثلاً به قتل یا نقض قرارداد متّهم شده‌اند، اختیار تصمیم‌گیری داشته باشند که تسلیم حکم دادگاهی بشوند یا خیر. چنین نظامی پوشالی خواهد بود و جامعهٔ ما را به نحو خطرناکی بی‌دفاع و اسیر هویٰ و هوس افراد قانون‌شکن خواهد نمود. پس چرا حاضریم یک نظام قضائی بین‌المللی که آشکارا فاقد کارآئی است، ایجاد کنیم؟

اما حتی وقتی دادگاه در مورد طرفین در یک اختلاف خاصّ اختیارات قانونی دارد، مشکل سومی در رابطه با اجرای حکم آن وجود دارد. هرچند احکام دادگاه نهائی است و نمی‌توان در مورد آنها تقاضای استیناف داد، اما یکی از خصوصیات عجیب این نظام این است که دادگاه خودش توجّهی به اطاعت از حکم خود ندارد. برعکس، بر این نظر است که «همین که دریافت دولتی در مورد رفتار آیندهٔ خود تعهّداتی نموده است، دیگر وظیفهٔ آن نیست که فکر کند مطابق آن عمل نخواهد کرد».۱۵۹ به نظر می‌رسد که دادگاه به همین راضی است که به مادهٔ ۹۴ منشور سازمان ملل اتّکاء کند که همهٔ دولت‌های عضو را مکلّف به اطاعت از تصمیماتی که دادگاه در مورد آنها گرفته می‌کند. به عبارت دیگر، دادگاه راضی به این است که فرض کند همین که طرفی در دعوائی باخت، به شایستگی و داوطلبانه از حکمی که بر علیه او صادر شده اطاعت می کند. اما این سیاست طرفین را به حال خود رها می‌کند که عمداً احکام دادگاه را نادیده بگیرند. این نظام با ممکن‌ساختن عدم اطاعت به نحو مؤثّری فرار از مجازات را تشویق و اعتبار و کارآئی دادگاه را تضعیف می‌کند. بعد از همهٔ اینها چه انگیزه‌ای برای ملّتی که اهمّیّتی برای قانون بین‌الملل و برای این که سایر ملل چه فکری می‌کنند قائل نیست، باقی می‌ماند که از قانونی که خلاف منافع آن است اطاعت کند؟ با استفاده از تشبیهی که به نظام‌های قضائی ملّی کردیم، باید بگوئیم که هرگز نظامی را که در آن احکام جنائی یا مدنی اجراء

نشوند، تحمّل نمی‌کنیم. تصوّر کنید که به یک مجرم گفته شود: «شما مرتکب قتل شناخته شده‌اید، حالا لطفاً خودتان را به یک زندان برسانید و اطمینان حاصل کنید که به تعداد سال‌هائی که لازم است در آن جا می‌مانید.» یا به یک متّهم داخلی بگوئیم: «شما باید در حدود یک‌میلیون دلار خسارت به آقای ایکس بپردازید. لطفاً این پرداخت را سریعاً انجام دهید.» و هیچ تلاشی در جهت نظارت بر اجرای این حکم یا به اطاعت واداشتن طرف مربوطه انجام ندهیم. باید توجّه داشت که اگر یک طرف دعوائی از اطاعت از حکم دادگاه خودداری کند، طرف دیگر می‌تواند به شورای امنیت شکایت کند تا توصیه‌هائی بکند یا تصمیمات لازم‌الاجرائی بگیرد.۱۶۰ اما در عمل این کار روش مؤثّری برای به اطاعت واداشتن از کار در نیامده است. شورای امنیت نیز مانند دادگاه بین المللی از خودش قدرت اجرائی ندارد. در نتیجه، تعجّبی ندارد که سابقهٔ اطاعت از احکام دادگاه به قول یک پژوهش‌گر در زمینهٔ قانون بین‌الملل «فقط اندکی رضایت‌بخش»۱۶۱ بوده است. از نمونه‌های این عدم اطاعت می‌توان از عدم اطاعت آلبانی در پروندهٔ کانال کورفو،۱۶۲ آیسلند در پروندهٔ حقّ نظارت بر منطقهٔ ماهی‌گیری۱۶۳ و ایران در پروندهٔ مربوط به گروگان‌گیری تهران نام برد.۱۶۴

مشکل چهارم این است که دولت‌های متّهم که صلاحیت قانونی دادگاه را قبول دارند، گاهی اصلاً در مقابل دادگاه حاضر نمی‌شوند. در چنین وضعیتی مادهٔ ۵۳ قانون دادگاه می‌گوید طرف حاضر می‌تواند از دادگاه بخواهد که به نفع ادّعای او رأی بدهد. برای این که بعداً طرف غایبی که بازنده شده این بحث را پیش نیاورد که استدلال وی در دادگاه به خوبی به حساب آورده نشده است، دادگاه مجبور است که به جای دولت غایب که متّهم است عمل کند و دلائل قانونی برای دفاع از او بیاورد. در این روش لازم است که دادگاه توازن ظریفی را ایجاد کند که خودش می‌تواند بعداً از سوی هر کدام از طرفین به چالش طلبیده شود. نمونه‌هائی از این مسئله را می‌توان در پروندهٔ حقّ نظارت بر منطقهٔ ماهی‌گیری،۱۶۵ پروندهٔ آزمایش‌های هسته‌ای،۱۶۶ پروندهٔ کفهٔ قاره‌ای دریای اژه۱۶۷ و پروندهٔ ایران۱۶۸ مشاهده نمود.

سپس یک مشکل پنجم هم وجود دارد، در رابطه با نحوهٔ انتخاب قضات دادگاه بین‌المللی و ضرورت تضمین این که با بی‌طرفی و به دور از فشارهای ملّی و سیاسی و به نحوی که اعتماد اقوام و ملل را برانگیزد به وظائف خود عمل کنند. در حال حاضر ICJ از ۱۵ عضو تشکیل شده است که به ترتیب زیر انتخاب می‌شوند. اول گروه‌های ملّی مربوط به یک هیئت بین‌المللی به نام

دادگاه داوری دائمی (PCA) [33] و در مورد کشورهای عضو سازمان ملل که در PCA حضور ندارند، گروه‌های ملّی که مخصوص این کارمنصوب شده‌اند، فهرستی از افراد حائز شرایط تهیه می‌کنند. بعد مجمع عمومی سازمان ملل و شورای امنیت جداگانه در مورد افراد این فهرست رأی‌گیری می‌کنند. کاندیداهای موفّق کسانی هستند که در هر دو جا اکثریت مطلق بیاورند. عملاً، در زمینهٔ انتخاب قضات هماهنگی نزدیکی بین مجمع عمومی و شورای امنیت وجود دارد. همچنین واقعیت این است که مسائل سیاسی نیز در این انتخابات نقش دارند. اعضای این دادگاه هر ۹ سال یک بار انتخاب می‌شوند و می‌توانند مجدّداً انتخاب شوند. انتخاب آنها به طور متناوب صورت می‌گیرد و هر سه سال یک بار و هر بار برای انتخاب ۵ قاضی برگزار می‌شود. این کار تداوم را در دادگاه تضمین می‌کند.۱۶۹

هرچند هدف انتخابات آن است که یک هیئت قضائی مرکّب از اعضائی مستقلّ که نمایندهٔ هیچ کشوری نیستند، ایجاد کند، اما این هدف به نوعی توسّط مادهٔ ۳۱ قانون دادگاه بی‌اعتبار شده است که می‌گوید اگر در دعوائی یکی از طرفین هیچ قاضی از ملّیّت خود در مسند قضاوت نداشته باشد، حقّ دارد شخصی را در طول دادگاه به عنوان قاضی موقّت انتخاب کند. هرچند نیّت این ماده آن است که طرفین در دادگاه احساس راحتی نمایند، اما بسیاری از ناظران برآنند که این ماده استقلال دادگاه را تضعیف می‌کند، به خصوص با توجّه به آمارهای قاطعی که نشان می‌دهند قضات موقّت از دولتی که آنها را انتخاب کرده است، حمایت می‌کنند. عامل دیگری که استقلال ظاهری دادگاه را تضعیف می‌کند این است که وقتی دادگاهی در مورد سه عضو یا بیشتر به قضاوت می‌نشیند، همان طور که ممکن است تحت مادهٔ ۲۶ برای یک پروندهٔ به خصوص یا دسته‌ای از پرونده‌ها چنین کند: «بدیهی است که ... ترکیب آن باید نتیجهٔ اتّفاق نظر بین طرف‌ها و دادگاه باشد».۱۷۰ این قضیه در پروندهٔ مین[34] که در آن ادّعا شده کانادا و ایالات متّحده تهدید کرده بودند اگر به خواست‌های آنان در مورد ترکیب دادگاه توجّه نشود، پروندهٔ خود را پس می‌گیرند، آشکار گردید.۱۷۱

هرچند تصمیمات و نظرات مشورتی این دادگاه نقش مهمّی در پیشرفت قانون بین‌المللی داشته است، اما تا آنجا که به حفظ صلح و امنیت مربوط می شود، این دادگاه «واقعاً نقش بسیار کوچکی را بازی کرده است».۱۷۲ این امر

[33] Permanent Court of Arbitration
[34] Maine

عمدتاً ناشی از این واقعیت است که این نظام بر اساس مبتنی بر نزدیک به دویست حکومت مستقلّ شکل گرفته است که با سرسختی به حاکمیت خود چسبیده‌اند، و در نتیجه در این مورد که اجازه بدهند طرف سومی آنچه را که تصوّر می‌کنند برایشان اهمّیت حیاتی دارد تعیین کند، فوق‌العاده محتاط هستند. این گرایش همراه با نقائصی که قبلاً در بارهٔ آنها بحث شد، عمدتاً مسئول وضعیت کنونی امور هستند. باید کوششی جدی برای مقابله و تحت‌الشعاع قرار دادن این گرایش طبیعی به سوی ملّیّت‌گرائی مفرط صورت گیرد.

تلاش درجهت ایجاد اتحادیهٔ جهانی حکومت‌ها و توزیع عادلانهٔ منابع حیاتی

فکر دولت جهانی یا یک اتّحادیهٔ جهان‌گُستر از کشورها هنوز هم به طور غریضی ما را می‌ترساند. در یک سطح خیلی ابتدائی این به معنای از دست رفتن مقداری از حاکمیت دولتی است که با توجّه به وضعیتی که اکنون در آن به سر می‌بریم، بیشتر از آن ما را ناراحت می‌کند که بتوانیم تصوّرش را بکنیم. با این حال برخی از پیشرفت‌های جامعهٔ بین‌المللی نشان از حرکت به سوی یک اتّحادیهٔ بین‌المللی دارد. محرّک این پیشرفت‌ها هیچ عامل واحدی نبوده، بلکه ترکیب جالبی از آرمان‌گرائی، ضرورت عملی و منافع شخصی جمعی محرّک آنها به شمار می‌آید.

ایجاد مجمع اتّفاق ملل و سازمان ملل متّحد

اولین پیشرفت قابل توجّه به سوی اتّحادیهٔ جهانی تشکیل مجمع اتّفاق ملل به دنبال جنگ جهانی اوّل و در سال ۱۹۱۹ بود. ایجاد این مجمع تلاشی بود برای استقرار یک نظام بین‌المللی همکاری و امنیت جمعی که از نسل‌های آینده در قبال بلای جنگ محافظت کند. مهندس و مدافع اصلی آن رئیس جمهور وودرو ویلسون[35] از ایالات متّحدهٔ آمریکا بود که از آرمان‌های عالی اخلاقی الهام می گرفت. متأسفانه این مجمع فقط پس از گذشت ۱۷ سال از تشکیل خود فروپاشید. این شکست ناشی از چند ضعف اساسی در روندها و ساختارهای آن

---

[35] Woodrow Wilson

آنچه تا به حال ساختهایم

بود که شامل اتّکای بیش از حدّ بر محکومکردن اخلاقی به عنوان جبرانی برای تجاوز نظامی، مشروط کردن اقدام جمعی در مقابل تجاوز خارجی به توافق همهٔ اعضای شورا و همچنین طرفین اختلاف و سرانجام اجتناب ایالات متّحده از پیوستن یا حمایت مؤثّر از مجمع اتّفاق ملل می‌شد. مجمع در نتیجهٔ این ضعف‌ها در هدف بنیادی خود، یعنی حفظ صلح و جلوگیری از جنگ، شکست خورد. این امر در مجموعه‌ای از وقایعی آشکار گشت که با حملهٔ ژاپن به منچوری در سال‌های ۱۹۳۱–۱۹۳۲ آغاز شد و با حملهٔ موسولینی به اتیوپی در سال ۱۹۳۵–۱۹۳۶ و اشغال راینلند در سال ۱۹۳۶ توسّط هیتلر دنبال گشت و سرانجام به فجایع یک جنگ دوم جهانی انجامید. با وجود شکست مجمع اتّفاق ملل، جامعهٔ جهانی ضرورت وجود یک هیئت بین‌المللی که عرصه‌ای را برای همکاری دولت‌ها در زمینه‌های صلح و امنیت فراهم کند و نظامی را برای امنیت جمعی بنا نهد، تشخیص داد. جامعهٔ بین‌المللی با تشخیص این نیاز در سال ۱۹۴۵ سازمان بین‌المللی جدیدی را، که به سازمان ملل متّحد مشهور است، ایجاد نمود.

بنیان اخلاقی و سیاسی که سازمان ملل متّحد بر اساس آن بنا شد برای اوّلین بار در سندی که به منشور آتلانتیک مشهوراست و در آگست سال ۱۹۴۱ توسّط رئیس جمهور ایالات متّحده فرانکلین دی روزولت و نخست‌وزیر بریتانیای کبیر، وینستون چرچیل تهیه گردید، گذاشته شد. این دو رهبر محرمانه در عرشهٔ کشتی‌های جنگی در خلیج آرجنتیا در سواحل نیوفاندلند با یک دیگر ملاقات کردند. هدف اولیهٔ آنان این بود که با اعلام «اصول مشترک خاصّی ... که امید آنان به یک آیندهٔ بهتر برای جهان بر اساس آن قرارداشت»۱۷۳ برای پیروزی بر کشورهای محور، یعنی آلمان، ایتالیا و ژاپن به جلب حمایت مردم بپردازند. یکی از مهمّ‌ترین این اصول این بود که «همهٔ ملّت‌های جهان هم به دلائل واقع‌بینانه و هم به دلائل معنوی باید استفاده از اسلحه را کنار بگذارند.»۱۷۴ آنها همچنین معتقد بودند که «خلع سلاح چنین ملّت‌هائی» که در خارج از مرزهای خود تهدید به خشونت می‌کنند یا ممکن است تهدید کنند، «تا زمانی که یک نظام دائمی گسترده‌تر امنیت عمومی ایجاد گردد»،۱۷۵ ضروری است. در یک نسخهٔ اصلاح‌شدهٔ اولیهٔ آمریکائی از پیش‌نویس انگلیسی این منشور زبانی به کار رفته بود که اظهار «امیدواری» می‌کرد که دولت‌های جهان «صرف هزینه‌های مداوم برای تسلیحات» را جز برای «تسلیحات کاملاً دفاعی» متوقّف سازند،۱۷۶ این همان فکری است که حضرت بهاءالله در اواسط قرن نوزدهم ترویج می‌فرمودند. متأسفانه شکلی از این اصل که صراحت کمتری داشت به سند نهائی راه پیدا کرد.۱۷۷

به طور کلّی، این رویکرد که اوّل اصولی که ملّت‌ها به عنوان شالودهٔ صلح روی آنها توافق نظر دارند شناسائی و بیان شوند کاملاً با رویکردی که در آثار بهائی ترویج می‌شود، تطابق دارد. همین که توافق استواری در بارهٔ اصول و ارزش‌ها حاصل شد، می‌توان از آنها به راه حل‌های عملی برای مشکلات خاصّ رسید. سران دو کشور از مقتدرترین و بانفوذترین کشورهای جهان در همان جا ضرورت ترک استفاده از نیرو را هم به دلائل عملی و هم به دلائل روحانی تصدیق کردند. آنها به وضوح باور داشتند که باید برای الزام اخلاقی و ضرورت عملی ارزش یکسانی قائل شوند. در عرض ۶ ماه و در اول ژانویهٔ ۱۹۴۲، بیست و شش کشور بیانیهٔ ملل متّحد را در واشنگتن امضاء کردند و در آن قول دادند که با همهٔ توان بر علیه قدرت‌های محور بجگند و اصول منشور آتلانتیک را به عنوان «برنامهٔ مشترک اهداف»۱۷۸ بپذیرند.

همین طور که جنگ ادامه می‌یافت، به خصوص در آمریکا اعضای دولت، نظریه‌پردازان و دانشگاهیان برجسته، وقت زیادی را صرف کردند تا در بارهٔ نوع نظام امنیت جمعی که باید بعد از اتمام جنگ برای تضمین صلح ایجاد شود، به بحث و تفکر بپردازند. یکی از موضوعات اصلی این بحث‌ها تضاد بین تشخیص آنچه که برای محافظت از جامعهٔ جهانی ضروری بود از یک سو و تمسّک به سیاست‌ها و نظرات از رونق افتاده و ترس از باختن کنترل از سوی دیگر بود. در نتیجه، بسیاری ضرورت استفادهٔ جمعی از نیروی نظامی را احساس می‌کردند، اما کسانی که در قدرت بودند هنوز هر گونه قصدی را برای ساختن یک نیروی نظامی بین‌المللی انکار می‌کردند. تنش مشابهی بین این تشخیص که حاکمیت سنّتی ملّی دیگر نه با صلح هماهنگی دارد و نه با عدالت، و لازم است که برای حفظ نظم عالم محدود شود، از یک سو و مقاومت سرسختانه در مقابل ایجاد یک اَبَردولت جهانی از سوی دیگر وجود داشت.۱۷۹ (این اختلاف حتی به نام‌گذاری سازمان ملل متّحد نیز کشیده شد، با وجود این که شوروی اوّل پیشنهاد کرد که آن را «سازمان امنیت جهانی» بنامند و بعد نام «اتّحادیهٔ جهانی» را پیشنهاد نمود، رهبران ایالات متّحده ناراحت بودند و تصوّر می‌کردند که این‌ها نوعی فدراسیون فَراملّیّتی را در نظر مجسم می کنند.۱۸۰)

اما در عین حال، این بحث‌ها به ارائهٔ نظراتی بسیار دوراندیشانه که با تصویر حضرت بهاءالله از امنیت جمعی هم‌جهت بودند، منجر گردید. در میان این‌ها کتابی بود تحت عنوان اکنون اتحاد که روزنامه‌نگار سابق نیویورک

تایمز، کلارنس کی استریت[36] در سال ۱۹۳۹ نوشت. وی در این کتاب میثاق مجمع اتّفاق ملل را با شرایط کنفدراسیون که در دهه‌های ۱۷۷۰ و ۱۷۸۰ و قبل از این که قانون اساسی ایالات متّحده به تصویب برسد، مُسْتَملَکات آمریکائی را به یک دیگر می‌پیوست، مقایسه می‌کند. وی استدلال می‌کند درست همان طور که بندهای کنفدراسیون نامناسب از کار درآمدند و لازم شد این قرارداد توسّط یک اتّحادیهٔ فدرال با یک دولت مرکزی و قانون اساسی که اختیارات آن را تعریف کند جایگزین شود، همان طور هم مجمع اتّفاق ملل بایستی به یک اتّحادیهٔ فدرال با یک نیروی دفاعی واحد، پول واحد، نظام پستی واحد، سیستم ارتباطات واحد و یک اقتصاد فارغ از حقوق گمرکی تبدیل شود.۱۸۱ نمونهٔ دیگر از افکاری که با روح زمان هماهنگی داشت، افکاری بود که در سال ۱۹۴۳ توسّط کمیسیون مطالعهٔ مبانی صلح عادلانه و پایدار به ریاست جان فاستر دالز به رئیس جمهور فرانکلین دی روزولت ارائه گشت. این کمیسیون سندی را تحت عنوان «اتّحادیهٔ جهان» تهیه کرد که خواهان یک دولت جهانی کامل با مجلس قانون‌گزاری، دادگاه بین‌المللی و سایر ادارات ضروری می‌شد.۱۸۲

این کمیسیون جدا از این پیشنهاد که به این دولت جهانی اختیار حل اختلافات بین دولت‌های عضو و تنظیم تجارت جهانی داده شود، از این نظر نیز جانب‌داری می‌کرد که به آن اختیار کنترل همهٔ نیروهای نظامی به جز آنها که برای حفظ نظم داخلی لازم هستند، داده شود، نظریه‌ای که در طرح امنیت جمعی که حضرت بهاءالله در نظر دارند اهمّیّت حیاتی دارد. یک نمونهٔ دیگر از تفکّرات جهانی که در جریان بود، قطع‌نامه‌ای بود که گروه کوچکی از سناتورهای ایالات متّحده به رهبری جوزف اچ بال از ایالت مینه‌سوتا از آن حمایت می‌کردند. این قطعنامه خواهان یک سازمان جدید بین‌المللی بود که یکی از وظائفش پس از جنگ ایجاد یک نیروی نظامی برای سرکوبی «هر گونه کوششی در آینده برای تجاوز نظامی از سوی هر کشوری» باشد.۱۸۳

یکی از نظراتی که قبل از ایجاد سازمان ملل متّحد مورد بحث بود، تشکیل بلوک‌های منطقه‌ای تحت ریاست شوراهای منطقه‌ای بود که در رأس آن یک سازمان فراگیر به صورت یک شورای عالی مرکّب از سه قدرت بریتانیا، ایالات متّحده و اتّحاد جماهیر شوروی قرار داشته باشد. وینستون چرچیل پیشنهاد دهندهٔ اصلی آن بود. اما پرزیدنت روزولت با نظامی از بلوک‌های منطقه‌ای به‌هم‌پیوسته میانه‌ای نداشت. روزولت که قبلاً عضو تشکیلات وودرو ویلسون بود، واقعاً به دنیائی که با جریانات دموکراتیک اداره شود و به یک

---

[36] Clarence K. Streit

سازمان بین‌المللی که نقش داور صلح را بازی کند، اعتقاد داشت. وی سرانجام چرچیل و استالین را وادار به قبول نظر خود کرد.

سرانجام در آوریل سال ۱۹۴۵ در کنفرانسی تاریخی که در سان‌فرانسیسکو برگزار گردید و در آن ۴۶ کشور شرکت داشتند، روی منشور یک سازمان جدید بین‌المللی که وظیفهٔ حفظ صلح و امنیت دنیای ما را بر عهده داشته باشد، توافق گردید. این سازمان جدید در ابتدا سازمان ملل متّحد خوانده می‌شد. در نهایت قرار نشد که سازمان جدید ملل متّحد یک اتّحادیهٔ جهانی از دولت‌ها و یا یک اَبَردولت جهانی باشد. شاید بهتر باشد آن را ائتلاف سستی از دولت‌هائی بدانیم که هر کدام روی حقّ حاکمیت خود اصرار داشتند. هرچند طرفداران دولت جهانی یا اتّحادیهٔ فَراملّیتی با نظام سنتّی ملّت‌های مستقل که استدلال می کردند علّت اصلی هرج و مرج و جنگ است مخالفت بسیار زیادی کردند، اما واقعیت این بود که هیچ کدام از ملل، از کوچک و بزرگ، حاضر نبودند از هیچ اختیار مهمّی چشم‌پوشی کنند. در نتیجه سازمان جدید بر اساس حاکمیت سنّتی و بی قید و شرط ملّی بنا نهاده شد. این تصمیم روی توانائی سازمان ملل در جهت انجام مسئولیت‌هایش در قبال حفظ صلح تأثیر داشت. هرچند که قرار بود سازمان ملل، برخلاف مجمع اتّفاق ملل، روی قدرت اجرائی تأکید داشته باشد، اما چسبیدن به نظرات از رونق افتادهٔ حاکمیت مطلق ملّی سبب شد که این سازمان، بنیان‌گزاران و دولت‌های عضو آن برای ایجاد یک روند مؤثّر حفظ صلح به تقّلا بیفتند. آنها با مسائل دشواری دست به گریبان بودند، نظیر این که چگونه باید در بارهٔ استفاده از نیروی نظامی تصمیم‌گیری شود و سازمان ملل چگونه می‌تواند تضمین کند نیروی کافی برای پشتیبانی از تصمیماتش را در دسترس داشته باشد. متأسفانه راه حل‌هائی که پیدا می‌شد از آنجا که بر اساس حاکمیت بی قید و شرط ملّی استوار شده بود، به سرعت ناتوانی خود را نشان می‌داد. در نتیجه برای نمونه حقّ وتوئی که به پنج عضو دائمی شورای امنیت داده شده بود، کشورهائی که هیچ کدام حاضر نبودند از کنترل نهائی روی تصمیماتی که ممکن بود روی منافع آنها تأثیر داشته باشد، چشم‌پوشی کنند، تصمیم‌گیری را به طور جدی با مانع رو به رو می‌ساخت. همچنین به علّت بحث‌های حسّاسی که در رابطه با حاکمیت ملّی بر می‌انگیخت، رغبت چندانی برای ایجاد یک نیروی نظامی دائمی بین‌المللی وجود نداشت. در عوض طرّاحان منشور تصمیم گرفتند که نظامی متشکّل از نیروهائی که با توافق قبلی بین سازمان ملل و هر کدام از دولت‌های عضو در اختیار شورای امنیت قرار بگیرد، ایجاد کنند، نظامی که در عمل با شکست رو به رو شده است.

هرچند سازمان ملل به عنوان عرصه‌ای بسیار لازم برای دولت‌های عضو، که حال بالغ بر ۱۹۲ کشور می‌شوند، عمل کرده است تا در آن شکایات و نظرات مختلف خود را مطرح کنند و در بارهٔ مباحث مهمّ بین‌المللی که بر سعادت، صلح و امنیت این سیاره اثر می‌گذارد به مشورت و تصمیم‌گیری بپردازند، اما نهایتاً قصد آن نبوده که یک دولت جهانی از نوعی که در آثار بهائی تصویر شده است، باشد، و چنین هم نیست. در نتیجه مجمع عمومی سازمان ملل با این که اعضای متنوع و گسترده‌ای دارد، به صورت یک پارلمان جهانی عمل نمی‌کند. در واقع، اعضای آن حتی منتخب شهروندان کشورهای مربوطهٔ خود هم نیستند، بلکه از سوی دولت‌های خود منصوب شده و نمایندهٔ آنها به شمار می‌روند و با این که تصمیمات مجمع عمومی وزنهٔ نظرات جهانی را در بارهٔ مباحث عمدهٔ بین‌المللی با خود به همراه دارند، اما قدرت قانونی ندارند. مجمع عمومی نمی‌تواند در مورد مسائل مهمّ جهانی قانون‌گزاری کند، زیرا تصمیماتش قدرت قانونی ندارند. به علاوه، فاقد اختیارات مهمّی از جمله کنترل روی منابع سیاره و قدرت تضمین توزیع عادلانهٔ آنها و همچنین وضع مالیات است. در مورد شورای امنیت، با این که تا حدّی شبیه شاخهٔ اجرائی یک دولت جهانی با قدرت تصمیم‌گیری که دولت‌های عضو تحت منشور سازمان ملل ملزم به اطاعت ازآن هستند، می‌باشد، اما آن هم از نواقصی که قبلاً در باره‌اش بحث شد، رنج می‌برد، یعنی ترکیب آن که به جای دنیای امروز بازتابی از جهان سال ۱۹۴۵ است؛ پنج عضو دائمی آن قدرت وتو دارند، و فاقد نیروهای نظامی دائمی برای به اجرا درآوردن تصمیماتش می‌باشد. و با این که اسماً یک دادگاه بین‌المللی عدالت داریم، آن هم از ضعف‌های مهمّی که قبلاً در بارهٔ آن بحث شد، رنج می‌برد که به نحو قابل توجّهی از کارآئی لازم آن می کاهد.

شاید مهمّتر از همه این باشد که هیچ پیش‌بینی بین‌المللی قانونی به منظور محدود کردن میزان تسلیحات هر کشور در حدّ حفظ نظم داخلی خود، یعنی همان چیزی که در طرح حضرت بهاءالله برای امنیت جمعی مجسّم شده، وجود ندارد. هرچند عهدنامهٔ ملل متّفق قراری را در مادهٔ ۸ دربر داشت که می‌گفت شورا باید «با در نظر داشتن موقعیت جغرافیائی و شرایط هر دولت ... برنامه هائی برای چنین کاهشی و عمل چند دولت تدوین کند»، این قرار هرگز اجرا نشد و متعاقباً حتی در منشور سازمان ملل گنجانده نشد.

واقعیت این است که در پایان جنگ جهانی دوم همهٔ ملّت‌ها، چه کوچک و چه متوسّط و چه بزرگ، به این که از حقّ تصمیم‌گیری مستقلّ خود چشم‌پوشی کنند و یا منافع خود را به اندازهٔ کافی تابع چیزی کنند که حتی شباهت دوری به

یک دولت یا اتّحادیهٔ جهانی داشته باشد، رغبتی نداشتند. این واقعیت به خوبی در پیش‌نویس برنامهٔ بعد از جنگ که در ۱۵ مارچ ۱۹۴۴ از سوی وزارت امور خارجهٔ ایالات متّحده صادر شد، بیان شده است که می‌گوید «شکل فدرالی» سازمان‌دهی معقول و محتمل نیست زیرا «دولت‌ها باید آزادی عمل زیاد خود را حفظ کنند و روی حفظ آن هم اصرار دارند؛ ایجاد هیچ اَبَردولت جهانی در حال حاضر ممکن نیست، حتی اگر مطلوب باشد.»۱۸۴ حتی تا امروز هم، با وجود این واقعیت که هر نوع مفهوم حاکمیت مطلق ملّی در مقابل تحوّلاتی که در حوزه‌های اقتصادی، فن‌آوری و روابط اجتماعی رخ داده، تحلیل قابل توجّهی یافته است، هنوز ملّیّت‌گرائی نیروئی عمیقاً ریشه‌دار و قدرتمند در امور جهانی است.

تحوّل اتّحادیهٔ اروپا

جدا از ایجاد سازمان ملل، قرن بیستم پیشرفت مهمّ دیگری را در حرکت تدریجی اما غیرقابل تردید به سوی اتّحادیهٔ جهانی ثبت کرده است، یعنی استقرار اتّحادیهٔ اروپا (EU).[37] تحوّل اتّحادیهٔ اروپا از جامع ذغال و فولاد اروپا (ECSC) به صورت یک سازمان چندملّیّتی با خصوصیات شدیداً فدرالی داستان یکپارچگی فزایندهٔ اقتصادی، اجتماعی، و سیاسی در میان گروهی از ملّت‌های مستأصل اروپائی است که اغلب به سختی با یک دیگر جنگیده بودند. در کانون این گروه فرانسه و آلمان قرار داشتند، دو کشوری که حدود یک قرن از جنگ و دشمنی با یک دیگر رنج برده بودند. این داستان موفّقیّتی است که از ترکیب آرمان‌گرائی و منافع شخصی و ضرورت عملی حاصل شده است و ارزش بررسی دقیق و الگوبرداری در سطح جهانی را دارد. اگر با ایجاد یک اتّحادیهٔ اقتصادی و سیاسی می‌توان بر دشمنی ریشه‌دار ملّت‌هائی نظیر فرانسه و آلمان و میل به فرمانروائی که به فجایع جنگ‌های اوّل و دوم جهانی انجامید، غلبه کرد، آیا برای جامعهٔ بزرگتر کشورهای جهان هم امکان ندارد که بر موانع مشابهی پیروز شوند؟

اتّحادیهٔ اروپا را «پیروزی مشارکت داوطلبانه در حاکمیت را بر ملّیّت گرائی مفرط، اختلافات اعتقادی و جاه‌طلبی‌های استعماری»۱۸۵ توصیف کرده اند. به این معنا این اتّحادیه شاهدی عینی است بر این که به‌کارگیری هوشمندانهٔ

[37] European Union

اصل اساسی حضرت بهاءالله در بارهٔ محدود کردن حاکمیت ملّی به موفّقیت، امنیت و سعادت ملّت‌ها می‌انجامد. اما عامل موفّقیت اتّحادیهٔ اروپا نه آرمان گرائی صِرف، بلکه منافع ملّی حساب‌شده بود، و نیز این تشخیص که برای بریدن از الگوهای مخرّب گذشته کاری باید صورت گیرد. ریشه‌های این تفاهم را می‌توان از ابتدا در ایجاد جامعهٔ ذغال و فولاد اروپا دید. به دنبال دو جنگ جهانی که از قلب اروپا آغاز شده و منجر به نابودی بوالهوسانهٔ زندگی انسان‌ها و ویرانی اقتصادی گردیده بود، مردم اروپای غربی که خارج از حوزهٔ نفوذ اتّحاد جماهیر شوروی زندگی می‌کردند، آرزوی امنیت نظامی، بازسازی اقتصادی و ثبات سیاسی را در سر می‌پروراندند. آنها با گذشت زمان به این نتیجه رسیده بودند که اگر بخواهند در مورد رسیدن به این اهداف جدی باشند، فقط یک راه دارند و آن هم کاستن از حاکمیت ملّی خود به نفع نوعی حاکمیت فَراملّیّتی، اگرچه به صورت محدود، است.

به تفاهم رسیدن آنها تا حدّ زیادی مدیون بصیرت و کار خستگی‌ناپذیر یک فرد است: ژان مونه، مسئول برنامه‌ریزی فرانسه که وظیفهٔ مُدرنیزه‌کردن کشور خود را بر عهده داشت. مونه که اهمّیّت اساسی ذغال و فولاد را برای قدرت اقتصادی و نظامی ملّت‌های اروپائی تشخیص می‌داد و آرزو داشت جلوی جنگ های مخرّب بعدی را که ممکن بود بر سر این منابع حیاتی در اروپا برپا شود، بگیرد، پیشنهاد کرد که محصول ذغال و فولاد فرانسه و هر کشور اروپائی دیگری که بخواهد مشارکت کند، تحت مدیریت یک مرجع عالی که مورد توافق همه باشد، قرار گیرد. یک اتّحادیهٔ گمرکی و یک بازار مشترک هم باید برای این محصولات ایجاد می‌شد که در آن این مرجع عالی باید تهیهٔ ذغال را با شرایط مساوی برای همهٔ ملّت‌های شرکت‌کننده تضمین می‌کرد.۱۸۶

مونه عاقلانه تشخیص داد که حکومت‌های اروپائی هنوز برای چشم‌پوشی از حاکمیت خود در حوزه‌های وسیع سیاسی آماده نبودند. فدرالیست‌های اروپائی مدّت‌ها بود که، بدون این که موفقیتی کسب کنند، خواهان ایجاد یک ایالات متّحدهٔ اروپائی بودند. از آن جمله می‌توان از فیلیپ کر[38] و ریچارد کودن هوـکالرجی[39] نام برد که در سال ۱۹۳۲ کتابی تحت عنوان اتحاد اروپا نوشتند و خواهان تشکیل اتّحادیه‌ای از حکومت‌های اروپائی که فرانسه و آلمان در قلب آن قرار داشته باشند، شدند. رهبران سیاسی هم در زمرهٔ این افراد

Philip Kerr [38]
Richard Coudenhove-Kalergi [39]

بودند، نظیر نخست وزیر فرانسه ادوارد هریو[40] که از همان سال ۱۹۲۵ علناً در بارهٔ ایالات متّحدهٔ اروپائی سخن گفت؛ آریستید برایان[41] نخست‌وزیر دیگر فرانسوی که طالب ایجاد اتّحادیه‌ای از ملل اروپائی بود و در سال ۱۹۲۶ به اتّفاق گوستاو اشترسمان[42] آلمانی جایزهٔ صلح نوبل را برای کاری که روی معاهدات لوکارنو کرده بودند تا روابط کشورهای متبوعشان را پس از جنگ جهانی اوّل عادی سازند، برده بودند؛ و وینستون چرچیل که برای حمایت از چنین نظراتی به بسیاری دیگر پیوست. افسوس که رکود اقتصادی، ظهور فاشیسم و درگرفتن جنگ دوم جهانی به هر نوع امیدی برای چنین همکاری‌هائی پایان داد. بلافاصله بعد از پایان جنگ جهانی دوم چرچیل دوباره دعوت خود را از سرگرفت. وی «توده‌های لرزان از انسان‌های عذاب‌دیده، گرسنه، محنت زده و پریشان» را در اروپای پاره‌پاره شده ازجنگ توصیف کرد «که در ویرانه‌های شهرها و خانه‌هایشان منتظرند و در افق‌های تیره ظهور شکل جدیدی از ظلم و وحشت را جستجو می‌کنند.» وی بار دیگر خواستار بنای «یک نوع ایالات متّحدهٔ اروپائی»۱۸۷ شد و سپس بسیاری از سال‌های بعد از جنگ را وقف ایجاد چنین اتّحادیه‌ای در قارهٔ اروپا کرد.۱۸۸

مونه حساب کرده بود که عملاً تنها امیدی که به موفقیت در کار متّحد کردن اروپا وجود دارد، این است که یک مؤسّسهٔ فَراملّیّتی با حوزهٔ عمل محدود ایجاد شود.۱۸۹ وی امیدوار بود که در نهایت موفّقیت در یکپارچه کردن بخش کوچکی از اقتصاد اروپائیان را تشویق کند که اقتصاد خود را در حوزه‌هائی رو به گسترش یکپارچه سازند و پیوندهائی در حلقهٔ اتّحاد اروپا ایجاد نمایند که تدریجاً رشد کند. حساب مونه درست از کار درآمد.

پیشنهاد مونه برای ایجاد جامعهٔ ذغال و فولاد اروپا با استقبال صمیمانهٔ وزیر امور خارجهٔ فرانسه، روبر شومان[43] و صدر اعظم آلمان، آدنائر[44] رو به رو شد. تصمیم آنها مبنی بر ایجاد ECSC در ماه می ۱۹۵۰ توسّط شومان در یک برنامهٔ رادیوئی اعلان عمومی گردید. در این اعلان عمومی که به اعلامیهٔ شومان مشهور گشت پیشنهاد شد که بخش‌های ذغال و فولاد فرانسه، آلمان و هر کشور دیگر اروپائی که مایل باشد به آنها بپیوندد تحت مدیریت مشترک یک مرجع عالی فَراملّیّتی قرار گیرد. چنین کاری یکی از موانع اصلی در روابط

---

[40] Edouard Herriot

[41] Aristide Briand

[42] Gustav Stresemann

[43] Robert Schuman

[44] Adenauer

میان فرانسه و آلمان را از بین می‌برد، این که آلمان مقدار زیادی ذغال کُک که برای تولید فولاد لازم است در مالکیت خود داشت،در حالی که فرانسه تا حدّ نابودی تولید فولادش از آن محروم بود. بسیاری از فرانسویان که در نتیجهٔ تجاوزکاری آلمان از یک جنگ دیگر جهانی رنج برده بودند، نمی‌توانستند این فکر را تحمّل کنند که تولید ذغال و فولاد آلمان باعث شود زودتر از فرانسه در بازسازی اقتصادی موفّق گردد. ایجاد جامعهٔ ذغال و فولاد با یکپارچه کردن بازارهای فرانسه و آلمان تهیهٔ این کالاهای حسّاس را با شرایط یکسان برای هر دو بازار تضمین می‌کرد. در نتیجه این پیشنهاد از طریق یکپارچگی محدود اقتصادی به نیازهای عملی امنیتی می‌پرداخت.

دیری نگذشت که معلوم شد شش کشور اروپائی حاضرند از بخش کوچکی از حقّ حاکمیت خود چشم‌پوشی کنند، زیرا دریافته‌اند منافع خاصّ مشترکی دارند و معتقدند که در همکاری با یک دیگر بیشتر می‌توانند به دست آورند تا به تنهائی.۱۹۰ عاقبت این محاسبهٔ سنجیدهٔ منافع ملّی همراه با میل به زندگی بهتر و بصیرت آرمان‌گراها همه با هم بود که باعث شد این کشورها به این باور برسند که منافع حاصله ارزش فدا کردن بخشی از حقّ حاکمیت آنها را دارد. به این ترتیب جامعهٔ ذغال و فولاد اروپا که شالودهٔ شکل‌گیری بعدی جامعهٔ اقتصادی اروپا و اتّحادیهٔ اروپا را تشکیل داد، تأسیس شد.

جامعهٔ ذغال و فولاد اروپا در سال ۱۹۵۱ ایجاد شد. پژوهش‌گران دو موفّقیت را در ایجاد این جامعه می‌بینند. از یک سو تشکیل این جامعه اوّلین قدم به سوی ایجاد یک اروپای متّحد به شمار می‌رفت و از سوی دیگر به قریب یک قرن جنگ و دشمنی «که به جائی رسیده بود که به مضحکه آن را موروثی بخوانند»، پایان می‌داد و راه را برای «تمایل به همکاری در شرایطی کاملاً برابر» هموار می‌ساخت.۱۹۱ به هر حال، در حالی که ECSC یک راه حل عملی برای این مسئله بود که با بازسازی آلمان (غربی) چه باید کرد، برای برخی دیگر جلوهٔ یک آرمان والاتر بود. خود شومان در اعلامیه‌ای که صادر کرد ECSC را به هدف بزرگتر یکپارچگی اروپا پیوند داد و گفت «به ایجاد اولین شالودهٔ عینی برای یک اتّحادیهٔ اروپائی منجر می‌گردد که برای حفظ صلح گریزناپذیراست.»۱۹۲

از زمان ایجاد ECSC و در مقاطع مختلفی از تاریخ یکپارچگی اروپا، موارد مختلفی از تغییر شرایط تاریخی و منافع ملّی آشکار شده است. نمونه‌های این موارد عبارتند از انگیزه برای یکپارچگی عمیق‌تر که فروریختن دیوار برلین و متعاقباً ظهور یک آلمان متّحد و قوی‌تر محرّک آن بود. این قضیه فرانسه را نگران کرد و بر آن داشت که برای یکپاچگی اقتصادی بیشتر تلاش

کند تا مطمئن شود که آلمان طوری در اروپا جا افتاده است که دیگر خطری را برای فرانسه یا اروپا ایجاد نمی‌کند. جنگ در یوگوسلاوی سابق و درگیری قومی در کوزوو نمونه‌های بیشتری از رویدادهائی را فراهم می‌سازند که باعث شدند جامعهٔ اروپا در پاسخ به واقعیات جدید در مسیر وحدت باز هم بیشتر برود. به خصوص این رویدادها باعث شدند که جامعهٔ اروپائی نیاز خود را به ایجاد سیاست‌های خارجی و امنیتی مؤثّرتر و تشکیل یک نیروی واکنش سریع که در صورت لزوم حل نظامی چنین مشکلاتی را امکان‌پذیرسازد، تشخیص دهد.

مضمون دیگری که از زمان تشکیل جامعهٔ ذغال و فولاد به بعد مرتب در داستان یکپارچه شدن اروپا تکرارشده است، کِش‌مَکش همیشگی بین دیدگاه‌های فراملّیّتی و میان‌دولتی بوده است. دیدگاه فَراملّیّتی با رغبت تمام از حاکمیت مطلق ملّی در حوزه‌های خاصّی از فعالیت به نفع یک هیئت فَراملّیّتی که تصمیماتش در آن حوزه‌ها حاکم است، چشم‌پوشی می‌کند. در مقابل دیدگاه میان دولتی بر این عقیده استوار است که حاکمیت ملّی مطلق است و منافع ملّی بر همهٔ منافع دیگر ارجحیت دارد، به طوری که هیئتی که توسّط گروهی از حکومت‌ها ایجاد شده فقط می‌تواند تصمیماتی بگیرد که تصوّر شود منافع ملّی همهٔ کشورهای شرکت‌کننده را تأمین می‌کند. کِش‌مَکش دائمی بین این دو نگرش نسبت به یکپارچگی اروپا به معنای آن بوده است که جریان یکپارچه‌سازی، بسته به این که کدام دیدگاه در یک مرحلهٔ خاصّ از سیر تاریخی اتّحادیهٔ اروپا حاکم بوده است، با قطع و وصل پیش رفته است.

برای مثال در دههٔ ۱۹۶۰ که شارل دوگل رئیس جمهور فرانسه بود، اعتقادات استوار میان‌دولتی وی باعث شد که در مقابل استفاده از رأی اکثریت مشروط در هیئتی که آن موقع عالی‌ترین هیئت EEC به شمار می‌آمد و به طور غیررسمی به آن شورای وزراء می‌گفتند، مقاومت کند. رأی اکثریت مشروط که در معاهدات حاکم بر اتّحادیهٔ اروپا تجسّم یافته است، به هر کشور تعداد ثابتی رأی که بنا بر جمعیت آن تعیین می‌شود، اختصاص می‌دهد. این کار به نفع کشوهای کوچک‌تر تمام می‌شود. یک پیشنهاد وقتی در شورا به تصویب می رسد که اکثریت دولت‌های عضو و درصد معینی از جمعیت اتّحادیهٔ اروپا به آن رأی بدهند. شارل دوگل که به «اروپای دولت‌ها» معتقد بود و نه به اروپای متّحد، روی اتّفاق آراء در مورد مسائل مهم اصرار داشت و در سال ۱۹۶۵ نمایندگی فرانسه را در شورا پس گرفت و برای جامعهٔ اروپائی یک بحران تشکیلاتی ایجاد نمود. همان طور که وی امید داشت، این بحران منجر به توافق مشهور به «توافق لوکزامبورگ» گشت، توافقی بر این اساس که هرگاه یکی از

دُوَل عضو ادعا کند که پای مصالح ملّی در میان است از رأی‌گیری چشم‌پوشی شود. این توافق عملاً یک حقّ وتو در داخل شورای وزرا ایجاد کرد که کار وحدت اروپا را تا سال‌ها با مانع رو به رو ساخت. در مقابل، هالشتاین[45] که در زمان ریاست جمهوری دوگل رئیس کمیسیون بود، یک دیدگاه مشخّص فدرالی از اروپا داشت. دیدگاه وی بهتر از همه در سخنرانی که در نیویورک کرد و در آن تاریخ اتّحاد ایالات متّحده و یکپارچگی اروپا را با یک دیگر مقایسه کرد، خلاصه شده است. وی گفت: «این جامعه ... ماهیتاً باید یک سازمان همواره رو به رشد و همواره رو به پیشرفت باشد ... به خصوص می‌توان اتّحادیه‌ای در حال شکل‌گیری توصیف کرد ...»۱۹۳

اما با وجود مقاومت‌های اوّلیهٔ کسانی که مانند دوگل پیرو دیدگاه میان‌دولتی بودند، تاریخِ همکاری‌هایِ رو به ازدیاد در اتّحادیهٔ اروپا سرانجام به نحو گریزناپذیری به سوی فَراملّیّتی‌شدن بیشتر این اتّحادیه گرایش داشته است. گذشت زمان و کِش‌مَکش‌های بین دیدگاه‌های فَراملّیّتی و میان‌دولتی در مورد یکپارچگی اروپا به نفع اولی عمل کرده‌اند، زیرا سرانجام معلوم شده که دیدگاه فَراملّیّتی به نفع اتّحادیه در کلّ است و منافع اکثریت یا همهٔ دولت‌های عضو را تضمین می‌کند. در عوض چسبیدن به دیدگاه میان‌دولتی فقط آنچه را که گریزناپذیر بوده به تعویق انداخته و رنج‌های رو به افزایش اروپا را طولانی‌تر کرده است.

مطالعهٔ تاریخچهٔ اتّحادیهٔ اروپا به ما می‌آموزد که قدرت در عمل بر طبق اصول است، حتی اگر قدم اول با بی‌میلی و بدون درک کاملی از این که کار به کجا خواهد کشید، برداشته شود. در واقع، تا زمانی که کاری در اصلی اساسی نظیر وحدت بشر یا همکاری بین‌المللی ریشه‌ای محکم داشته باشد، حتی لازم نیست که درک کاملی داشته باشیم از این که این کار ما را به عنوان جامعه‌ای از ملّت‌ها به کجا خواهد بُرد. تاریخچهٔ اتّحادیهٔ اروپا نشان می‌دهد قدمی که به این ترتیب برداشته می‌شود تغییرات ارگانیکی را در ساختار مؤسّسات و جوامع ما به جریان می‌اندازد که ما هرگز نمی‌توانیم پیش‌بینی کنیم، تغییراتی که نهایتاً به نفع ما خواهند بود. یک نمونه از چنین گام‌های نیرومندی را می‌توان در اعلامیهٔ رهبران جامعهٔ اروپائی یافت که پس از همایشی که در اکتبر سال ۱۹۷۲ در پاریس داشتند، صادر نمودند. آنها در آخرین بند این اعلامیه «تبدیل مجموعه روابط پیچیدهٔ بین دولت‌های عضو را به یک اتّحادیهٔ اروپائی ... تا پایان دههٔ حاضر هدف اصلی خود قرار دادند.» در آن زمان این کلمات به نظر

---

[45] Hallstein

ضمیمه‌ای می‌آمد که بعداً به بیانیه اضافه شده است. هیچ کدام از کسانی که در آن همایش سران حضور داشتند واقعاً اعتقاد نداشتند که تا سال ۱۹۸۰ یک اتّحادیهٔ اروپائی ایجاد خواهد شد. با این حال این کلمات زنجیره‌ای از حوادث را به جریان انداخت که عملاً در سال ۱۹۹۲ به چنین اتّحادیه‌ای منجر گردید. نمونهٔ دیگر از قدرت اولین گام‌هائی که بر اساس اصول برداشته شده باشد اعلامیهٔ جدی در باب اتحادیهٔ اروپا بود که مورد توافق دولت‌های عضوی که در همایش سران اشتوتگارت در ماه جون ۱۹۸۳ شرکت کرده بودند، قرار گرفت. این اعلامیه خواهان همکاری نزدیک‌تر در زمینهٔ سیاست خارجه و امنیت و وحدت عمیق‌تر اروپا بود. نخست‌وزیر انگستان، مارگارت تاچر با اکراه و با این تصوّر که این اعلامیه قدرت قانونی ندارد و تأثیر زیادی نمی‌تواند داشته باشد، با آن توافق کرد. ولی بعدها از این که با آن توافق کرده افسوس خورد و شِکوه داشت که نمی‌توانسته پیش‌بینی کند که این اعلامیه به «یک اسکلت کلامی تبدیل خواهد شد که روی آن این همه گوشت مؤسّساتی جمع می‌شود.»۱۹۴

داستان اتّحادیهٔ اروپا این را نیز به ما می‌آموزد که وحدت ممکن است مجموعه گام‌های دیگری در حوزه‌های مختلفی نطیر حفظ صلح، امنیت نظامی، بازسازی اقتصادی و ثبات سیاسی را نیز در بر بگیرد که برخی از آنها ممکن است موفّقیت‌آمیز و برخی دیگر ناموفّق باشند. اما آنچه که در بارهٔ اتّحادیهٔ اروپا شاخص است تمایل و شهامت استقامت‌کردن در مقابل شکست‌های مکرّر است. برای مثال، در همان زمانی که جامعهٔ ذغال و فولاد اروپا تشکیل شد، فرانسه تلاش کرد جامعهٔ دفاع اروپائی (EDC)[46] را نیز ایجاد کند که یک نیروی نظامی یکپارچهٔ اروپائی را برای کنترل روی مسلّح‌شدن مجدّد ارتش آلمان (غربی) تشکیل دهد. این جامعه همچنین در جامعهٔ سیاسی اروپا که وسیع تر بود به ECSC می‌پیوست. این تلاش‌های اوّلیه برای یکپارچه‌کردن اقدامات نظامی و سیاسی در آن زمان به شکست انجامید. عجیب آن که علّت این شکست نگرانی‌های فرانسه در مورد از دست دادن بیش از حدّ حاکمیت ملّی بود. اما این شکست‌ها مانع اروپائیان از پیشروی در سایر زمینه‌های همکاری و ایجاد جامعهٔ اقتصادی اروپا و جامعهٔ انرژی اتمی اروپا در سال ۱۹۵۸ و سرانجام ایجاد روندهائی در سال ۱۹۸۹ برای اتّحاد پولی اروپا و در سال ۱۹۹۳ برای اتّحادیهٔ اروپا نشد که حال دامنهٔ وسیعی از حوزه‌ها از جمله حقوق بشر، حقوق کار، محیط زیست و سیاست مشترک خارجی و امنیتی را در بر می‌گیرد. این عادت اروپائیان نیز شایستهٔ الگوبرداری است که موفّقیت‌ها را

European Defence Community [46]

گسترش می‌دهند. مثلاً کمیسیون اروپائی، یعنی اولین و مهمّترین هیئت بین المللی در جامعهٔ اقتصادی اروپا را ایجاد کردند. این کمیسیون از روی مرجع عالی در جامعهٔ ذغال و فولاد الگوبرداری شد که در زمان خود یک ابتکار مؤسّساتی به شمار می‌رفت، اما به اندازهٔ جانشین خود قدرتمند نبود.

درس مهمّ دیگری که از داستان اتّحادیهٔ اروپا می‌گیریم آن است که نهادهای فَراملّیّتی می‌توانند در ابتدا با قدرت‌های اتّحادیه‌مانند مختصر که برای دولت‌های عضو تهدیدی به شمار نمی‌روند ایجاد شوند. با گذشت زمان که اعتماد به این مؤسّسات و توانائی‌های آنها افزایش می‌یابد قدرت آنها می‌تواند روز به روز گسترش بیشتری پیدا کند. علاوه بر کمیسیون اروپائی، پارلمان اروپا هم نمونهٔ خوبی از چنین رویکردی است. این پارلمان کار خود را به صورت سازمان بی‌خطری از جامعهٔ اروپائی که نه واقعاً نمایندهٔ مردم اروپا بود و نه قدرت واقعی قانون‌گزاری یا سرپرستی داشت، آغاز کرد. با این حال با گذشت زمان اعضایش مستقیماً توسّط شهروندان دولت‌های عضو انتخاب شدند و قدرت قانون گزاریش به تدریج افزایش یافت. در حالی که در ابتدا صرفاً از شورای وزرای اروپا خواسته شده بود که در بارهٔ قوانین پیشنهادی با این پارلمان مشورت کنند، بعداً از شورا خواسته شد که با این پارلمان همکاری کند و سرانجام با این پارلمان تصمیم‌گیری کند.

افزایش تدریجی قدرت فدرال در مؤسّسات اتّحادیهٔ اروپا در روندهای رأی گیری که در طول زمان در شورای وزراء شکل گرفته است، نیز آشکار است. شورای وزراء هیئتی بین‌دولتی است که به اتّحادیهٔ اروپا در کلّ جهت می‌دهد. این شورا حیات خود را به عنوان سازمانی آغاز کرد که اکثر رأی‌گیری‌هایش در مورد موضوعات مهمّ مستلزم رسیدن به اتّفاق آراء بود. این شورا فقط می توانست در حوزه‌های خیلی محدودی از فعالیت بر اساس رأی مشروط اکثریت عمل کند و در واقع همین حوزه‌های محدود باز هم به واسطهٔ مصالحهٔ لوکزامبورگ دوگل که عملاً یک حقّ وتو در این شورا ایجاد کرده بود و قبلاً در بارهٔ آن بحث شد، محدود شده بود. زمانی طولانی گذشت تا شورا توانست از آن خطّ مشی که دیدگاه بین‌دولتی برایش ایجاد کرده بود، خارج شود و حوزه هائی را که در آن می‌توانست بر اساس رأی مشروط اکثریت عمل کند، گسترش دهد. به هر حال، با گذشت زمان، حوزه‌های رأی مشروط اکثریت به تدریج افزایش یافته و بسیاری از موضوعات مورد بحث اتّحادیهٔ اروپا را در بر گرفته است.

به همین منوال، تجربهٔ اروپا نشان داد که مؤسّسات فَراملّیّتی می‌توانند حیات خود را با یک حوزهٔ عمل محدود که می‌تواند با گذشت زمان به تدریج گسترش

یابد، آغاز کنند. با این که تجربۀ اروپا در ابتدا به یک حوزۀ کوچک اقتصادی محدود می‌شد، یعنی ذغال و فولاد، به تدریج افزایش یافت تا بخش انرژی اتمی، اتّحادیۀ گُمرُکی، سیاست مشترک تجاری، سیاست حمل و نقل، همکاری محدود در زمینۀ سیاست پولی و سایر جنبه‌های یک جامعۀ اقتصادی را نیز در بر بگیرد. با گذشت زمان این حوزه‌ها باز هم گسترش یافتند و حوزه‌های مختلفی از جمله حقوق بشر، حقوق کار، محیط زیست، سیاست خارجی و امنیتی مشترک و مانند آنها را در بر گرفتند.

داستان اتّحادیۀ اروپا این درس را هم به ما می‌دهد که، همان طور که در مورد ایجاد نیروی واکنش سریع در سال ۲۰۰۴ انجام شد، می‌توان به موقع خود توانائی‌های مؤسّساتی جدید و ابتکاری را هم به زیرساخت‌های اتّحادیه مانند افزود. نیروی واکنش سریع در واکنش نسبت به عدم کارآئی اتّحادیۀ اروپا در بوسنی و ناتوانی آن از جلوگیری از فجایع صرب‌ها هم در آنجا و هم بعداً در کوزُوُ در سال ۱۹۹۸ و اوائل سال ۱۹۹۹ ایجاد شد. در هر دو مورد این فجایع فقط بعد از مداخلۀ نظامی ایالات متّحده پایان گرفت، در حالی که اتّحادیۀ اروپا با ناتوانی کنار ایستاده بود.

با وجود پیشرفت‌های مثبتی که در جهت اتّحاد جهان صورت گرفته است و ایجاد سازمان ملل متّحد و شکل‌گیری تدریجی اتّحادیۀ اروپا نمونه‌هائی از آن هستند، اما هنوز هم اتّحادیه‌ای جهانی از حکومت‌ها با خصوصیاتی که حضرت بهاءالله پیش‌بینی فرموده‌اند، ایجاد نشده است. ملّت‌های ما هنوز لازم است از حقّ داشتن تسلیحات، مگر به میزان تعیین‌شده‌ای که برای حفظ نظم داخلی در داخل مرزهای هر حکومتی لازم تصوّر می‌شود، صرف نظر کنند. ملّت‌های ما هنوز لازم است که بخشی از حقّ ملّی خود را برای وضع مالیات در اختیار یک اتّحادیۀ جهانی بگذارند تا عَمَل‌کَرد مؤثّر هیئت‌ها و دفاتر بین‌المللی تضمین شود. همچنین ما هنوز باید نظامی شبیه جامعۀ ذغال و فولاد اروپا ایجاد کنیم که در آن همۀ منابع مهمّ دنیا در اختیار یک مؤسّسۀ فَراملّیّتی که توزیع مؤثّر و عادلانۀ آنها را تضمین کند، قرار بگیرد. حتی در داخل اتّحادیۀ اروپا هم هنوز چنین مسائلی با موفّقیت حل و بر آنها غلبه نشده است. هرچند اتّحادیۀ اروپا الگوی جالبی ارائه می‌دهد که برای ایجاد موفّقیت‌آمیز یک اتّحادیۀ بین‌المللی چه چیزی مؤثّر است و از چه چیزی باید اجتناب کرد، اما برای ایجاد و اصلاح نظامی که حقیقتاً عملی و از ضعف‌های ذاتی تجربۀ اروپا برکنار باشد، تلاش بیشتری لازم است.

فصل سوم

آنچه از این پس باید بسازیم

در اولین بخش این کتاب نظام جامع، مؤثّر و کارآمد امنیت جمعی که آثار
بهائی بیش از یک قرن پیش به بشریت تقدیم کرده‌اند مطرح شد و عناصر
سازندهٔ آن مورد بحث قرار گرفت. بخش دوم در پی آن بود که نشان دهد دنیای
ما در واقع بدون این که خود بداند، و هرچند به طور نامنظّم و با اکراه به سوی
تصویری از امنیت جمعی که حضرت بهاءالله اعلام کرده‌اند در حرکت است.
هدف این بخش آن است که راه واقع‌بینانه‌ای برای پُل‌زدن بین شکاف باقی‌مانده
بین وضعیت پریشان همکاری و ستیزه‌جوئی بین‌المللی که هنوز در آن به سر
می‌بریم و تصویر جامع حضرت بهاءالله ارائه دهد. هنری کیسینجر، استاد
سیاست «واقع‌گرایانه» در امور بین‌المللی یک بار گفت که حتی اگر فکر
بزرگی در سر داشته باشید، باید آن را به مجموعه‌ای از مراحل قابل اجراء
تجزیه کنید. ۱ بنا بر این، بخش فعلی با الهام از آثار بهائی مراحل بعدی را
برای بررسی دولت‌های جهان پیشنهاد می‌کند، مراحلی که در کوتاه‌مدّت قابل
اجراء است و تأثیر زیادی دارد. با این که این مراحل مستلزم آن هستند که
رهبران ما قابلیت‌های خود را به طُرُق جدیدی به کار بگیرند، اما مقصد این
نیست که آن قدر به آنها فشار بیاوریم که این افکار را بی‌درنگ ردّ کنند. با این
حال اگر این مراحل با شهامت و سرعت در پیش گرفته شوند ما را با استواری
در مسیر صلح و امنیت دائمی قرار می‌دهند.

دیدار یک گروه مرکزی از رهبران عالم

برای حل مشکلات مربوط به عدم امنیت جهانی که در مقابل همهٔ ما قرار
دارد، اقدام جمعی و یکپارچهٔ رهبران ما اهمّیّت زیادی دارد. اما قبل از این که
چنین اتفاقی بیفتد، این رهبران باید اول روی اولویت مسائلی که باید بررسی

شوند، اصولی که باید در حل آنها به کار گرفته شوند، و راهبُردهائی که باید دنبال شوند، توافق کنند. این امر به نوبهٔ خود فقط وقتی حاصل می‌شود که حاضر باشند در یک مشورت سازنده شرکت کنند. مشورت مفید حتی وقتی فقط بین چند نفر واقع می‌شود، دشوار است، تا چه رسد به این که بخواهد بین رهبران بیش از ۱۹۰ کشور صورت بگیرد. بنا بر این به عنوان یک موضوع عملی عاقلانه‌تر خواهد بود که گروه کوچکی از رهبران دنیا در ابتدا گرد هم جمع شوند. اولین دستور کار آنها این خواهد بود که مجموعه اصول اولیه و محوری را که سنگ زیربنای یک نظام قدرتمند امنیت جمعی را تشکیل خواهند داد، شناسائی و روی آنها توافق کنند. دستور کار دوم آنها این خواهد بود که از مسائل مهمّی که برای برقراری صلح و امنیت جهانی اساسی است، یک برنامهٔ کار تهیه کنند تا در میان خود به مشورت عمیق در بارهٔ آنها بپردازند. سومین دستور کار باید این باشد که تعهّد کنند ظرف مدّت معینی در بارهٔ هر کدام از موارد این برنامهٔ کار تصمیم‌گیری کنند. همین که این سه هدف برآورده شد و هم روی اصول اصلی و هم روی راه حل مسائلی که به عنوان موانع اصلی صلح مشخص شده‌اند، توافق شد، این گروه مرکزی باید سایر رهبران دنیا را با آنها آشنا کنند و به طور خستگی‌ناپذیر برای ایجاد اتّفاق نظر جهانی در بارهٔ آنها بکوشند.

برای این که این تلاش‌ها به ثمر برسد، این گروه مرکزی از رهبران باید دارای ویژگی‌های خاصّی باشند. آنها باید ممتاز، مورد اعتماد و در میان سایر رهبران و مردم خود حُسن شهرت داشته باشند. آنها باید بَلندنَظر بوده و انگیزه شان مصالح مردمان دنیا و چیزی باشد که به صلح و امنیت و سعادت آنان می انجامد. آنها باید مصمّم بوده و با اولین نشانهٔ سختی و مقاومت از جا در نروند. به علاوه باید با وسعت نظر و خضوع صمیمانه گرد هم جمع شوند و حاضر باشند به نقطه نظرات و دل‌مشغولی‌های یک دیگر گوش کنند، نظرات جدید را بررسی نمایند و به مشورت سازنده بپردازند و محرّک آنها تشخیص این واقعیت باشد که در یک دنیای به شدّت مرتبط زندگی می‌کنند که در آن چاره‌ای نیست جز این که برای حل مشکلات مشترکشان به طور جمعی اقدام کنند. در عین حال آنها باید صادق و حاضر به درمیان گذاشتن صریح دل‌مشغولی‌های خود با همکارانشان باشند. آنها باید آگاه باشند که روش‌های قدیمی حل مسئله شکست خورده‌اند و زمان آن فرا رسیده که خارج از چهارچوب‌های متداول فکر کنند و به وظیفه‌ای که در بَلندمَدَّت برای یافتن آگاهانه و منظّم را ه حل‌های هوشمندانه و پایدار دارند، بپردازند.

این گروه مرکزی رهبران هرچه زودتر شکل بگیرد و جمع شود و هرچه زودتر مذاکرات خود را آغاز نماید، بهتر است. به این منظور این کتاب پیشنهاد می‌کند که دبیر کلّ سازمان ملل از شماری از رهبرانی که تصوّر می‌کند ویژگی هائی را که در بالا برشمردیم دارند دعوت کند تا این کار مهمّ را آغاز نمایند.

توافق بر سر اصول مشترک و اولویت‌های حاکم بر روابط بین‌المللی

شناسائی یک مجموعه از اصول اوّلیه گام اساسی مهمّی در ساختن یک نظام جدید و کارآمد امنیت جمعی است. این اصول علائم راهنمائی هستند که می‌توانیم از روی آنها راه حل‌هائی برای مشکلات خاصّ و پاسخ‌هائی برای هر کدام از بحران‌ها بیابیم. همچنین این اصول اوّلیه در شکل‌دادن به مؤسّساتی که بازتابی از اصول اخلاقی باشند، اهمیت دارند، اصول اخلاقی که در قرن بیست و یکم و بعد از آن نیز به خوبی به ما خدمت کنند.

لزوم توافق بر اصول اوّلیه به روشنی از سوی هیئت حاکمهٔ بین‌المللی جامعهٔ بهائی در سال ۱۹۸۵ در پیامی تحت عنوان «وعدهٔ صلح جهانی» خطاب به مردمان جهان مطرح شده است. بیت‌العدل اعظم در این بیانیه می‌فرمایند: «رهبران کشورها و تمام صاحبان رتب و مقام وقتی می‌توانند بهتر به حل مشاکل پردازند که ابتدا اصول و مبادی مربوط به آن مشکلات را بشناسند، سپس در پرتو آنها به اقدام پردازند.»۲ از آن زمان به بعد برخی از رهبران فکری زمان ما، از جمله دانشگاهیان و پژوهش‌گران متفکر، مقامات سابق دولتی و حتی دبیر کلّ سازمان ملل متّحد شروع به سخن گفتن و نوشتن در بارهٔ اهمّیّت تعیین این مجموعهٔ اصلی از اصول اولیه کرده‌اند. همان طور که قبلاً نیز در این کتاب گفته شد، گارث ایوانز، رئیس و مدیر کلّ گروه بین‌المللی بحران که بسیار مورد احترام است، گفته است: «هیچ چیز جای برگشت به اصول اوّلیه، رسیدن به اتّفاق نظر در بارهٔ آنها و سپس به کار بستن آنها را نمی گیرد.»۳ کوفی عنان، دبیر کلّ سابق سازمان ملل در گزارشی که اخیراً منتشر شده در بارهٔ لزوم عمل «بر اساس اصول و اولویت‌های مشترک» نوشته است.۴ در کتابی که اخیراً با عنوان دنیای بدون قانون منتشر شده، استاد قانون بین‌الملل، فیلیپ سندز [47] این نظر را ارائه نموده که برخی از درگیری‌های ما از تنش بین ارزش‌های اخلاقی و قوانین حقوقی و همچنین از برداشت‌های متفاوت

---

[47] Philippe Sands

از سلسله مراتب ارزش‌های اخلاقی برمی‌خیزند.۵ آیا عاقلانه‌تر نیست که کار را با توافق روی سلسله مراتب اصول و ارزش‌های مشترک شروع کنیم و بعد قوانین خود را بر اساس آنها بنا کنیم تا ناسازگاری میان این دو وجود نداشته باشد؟

یکی از مزایای متعدّد توافق بر روی مجموعهٔ مشترکی از اصول اولیه آن است که اعضای مؤسّسات بین‌المللی ما در مقابله با مشکلات پیچیده و دشوار با آرامش و اعتماد بیشتری عمل می‌کنند، چیزی که آنها را در یافتن راه حل مصمّم تر و در اقداماتشان کارآمدتر می‌سازد. آنها دیگر از زیر بارتصمیم‌گیری شانه خالی نمی‌کنند و ازعمل اجتناب نمی‌نمایند و دیگر احساس نمی‌کنند که تیری در تاریکی رها می‌کنند. بلکه آگاهی از این به آنها قدرت و اراده می‌دهد که از لفظ و معنی نظام‌نامهٔ روشنی پیروی کنند که از سوی شهروندان جهان برای آنها تعیین شده و بر اقداماتشان مُهر مشروعیت غیر قابل تردیدی زده است.

درست همان طور که کلّ نظام سازمان ملل متّحد بر اساس چند اصل معدود بنا شد که نخست‌وزیر چرچیل و رئیس‌جمهور روزولت در منشورآتلانتیک آنها را بیان و روی آنها توافق کرده بودند، همین طور یک نظام امنیتی جدید بین المللی نیز می‌تواند بر اساس اصولی مشترک شکل بگیرد. بنا بر این پیشنهاد می‌شود که گروه مرکزی رهبران بیانیه‌ای از چنین اصولی تهیه کنند و به طور خستگی‌ناپذیر بکوشند تا تعهّد صمیمانهٔ سایر رهبران را به آن جلب نمایند. این بیانیه باید اصولی را که در زیر بیان می‌شود، دربر داشته باشد.

اصل وحدت ملل و اقوام

این اصل شالودهٔ همهٔ اصول دیگر است و باید اصل اجرائی محوری در روابط بین‌المللی باشد. همهٔ ارزش‌های اصلی باید در مقایسه با این اصل سنجیده شوند و با آن سازگار باشند. این اصل مانند ملاتی است که همهٔ اصول و ارزش‌های دیگری را که رهبران روی آن توافق می‌کنند، به یک دیگر می‌پیوندد و تمامیت اساس آن را به عنوان یک کلّ تضمین می‌کند. وحدت ملل و اقوام باید نیروی محرّکهٔ اصلی اخلاقی باشد که همهٔ ارزش‌ها، سیاست‌ها، قوانین و زیرساختهای دیگری که برای تضمین امنیت جمعی ایجاد می‌شوند را تحت تأثیر قرار داده و به آنها شکل دهد. صِرف شروع از این فرض که همهٔ ما یکی هستیم ما را روشن می‌کند تا تغییرات ارگانیکی را که باید در مؤسّسات، روندها، سیاست‌ها و قوانین جاری خود ایجاد نمائیم، تعیین کنیم. در نتیجه برای

مثال غیر قابل تصوّر خواهد بود که سازمانی که مسئولیت حفظ صلح و امنیت جهان را در درجهٔ اوّل بر عهده دارد باز هم بر این اساس عمل کند که عدّهٔ معدودی از ملّت‌ها حقّ وتو کردن تصمیماتی را که به صلح و امنیت درازمدّت همه منجر می‌شود، داشته باشند. این نیز غیر قابل تصوّر خواهد بود که ملّت های معدودی از امتیاز عضویت دائمی در شورای امنیت برخوردار باشند، در حالی که بقیه به نوعی شهروندان درجه دوم محسوب و از چنین امتیازی محروم گردند.

اصل عدالت و برابری

باید با همهٔ ملّت‌ها و اقوام، بدون در نظر گرفتن امتیاز و یا تبعیضی، با عدالت و انصاف رفتار شود. چند نکته از این اصل حاصل می‌شود. یکی آن که منابع کلیدی خاصّی باید با عدالت تقسیم شوند. در نتیجه، برای مثال پیش بینی‌هائی باید صورت گیرد و روندهای بین‌المللی باید ایجاد شود تا به همهٔ ملل و اقوام اجازهٔ دسترسی عادلانه به منابع مهمّی نظیر نفت، آب، و انرژی هسته‌ای را بدهد. پیامد دیگری که به‌کارگیری این اصل باید داشته باشد این است که به بحران‌ها و تهدیدهائی که بر اقوام و ملّت‌های مختلف تأثیر می‌گذارند، صرف نظر از این که این ملّت‌ها فقیر هستند یا غنی، و قدرتمند هستند یا ضعیف، اهمّیّت یکسانی داده شود. در نتیجه برای مثال جامعهٔ بین‌المللی باید با فجایع حقوق بشر از نوعی که در رواندا و دارفور اتّفاق افتاد با همان سرعت و شتابی پاسخ دهد که به حملات ۱۱ سپتامبر ۲۰۰۱ به شهر نیویورک پاسخ داد. این حسّ عدالت فقط می‌تواند از درک یگانگی ما ریشه بگیرد. اگر یک بخش از هیکل سیاسی عالم رنج بکشد، کلّ این هیکل باید به حمایت و دفاع از آن بشتابد.

یکی از پیامدهای به‌کارگیری اصل عدل و انصاف آن خواهد بود که قوانینی که رفتارهای قابل قبول و رفتارهای غیر قابل قبول ملل را تعیین می‌کنند باید از قبل به روشنی بیان و همراه با مجازات‌های نقض آنها به همهٔ ملّت‌ها اعلان شده باشند. این قوانین در رابطه با همهٔ ملّت‌ها و صرف نظر از هویت ملّت خلاف‌کار باید به طور ثابت و یکسان در مورد همه اجراء شوند. به همین ترتیب مجازات‌ها باید برای همهٔ خلاف‌کاران به طور عادلانه تعیین شوند. به عبارت دیگر، دیگر از تبعیض و استثناء چشم‌پوشی یا آن را تحمّل نمی‌کنیم. در نتیجه، نقض قوانین عدم گسترش سلاح‌های هسته‌ای باید صرف نظر از این که ملّت خلاف‌کار ملّت قدرتمند و محبوبی در جامعهٔ بین‌المللی است یا ملّت ضعیف

و منفوری، به طور یکسان مورد مجازات قرار گیرد. به همین ترتیب همهٔ ملّت ها صرف نظر از موقعیتشان به عنوان دوست یا دشمن دولت‌هائی که در مؤسّسات تصمیم‌گیرنده خدمت می کنند باید ملزم باشند که در صورت تقاضا درهای خود را به روی بازرسی نامحدود بین‌المللی باز کنند. با اشغال غیرقانونی هر سرزمینی باید به طور یکسان مقابله شود، صرف نظر از این که چه ملّتی رفتار غیرقانونی دارد، یا این که ملّت قربانی برای سایر ملل در جامعهٔ بین‌المللی چقدر اهمّیّت دارد. همهٔ مرزها باید به واسطهٔ قدرت جمعی جامعهٔ بین المللی محترم و مقدّس و مصون از تجاوز عمدی شمرده شوند و سرانجام قوانینی که در صلح و امنیت بین‌المللی تأثیر دارند اگر مورد حمایت اکثریت مهمّی (که رهبران ما باید آن را تعیین کنند) از ملّت‌های عالم باشند، باید در مورد همهٔ ملّت‌ها به کار گرفته شوند. در نتیجه برای مثال همهٔ معاهدات مربوط به مسائل حقوق بشر مانند شکنجه یا مقام زنان یا حقوق مدنی یا سیاسی مردم و همچنین معاهدات مربوط به مباحث عدم گسترش و معاهداتی که سازمان های بین‌المللی نظیر دادگاه جنائی بین‌المللی را ایجاد می‌کنند باید برای همهٔ ملل عالم بدون استثناء لازم‌الاجراء باشند. نباید به هیچ ملّتی حق کناره‌گرفتن از آنها را داد، زیرا چنین کاری تمامیت بافت نظام را به خطر می‌اندازد و عاقبت باعث فروپاشی آن می‌گردد.

از اهمّیّت اصل عدل و انصاف هرچه بگوئیم کم گفته‌ایم. به‌کارگیری وفادارانه و گستردهٔ این اصل سرانجام سوء ظنّ و احساس بی‌عدالتی را در میان ملل و اقوام دنیا از بین خواهد برد. این اصل همچنین عنصری محوری در یک نظام شفاف است که در آن همهٔ بازیگران به طور یکسان پاسخ‌گو هستند. در نتیجه فضای اعتماد بین ملل و اقوام ایجاد می‌شود که برای ساخت یک بنای معتبر امنیت جمعی اساسی است. در طول زمان اجرای این اصل نقش مهمّی در متّحد کردن ملّت‌ها ایفا خواهد کرد، همان طور که حضرت بهاءالله با این کلمات وعده فرموده‌اند: «و مقصود از آن ظهور اتّحاد است بین عباد.»[۶]

اصل ریشه‌کن‌سازی فرصت‌طلبی

فرصت‌طلبی مشکل ریشه‌داری است که لازم است رهبران ما با صراحت و صداقت به آن بپردازند. منظور من از فرصت‌طلبی عمل بر اساس عاملی است که نفع کوتاه‌مدّت تصور می شود، به قیمت فدا کردن منافع درازمُدّت. اصول اساسی در این جریان معمولاً به خطر می‌افتند. دامنهٔ این منافع کوتاه

آنچه از این پس باید بسازیم

مُدّت می‌تواند از دوستی تا روابط تجاری تا ملاحظات راهبُردی کشیده شود. فرصت‌طلبی در حال حاضر در کار دولت‌ها در سطوح ملّی و بین‌المللی رواج زیادی دارد و علت اصلی بسیاری از مشکلات بین‌المللی جدی ماست.

یکی از مشکلات فرصت‌طلبی این است که معمولاً عواقب آن به سوی خود ما برمی‌گردد و به آزار و اذیت ما می‌پردازد. فرصت‌طلبی باعث می‌شود که اغلب با این تصوّر غلط که داریم مشکل فعلی را حل می‌کنیم، بذر مشکلات متعدّد جدیدی را بپاشیم که معمولاً از مشکلات اولیه حادّتر از کار در می‌آیند. نمونه‌های فرصت‌طلبی غلط در روابط بین‌المللی زیاد است. برای مثال در دههٔ ۱۹۸۰، ایالات متّحده بنیادگرایان اسلامی را که در افغانستان جمع شده بودند تشویق کرد که ابتدا در مقابل نیروهای اشغالگر اتّحاد جماهیر شوروی و بعد در مقابل دولتی که عموماً دست‌نشاندهٔ شوروی تصوّر می‌شد، مقاومت کنند. اما متأسفانه همین که دولت دست‌نشاندهٔ شوروی منحل شد، همان بنیادگرایان نهضت طالبان را ایجاد کردند که سرانجام به لزوم مداخلهٔ نظامی ایالات متّحده برای برکنارکردن آنها در سال ۲۰۰۱ انجامید. عراق نمونهٔ دیگری به دست ما می دهد. دنیا سال‌ها کُشتار و نقض حقوق بشر از سوی دولت صدام حسین را بدون مجازات گذاشت. این کار منافع تجاری بعضی از ملّت‌ها و منافع راهبُردی بعضی دیگر را تأمین می‌کرد که عراق را در مقابل ایران، که از نفوذ آن می ترسیدند، عامل توازنی می‌دانستند. سرانجام دو جنگ درگرفت و خون‌های زیادی ریخته شد تا مشکلاتی که صدام حسین ایجاد کرده بود، از جمله حمله به کشور همسایهٔ خود کویت، حل شود.

رهبران ما باید با صداقت در بارهٔ مشکل فرصت‌طلبی بحث و آن را از روابط بین‌المللی ریشه‌کن کنند. خوشبختانه رهبران و پژوهشگران سیاسی هر دو شروع به تشخیص این مشکل کرده‌اند. برای مثال قبل از این که همایش سران جهان جلسات خود را در سپتامبر ۲۰۰۵ آغاز کند، کوفی عنان در سخنرانی خود گفت ما نباید به سبب فرصت‌طلبی از حکومت قانون یا سایر اصول اساسی چشم‌پوشی کنیم.۷ به همین ترتیب نمایندهٔ کانادا در ماه می ۲۰۰۵ در کنفرانس بازبینی قرارداد منع گسترش گفت: «ما اجازه داده‌ایم که تعقیب منافع کوتاه‌مدّت تنگ‌نظرانه، منافع درازمدّت ما را در حفظ قدرت و تمامیت این قرارداد تحت‌الشعاع قرار دهند.»۸ وی ادامه داد که: «اگر دولت‌ها هر وقت تعهّداتشان را مزاحم تشخیص بدهند، راحت آنها را نادیده بگیرند یا کنار بگذارند، هرگز نخواهیم توانست همکاری بین‌المللی ایجاد نمائیم.» به

همین ترتیب، پروفسور هارولد کو،[48] رئیس دانشکدهٔ حقوق دانشگاه ییل، در یکی از جلسات اخیر انجمن آمریکائی قانون بین‌الملل در واشنگتن دی‌سی توضیح داد که قانون بین‌الملل در فضای بین‌المللی نقش تسهیل‌کننده و مشروعیت بخشیدن به اقدامات را دارد. وی ادامه داد که این خیلی اهمّیّت دارد که فقط وقتی قوانین به نفع منافع کوتاه‌مدّت ما هستند از آنها پیروی نکنیم. وی مصرانه از ما خواست که تفکّر خود را متوجّه منافع درازمدّت سازیم.۹

اصل استفاده از مجازات و مکافات برای حفظ صلح و نظم

یکی از اصولی که باید مورد حمایت رهبران ما قرار گیرد این است که نظم جهانی بر اساس دو ستون مجازات و مکافات برپا شده است. یک نظام امنیت جمعی هرچه باشد باید تضمین کند اقداماتی که خدشه‌ای به صلح وارد می‌کنند به سرعت مجازات می‌شوند و در عوض کارهائی که به پیشبرد صلح کمک می‌کنند، مورد تشویق قرار می‌گیرند و پاداش می‌گیرند. برای مثال جامعهٔ بین‌المللی باید برای کشوری که به طور غیرقانونی سلاح‌های هسته‌ای تولید می‌کند روشن سازد که اگر آن کشور از برنامهٔ غیرقانونی هسته‌ای خود صرف نظر کند و یک برنامهٔ جامع بازرسی را بپذیرد، این جامعه تضمین خواهد کرد که همهٔ نیازهای انرژی آن کشور تأمین بشود. اما اگر آن کشور بر ادامهٔ فعالیت‌های غیرقانونی خود اصرار داشته باشد، جامعهٔ بین‌المللی تحریم‌های جامعی را به مدّت سه ماه اِعمال خواهد کرد و به دنبال آن از نیروی نظامی برای جایگزین‌کردن دولت آن کشور استفاده خواهد کرد.

اصل استفاده از نیروی قهری در خدمت صلح

این اصل مستلزم پذیرفتن این واقعیت است که نباید همیشه و به هر قیمتی از نیروی نظامی اجتناب و دوری کرد. حضرت عبدالبهاء این را به صراحت و قدرت در اثر خود رسالهٔ مدنیه شرح می‌دهند. در این کتاب حضرت عبدالبهاء می‌فرمایند که گاهی جنگ اساس محکمی برای صلح و ویرانی سبب آبادانی است.۱۰ ایشان در ادامه می‌فرمایند اگر جنگی به نیت خیری صورت گیرد، این قهر و خشونت ظاهری، عین لطف و این ظلم ظاهری صرف عدل است و این

[48] Harold Koh

جنگ بنیان صلح.۱۱ این فکر که «جنگ می‌تواند عامل پیشرفت باشد» و این که مداخلهٔ نظامی در بعضی شرایط خاصّ «نه تنها قابل دفاع، بلکه وظیفهٔ گریزناپذیری است» فکری است که بنا به گفتهٔ گرث ایوانز باید جامعهٔ بین‌المللی در دههٔ ۱۹۹۰ یاد می‌گرفت.۱۲ مایکل لوی[49] و مایکل اوهنلون[50] دو پژوهش گر در مؤسّسهٔ بروکینگ[51] نیز از این اصل پشتیبانی می‌کنند. آنها در کتاب خود تحت عنوان آیندهٔ کنترل تسلیحات می‌گویند «شگفت این جاست که اکنون ممکن است موقعیت‌هائی وجود داشته باشد که در آن یک جنگ با مهلت کوتاه بر یک صلح خیالی ترجیح داشته باشد.»۱۳

توانائی استفادهٔ به موقع و کافی از نیروی نظامی در ایجاد یک نظام نیرومند و مؤثّر امنیت جمعی عنصر بسیارمهمّی است. چنین نظامی هم مستلزم قدرت است و هم انعطاف‌پذیری. قدرت آن بسته به تحت فرمان داشتن نیروهای نظامی و پلیسی لازم برای فرونشاندن اختلالاتی که در صلح و امنیت بین المللی به وجود می آید، است. اما این نظام فقط در صورتی کار می‌کند که تهدید به استفاده از نیروی نظامی تهدید قابل باوری باشد. تجربهٔ عراق نمونه‌ای از این را فراهم می‌سازد که چگونه می توان ملّتی را با جمع‌کردن نیروی نظامی و آماده‌باش دادن به آنها وادار به اطاعت از فرمان شورای امنیت کرد. با وجود قطع‌نامه‌های شورای امنیت که خواهان بازرسی تسهیلات این کشور بودند، عراق بازرسان را بیرون کرد، اما همین که ایالات متّحده در تابستان ۲۰۰۲ شروع به تقویت نیروی نظامی بر علیه عراق کرد، عراق با بازگشت بازرسان بین‌المللی موافقت نمود. بنا بر گفتهٔ هانس بلیکس[52] مدیر کلّ سابق آژانس بین المللی انرژی اتمی و مدیر عامل بعدی کمیسیون نظارت، بررسی و بازرسی سازمان ملل (مشهور به UNMOVIC)،[53] جمع‌آوری نیروی نظامی در تدارک برای حملهٔ احتمالی به عراق در آن تابستان، «علّت اصلی» موافقت عراق با بازگشت بازرسان بین‌المللی بود.۱۴

انعطاف‌پذیری و اعتدال در تصمیم‌گیری در بارهٔ استفاده از نیروی نظامی به این نظام نرمی و انعطاف می‌دهد و بایستی هم در قوانینی که شرایط اقدام نظامی رامشخص می‌کنند و هم در قضاوت مؤسّساتی که مسئولیت اجرای این قوانین را به عهده دارند، بازتاب پیدا کند. پذیرش روزافزونی که اخیراً جامعهٔ

---

[49] Michael Levi

[50] Michael O'Hanlon

[51] Brookings Institute

[52] Hans Blix

[53] Monitoring, Verification and Inspection Commission

بین‌المللی نسبت به وظیفهٔ حمایت از کسانی که داخل مرزهای یک کشور هستند، از خود نشان می‌دهند، امری که در درجهٔ اول بر عهدهٔ حکومت مربوطه و در صورت کوتاهی آن بر عهدهٔ جامعهٔ بین‌المللی است، نمونه‌ای است از به کارگیری چنین انعطاف و تعادلی در وضع قوانین برای حمایت از مردمان دنیا.

اصل محدود کردن حاکمیت ملّی

حاکمیت ملّی باید به میزانی که برای حمایت از کلّ شهروندان جهان لازم است، محدود گردد. تمایل به پذیرش چنین اصلی بستگی زیادی به درک عمیق این واقعیت دارد که نفع جزء وقتی تضمین می‌شود که همهٔ توان خود را متوجّه تضمین نفع کلّ نمائیم. خوشبختانه، این درک تدریجاً بر برخی از رهبران سیاسی و همچنین رهبران فکری غالب می‌گردد. در نتیجه، برای مثال کوفی عنان در گزارش مارچ ۲۰۰۵ خود تحت عنوان «در آزادی بیشتر» می‌گوید تجربهٔ تلخ به ما آموخته است که «هرگز نباید به هیچ اصل قانونی، حتی نه به حاکمیت ملّی، اجازه داد که سپر نَسل‌کُشی، جنایت بر علیه بشریت و رنج توده های بشری شود.»۱۵ نمونهٔ جالب توجّه دیگر از فرسودگی حاکمیت بی قید و شرط ملّی، گزارش رسانه‌ها بود از تصمیم ایالات متّحده برای دعوت از برخی از ملل خارجی برای شرکت در بررسی دفاع ملّی که تا به حال کاملاً داخلی و محرمانه به شمار می‌رفت. بنا به گفتهٔ مقامات پنتاگون، این عمل «نشانهٔ اهمیت بیشتری است که به همکاری بین‌المللی داده می‌شود».۱۶ هدف از این بررسی دفاعی این بود که تعیین کند چگونه می‌توان راهبُرد دفاعی جدید ملّی، که تازه توسّط پنتاگون تهیه شده بود، را به مرحلهٔ عمل درآورد. ظاهراً ایالات متّحده در این راهبُرد جدید می‌کوشید گام‌های پیش‌گیرانه‌ای بردارد تا نگذارد مشکلات داخلی کشورهای دیگر (از جمله تروریسم، شورش، مواد مخدر، و جنایت سازمان‌یافته) به سرعت به بحران تبدیل شود و مداخلهٔ نظامی ایالات متّحده را ضروری سازد.۱۷ درک روزافزون از همبستگی جهانی، در مواردی اعتقاد بسیار محترم‌داشته‌شدهٔ ما را نسبت به حاکمیت ملّی سست کرده است.

اصل اقدام یکپارچهٔ جمعی

سرانجام، رهبران ما تشخیص داده‌اند برای آن که عملی بیش از همه مؤثّر باشد، به خصوص در مقابله با تهدید نسبت به صلح جامعهٔ بین‌المللی، باید دسته جمعی باشد و آنها باید متعهّد شوند که در مقابله با چنین تهدیدی یک‌صدا گردند. آنها باید در به‌کارگیری مقرّرات و اصول محوری امنیت جمعی که در بارهٔ آن توافق کرده‌اند قاطع باشند و نهایت تلاش خود را به عمل آورند تا نگذارند فرصت‌طلبی بر لحظات مهمّ و حسّاس تصمیم‌گیری حاکم شود. ممکن است همین طور که جهان با چالش مربوط به شکل‌گیری قدرت هسته‌ای ایران دست و پنجه نرم می‌کند، در حال یادگیری همین درس باشد. اول شاهد کم‌شدن شکاف بین موضع فرانسه، آلمان، و انگلستان از یک سو و موضع ایالات متّحده از سوی دیگر بودیم. بعد تدریجاً شاهد یکی‌شدن موضع این گروه از کشورها با مواضع روسیه و چین شدیم. وحدت فکر خودش را در وحدت عمل بیشتر نشان می‌دهد که به تنهائی نتایج مؤثّری خواهد داشت. همان طور که نشریهٔ اکونومیست در مقالهٔ جون ۲۰۰۵ نوشت، «بیشترین امید به نتیجهٔ صلح‌آمیز در آن است که همهٔ این کشورها یک پیام قاطع و واحد به ایران بدهند».۱۸

تقویت توانائی شورای امنیت برای عمل سریع، مؤثّر، عادلانه و قاطع

برای این که یک نظام امنیت جمعی کارآمد داشته باشیم، سه چیز باید روی دهد: اول، خیلی مهمّ است که دقیقاً مشخّص شود چه کسی مسئول انجام چه کاری است و تحت چه شرایطی می‌تواند عمل کند. باید به مؤسّسات بین‌المللی ما که مسئولیت حفظ صلح را بر عهده دارند نظام‌نامه‌های روشن و جامعی داده شود. دوم، باید روال‌هائی برای این مؤسّسات ایجاد شود تا تضمین گردد که تصمیمات و اقدامات آنها کارآمد، تأثیرگزار و عادلانه خواهند بود. و سرانجام این مؤسّسات باید مجموعهٔ اصول اوّلیه‌ای داشته باشند که هر وقت پاسخ مسئله ای به روشنی در نظام‌نامهٔ آنها نیامده یا فوراً معلوم نباشد و مجبور باشند برای حل آن به مشورت بپردازند و ابتکار به خرج دهند، بتوانند به این اصول مراجعه و از آنها استفاده کنند. در بخشی که قبلاً تحت عنوان «توافق روی اولویت‌ها و اصول مشترک حاکم بر روابط بین‌المللی» آمد، در بارهٔ این که در بیانیه‌ای که رهبران جهان می‌پذیرند، کدام اصول محوری باید گنجانده شوند،

توصیه‌هائی عینی ارائه گشت. بخش حاضر پیشنهادهائی ارائه می‌کند برای ایجاد یک نظام‌نامهٔ مناسب برای شورای امنیت و همچنین برای ایجاد روال‌ها و رهنمودهائی که باید قبل از پَناه‌بُردن به نیروی نظامی از آنها پیروی شود.

فراهم ساختن یک دستورالعمل روشن برای شورای امنیت

وقتی از ابتدا تعیین می‌گردد که چه کسی مسئول چه کاری است، به خصوص در رابطه با استفاده از نیروی نظامی، از سَردَرگُمی و امکان این که بازیگران احتمالی مؤسّساتی از زیر بار مسئولیت شانه خالی کنند و اقدامی نکنند، جلوگیری می‌شود. یک کسی باید به طور روشن مسئول باشد. در غیر این صورت در موقع بحران به جای عمل قاطع و سریع، بی‌تصمیمی، تأخیر در عمل و یا سَرهَم‌بَندی روی خواهد داد. در حال حاضر شورای امنیت همان سازمان بین‌المللی است که مسئولیت حفظ و بازگرداندن صلح و امنیت دنیای ما را بر عهده دارد. قدرت عمل این سازمان باید به وضوح تعیین شده باشد. تعیین قبلی شرایط خاصّی که در آن شورا می‌تواند از نیروی نظامی استفاده کند یا مجوّز استفادهٔ از آن را صادر کند، خیلی اهمّیّت دارد. با این حال، اعضای سازمان ملل مدّت‌ها با این نکتهٔ بسیار مهمّ مخالفت کرده‌اند. همان طور که دبیرکلّ سابق سازمان ملل، کوفی عنان در گزارش خود تحت عنوان «در آزادی بیشتر» گفته است، لازم است رهبران ما در بارهٔ این که چه وقت و چگونه می توان از نیروی نظامی برای دفاع از صلح و امنیت بین‌المللی استفاده کرد، به اتّفاق نظر برسند.۱۹

این وضوح هدف‌های خوبی را برآورده می‌کند. مهمّتر از همه فرصت بازی‌دادن نظام را از ملّت‌های مختلف می‌گیرد. وقتی همهٔ رهبران ملل بدانند و اطّلاع قبلی داشته باشند که شورای امنیت قانوناً چه موقع از نیروی نظامی استفاده خواهد کرد، برای رهبران نافرمان و کشورهائی که صلح جهان را تهدید می‌کنند دشوارتر خواهد بود که بتوانند کشورهای دیگر را بر علیه یک دیگر به رقابت وادارند و به این ترتیب عواقبی را که در غیر این صورت باید برای رفتارشان متحمّل می‌شدند ، به تعویق اندازند یا به کلّی از آن اجتناب نمایند. همچنین برای سیاستمداران ملّت‌هائی که منافع تنگ‌نظرانهٔ آنها مطرح است، دشوارتر می‌شود که برای توجیه عدم اقدام یا ایجاد موانع در مقابل اهداف وسیع تر شورا در زمینهٔ حفظ صلح و امنیت جهانی احساسات جوامع داخلی خود را تحت تأثیر قرار دهند. وجود یک دستورالعمل روشن همچنین از ترس و

سوءظن دُوَل عضو جامعهٔ بین‌المللی از این که شورا خارج از حوزهٔ اختیاراتش عمل کند می‌کاهد، و در صورتی که شورا واقعاً از مرزهای اختیارات خود فراتر برود نیز با استفاده از این معیارهای روشن راحت‌تر می‌تواند از آن حساب پس بکشد.

در وضعیت فعلی نظام امنیت جمعی، نه تنها مسئولیت حفظ صلح، بلکه دامنهٔ وسیعی از اختیارات برای انجام این مسئولیت به شورای امنیت داده شده است. همان طور که قبلاً گفتیم این اختیارات که در منشور سازمان ملل تعیین شده‌اند شامل استفاده از نیروی نظامی هم می‌شوند. اما آنچه کم است تعیین روشن، بدون اِبهام، ساده و قاطع شرایطی است که در آن شورای امنیت می‌تواند از مهمّ‌ترین اختیارش، یعنی نیروی قهری، استفاده کند. این منشور ضمن شروط خود مقرّر می‌کند که شورای امنیت در صورتی می‌تواند از نیروی نظامی استفاده کند که راه‌های غیرنظامی برای مقابله با «تهدید نسبت به صلح»، «نقض صلح» یا «عمل تجاوزکارانه» مؤثّر نبوده و نباشند. این منشور شرح نمی‌دهد که هر کدام از این اصطلاحات چه شرایطی را مشخّص می‌کنند. این فقدان تأسف‌آور اغلب باعث شده که شورای امنیت نتواند در مقابل موقعیت‌هائی که ممکن بوده صلح و امنیت بین‌المللی را به خطر اندازند به سرعت و قاطعانه عمل کند. در نتیجه وقتی شورای امنیت بالاخره تصمیم‌گیری کرده است، به خصوص در رابطه با استفاده از نیروی نظامی، معمولاً این تصمیم‌گیری آن قدر دیر و اغلب آن قدر همراه با بحث و مخالفت عمومی درمیان اعضای شورا صورت گرفته که به ملّت‌های متجاوز فرصت داده تا از تأخیر به نفع خود استفاده کنند یا اعضاء را به جان هم اندازند. آنچه که در بسیاری از موارد ضروری است اقدام قاطع و سریع است، نه اقدام ضعیفی که با تأخیر صورت گرفته باشد. فراهم‌ساختن رهنمودهای مفصّل‌تر در این باره که اصطلاحات بالا چه شرایطی را دَربَر می‌گیرند، باید به ما در رسیدن به این هدف کمک کند.

ضروری است رهبران جامعهٔ بین‌المللی ما به تفصیل تعیین کنند که منظور از اصطلاحات «تهدید نسبت به صلح»، «نقض صلح» و « عمل تجاوزکارانه» که در منشور آمده چیست. آنها باید حاضر باشند که دست حدّ اقلّ شرایطی را که تحت هر کدام از این اصطلاحات طبقه‌بندی می‌شوند و در آن شورای امنیت می‌تواند بی‌درنگ از نیروی نظامی استفاده کند، مشخّص کنند. کسانی هستند که می‌گویند چنین کاری فقط استفاده از نیروی نظامی را تشویق می‌کند.۲۰ اما واقعیت این است که اگر مشکلاتی را که صلح را به خطر می اندازند رها کنیم تا ریشه بدوانند، عموماً پیچیده‌تر می‌شوند و عاقبت استفاده از نیروی نظامی عظیم‌تری را نسبت به آنچه که اگر سریع‌تر عمل می‌شد لازم بود،

می‌طلبند. گاهی یک تهدید باورکردنی شورای امنیت به این که از نیروی نظامی استفاده خواهد کرد به تنهائی کافی است که از حادّتر شدن مشکل جلوگیری کند. در نتیجه کوفی عنان پیشنهاد می‌کند که «ممکن است لازم باشد اعضا بحثی را در بارهٔ معیار مجازکردن زودهنگام استفاده از وسایل قهری برای مقابله با انواع خاصّی از تهدید شروع کنند...»۲۱ به علاوه همان طور که تجربهٔ مکرّر به ما یاد داده است، در صورت فقدان قوانینی که قبلاً روی آنها توافق شده باشد، وسوسهٔ بیشتر، و در نتیجه احتمال بیشتری، وجود دارد که فرصت‌طلبی حکم‌روائی کند و منافع شخصی غالب شود.

یک راه خوب برای پرداختن به جزئیات منشور این است که بگوئیم مجموعه‌های خاصّی از شرایط از سوی شورای امنیت به عنوان «تهدیدی نسبت به صلح» یا «نقض صلح» تعبیر می‌شوند و آن را به استفاده از اختیارات خود در مورد به‌کارگیری نیروی قهری وامیدارند. با توجّه به تاریخ اخیر، تهدید نسبت به صلح باید دست کم موارد زیر را دربر بگیرد: نَسل‌کُشی و تصفیهٔ قومی به نحوی که در قانون بین‌الملل شکل گرفته یا بر اساس عرف یا معاهده، تعریف گشته است؛ نقض آشکار یا فاحش حقوق بشر از هر نوع، نظیر شکنجهٔ گسترده (لازم است رهبران ما روی همهٔ این اصطلاحات بحث و آنها را روشن کنند)؛ پشتیبانی دولتی از تروریسم؛ تولید و ذخیره‌سازی سلاح‌های کشتار جمعی برخلاف معاهدات مربوط به کنترل تسلیحات؛ ناآرامی داخلی با این خطر که دولتی را از حفظ نظم داخلی یا جلوگیری از تأثیر بی‌ثباتی داخلی در سایر کشورها ناتوان کند (برای نمونه این امکان را به تروریست‌های بین‌المللی یا ارتش‌های سیار بدهد که از درون آن کشور عمل کنند) و نفوذ و یا حتی غلبهٔ جنایت سازمان‌یافته بر دولت. شرایطی که می‌توان آنها را عمل تجاوزکارانه نامید نیز باید به روشنی تعریف شوند. این اعمال باید هم شامل آنچه که بدیهی است، نظیر اشغال سرزمین یک کشور دیگر برخلاف قانون بین‌الملل شود، و هم شامل مواردی که کمتر بدیهی هستند، مانند اظهارات تحریک‌آمیز مقامات دولتی که باعث ایجاد نفرت، جنگ و خشونت بر علیه سایر ملل شوند.

رهبران ما باید برای تعیین شرایط هر کدام از این موارد دو راهنما داشته باشند. اوّلی مجموعه‌ای از اصول محوری است که روی آنها توافق عمومی وجود دارد و هر عملی باید با آنها سازگاری داشته باشد. برای مثال، در پرداختن به مسئلهٔ تهدید نسبت به صلح که به علّت اقدامات یک دولت در درون مرزهای خودش ایجاد شده باشد، نظیر نَسل‌کُشی، رهبران ما باید با تکیه بر اصول محوری وحدت، عدالت و بی‌طرفی و محدود کرد ن حاکمیت ملّی روشن سازند که هیچ ملّتی نمی‌تواند برای حفظ خودش از عواقب نقض قانون بین‌الملل

به مادهٔ ۷ـ۲ منشورسازمان ملل اتّکاء کند که مداخله «در اموری که اساساً در حوزهٔ اختیارات یک کشور است» را ممنوع می‌سازد. دومی مجموعه‌ای از قوانین بین‌المللی در تعدادی از معاهدات است که اعمال خاصّی را به علّت این که بسیار مخالف منافع جامعهٔ بین‌المللی هستند، در سراسر دنیا غیرقانونی اعلام می‌کنند. این اعمال شامل تروریسم، جنایت سازمان‌یافته، شکنجه و نَسل‌کُشی می‌شوند.

برای این که رهنمود دوم را تا حدّ امکان مؤثّر سازند، رهبران ما باید دو کار انجام بدهند. اول باید بسیاری از معاهدات موجود بین‌المللی، مانند معاهدات مختلف مربوط به حقوق بشر، را روشن سازند. اغلب پیش می‌آید که عبارتی در چنین معاهداتی هست که به امضاءکنندگان اجازه می‌دهد موارد نقض آن معاهده را به سازمان ملل ارجاع کنند، اما آن معاهده در مورد اقدامی که باید بشود و این که چه مرجعی باید آن را انجام بدهد، ابهام دارد. یک نمونه از این قضیه پیمان‌نامهٔ نَسل‌کُشی است که اول می‌گوید طرف‌های این معاهده مؤظّفند برای «جلوگیری و مجازات نَسل‌کُشی اقدام کنند». بعد مادهٔ ۸ می‌گوید که امضاءکنندگان باید از سازمان ملل بخواهند که «چنین اقدامی را ... برای جلوگیری و سرکوبی انجام دهد»، اما این معاهده روشن نمی‌کند که معنی «اقدام ... برای جلوگیری» و «سرکوبی» نَسل‌کُشی چیست. همچنین معلوم نیست چه کسی باید چنین اقداماتی را انجام دهد.۲۲ نواقص این معاهده باید هرچه زودتر رفع شود.

دومی ایجاد معاهدات جدید یا بسط معاهدات موجود برای دربر گرفتن اقداماتی از سوی فعالان دولتی یا غیردولتی است که تحت قوانین بین‌المللی هنوز به وضوح غیرقانونی نیستند، اما رهبران ما در طول مشورت‌های خود آنها را تهدیدی نسبت به صلح جامعهٔ بین‌المللی تشخیص می‌دهند. متمّمات یا معاهدات جدید باید این رفتارها را صراحتاً غیرقانونی و تحت فصل ۷ منشورسازمان ملل از سوی شورای امنیت قابل تعقیب اعلام کنند. همان طور که اشتون بی کارتر،۲۳ پژوهش‌گر، پیشنهاد کرده است، نمونه‌ای از این گونه اعمال که باید جرم شمرده شوند، صِرف مالکیت سلاح‌های هسته‌ای، شیمیائی یا زیستی از سوی فعالان غیردولتی است.

استفاده از این دو رهنمود برای تعیین شرایطی که تحت هر یک از عناوین «تهدیدی نسبت به صلح» و «نقض صلح » قرار می‌گیرند، دو فایدهٔ اصلی دارد. اول این که اعضای جامعهٔ بین‌المللی آگاه خواهند بود که رفتارهای خاصّی غیرقابل قبول است و عواقب به خصوصی را به دنبال خواهد داشت که شامل استفاده از نیروی نظامی از سوی جامعهٔ بین‌المللی نیز می‌شود. دوم این

که شورای امنیت اصول راهنمای دقیقی در مورد این که چه چیزی نقض این قوانین به شمار می‌آید، در دست خواهد داشت و راحت‌تر می‌تواند در مورد استفادهٔ احتمالی از نیروی نظامی تصمیم بگیرد.

نظام‌نامهٔ اصلاح شده علاوه بر تعیین دقیق شرایطی که در آن شورای امنیت می‌تواند برای حفظ صلح و امنیت بین‌المللی از قوای قهری استفاده کند، باید اختیاراتی را هم که شورای امنیت برای بازگرداندن صلح لازم دارد، دربر بگیرد. یک نمونه از این اختیارات، اختیار خلع سلاح و پراکنده‌کردن رزمنده هاست. خلع سلاح و پراکنده‌کردن نیروهای نظامی جنگنده اغلب برای تضمین این که به محض خروج نیروهای مداخله‌گر یا پاسدار صلح از منطقه خشونت دوباره از سر گرفته نخواهد شد، اهمیت اساسی دارد. از بین بردن سوءظنّ و بازگرداندن رزمنده‌ها به دامن اجتماع به طوری که صلح بتواند ریشه بدواند و به ثمر برسد، نیز اهمیت اساسی دارد. دو نمونه از تأثیر مثبت این خلع سلاح وجود دارد. اوّلی مورد آسه[54] است که در آن یک جنگ سی‌ساله بین شورشیان نهضت آزادی آسه (مشهور به GAM) که برای استقلال استان آسه می‌جنگیدند و دولت اندونزی در جریان بود. بلافاصله بعد از آن که در اواخر سال ۲۰۰۴ توفان ویران‌گر تسونامی اندونزی را دربر گرفت، دو طرف درگیری گرد هم آمدند و تا ماه آگست سال ۲۰۰۵ یک عهدنامهٔ مفصّل صلح تهیه کردند. شورشیان قبول کردند که ۸۴۰ فقره سلاح خود را تسلیم کنند و تا اواخر دسامبر همان سال نه تنها به قول خود عمل کردند، بلکه اعلام کردند که گروه خود را منحل خواهند کرد.۲۴ دومی مورد ایرلند شمالی است که به دنبال خلع سلاح های محدود سال‌های ۲۰۰۱، ۲۰۰۲ و ۲۰۰۳ در اواسط سال ۲۰۰۵ اعلام شد که ارتش جمهوری‌خواه ایرلند شمالی (IRA)[55] حاضر است که ذخائر سلاح های خود را نابود کند. درماه سپتامبر سال ۲۰۰۵ جنرال جان دو کسلین،[56] یکی از سه عضو عالی رتبهٔ کمیسیون بین‌المللی مستقل برکنارسازی[57] (ILCD)، کمیسیون مستقلی که کارش نظارت بر برکنارسازی نیروهای شبهِ نظامی در ایرلند شمالی بود، گزارش داد که IRA آنچه که ILCD معتقد است تمام تسلیحاتی است که در اختیار دارد، «از کار انداخته است».۲۵ این نیز گزارش شد که گفته است «ما قانع شده‌ایم که سلاح‌هائی که از دور خارج شده‌اند زرادخانهٔ IRA را دربر می‌گیرند.» به دنبال این موفّقیت تحولات مثبت دیگری

---

[54] Aceh

[55] Irish Republican Army

[56] General John de Chastelain

[57] Independent International Commission on Decommissioning

نیز در ایرلند شمالی رخ داد که در ماه مارچ سال ۲۰۰۷ منجر به این توافق تاریخی بین جناب کشیش یان پیسلی،[58] رهبر حزب وحدت دموکرات (DUP)[59] و گری آدامز،[60] رهبر شین‌فِین،[61] شد، که از ماه می سال ۲۰۰۷ قدرت بین این دو گروه، که تا به حال رقیب یک دیگر به شمار می‌رفتند، تقسیم شود.۲۶ بر طبق این توافق در ماه می ۲۰۰۷ دشمنان سابق، جناب کشیش یان پیسلی و مارتین مک‌گوئینز[62] (از حزب جمهوری‌خواه و عمدتاً کاتولیک شین فِین) به ترتیب به عنوان رئیس و نایب‌رئیس دولت اجرائی ایرلند شمالی سوگند خوردند.۲۷

در مقابل، فلسطینی‌ها، با وجود این که سازمان‌ها و دُوَل چهارگانهٔ درگیر در جریان صلح خاورمیانه مدّت‌هاست از آنها خواسته‌اند ارتش‌های خود را منحل سازند، هنوز با مخالفت حماس در مورد کنارگذاشتن سلاح‌های خود دست به گریبان هستند.۲۸ در ماه سپتامبر سال ۲۰۰۵ و به دنبال عقب‌نشینی اسرائیل از نوار غزه این گروه چهارگانه (متشکل از اتّحادیهٔ اروپا، روسیه، ایالات متّحده و سازمان ملل) پس از برگزاری جلسه‌ای در دفاتر سازمان ملل، در یک بیانیهٔ مشترک از فلسطینی‌ها خواستند که «زیرساخت‌ها و امکانات تروریستی خود را برچینند» و گفتند «سرانجام، آنهائی که می‌خواهند بخشی از جریان سیاسی باشند نباید در گروه‌های مسلّح وارد یا به فعالیت‌های نظامی مشغول شوند، زیرا یک ناسازگاری اساسی بین چنین فعالیت‌هائی و ایجاد یک دولت دموکراتیک وجود دارد.»۲۹ در تابستان ۲۰۰۶ شکست در خلع سلاح ارتش های فعال در سرزمین‌های فلسطینی، با وجود برگزاری اخیر انتخابات دموکراتیک در این سرزمین‌ها، به برخورد نظامی بین جناح‌های رقیب انجامید. در واقع پس از پیروزی انتخاباتی غیرمنتظرهٔ حماس در اوائل سال ۲۰۰۶، جنگ قدرتی شدید و خشونت‌بار بین حماس و فَتَح درگرفت. جنگ بین این دو گروه رقیب به اوج‌گیری خود ادامه داد تا در ماه جون ۲۰۰۷ حماس قدرت را در طول نوار غزه به دست گرفت.۳۰ رئیس گروه فَتَح، محمود عباس، با انحلال دولت اتّحادی فلسطین، که رهبری آن را حماس به عهده داشت، و برکنار کردن نخست‌وزیر، اسماعیل حنیه، که از حزب حماس بود، و اعلام ایجاد یک دولت موقّت اضطراری متشکّل از اعضای حزب فَتَح برای ادارهٔ

---

58 Rev. Ian Paisley

59 Democratic Unionist Party

60 Garry Adams

61 Sinn Fein

62 Martin McGuinnes

نوار غربی، پاسخ داد.۳۱ تا حال حاضر، یعنی جون ۲۰۰۷، غزه و نوار غربی تحت کنترل گروه‌های در حال جنگ فلسطینی، یعنی به ترتیب حماس و فَتَح هستند. حال باید دید با وجود فشاری که از سوی دولت‌های منطقه و سایر دولت ها بر این گروه‌ها و رهبرانشان وارد می‌شود، این کِش‌مَکش و درگیری سرانجام چگونه حل خواهد شد.۳۲

اختیار دیگری که در نظام‌نامهٔ اصلاح‌شده باید به شورای امنیت تفویض شود، این است که بتواند ملّتی را که تهدیدی نسبت به صلح و امنیت به شمار می رود و ساختارهای دولت محلی آن آنقدر ناتوان یا ضعیف است که نمی‌تواند به طورمسئولانه‌ای امور را اداره کند، موقّتاً تحت سرپرستی قرار دهد. به عبارت دیگر جامعهٔ بین‌المللی باید ضمن کمک به تقویت زیرساخت‌های دولت محلی آن کشور، زمام امور دولت را به طور موقّت در دست بگیرد. به همین ترتیب، قوانینی باید وجود داشته باشد که معلوم کند اگر دولت کشور متخلّفی پس از مداخلهٔ نظامی شورای امنیت سقوط کرد، چه باید کرد. باید پیش‌بینی‌هائی برای بازسازی و بازتوانی آن کشور بعد ازجنگ وجود داشته باشد.

چه موقع یک ملّت یا یک گروهی از ملّت‌ها می‌تواند برای حفظ خود به عمل دفاعی یا پیشگیرانه دست بزند؟

هرچند یک نظام کارآمد امنیت جمعی در صورتی بیشترین قوّت و استحکام را خواهد داشت که رهبران ما قدرت عظیم عمل جمعی یکپارچه را تشخیص دهند، اما باید با این واقعیت رو به رو شویم که ممکن است مدّتی طول بکشد تا به آرمان عمل متّحد و هماهنگ برسیم. در نتیجه هیچ اصلاحی در نظام‌نامهٔ شورای امنیت که به آن اختیار استفاده از نیروی نظامی را بدهد کامل نخواهد بود مگر این که به این سئوال اساسی که چه کَسی حقّ (یا حتی وظیفه) دارد که دست به اقدام بازدارنده، پیشگیرانه، یا دفاعی بزند، پاسخ بدهد. این سئوال به نوبهٔ خود با سئوال دیگری درهم پیچیده است که رهبران ما باید با صداقت و صراحت به آن پاسخ دهند و آن سئوال این است اگر شورای امنیت از مسئولیت خود در قبال جامعهٔ بین‌المللی شانه خالی کند و مثلاً برای متوقّف‌کردن نَسل‌کُشی یا افزایش غیرقانونی سلاح‌های کشتار جمعی یا حمایت یک حکومت خاصّ از تروریسم بین‌المللی، به عمل جمعی مناسب، که در صورت لزو م شامل استفاده از نیروی قهری هم می‌شود، دست نزند، چه کار باید کرد؟

طبق مادهٔ ۵۱ منشورسازمان ملل، آن طور که دولت‌ها در عمل تعبیر کرده اند، اگر یک ملّت یا یک گروه از ملّت‌ها با تهدیدی فوری از سوی یک ملّت دیگر روبه رو شوند و شورای امنیت هنوز اقدامی نکرده باشد، می‌توانند دست به عمل دفاعی یا بازدارنده بزنند. اما منشور به این نمی‌پردازد که اگر تهدید فوری نه از جانب یک عامل دولتی، بلکه از جانب یک عامل غیردولتی، نظیر یک گروه تروریستی بود، چه باید کرد. این سئوال در چند سالهٔ اخیر، به خصوص بعد از حملات تروریستی ۱۱ سپتامبر ۲۰۰۱ در ایالات متّحده، بارها مطرح شده است. دادگاه عدالت بین‌المللی حکم داده است که هیچ حقّی برای دفاع از خود در مقابل یک عامل غیردولتی وجود ندارد. آیا این به آن معنی است که فقط شورای امنیت می‌تواند در این موقعیت عمل کند؟ اگرعمل نکند، چه اتفاقی می‌افتد؟ یک تفسیر از حکم دادگاه این است که در صورت فقدان عمل نیرومند جمعی از جانب شورای امنیت، دولتی که هدف حمله است، از نظر قانونی دست‌هایش بسته است و تا وقوع حمله بی‌دفاع کند رها می‌شود. این آشکارا موضوعی است که رهبران ما باید در مورد آن مشورت و روی راه حلی برای آن توافق کنند.

سئوال مهمّ دیگر که نیاز به پاسخ صریح و صادقانه دارد، این است که وقتی کشور یا گروهی از کشورها با تهدیدی رو به رو می‌شوند که فوری نیست، بلکه نهفته و بالقوه خانمان برانداز است، چه باید بکنند؟ چنین وضعیتی که مستلزم عمل پیشگیرانه (در مقابل عمل بازدارندهٔ دفاعی) است، در حال حاضر در مادهٔ «دفاع از خود» منشور سازمان ملل گنجانده نشده است. سئوالی که در مقابل رهبران ما قرار دارد این است که آیا منشور سازمان ملل و قوانین بین‌المللی باید طوری گسترش داده شوند که به یک کشور اجازهٔ اقدام یک‌جانبه و یا به گروهی از کشورها اجازهٔ عمل به عنوان یک ائتلاف خودجوش را بدهند یا خیر. طبق قوانین فعلی، نمی‌توان به طور یک‌جانبه در پاسخ به چنین تهدیداتی اقدام کرد، اما شورای امنیت طبق نظام‌نامهٔ فعلی خود می‌تواند به طور مؤثّر در مورد آن اقدام کند، زیرا این تهدید را می‌توان آشکارا تهدیدی نسبت به صلح دانست. در واقع این کتاب پیشنهاد می‌کند که این وضعیت‌های حاکی از تهدیدات غیرفوری ولی بسیار خطرناک باید دقیقاً در فهرست وضعیت‌هائی گنجانده شود که در آنها شورای امنیت طبق نظام‌نامهٔ پیشنهادی اصلاح‌شده و جدید خود اختیار دارد در مورد آنها اقدام کند. سئوال بزرگتر این است که اگر شورای امنیت با سرعت کافی عمل نکند یا اصلاً اقدامی نکند، چه می‌شود؟ آیا هرگز می‌توان اقدام یک‌جانبه، یا اقدام از سوی یک ائتلاف خودجوش از عوامل

دولتی را مجاز دانست؟ اگر جواب مثبت است، در چه موقع می‌توان چنین کرد؟

سئوال مرتبط دیگری که باید به طور قطعی و نهائی به آن پرداخت و آن را روشن کرد این است که آیا هرگز یک کشور یا گروهی از کشورها قانوناً می توانند در مقابل تهدیدی که یک کشور دیگر علیه مردم خودش ایجاد می‌کند، به دفاع برخیزند؟ در واقع آیا کشورها تعهدی در قبال دفاع دارند و آیا قانون بین المللی باید چنین چیزی را از آنها بخواهد؟ برای مثال، وقتی نَسل‌کُشی در کشور سومی رخ می‌دهد و شورای امنیت در اقدام تأخیر می‌کند یا اقدامی نمی‌کند، آیا یک کشور که به طور یک‌جانبه عمل می‌کند یا گروهی از کشورها که به صورت یک ائتلاف عمل می‌کنند می‌توانند برای دفاع از مردم آن کشور در مقابل نَسل‌کُشی قدم به میدان گذارند؟ آیا باید این کار را بکنند؟ این حوزهٔ در حال تحوّلی در قانون بین‌المللی مشهور به مداخلهٔ انسان‌دوستانه است، مداخله‌ای که در آن کشورها به طور روزآفزونی مایلند به منظور جلوگیری از نقض فاحش و آشکار حقوق بشر و از بین بردن رنج‌های شدید انسانی، به اقدام خارج از شورای امنیت به دیدهٔ اغماض بنگرند.۳۳ این حوزه‌ای است که در آن بین امنیت یک کشور و امنیت شهروندان آن و بین حقوق یک حکومت و حقوق شهروندان آن تنش به وجود آمده است.۳۴ این هم وضعیتی است که شورای امنیت طبق نظام‌نامهٔ جاری خود می‌تواند در آن مداخله و در صورت لزوم به این دلیل که تهدیدی نسبت به صلح است، از نیروی قهری استفاده کند. اما به یمن کار فوق‌العادهٔ کمیسیون بین‌المللی مداخله و حاکمیت ملّی (ICISS) در شکل‌دادن به اصل جدید مسئولیت دفاع که در بخش ۲ این کتاب مورد بحث قرار گرفت، حال احتمال بیشتری دارد که شورای امنیت قدم به میدان گذارد و اقدام کند، زیرا این اصل مسئولیت پشتیبانی جمعی جامعهٔ بین‌المللی را از شهروندان یک کشور به رسمیت می‌شناسد تا در صورت کوتاهی آن کشور در ایفای وظیفهٔ اوّلیه‌اش برای دفاع از شهروندان خود، به حمایت از آنان بپردازد. در واقع، به خصوص در پرتو این واقعیت که ملّت‌های جهان، این اصل را در سند نتیجهٔ نهائی که در سپتامبر ۲۰۰۵ در همایش رهبران جهان به تصویب رسید پذیرفته‌اند، دلائلی قوی می‌توان آورد که این اصل به هنجاری جدید در عُرف بین‌المللی بدل گشته است.۳۵ اما سئوال مهمّی که باقی می‌ماند این است که اگر شورای امنیت از مسئولیتی که برای اقدام دارد شانه خالی کند، چه می‌شود؟

یک راه برای پرداختن به مباحث مربوط به حقوق و وظائف ملّت‌ها برای عمل بازدارنده، پیشگیرانه یا دفاعی به طور یک‌جانبه یا در ائتلاف با سایر ملّت ها، گسترش‌دادن شرایط مادهٔ ۵۱ منشور سازمان ملل است. مادهٔ اصلاح‌شده نه

تنها حقّ فعلی کشورها در مورد عمل بازدارنده، بلکه حقّ یک کشور یا گروهی از کشورها را برای دفاع از شهروندان یک کشور دیگر در مقابل نقض آشکار حقوق بشر و همچنین جلوگیری از تهدیدات غیرفوری، اما بالقوه بسیار خطرناک نسبت به خودشان یا نسبت به شهروندان یک کشور دیگر را دربر خواهد داشت. معنی ندارد که بازهم مانند گذشته بین تهدیدات حاصل از نقض آشکار حقوق بشر و تهدیدات حاصله از مثلاً گسترش خطرناک سلاح‌های کشتار جمعی یا تروریسم دولتی تمایز قائل شویم. اما اگر قرار است اقدامات دفاعی یا پیشگیرانه را مجاز بدانیم، اول باید شرایط زیر وجود داشته باشند. اول، تهدیداتی که می‌توان به آنها پاسخ داد باید از همان نوعی باشد که همان طور که در بالا بحث شد، شورای امنیت اختیار اقدام در مورد آنها را دارد. دوم، شورای امنیت باید اول از وضعیت آگاه و به آن فرصت اقدام داده شده باشد و در ظرف مدّت تعیین‌شده در قانون (مثلاً یک ماه) اقدام نکرده باشد. سوم، باید شواهد محکم و قابل اعتمادی در مورد وجود و شدّت آن تهدید، همان طور که بعداً در بارهٔ آن بحث خواهد شد، وجود داشته باشد. کشور یا کشورهائی که می خواهند خارج از شورای امنیت عمل کنند، باید قبل از اقدام مسئولیت ارائهٔ چنین مدارکی را به یک کمیتهٔ دائمی که می‌تواند وابسته به مجمع عمومی یا دادگاه عدالت بین‌المللی باشد، به عهده بگیرند. یک چنین کمیتهٔ صلح و امنیتی باید ایجاد شود و تنها مسئولیت آن تصمیم‌گیری در بارهٔ این باشد که آیا کشور یا کشورهائی که می‌خواهند در صورت فقدان اقدام مثبت از سوی شورای امنیت در مهلت تعیین شده، دست به اقدام دفاعی یا پیشگیرانه بزنند، مدارک لازم را ارائه کرده‌اند یا خیر. دلیل سپردن چنین مسئولیتی به هیئتی غیر از شورای امنیت آن است که نقص‌هائی که داخل شورای امنیت، مثلاً به علّت حفظ نظام حقّ وتو وجود دارد، مانع از اقدام مؤثّر این کمیته نشود. این که معیار اثبات چیست، مسئلهٔ مهمّ دیگری است که رهبران ما باید از قبل در بارهٔ آن تصمیم گرفته و آن را در توافق‌نامه‌ای که مباحث این بخش را دربر بگیرد، آورده باشند. چهارم، همین که کشور یا گروهی از کشورها شرایط اقدام یک‌جانبه یا ائتلافی را تأمین کرد می‌تواند فقط تا زمانی به اقدامات خود ادامه دهد که شورای امنیت قدم به میدان گذارد و مسئولیت اقدام مشترک جامعهٔ بین‌المللی را به عهده بگیرد.

رهنمودهای داخلی برای تصمیمات شورای امنیت در مورد استفاده از نیروی قهری

علاوه بر مشخّص‌کردن این که چه موقع شورای امنیت می‌تواند از نیروی نظامی استفاده کند، باید رهنمودهای داخلی خاصّی ایجاد شود تا شورای امنیت بتواند در هنگام تصمیم‌گیری در بارهٔ استفاده از نیروی نظامی از آنها پیروی کند. اخیراً کارهای خوبی در این زمینه انجام شده است، مثل کاری که به توصیه‌های میزگرد عالی در بارهٔ تهدیدها، چالش‌ها و تغییر منجرشده است.۳۶ این توصیه‌ها سئوالات متعددی را مطرح می‌سازند که سبب روشن‌شدن مباحثی می‌شود که اگر از قبل به آنها توجّه نشود، ممکن است به تردید و دودِلی شورای امنیت در هنگام تصمیم‌گیری بیانجامند. اول این که تهدیدی چقدر جدی است و دوم این که آیا از نیروی نظامی برای هدف شایسته‌ای استفاده خواهد شد؟ اگر همان طور که قبلاً پیشنهاد شد فهرستی از تهدیدهای جدی در نظام‌نامهٔ جدید گنجانده شوند، به خودی خود به این پرسش‌ها در مورد بسیاری از انواع تهدیدات پاسخ خواهد داد. سوم این که آیا شورای امنیت باید همهٔ راه‌های دیگر را قبل از استفاده از نیروی نظامی امتحان کرده باشد؟ مادهٔ ۴۲ منشور استفاده از نیروی نظامی را به شرطی قابل تأمّل می‌داند که شورای امنیت تصوّر کند همهٔ راه‌های دیگر «نارسا هستند، یا نارسائی آنها به اثبات رسیده است». ممکن است شرایطی وجود داشته باشند که در آنها این شرط معقول باشد، به خصوص در مواردی که خطر جانی فوری نباشد، اما نه در جائی که جامعهٔ بین المللی با خطر فوری یا خطری که بالقوه بسیار مخرّب است رو به رو باشد. برای مثال اگر اطّلاعات نشان دهد که کشوری قصد دارد سلاح‌های بیولوژیکی بر علیه کشور دیگری به کار ببرد، منطقی نیست که آزادی عمل شورای امنیت را با ملزم‌کردن آن به این که اوّل سایر راه‌ها را امتحان کند، محدود سازیم. خیلی ساده، ممکن است وقت کافی برای این کارها نداشته باشیم. به هر حال، رهبران ما باید به طور جدی به این سئوال پاسخ دهند و رهنمودهای مفصّلی را به عنوان بخشی از نظام‌نامهٔ اصلاحی شورای امنیت تهیه کنند. سئوال چهارم این است که آیا شورای امنیت باید ملزم باشد که قبل از اقدام با سایر کشورها، مانند کشورهائی که در همسایگی منطقهٔ بحران‌زده هستند، مشورت کند؟ هرچند چنین کاری ممکن است به عنوان بخشی از تحقیق در بارهٔ واقعیت موضوع و تأثیر احتمالی آن مشکل بر منطقهٔ پیرامون آن منطقی باشد، اما ممکن است مشروط ساختن اقدام شورای امنیت به تأیید کشورهای همسایه وقتی که مسئله‌ای نظیر نَسل‌کُشی مطرح باشد و کشورهای همسایه چندان علاقه‌ای به موضوع

نداشته باشند، منطقی نباشد. وقت آن است که تدریجاً به اقدامات سازمان‌های بین‌المللی خود در جهت منافع عمومی اعتماد کنیم. پنجم، شورای امنیت باید از خود بپرسد که از چه نوع نیروئی و به چه اندازه استفاده کند تا با خطر مربوطه متناسب باشد؟ پاسخ این سئوال بستگی به شرایط هر مورد دارد. مجازات فقط وقتی منصفانه و عادلانه است که متناسب با جرم باشد و باید فقط به اندازه‌ای و برای رفع رنج‌هائی از نیروی نظامی استفاده شود که از ناراحتی‌هائی که خود به‌کارگیری نیروی نظامی ایجاد می‌کند، بزرگتر باشد. به این پنج سئوال باید یک سئوال ششم هم اضافه شود: آیا شورای امنیت باید قطعنامه‌ای بگذراند و کشور خطاکار را در یک مهلت معین ملزم به جبران اقدامات خود بکند و هشدار بدهد که اگر چنین نکند شورای امنیت از نیروی نظامی استفاده خواهد کرد؟ باز هم هرچند چنین کاری در بیشتر موارد منطقی و منصفانه خواهد بود، اما احتمال موارد استثنائی نیز هست، نظیر نَسل‌کُشی که در رواندا شاهد آن بودیم و در آن موقع وقت کوتاه بود و باید سریعاً اقدام می‌شد.

رهنمودها و نظامنامهٔ اصلاحی باید در کجا گنجانده شود؟

بهترین روند برای گنجاندن رهنمودهای تصمیم‌گیری و نظامنامهٔ تازه اصلاح و تقویت شدهٔ شورای امنیت کدام است؟ بهترین حالت آن است که آنها را با یک اصلاحیه به منشور سازمان ملل اضافه کنیم. چنین کاری نظامنامه و رهنودها را در جائی که به آن تعلّق دارند، قرار خواهد داد، یعنی در سندی که سازمان ملل و اُرگان اصلی آن، یعنی شورای امنیت، را ایجاد و مستقرّ کرده است. اما عملاً ممکن است این کار بسیار دشوار از کار درآید، زیرا چنین اصلاحی مستلزم موافقت دو سوم از اعضای مجمع عمومی است که شامل همهٔ اعضای دائمی شورای امنیت نیز باشد. از وقتی منشور سازمان ملل به وجود آمده فقط دو بار اصلاح شده است.۳۷ یک روند عملی‌تر و نسبتاً مؤثّرتر آن خواهد بود که نظامنامه و رهنمودها را در یک معاهدهٔ جدید بین‌المللی بگنجانیم.

ایجاد روندهای کارآمد اجرائی برای شورای امنیت

برای آنکه شورای امنیت بتواند از عهدهٔ وظائف خود برآید، ضروری است که روندهای داخلی کارآمدی داشته باشد. وقت آن فرا رسیده که از آئین‌نامه‌های

«موقّتی» فعلی شورای امنیت فراتر برویم و مقرّراتی ثابت و دائمی ایجاد کنیم.۳۸ در این کار باید به این هم توجّه داشت که توان عمل جمعی و یکپارچه به بیشترین حدّ برسد. اگر موقعی که شورای امنیت در صدد اجرای مقتضیات نظام‌نامه‌ای خود در یک موقعیت خاصّ است، مقرّرات اجرائی قبلاً به خوبی تعریف شده و مسئله فقط پیروی از آنها باشد، عمل جمعی خیلی آسان‌تر است. پیروی از مقرّرات خاصّ اجرائی این احتمال را هم که به دام فرصت‌طلبی بیفتیم، کم می‌کند. مقرّراتی که قبلاً روی آنها توافق شده باشد، این مزیت اضافه را هم دارد که به جان هم انداختن اعضاء را برای کشورها دشوار می‌سازد. همین که مقرّرات اجرائی اصلاح شد، باید با استواری از آنها پیروی کرد.

اشتباهات گذشته حوزه‌های مختلفی را که می‌توانیم نحوهٔ عمل شورای امنیت را در آنها به نحو بسیار مؤثّری تغییر دهیم، مشخّص می‌کنند. اوّلین تضمین این است که زبان قطع‌نامه‌های شورای امنیت روشن و بدون ابهام بوده و صراحتاً مقصد شورا را برساند. این زبان نباید چه برای اعضای شورا و چه برای اشخاص ثالث جائی برای سوء تعبیر و سوء تفاهم باقی بگذارد. عجیب آن که علّت زبان ابهام‌آمیزی که مشخّصهٔ بسیاری از قطع‌نامه‌های شورای امنیت است، رسم تصمیم‌گیری به اتّفاق آراء است، در صورتی که این شورا اختیار تصمیم گیری با اکثریت آراء را دارد. ایجاد اتّفاق آراء مستلزم سازش‌هائی است که اغلب به بهای فدا شدن روشنی و وضوح حاصل می‌شوند.۳۹ ابهام حاصله به طور موقّت اختلافات میان اعضای شورای امنیت را می‌پوشاند. اما این اختلافات بعدها در اوج بحران ظاهر می‌شوند و اغلب شورای امنیت را از اقدام بیشتر باز می‌دارند و فلج می‌کنند.

یک نمونهٔ اخیر و مشهور از این مشکل در اواخر سال ۲۰۰۲ پیش آمد که عراق به مدّت چهار سال به بازرسان بین‌المللی در زمینهٔ خلع سلاح عراق که از سوی شورای امنیت مأموریت داشتند، اجازهٔ ورود به این کشور را نداد. روز هشتم نوامبر سال ۲۰۰۲ شورای امنیت با وجود «نقض اساسی» و مداوم قطع‌نامه‌های قبلی این شورا از سوی عراق، به اتفاق آراء به نفع قطع‌نامهٔ ۱۴۴۱ رأی داد که به عراق یک فرصت آخر برای اطاعت از خواست‌های شورا می‌داد. این قطع‌نامه شرط می‌کرد که اگر عراق از این آخرین قطع‌نامه پیروی نکند، در حکم «نقض اساسی گسترده‌تر» تعهّداتش خواهد بود و عدم اطاعت آن کشور برای بررسی به شورای امنیت گزارش خواهد شد و شورای امنیت «به منظور تأمین صلح و امنیت جهانی، برای بررسی وضعیت و لزوم اطاعت کامل از همهٔ قطع‌نامه‌های مربوطهٔ شورا» تشکیل جلسه خواهد داد.۴۰

بنا به گفتهٔ سَربازرَس هانس بلیکس[63] فرانسه و ایالات متّحده در مورد این که چه چیزی «نقض اساسی» تعهّدات مربوط به خلع سلاح عراق به شمار می‌رود و اگر چنین نقض اساسی ادامه پیدا کند، چه اتّفاقی خواهد افتاد، تفسیرهای مختلفی داشتند. فرانسوی‌ها زبان این قطع‌نامه را این طور معنی می‌کردند که قبل از بررسی یا اقدام به هر گونه عملیات جدی قهری، باید گزارشی مبنی بر عدم اطاعت عراق از قطع‌نامهٔ شورا وجود داشته باشد. آنها همچنین معتقد بودند که استفاده از نیروی نظامی مستلزم تصمیم دیگری از سوی شوراست. در مقابل، آمریکائی‌ها قطع‌نامه را این طور تفسیر می‌کردند که اگر نتیجه گرفتند عراق از شرایط آن اطاعت نکرده است، می‌توانند بدون این که برای گرفتن تأیید دیگری به شورای امنیت مراجعه کنند، دست به عملیات نظامی بزنند.۴۱ این اختلاف اساسی در تفسیر منجر به بروز اختلاف بین متّحدین قدیمی و ناتوانی نهائی از اقدام به عمل جمعی شد.

مشکل ابهام بار دیگر در مذاکرات بر سر کنترل فعالیت‌های هسته‌ای ایران بین شش کشور روسیه، چین، ایالات متّحدهٔ آمریکا، فرانسه، انگلستان و آلمان که با یک دیگر همکاری می‌کردند، از یک سو، و ایران از سوی دیگر، ظاهر شد. هرچند این شش کشور خواسته بودند که ایران قبل از انجام هر گونه مذاکره‌ای همهٔ فعالیت‌های مربوط به غنی‌سازی اورانیوم را به تعلیق درآورد، اما برداشت‌های مختلفی از «تعلیق» و «غنی‌سازی» داشتند. برخی از این شش کشور معتقد بودند که می‌توان به ایران اجازه داد تا زمانی که غنی‌سازی در سطح صنعتی را به تعلیق درآورده است، به منظور تحقیقات خود به فعالیت سطح پائین غنی‌سازی بپردازد. بقیه اصرار داشتند که ایران هر نوع فعالیت غنی‌سازی را متوقّف کند. بنا بر گزارش رسانه‌ها دیپلمات‌هائی که در مذاکرات شرکت داشتند تلویحاً گفته‌اند که شش کشور همکار عمداً تعریف «تعلیق» را مبهم باقی گذاشتند تا اتّحاد خود را حفظ کنند و دوباره ایران را به میز مذاکره بکشانند.۴۲

مسئلهٔ روشن و بدون ابهام ساختن قطع‌نامه‌های شورای امنیت ارتباط نزدیکی با مسئلهٔ حق رأی در درون شورا و مشکل حقّ وتو دارد. قبل از آن که بتوانیم یک نظام امنیت جمعی با عمل‌کرد مناسب داشته باشیم ، لازم است با این نابهنجاری که معدودی از کشورها حقّ وتو کردن تصمیمات شورا را دارند، مقابله کنیم. چرا باید در عصری که دموکراسی روز به روز بیشتر می‌شود، به چنین گروه کوچکی از ملّتها چنین قدرت بی‌تناسبی داده شود؟ چرا باید همچنان

---

[63] Hans Blix

حقّ وتو را بپذیریم در حالی که می‌توان نشان داد علّت اصلی شکست شورای امنیت در ایفای وظیفه‌اش برای حفظ صلح و امنیت بین‌المللی بوده است؟۴۳ به محض این که رهبران ما اصل وحدت اقوام و ملل را اصل حاکم بر حیات بین المللی سازند و اصول عدالت و رفتار بی‌طرفانه را به عنوان اصول محوری در روابط بین‌المللی بپذیرند، مجبور خواهند شد مفهوم عضویت دائمی در شورای امنیت را نیز مانند حقّ وتو کنار بگذارند.

قوانین مربوط به ترکیب شورا نیز باید اصلاح شوند تا شورای امنیت را به نمایندهٔ کامل‌تری از کلّ جامعهٔ بین‌المللی بدل سازند. برای مثال می‌توانیم تضمین کنیم که هر منطقه یک عضو دائمی در شورا داشته باشد و به این ترتیب در انظار جهانیان مشروعیت و اعتبار بیشتری به آن ببخشیم. به عنوان یک اقدام موقّت، شاید ارزش آن را داشته باشد که بکوشیم به تدریج بر تعداد اعضای ثابت شورا بیفزائیم و عضویت در آن را گسترش دهیم و در عین حال حق وتو را لغو نمائیم.

مشکل دیگری که قوانین اجرائی باید به آن بپردازند تضمین آن است که اعضای شورای امنیت می‌توانند بدون تحمّل فشار ناروا ازسوی سایر کشورهای عضو رأی بدهند. در قوانین اجرائی اصلاحی که قرار است مورد توافق رهبران ما قرار گیرد، باید رسم وارد آوردن فشار شدید سیاسی و اقتصادی بر برخی کشورها به منظور جمع‌آوری رأی متوقّف و غیرقانونی اعلام شود. این قوانین باید هر نوع کوششی را برای اعمال نفوذ در رأی‌گیری از راه تهدید به مجازات‌های اقتصادی و سیاسی یا وعدهٔ پاداش‌های سیاسی و مالی ممنوع سازند. این کار کوشش‌های آشکار جاری برای نفوذ در رأی‌گیری شورای امنیت از راه‌هائی نظیر مشروط ساختن دادن یک کمک به رأی کشور مربوطه و یا تهدید به خودداری از کمک نظامی را ممنوع خواهد ساخت.

در مورد رأی‌گیری، قوانین اجرائی باید این اجازه را هم بدهند که برای هر تصمیمی که در مورد حفظ صلح و امنیت گرفته می‌شود، اکثریت آرای اعضاء کافی باشد. همچنین همین که رأی‌گیری به عمل آمد، فقط تصمیم حاصله اعلام شود و نه این که کشورهای مختلف چه رأیی داده‌اند. این کار به اعضای شورای امنیت اجازه می‌دهد که بدون تحمّل فشار ناروا از سوی نیروهای بیرونی، طبق قانون بین‌الملل و در صورت فقدان قوانین روشن، بر اساس اصول محوری رأی بدهند. به علاوه، قوانین اجرائی باید مقرّر کنند همین که رأی‌گیری به عمل آمد و تصمیمی گرفته شد، شورای امنیت ملزم باشد صمیمانه از آن پشتیبانی کند و به طور یکپارچه برای اجرای سریع و مؤثر آن اقدام نماید.

موضوع دیگری که باید در قوانین اجرائی گنجانده شود وظیفهٔ شورای امنیت در مورد اقدام سریع و قاطع برای حفظ یا بازگرداندن صلح در زمانی است که صلح به خطر افتاده است. به این منظور این قوانین باید بعد از مطرح شدن مسئله‌ای در شورا مهلتی را برای اقدام آن تعیین کنند. همان طور که دیدیم اغلب نقض‌کنندگان صلح از محکومیت‌های کلامی شورای امنیت وحشتی ندارند و این امر اهمّیّت سرعت عمل را بازهم بیشتر می‌کند. اقدام به موقع برای جلوگیری از وخیم‌تر شدن اوضاع اهمّیّت حیاتی دارد، زیرا وخیم‌تر شدن اوضاع یا به تقلیل راه حل‌ها می‌انجامد، مانند آنچه که بنابه گفتهٔ مدیر آژانس بین المللی انرژی اتمی در مورد کرهٔ شمالی اتفاق افتاد،۴۴ یا به درد و رنج غیرضروری، مانند مورد رواندا که تخمین زده می‌شود یک میلیون نفر در عرض بیش از سه ماه در آن قتل عامّ شدند. در هر دو حالت وخیم‌تر شدن اوضاع اصلاح شرایط را دشوارتر و طاقت‌فرساتر و به بهای سنگین‌تری تمام می‌کند. یک نمونهٔ نادر از اقدام به موقع و مؤثّر را می‌توان در مسئلهٔ تمور شرقی دید که در آن شورای امنیت با همکاری دولت‌های ملّی و فعالان منطقه‌ای با سرعت فشار ثابتی را برای متوقّف‌کردن یک کشتار وسیع اِعمال کرد.۴۵

عمل جمعی به موقع این مزیت را هم دارد که مانع از بروز مشکلات ثانوی می‌شود. این مشکلات ثانوی به دنبال اقدامات یک‌جانبه یا اقدامات ائتلافی از کشورها به وجود می‌آیند که برای پُرکردن خلئی که در اثر عدم اقدام شورای امنیت به وجود آمده، قدم به میدان گذاشته‌اند. این مشکلات ثانوی متعدّد و متنوّع هستند و از جمله شامل سوء ظن و وارد آوردن این اتّهامات می‌شوند که طرفی که به طور یک‌جانبه عمل کرده نیات استعماری دارد، منطقه را بی ثبات ساخته یا انگیزه‌های غیراخلاقی نظیر تنفّر نژادی یا مذهبی یا میل به کنترل منابع طبیعی دارد.

موضوع اجرائی دیگری که باید به طورشایسته‌ای به آن پرداخت مربوط به این است که شورای امنیت چگونه به کشور خلاف‌کار مراحلی را تفهیم کند که باید برای حل مشکلی که ایجاد کرده طی کند. همین که شورای امنیت نتیجه گیری کند که صلح مورد تهدید قرار گرفته یا نقض شده یا عمل تجاوزکارانه‌ای صورت گرفته است، باید به سرعت قطع‌نامه‌ای را خطاب به دولت خاطی صادرکند. این قطع‌نامه باید مراحل دقیقی را که خاطی باید برای تأمین خواست های شورای امنیت طی کند و همچنین معیارهای قابل سنجش و روشنی را برای ارزیابی اطاعت مشخص سازد. همچنین باید برنامهٔ زمان‌بندی دقیقی را برای انجام این ارزش‌یابی‌ها همراه با یک مهلت قطعی مشخّص کند. سَرانجام، باید

به وضوح عواقبی (شامل توسّل به نیروی قهری) را که عدم اجرای این برنامه یا رسیدن به معیارها در مهلت تعیین‌شده خواهد داشت، بیان کند.

عراق نمونه‌ای از عواقب نداشتن یک چنین نظامی را هم نشان می‌دهد. به نظر می‌رسد که فکر تهیهٔ یک فهرست دقیق از کارهای باقیمانده‌ای که عراق بایستی برای خلع سلاح می‌کرد، خیلی دیر ایجاد شد، تقریباً بعد از یک دهه بازرسی که در آن بقیهٔ کشورها صبر خود را در مورد این کشور از دست داده بودند. سال‌ها جامعهٔ بین‌المللی عملاً منتظر نشانه‌های تغییر عقیدهٔ عراق و تصمیم آن مبنی بر اطاعت کامل از قطع‌نامه‌های شورای امنیت که به جنگ خلیج پایان داده بودند، بود. محمّد البرادعی، رئیس آژانس بین‌المللی انرژی اتمی خاطرنشان ساخت که «تغییرعقیده» یک معیار ذهنی است، در هر حالی که مشخّص‌کردن اطاعت بر مبنای کارهای کلیدی که باید انجام می‌شد، یک معیار عینی را فراهم می‌ساخت.۴۶ هانس بلیکس در کتاب خود می‌نویسد فکر این که اعمال عراق بر اساس کارهای دقیقی که ملزم به انجام آن بود سنجیده شود و نه بر اساس این قضاوت که آیا عراق تغییر عقیده داده یا نه، رویکرد درستی بود.۴۷ آشکارا خیلی ساده‌تر است که در مقابل عدم اطاعت از معیارهای قابل سنجش دست به اقدام قاطعانه و به خصوص جمعی بزنیم تا بر اساس مفهوم ذهنی و نامشخّصی نظیر «تغییر عقیده».

جالب است که به نظر می‌رسد فکر مشخّص‌کردن معیارهای روشنی که باید در مهلت‌های مشخّص زمانی برآورده شوند، در میان متفکّران سیاسی رواج پیدا کرده است. اخیراً دو گروه از متفکّران و پژوهش‌گران برجسته در حوزهٔ سیاست خارجی پیشنهاد کرده‌اند که ایالات متّحده و متّحدانش در برخورد با ایران معیارهای روشنی را برای ارزیابی میزان اطاعت ایران از خواسته‌های مشترک آنان و عواقب مثبت و منفی را که اطاعت یا عدم اطاعت ایران دربر خواهد داشت، مشخص کنند.۴۸ تا تاریخ ۱۳ جولای ۲۰۰۷ ایران از خواست شورای امنیت برای به تعلیق درآوردن فعالیت‌های هسته‌ای خود، به خصوص به تعلیق درآوردن تولید اورانیوم و پلوتونیومی که در تولید سلاح‌های هسته‌ای به کار می‌رود، اطاعت نکرده بود. این عدم اطاعت با وجود دو دوره تحریم‌هائی که شورای امنیت بر ایران اِعمال کرد، صورت گرفت، تحریم‌هائی که هرچند ضعیف بودند، به نحو فزاینده‌ای شدیدتر می‌شدند تا ایران را به اطاعت وادارند. اما همان طور که نشریهٔ اکونومیست خاطرنشان ساخت، ایران با سرعت بخشیدن به نصب ماشین‌های سانتریفیوژ خود در نطنز و تسهیلات غنی‌سازی هسته‌ای خود، و با کاهش همکاری با آژانس بین‌المللی انرژی اتمی پاسخ داد.۴۹ حال که ایالات متّحده برای اِعمال مجازات‌های شدیدتر از سوی شورای امنیت

آنچه از این پس باید بسازیم

بر علیه ایران می‌کوشد، گزارش شده که ایران پیشنهاد کرده به بازرسان بین
المللی اجازه دهد در پایان جولای ۲۰۰۷ از رآکتور تحقیقاتی آب سنگین اراک
دیدن کنند و ظاهراً با آژانس بین‌المللی انرژی اتمی روی «راه حل‌های مباحث
باقی‌مانده در مورد آزمایش‌های پلوتونیوم ایران در گذشته» توافق کرده است.
به علاوه، طبق گزارش‌ها، جلسه‌ای برای اوائل آگست سال ۲۰۰۷ برنامه‌ریزی
شده است تا به تعیین نهائی نحوهٔ بازرسی و نظارتی بپردازد که باید در نطنز،
پایگاه برنامهٔ غنی‌سازی اورانیوم ایران، صورت گیرد. ۵۰. باید دید که آیا
پیشنهاد ایران برای همکاری اوّلین گام قابل سنجش در جهت اطاعت کامل از
خواست‌های شورای امنیت است یا صرفاً ترفندی برای وَقت‌کُشی و ممانعت از
ارجاع به شورای امنیت برای دور تازه‌ای از تحریم‌هاست، ترفندی که در سال
۲۰۰۶ نیز از آن استفاده کرده است. ۵۱. همچنین باید دید که جامعهٔ بین‌المللی در
تعیین عواقب مثبت و منفی که اعمال ایران دربر خواهد داشت، جبههٔ متّحد و
مصمّم خود را حفظ خواهد کرد یا خیر.

اگر دولت خلاف‌کاری که درخواست‌های روشنی از شورای امنیت به
عنوان نمایندهٔ جامعهٔ جهانی دریافت کرده، در اطاعت از آنها بَدقولی کند، قوانین
باید مجازات‌هائی را برای آن مقرّر کنند. دروغ‌گفتن عمدی یا گمراه‌کردن
شورای امنیت باید نمونه‌هائی از رفتارهائی به شمار آیند که نشانهٔ بَدقولی هستند.
فریب‌کاری مقامات عراقی در مقابل بازرسان سازمان ملل که عهده‌دار تضمین
نابودسازی سلاح‌های کشتار جمعی از سوی عراق بودند، نمونهٔ اخیری از چنین
نیرنگ‌هائی است. نوارهای ویدئوئی که بازرسان گرفته بودند نشان می‌دادند که
چگونه عراقی‌ها در حالی که بازرسان را بیرون دروازه‌های پایگاه نگه می
داشتند تا بگردند، پرونده‌ها را جا به جا می‌کردند و مدارک را می‌سوزاندند. ۵۲.
این بازی‌ها به جای اطمینان‌بخشیدن مُنجَر به افزایش سوءِظَنّ اعضای شورای
امنیت شد و سرانجام هم برای عراق، که قربانی جنگ شد، و هم برای جامعهٔ
بین‌المللی که هنوز منابع جانی و مالی خود را صرف آن می‌کند، زیان‌بخش بود.

قوانین اجرائی شورای امنیت باید این را نیز تضمین کند که وقتی کشوری
در مهلت تعیین شده اطاعت نمی‌کند، دودِلی به خود راه ندهد. همین که شورای
امنیت خواست‌های خود را مشخّص و مهلتی را برای اطاعت تعیین کرد، نباید
در اِعمال مجازاتی که برای عدم اطاعت مشخّص کرده است، تعلّل کند. اجرا
نکردن مجازات‌هائی که در قطعنامه‌های شورای امنیت تعیین شده است اعتبار
شورای امنیت را به عنوان هیئتی که کار آن حفظ صلح است، تضعیف می‌کند و
نهایتاً از بین می‌برد. چقدر وقت کافی است؟ این بستگی به مورد دارد و مسئله
ای است که شورای امنیت باید در هر مورد در بارهٔ آن تصمیم بگیرد. اما

همین که برنامهٔ زمان‌بندی تعیین شد باید از آن پیروی شود. در این رابطه یک دهه تلاش در جهت خلع سلاح عراق بازهم درس دیگری به ما می‌دهد. بارها اعضای شورای امنیت و اعضای هیئت نمایندگی سازمان ملل عدم اطاعت کامل را با اشاره به اطاعت ناقصی که انجام شده بود، معذور داشتند و درخواست مهلت بیشتر را پذیرفتند. سرانجام، بنا به مشاهدات هانس بلیکس، در یکی از جلسات نهائی تصمیم‌گیری شورای امنیت در بارهٔ این که با عراق چه باید کرد، وزیر امورخارجهٔ انگلیس، جک استراو،[64] به شورا یادآوری کرد که در سال ۱۹۹۱ نود روز برای خلع سلاح به عراق فرصت داده شد. این کشور در ظرف ۱۱ سال و ۷ ماه و ۱۲ روز چه کرده بود؟ وی نتیجه‌گیری کرد که روندهای سیاسی باید با تهدیدهای معتبر به استفاده از نیروی نظامی پشتیبانی شوند. خودداری از استفاده از نیروی نظامی و مهلت نامحدود برای همکاری مختصر قائل شدن، خلع سلاح را در عراق و سایر نقاط بسیار دشوارتر می سازد.۵۳

متأسفانه این طورکه عمل‌کرد اخیر شورای امنیت در مورد نقض گستردهٔ حقوق بشر در منطقهٔ دارفور سودان نشان می‌دهد، این درسی است که هنوز آموخته نشده است. در اواخر جولای ۲۰۰۴ شورای امنیت قطع‌نامه‌ای را صادر کرد و از سودان خواست که در ظرف یک ماه شبه‌نظامیانی را که مسئول فجایع گستردهٔ حقوق بشر بودند تحت کنترل درآورد. بنا بر تخمین گروه بین‌المللی بحران این فجایع شامل بیش از دویست‌هزار مرگ در اثر خشونت یا در اثر گرسنگی و بیماری ناشی ازجنگ، به زور جابه جا کردن ۲/۶ میلیون روستائی همراه با دو میلیون نفر دیگر که وابسته به کمک‌های بین‌المللی هستند، تجاوز به تعداد نامشخصی از زنان و جراحت شدید تعداد بی‌شماری از بزرگسالان و کودکان می‌شود. به علاوه خشونت‌ها از مرز چاد گذشته و گسترش یافته‌اند و خطر گسترش در جمهوری آفریقای مرکزی نیز وجود دارد.۵۴ همانند مورد عراق، در این مورد نیز شورای امنیت اجازه داد که مهلت بدون هیچ اقدامی تمام شود. سرانجام، شورا در اواخر سال ۲۰۰۴ قطع نامهٔ دیگری صادر کرد و از دبیر کلّ خواست که یک کمیسیون پنج‌نفره برای بررسی این ادعای وزیر امور خارجهٔ آمریکا، کولین پاول، تشکیل دهد که آنچه در دارفور رخ می‌دهد، نَسل‌کُشی است. این شورا همچنین تهدید مبهمی به اِعمال مجازات‌های اقتصادی بر علیه صنعت نفت سودان نمود، ولی هیچ مهلتی را تعیین نکرد که این مجازات‌ها کِی اِعمال خواهد شد. در نوامبر سال ۲۰۰۴

---

[64] Jack Straw

شورای امنیت جلسهٔ فوق‌العاده‌ای در نایروبی برای بحث در بارهٔ سودان تشکیل داد. امّا باز هم تنها موفّق شد که قطع‌نامهٔ ضعیف دیگری صادر کند که حکایت از «نگرانی شدید» داشت.۵۵ در اول فوریهٔ ۲۰۰۵ کمیسیون تحقیق در بارهٔ دارفور سازمان ملل سرانجام گزارش خود را داد و هرچند حاضر نشد دولت سودان را به نَسل‌کُشی متّهم کند، اما آن را به جنایت بر علیه بشریت و جنایات جنگی متّهم کرد و توصیه کرد که مورد آن به دادگاه جنائی بین‌المللی ارجاع شود. در ماه مارچ ۲۰۰۵ شورای امنیت در ارتباط با دارفور سه قطع‌نامه صادر کرد. اولی تعیین می‌کرد که کسانی که به جنایت بر علیه بشریت متّهم شده‌اند برای پیگرد قانونی به دادگاه جنائی بین‌المللی ارجاع داده شوند. با وجود این که ایالات متّحده با چنین ارجاعی بر اساس مخالفتش با به رسمیت شناختن دادگاه جنائی بین‌المللی مخالفت کرده بود، موافقت کرد که از رأی‌دادن خودداری کند تا این قطع‌نامه تصویب شود. مخالفت آمریکا با دادگاه جنائی بین‌المللی از بیم آن بود که مبادا از دادگاه برای هدف قرار دادن نظامیان آمریکائی سوء استفاده شود. قطع‌نامهٔ دوم تحریم‌های محدودی را به شکل ممنوعیت مسافرت و بلوکه‌کردن اموال کسانی که مرتکب جنایات دارفور شده بودند، دربر می‌گرفت. اما شورای امنیت به علّت منافعی که چین در سودان به عنوان تأمین‌کنندهٔ نفت داشت و ممکن بود به این سبب تحریم پیشنهادی را وتو کند، نفت سودان را تحریم نکرد. همچنین به علّت منافع روسیه در سودان به عنوان بازاری برای سلاح‌هایش و احتمال این که قطع‌نامه‌ای که چنین تحریمی را پیشنهاد کند وتو کند، سودان را مورد تحریم تسلیحاتی مؤثّری نیز قرار نداد. شورای امنیت با مسئلهٔ اعزام نیروهای پاسدار صلح به دارفور نیز مشکل داشته است. شورا در ماه مارس ۲۰۰۵ موفّق به گذراندن قطع‌نامه‌ای شد که یک نیروی قوی ۱۰۰۰۰نفرهٔ پاسدار صلح را برای نظارت بر صلح در جنوب سودان و کمک به دارفور مستقر کرد، اما نیروی پاسدار صلحی به خود دارفور تخصیص نداد. فقط اتّحادیهٔ آفریقا حاضر به پذیرفتن مسئولیت تأمین نیروی پاسدار صلح برای دارفور بود. اما زود متوجّه شد که نیروی ۲۲۰۰نفره‌اش برای انجام این کار کافی نیست. در نتیجه تعداد نیروهایش را به حدود ۶۰۰۰ و بعد ۷۰۰۰ نفر تا پائیز سال ۲۰۰۵ رساند. این هم ناکافی از کار درآمد. این اتّحادیه که از آموزش و تجهیزات ناکافی نیروهایش رنج می‌برد، اعلام کرد که منابع مالی‌اش برای نگهداری نیروهای پاسدار صلح در حال اتمام است و از سازمان ملل تقاضا کرد که نیروهای پاسدار صلح خودش را برای جایگزین‌کردن نیروهای اتّحادیهٔ آفریقا اعزام کند. در ماه می سال ۲۰۰۶ بود که سرانجام شورای امنیت حاضر شد این جایگزینی را بررسی کند. در آگست سال ۲۰۰۶ شورای امنیت

قطعنامهٔ شمارهٔ ۱۷۰۶ را صادر و مأموریت پاسداری از صلح سازمان ملل در سودان[65] را به دارفور گسترش داد.۵۶ این قطعنامه از دولت سودان خواست که با استقرار ۲۰۰۰۰ نیروی پاسدار صلح در منطقه موافقت کند. دولت رضایت نداد. سرانجام طرفین در نوامبر سال ۲۰۰۶ روی کمک سه‌مرحله‌ای سازمان ملل به مأموریت پاسداری از صلح اتّحادیهٔ آفریقا در سودان به سازش رسیدند.[66] این کمک سه‌مرحله‌ای عبارت بود از: یک مجموعه کمک سبک، یک مجموعه کمک سنگین، و سرانجام یک نیروی ترکیبی از اتحادیهٔ آفریقا و سازمان ملل (AU–UN). در ۱۶ آوریل سال ۲۰۰۷ دولت موافقت کرد مجموعه کمک سنگین را بپذیرد که سرانجام به ۳۰۰۰ نفر از کارکنان سازمان ملل اجازه می‌داد به سپاهیان اتّحادیهٔ آفریقا کمک کنند و برخی تجهیزات لازم را برای آنها فراهم نمایند. در ۱۲ جون سال ۲۰۰۷ دولت پیشنهاد برای نیروی ترکیبی AU–UN را پذیرفت. حال باید دید که آیا این توافق‌ها به موقع اجراء خواهند شد یا خیر.۵۷

حال سه سال از زمانی که شورای امنیت برای اولین بار قطعنامهٔ جولای ۲۰۰۴ خود را صادر کرد و از سودان خواست که شِبهِ‌نظامیان خود را مهار کند، می‌گذرد و هنوز کشتار، تجاوز، غارت و جابه‌جائی ساکنان دارفور ادامه دارد. گزارش سفیر بریتانیا، امیر پری جونز،[67] به شورای امنیت در بارهٔ مأموریت آن در سودان که در سال ۲۰۰۵ نوشته شده از قبل به این نتیجه رسیده است که «امسال وضعیت در دارفور وخیم شده است.»۵۸ چند وقت دیگر باید منتظر بمانیم؟ آیا وقت آن نرسیده است که رهبران ما روی مقرّرات اجرائی توافق کنند که تضمین کند شورای امنیت شانه از زیر بار مسئولیت خالی نخواهد کرد و در اِعمال مجازات بر ملّت‌های خاطی که در مهلت مقرّر از خواست‌های این شورا اطاعت نکرده‌اند ، تعلّل نخواهد کرد؟

سرانجام عدالت چنین اقتضاء می‌کند که این مقرّرات امکان تجدید نظر قضائی در تصمیمات شورای امنیت در مورد استفاده از نیروی نظامی را فراهم سازد. این قوانین باید زمینه‌هائی که چنین درخواستی بر اساس آنها می‌تواند مطرح شود را مشخّص سازند. چنین زمینه‌هائی باید شامل این باشند که شورای امنیت از نظام‌نامهٔ خود، اصول محوری یا قوانین اجرائی پیروی نکرده و در نتیجه یا می‌خواهد از نیروی نظامی به نحوی ناعادلانه استفاده کند یا در انجام

---

[65] UN peacekeeping mission in Sudan(UNMIS)
[66] African Peacekeeping Mission in Sudan (AMIS)
[67] Emyr Parry Jones

اقدام لازم برای جلوگیری از چنین بی‌عدالتی یا نقض صلحی کوتاهی می‌کند. اگر کشور یا گروهی از کشورها مدارکی در اثبات هر کدام از این زمینه‌ها داشته باشند، می‌توانند در تصمیم شورای امنیت تقاضای تجدید نظر بکنند. مسئولیت انجام این تجدید نظر احتمالاً باید به عهدهٔ یک کمیتهٔ دائمی از دادگاه بین‌المللی گذاشته شود تا آن را به جریان اندازد.

فراهم کردن ابزاری برای شورای امنیت که آن را کارآمد سازد

همین که جامعهٔ بین‌المللی از طریق رهبرانش دستورالعمل شورای امنیت برای حفظ صلح را روشن کرد و شرح داد، لازم است که ابزاری را هم که این شورا برای ایفای شایستهٔ این مسئولیت سنگین به آن نیاز دارد، برایش فراهم سازد. از این میان دو وسیلهٔ به خصوص برای کارآئی شورای امنیت در زمینهٔ حفظ و بازگرداندن صلح اهمیت اساسی دارند که عَملگردشان مکمّل یک دیگر است. اولی اطّلاعات به موقع و قابل اتّکاست. دومی یک نیروی کارآزموده است که در صورت لزوم تصمیمات شورای امنیت را به اجراء درآورد.

آژانس بین‌المللی اطّلاعات و بازرسی

این کتاب ایجاد یک آژانس بین‌المللی اطلاعات و بازرسی را پیشنهاد می‌کند که از دو جناح، که عمل‌کردهائی مکمّل یک دیگر دارند، تشکیل شده باشد. اوّلی جناح اطّلاعات است که مسئولیت تهیهٔ اطّلاعات صحیح، به‌موقع و معتبر را به عهده دارد. دومی جناح بازرسی است که مسئول بررسی و نظارت بر اجرای قوانین بین‌المللی مربوط به عدم گسترش از سوی کشورهاست. این آژانس به عنوان یک سازمان تابع شورای امنیت عمل خواهد کرد و تحت سرپرستی شورای امنیت، کمیته‌ای از مجمع عمومی سازمان ملل (مجمعی که، همان طور که بعداً در این بخش از کتاب مورد بحث قرار خواهد گرفت، باید به پارلمانی جهانی تبدیل شود) و دادگاه عدالت بین‌المللی خواهد بود. تصمیم‌گیری و توافق روی ماهیت و جزئیات اختیارات این سرپرستی به عهدهٔ رهبران ما خواهد بود.

جناح جمع‌آوری اطّلاعات فراملّیتی این آژانس

فقدان اطّلاعات به‌موقع و صحیح از سوی منابع مستقلّ و معتبر مانعی در راه اقدامات مناسب شورای امنیت، از جمله استفاده از نیروی قهری برای حفظ یا برگرداندن صلح و امنیت بین‌المللی، بوده است. پیش ازجنگ سال ۲۰۰۳ عراق، با وجود گذشت چهار ماه از شروع دوبارهٔ بازرسی بین‌المللی، اعضای شورای امنیت نمی‌توانستند روی این که عراق هنوز هم سلاح‌های کشتار جمعی در اختیار دارد یا نه به توافق برسند. علّت اختلاف نظر آنها اتّکاء بر منابع اطّلاعاتی مختلفی بود که به نتیجه‌گیری‌های متّضادی رسیده بودند. سرانجام جنگ عراق از سوی ائتلافی از کشورها آغاز شد که عمدتاً بر اطّلاعاتی تکیه داشتند که توسّط سرویس اطّلاعاتی ملّی یکی از کشورها تهیه شده بود. به نظر می‌رسید که این اطّلاعات قویاً به وجود سلاح‌های کشتار جمعی در عراق اشاره دارند. با این وجود در پایان جنگ معلوم شد که این اطّلاعات نادرست و اشتباه بوده است.

مشکل اطّلاعات هنور باقی است. همان طور که در حال حاضر در مورد فعالیت‌های هسته‌ای ایران شاهد آن هستیم ، فقدان اطّلاعات صحیح و معتبر هنوز هم مانع تصمیم‌گیری سریع و قاطعانهٔ شورای امنیت است. هرچند ایالات متّحده و روسیه بر سر این توافق دارند که ایران نباید سلاح‌های هسته‌ای داشته باشد، اما این دو کشور در بارهٔ این که آیا ایران واقعاً در حال ساخت یک سلاح هسته‌ای است یا خیر نظرات خیلی مختلفی دارند: آمریکائی‌ها بر این عقیده‌اند که چنین است و روس‌ها عقیده دارند که چنین نیست.۵۹ همان طور که نشریهٔ اکونومیست در مقاله‌ای در این باب نوشت، آنچه که لازم است ولی موجود نیست، آن است که اختلاف نظر موجود در مورد واقعیات به کمک اطّلاعات معتبر و مشترک در این باره که ایران در برنامهٔ هسته‌ای خود مشغول به چه کاری بوده است، حل شود. به علاوه، عمل‌کردن بدون داشتن چنین اطّلاعاتی می‌تواند به اقدامات اشتباهی منجر شود که روابط بین دو طرف قضیه را تیره‌تر سازد.۶۰

فقدان اطّلاعات معتبر در رابطه با کرهٔ شمالی نیز به همین اندازه آشکاراست. به نظر می‌رسد که در صورت فقدان اطّلاعات مستقلّ و مشترک، دامنهٔ حقیقی فعالیت‌های هسته‌ای کرهٔ شمالی مُبهَم است. برای مثال، در فوریهٔ سال ۲۰۰۵، حتی پس از آن که کرهٔ شمالی اعلام کرده بود که اکنون سلاح‌های

هسته‌ای در اختیار دارد، آقای زولیک[68] در جلسهٔ سنا که برای تأیید مقام وی به عنوان معاون وزیر امور خارجه تشکیل شده بود، در مورد جدی‌گرفتن بیش از حدّ اظهارات کره هشدار داد.۶۱ همان طور که یک پژوهش‌گر ارشد در مرکز بین‌المللی وودرو ویلسون برای پژوهش‌گران می‌گوید، تعیین این که آیا کرهٔ شمالی اورانیوم را برای اهداف نظامی غنی می‌کند یا خیر دشوار است، زیرا لازم است که توانائی‌های غنی‌سازی نظامی و غنی‌سازی صلح‌آمیز اورانیوم از یک دیگر تشخیص داده شود و این کار فقط به کمک اطّلاعات مناسب، که در حال حاضر در دست نیست، امکان‌پذیراست.۶۲ در واقع سایر کشورها، از جمله چین ،ژاپن و کرهٔ جنوبی نیز در بارهٔ این که اظهارات کرهٔ شمالی تا چه حدّ ممکن است لاف‌زدن باشد، تردید دارند. از روی فقدان اطّلاعات معتبر، آنها مجبورند برای تخمین این که کرهٔ شمالی تا چه حدّ در مسیر هسته‌ای پیش رفته است به مشاهدهٔ رفتارهای ظاهری پیونگ‌یانگ اتّکاء کنند. روز پنجم جولای سال ۲۰۰۶ کرهٔ شمالی به طور آزمایشی هفت موشک را به سمت ژاپن پرتاب کرد. اما این آزمایشِ بعدیِ یک کلاهک هسته‌ای در اکتبر همان سال بود که جامعهٔ جهانی را مبهوت ساخت و منجر به محکوم‌سازیِ تقریبا به اتّفاق آراء و تصویب سریع قطع‌نامهٔ شمارهٔ ۱۷۱۸ در شورای امنیت شد. این قطع‌نامه خواستار آن بود که کرهٔ شمالی همهٔ فعالیت‌های مربوط به برنامهٔ موشک‌های بالیستیک خود را متوقّف سازد و همهٔ سلاح‌های هسته‌ای و برنامه‌های هسته‌ای خود را به طور کامل، قابل تشخیص، و غیرقابل بازگشتی رها کند، و انصراف خود را از معاهدهٔ منع گسترش هسته ای پس بگیرد.۶۳

برای این که شورای امنیت بتواند با سرعت و به طور قاطعانه، منصفانه و مؤثّری برای حفظ صلح اقدام کند باید اوّل مطمئن شود که واقعاً تهدیدی نسبت به صلح، نقض صلح، یا عمل تجاوزکارانه‌ای صورت گرفته است. این امر به خصوص موقعی مصداق دارد که شورای امنیت می‌خواهد با استفاده از اختیاراتش تحت فصل ۷ منشور سازمان که شامل استفاده از نیروی قهری هم می‌شود، به اقدام بازدارنده‌ای دست بزند. برای این که شورا مطمئن بشود، باید به مدارک معتبری در این باره که چنین تهدیدی واقعی است، دسترسی داشته باشد. چنین مدارکی معمولاً از منابع اطّلاعاتی می‌آیند. خیلی مهمّ است اطّلاعاتی که اساس تصمیم‌گیری شورا برای استفاده از نیروی نظامی را تشکیل می‌دهند، قابل اطمینان باشند. اگر منبع اطّلاعاتی به جای یکی–دو سازمان اطّلاعاتی ملّی، یک منبع اطّلاعاتی مستقلّ باشد، احتمال معتبر بودن آن بیشتر

Zoellick [68]

است. همهٔ اعضای این شورا که مسئولیت دارند بر اساس اطّلاعات در بارهٔ استفاده از نیروی نظامی تصمیم‌گیری کنند، باید به طور یکسان به این اطّلاعات دسترسی داشته باشند. در مورد هیچ ملّت یا گروهی از ملّت‌ها نباید تبعیضی قائل شد، چرا که چنین کاری باعث سوء ظنّ سایر کشورها می‌شود. برای رسیدن به هدف دوگانهٔ فراهم‌کردن اطّلاعات قابل اطمینان و اطّلاعات مشترک برای شورا، جامعهٔ بین‌المللی باید راه‌هائی برای همکاری اعضایش در زمینهٔ مسائل اطّلاعاتی بیابد. هم پژوهش‌گران و هم رهبران سیاسی بین‌المللی شروع به حمایت از این فکر کرده‌اند که لازم است کشورها اطّلاعات خود را با یک دیگر در میان بگذارند. آنها نتیجه گرفته‌اند که چنین شراکتی در اطّلاعات برای متوقّف‌ساختن تروریسم اهمّیّت اساسی دارد.۶۴ این امر برای کشف برنامه‌های مخفیانهٔ هسته‌ای نیز اهمّیّت اساسی دارد.۶۵

برای این منظور، این کتاب پیشنهاد می‌کند که رهبران ما یک نظام رسمی فَراملّیّتی ایجاد کنند که توان‌های اطّلاعاتی ملّی را یکپارچه کند و مسئول جمع آوری اطّلاعات قابل اطمینان و به‌موقع برای شورای امنیت باشد. علت وجود این نظام فقط خدمت به شورای امنیت خواهد بود. این نظام باید تحت هدایت و نظارت شورای امنیت کار کند و اطّلاعات جمع‌شده فقط باید برای حفظ صلح و امنیت این سیاره به کار گرفته شوند. یکی از راه‌های رسیدن به این نتیجه آن است که یک سازمان فَراملّیّتی اطّلاعات و بازرسی با یک جناج اطّلاعاتی مستقل که فقط در خدمت شورای امنیت باشد، ایجاد شود. کارکنان این سازمان خدمت‌گزاران غیرنظامی بین‌المللی خواهند بود که در دانشگاه بین‌المللی اطّلاعات که به همین منظور تشکیل خواهد شد، آموزش دیده باشند. استقلال چنین سازمانی یکی از مشکلات نظام جاری را برطرف خواهد کرد که اتّکای شورای امنیت بر اطّلاعاتی است که تَک‌تَک دولت‌ها فراهم کرده‌اند، امری که بنا به گفتهٔ هانس بلیکس که رئیس کمیسیون بازرسی سازمان ملل برای کشف سلاح‌های کشتار جمعی عراق بود، به اطّلاعات گمراه‌کنندهٔ بسیاری منجر می شود.۶۶

در حال حاضر هیئتی که اطّلاعاتی را که باید در اختیار همهٔ اعضای شورای امنیت قرار گیرد، فراهم سازد و فقط در مقابل شورا مسئول باشد، وجود ندارد. هرچند گزارش براهیمی از یک هیئت جدید سخن می‌گوید که برای دبیر کلّ سازمان ملل به خصوص در بارهٔ منازعات به جمع‌آوری و تجزیه و تحلیل اطّلاعات بپردازد، تعیین سیاست کند و راهبردهای طولانی‌مدّتی ایجاد نماید، اما به نیاز حتی بیشتر شورای امنیت به این که یک آژانس بین‌المللی اطّلاعاتی را در اختیار داشته باشد تا بتواند به درستی به ایفای مسئولیت خود بپردازد، اشاره

آنچه از این پس باید بسازیم

ای نمی‌کند. حتی آژانس بین‌المللی انرژی اتمی که به عنوان دیده‌بان هسته‌ای جهان عمل می‌کند، فاقد یک جناح اطّلاعاتی است. تنها چیزی که دارد یک بخش برای جمع‌آوری اطّلاعات علنی است.۶۷ ایدهٔ یک آژانس فَراملّیّتی اطّلاعاتی آنقدرها که در ابتدا به نظر می‌آید ساختگی و تصنّعی نیست. بعد از حملات تروریستی که در ماه جولای سال ۲۰۰۵ در لندن صورت گرفت، شورای آکسفورد در باب حکمروائی شایسته که یک مجمع غیرحزبی و مورد احترام از نُخبگان است، اعلامیه‌ای را منتشر ساخت و خواهان استقرار یک سرویس اطّلاعاتی و امنیتی اروپائی شد. این مجمع پیشنهاد کرد که همهٔ آژانس های ملّی اطّلاعاتی و امنیتی موجود در اتّحادیهٔ اروپا در هم ادغام شوند و یک سرویس امنیتی فَراملّیّتی قوی ایجاد کنند. اگر در سطح منطقه‌ای می‌شود در بارهٔ چنین کاری بررسی و آن را اجرا کرد، چرا در سطح بین‌المللی، که آشکارا این قدر به چنین کاری احتیاج دارد، نشود؟

از مزایای یک آژانس فَراملّیّتی اطّلاعاتی هرچه بگوئیم کم گفته‌ایم. اول این که اطّلاعاتی را در اختیار شورای امنیت می‌گذارد که توسّط هیچ یک از سازمان‌های ملّی اطّلاعاتی مخدوش و یا تحریف نشده است. در نتیجه سایر اعضای شورا در کلّ با این سوء ظنّ که در خدمت منافع فرصت‌طلبانهٔ یک کشور یا گروهی از کشورهاست، به آن نمی‌نگرند. این به نوبهٔ خود اعتماد کردن به این اطّلاعات را آسان‌تر می‌کند و راحت‌تر به آن اتّکاء و بر اساس آن عمل می‌کنند. دوم، از آنجا که همهٔ اعضاء دسترسی یکسانی به این اطّلاعات خواهند داشت، خواهند توانست تصمیمات خود را بر یک اساس اطّلاعاتی مشترک بنا کنند که به تصمیم‌گیری‌های عادلانه‌تری منجر می‌شود. این نوع دسترسی برابر به اطّلاعات که اساس تصمیمات حسّاسی نظیر استفاده از نیروی نظامی را تشکیل خواهد داد، نمونه‌ای است از این که چگونه اصل وحدت می تواند در جهت افزایش کیفیت مؤسّسات بین‌المللی ما به کار گرفته شود.

مزیت دیگر ایجاد وحدت بیشتر در تصمیمات شورا خواهد بود. یکی از مشکلات جاری شورا، همان طور که قبلاً در بارهٔ آن بحث شد این است که اعضایش تهدیدها را به شکل‌های مختلفی می‌بینند. علّت این اختلافات تا حدّی دسترسی دولت‌های عضو به مجموعه‌های مختلفی از اطّلاعات است. همچنین احتمالاً اگر شورای امنیت احساس کند که مجموعهٔ معتبری از اطّلاعات مشترک در مقابل خود دارد، با سرعت و قاطعیت بیشتری عمل خواهد کرد.

با وجود استدلال‌های قاطعی که در جهت لزوم ایجاد یک آژانس بین‌المللی اطّلاعات و بازرسی وجود دارد، رهبران ما ممکن است در این مرحله از رشد جمعی خود هنوز آمادگی نداشته باشند که برای ایجاد چنین آژانسی به حدّ کافی

از حاکمیت خود چشم‌پوشی کنند. اگر چنین باشد، یک مرحلهٔ میانی احتمالی می
تواند ایجاد دفتری در سازمان ملل باشد تا کوشش‌های آژانس‌های اطّلاعاتی ملّی
همهٔ دولت‌های عضو سازمان ملل را در مورد فهرستی از نقاط بحران‌آفرین که
به طور منظّم روی آن توافق خواهد شد، هماهنگ نمایند. این دفتر، اطّلاعاتی
را که آژانس‌های ملّی فراهم می‌کنند، جمع‌آوری، یکپارچه و تجزیه و تحلیل می
کند و نتایج حاصله را به شورای امنیت گزارش می‌نماید. نقاط بحران‌آفرین می
توانند به طور منظّم، مثلاً هر شش ماه، توسّط شبکه‌ای از دفاتر هشدار قبلی، که
بعداً در این فصل در بارهٔ آن بحث خواهد شد، مشخص شوند.

نظام هشدار سریع برای شورای امنیت

یک آژانس بین‌المللی اطّلاعات و بازرسی کارآمد مستلزم وجود یک نظام
جامع هشدار قبلی است تا در مورد مشکلات و تهدیدهای در حال بروز نسبت به
صلح؛ نظیر نَسل‌کُشی، تصفیهٔ نژادی و افزایش غیرقانونی سلاح‌های کشتار
جمعی به شورای امنیت هشدار دهد. بسیاری از کشورها و آژانس‌های
غیردولتی چنین فهرست‌هائی را به منظور برنامه‌ریزی‌های خود تنظیم و به
طور مرتّب به روز می‌کنند. برای مثال گزارش شده که یک بار ایالات متّحده
فهرستی از ۲۵ کشور که تصوّر می‌شده آن‌قدر بی‌ثبات هستند که ممکن است به
شکلی مداخلهٔ نظامی ایالات متّحده را ایجاب کنند، تهیه کرده بوده است.۶۸ به
همین نحو گروه بین‌المللی بحران ارزیابی خودش را از نقاط بالقوه بحران‌آفرین
در سراسر دنیا دارد. هشدار قبلی به شورا اجازه می‌دهد که به موقع برای
مداخلهٔ مؤثّر و بدون خونریزی اقدام کند. اطّلاعاتی که نظام هشدار قبلی جمع
آوری می‌کند به دفتر بین‌المللی اطّلاعات هماهنگ کمک می‌کند که فهرست خود
را از نقاط بحران‌آفرین جهان به روز کند.

اگر چنین نظامی داشته بودیم، شاید می‌توانستیم از نَسل‌کُشی که در رواندا
اتّفاق افتاد، جلوگیری کنیم، به خصوص با توجّه به یافته‌های میزگرد عالی
تهدیدها، چالش‌ها و تغییر مبنی بر این که مقامات دبیرخانه نتوانستند در مورد
نقشه‌های افراط‌گرایان برای کشتن هزاران توتسی و هوتوی میانه‌رو به شورای
امنیت هشدار قبلی بدهند.۶۹ همچنین شاید می‌توانستیم از بالا گرفتن تهدید
گسترش سلاح‌های هسته‌ای در کرهٔ شمالی جلوگیری کنیم، که بخش زیادی از آن
پس از اخراج بازرسان آژانس بین‌المللی انرژی اتمی از سوی این کشور

صورت گرفت. یک نظام هشدار قبلی جا افتاده به جمع‌آوری اطّلاعات در این زمینه ادامه می‌داد.

یک نظام هشدار قبلی می‌تواند غیر از تهدیدهای صریح نسبت به صلح بین المللی، مسائل دیگری را نیز دربر بگیرد، مثلاً هشدار قبلی در مورد قحطی، بلایای طبیعی، شیوع بیمارهای مُسری و بحران‌های انسانی می‌تواند به جلوگیری از تلفات جانی و مالی کمک کند و جامعهٔ جهانی را از مشکلاتی که نتیجهٔ تفرّق بیش از حدّ ماست نجات بخشد. یک نظام هشدار قبلی واحد می‌تواند تمام این تهدیدات را دربر بگیرد، به شرط آن که در هر کدام از زمینه‌هائی که در بالا برشمرده شد، کارشناسانی در دفاتر محلی یا ملّی آن وجود داشته باشند.

یک نظام هشدار قبلی باید شبکه‌ای از دفاتر میدانی ملّی را که در کشورهای سراسر جهان واقع شده باشند، دربر بگیرد. هر کدام از دفاتر ملّی باید داده‌های عینی و بی‌طرفانه‌ای را از نماینده‌های محلی خود که در جوامع محلی سراسر کشوری که در آن خدمت می‌کنند، استقرار یافته‌اند، دریافت کنند. این دفاتر ملّی باید به نوبهٔ خود به طور منظّم داده‌هائی را در اختیار یک دفتر منطقه‌ای بگذارند تا یافته‌ها را به آژانس بین‌المللی اطّلاعات گزارش کند. از آنجا که ایجاد یک زیرساخت در درون کشورها و منطقه‌های جهان وقت‌گیر است، ممکن است به عنوان مقدمه خالی از فایده نباشد که سازمان‌های موجود منطقه‌ای مانند اتّحادیهٔ آفریقا و سازمان کشورهای آمریکائی تشویق شوند نظام‌های هشدار قبلی خود را ایجاد کنند یا نظام‌های موجود را بهبود بخشند و با اطّلاعات مربوطه آژانس بین‌المللی اطّلاعات را که زیر نظر شورای امنیت اداره می‌شود، تغذیه نمایند.

برخی از کشورها با این مخالفت خواهند کرد که دفاتر هشدار قبلی که مسئولیت جمع‌آوری اطّلاعات و انتقال نتایج آن به یک سازمان بین‌المللی را داشته باشند، در سرزمین‌هایشان مستقر شوند، به این دلیل که چنین کاری بیش از حدّ در حاکمیت ملّی آنها مداخله می‌کند. اما اگر این نظام سراسری و جامع باشد، با همهٔ کشورها به طور یکسانی رفتار می‌شود. همچنین، بروز تدریجی این هنجار جدید در قانون و روابط بین‌المللی که جامعهٔ بین‌المللی در قبال دفاع از مردمان آسیب‌پذیر در مقابل فجایع حقوق بشرمسئولیت دارد، نشان می‌دهد که حکومت‌ها تشخیص داده‌اند که حاکمیت ملّی محدود است و مطلق نیست و آنها هرگز نمی توانند برای توجیه موارد نقض حقوق بشر پشت آن قایم شوند.

اگر شورای امنیت در مورد اطّلاعاتی که نظام هشدار قبلی می‌دهد، اقدامی نکند، چنین نظامی کفایت نخواهد کرد. تجربیات تلخ نشان داده است که حتی وقتی یک نظام هشدار قبلی وجود دارد و آن طور که باید عمل می‌کند، باز هم

ممکن است جامعهٔ بین‌المللی نتواند در بارهٔ این که چه باید بکند به توافق برسد. این قضیه در مورد قحطی نیجریه اتّفاق افتاد. با وجود شبکهٔ نظام‌های هشدار قبلی قحطی (FEWS Net)،[69] که هم در سال ۱۹۹۷ و هم در سال ۲۰۰۵ به جامعهٔ بین‌المللی در مورد خطر قحطی در نیجریه هشدار داد، هر بار گروه‌های امداد و اهداگران نتوانستند در مورد ارزیابی نیازها به توافق برسند. ناتوانی آنها منجر به این شد که مردم نیجریه از گرسنگی، بیماری و مرگی قابل پیشگیری رنج ببرند.۷۰ برای کاهش احتمال این نوع تأخیر در اقدام، رهبران ما باید به هنگام نوشتن بیانیهٔ اصول که قبلاً در این بخش از کتاب پیشنهاد شد، تعهّد به پاسخ سریع و قاطع به همهٔ هشدارهای قبلی در مورد رنج و ابتلای گستردهٔ انسانی را بگنجانند، صَرف نظر از این که محل وقوع آن کجا باشد.

بازرسی، بررسی و دیده بانی

آژانس بین‌المللی اطّلاعات و بازرسی علاوه بر فراهم‌ساختن اطّلاعات معتبر و به‌موقع برای شورای امنیت، باید از طریق جناح بازرسی خود کار مهمّ دیگری را نیز انجام دهد: بررسی و نظارت بر اطاعت شایستهٔ کشورها از قوانین بین‌المللی و از درخواست‌های شورای امنیت.

لزوم بررسی و دیده‌بانی در زمینهٔ عدم گسترش سلاح‌های هسته‌ای، شیمیائی و زیستی از همه اضطراری‌تر است. شورای امنیت نمی‌تواند بدون بازرسی و دیده‌بانی مناسب برای بررسی اطاعت کشورها، قوانین بین‌المللی در زمینهٔ عدم گسترش را به نحو مؤثّری اجراء و اِعمال نماید. به علاوه، چنین بازرسی‌ها و دیده‌بانی‌هائی نمی‌تواند نامنظّم باشد، زیرا در این صورت مؤثّر نخواهد بود. در واقع، برای این که شورا بتواند قاطعانه، با سرعت، و منصفانه عمل کند، نظام دیده‌بانی و بررسی آن باید اطّلاعات درست و جامعی گردآوری کند. متأسفانه نظامی که در حال حاضر وجود دارد متّکی به اعلام اطاعت خود کشورها، بررسی بعدی و نابودسازی گاه به گاه سلاح‌های غیرقانونی و ادامهٔ دیده‌بانی است. اخیراً کوشش‌هائی به عمل آمده است تا به این نظام بهبود بخشند و از کشورهای عضو بخواهند که پروتوکل الحاقی آژانس بین‌المللی انرژی اتمی را امضاء کنند. این پروتوکل اختیار بازرسی و بررسی گسترده‌تر و مداخلهٔ بیشتری را فراهم می‌سازد. اما با این همه این نظام هنوز از این عیب

---

[69] Famine Early Warning Systems Network

آنچه از این پس باید بسازیم

اساسی رنج می‌برد که کشورها می‌توانند از موافقت با این بازرسی‌های بلندپروازانه‌تر سرباز زنند.

این نظام بازرسی نیاز شدیدی به بازبینی دارد. آنچه لازم است نظامی است که در آن بازرسان بین‌المللی به عنوان کارکنان غیرنظامی و مستقلّ بین المللی و به عنوان نمایندگان جامعهٔ بین‌المللی که بدون هر گونه فشاری از جانب دولت‌ها فقط به این جامعه متعهّد هستند، عمل کنند. آنها باید مانند کارکنان جناح اطّلاعات بین‌المللی آژانس، در یک دانشکدهٔ بین‌المللی اطّلاعات و بازرسی تعلیم دیده باشند. آنها باید اختیار تحقیق، بازرسی و دیدهبانی ناخوانده داشته باشند. این به آن معناست که آنها باید اختیار داشته باشند که بدون اطّلاع‌دادن قبلی به هر کشوری که خواستند وارد شوند و در هر زمان و در هر مکانی که خواستند به بازرسی بپردازند. در واقع تجربه نشان داده است که بهترین برنامه‌های بازرسی برنامه‌های خاصّی هستند که اختیار تحقیق ناخوانده و بدون اطّلاع قبلی دارند. برنامه‌های مخصوص بازرسی که به سرپرستی کمیسیون مخصوص سازمان ملل وآژانس بین‌المللی انرژی اتمی صورت گرفت، نمونه‌هائی از این نوع بازرسی هستند. این برنامه‌ها از آنچه که در پروتوکل الحاقی پیش‌بینی شده، مداخله‌گرانه‌تر بودند و مخصوص یافتن اطّلاعات در مورد برنامه‌های غیرقانونی عراق در زمینهٔ سلاح‌های کشتار جمعی ایجاد شده بودند. بدون چنین اختیاراتی کشورهائی که تحت نظارت هستند، می‌توانند با بازرسان به بازی موش و گربه بپردازند. این دقیقاً همان کاری است که عراق پس از آن که از کویت بیرون رانده شد، در سراسر دههٔ ۱۹۹۰ میلادی در مورد تعهّداتش نسبت به خلع سلاح انجام داد.

رهنمودهای دقیق در بارهٔ این که چه شرایطی حقّ بازرسی ناخوانده را در یک کشور ایجاد خواهد کرد، باید از قبل مورد توافق جامعهٔ بین‌المللی قرار گرفته شده باشد و در نظامنامهٔ جناح تازه‌تأسیس بازرسی که وابسته به آژانس بین‌المللی اطّلاعات و بازرسی است، آمده باشد. چنین شرایطی باید رفتار مشکوک یک کشور که عبارت است از سرپیچی مکرّر از درخواست‌های شورای امنیت یا رفتارهای گمراه‌کنندهٔ آن نظیر تقلّب و دروغ، به خصوص در رابطه با فعالیت‌های مربوط به تولید یا گسترش سلاح‌های کشتار جمعی را دربر بگیرد. همچنین بازرسی‌های ناخوانده و بدون اطّلاع قبلی باید وقتی آغاز گردد که اطّلاعات دریافت‌شده از گروه بین‌المللی هماهنگ اطّلاعات یا آژانس بین المللی اطّلاعات که حکایت از فعالیت‌هائی داشته باشند که تهدیدی نسبت به صلح به شمار می‌روند، از آستانهٔ معینی گذشته باشند.

اگر ایجاد یک جناح بررسی و دیده‌بانی بین‌المللی با اختیار بازرسی ناخوانده برای حاکمیت ملّی حکومت‌های ملّی در این مرحله از رشدشان بیش از حدّ تهدیدآمیز باشد، این کتاب پیشنهاد می‌کند که راه حل میانه‌ای به شکل یک برنامهٔ بازرسی منطقه‌ای پیدا شود. در واقع برخی از پژوهش‌گران استدلال کرده‌اند که چنین برنامه‌ای که به طور خاصّ روی بررسی سلاح‌های کشتار جمعی متمرکز شده باشد، مؤثّرتر از یک برنامهٔ وسیع‌تر بین‌المللی بررسی و بازرسی خواهد بود. بنا به عقیدهٔ چن زاک[70] پژوهش‌گر (که هم به عنوان افسر در نیروهای دفاعی اسرائیل و بعدها در بخش امور خارجهٔ کمیسیون انرژی اتمی اسرائیل و هم به دنبال آن به عنوان دستیار آموزشی مهمان در مؤسّسه واشنگتن برای سیاست خاور نزدیک و بعد در مرکز مطالعات راهبردی و بین المللی خدمت کرده است) یک دلیل آن این است که در سطح منطقه‌ای به درخواست برای بازرسی‌های مخصوص بیشتر به عنوان «مأموریت‌هائی برای دستیابی به اطلاعات» نظر می‌شود تا به عنوان ابزار سیاسی. وی برای اثبات نظر خود از مثال نیروهای غیراتمی در اروپا استفاده می‌کند.۷۱ وی همچنین استدلال می‌کند که احتمال بیشتری دارد سازمان‌های منطقه‌ای دست به بازرسی های بدون اطّلاع قبلی و یا با اطّلاع کوتاه‌مدّت یا تصادفی بزنند، چیزی که وی می‌گوید آژانس بین‌المللی انرژی اتمی از انجام آن هراس داشته است.۷۲ سازمان‌های منطقه‌ای این کار را انجام می‌دهند، زیرا تنها دلیل وجود برنامهٔ بررسی منطقه‌ای تضمین این است که هیچ سلاح کشتار جمعی در کار نیست. به علاوه، یک برنامهٔ بررسی منطقه‌ای برخلاف آژانس بین‌المللی انرژی اتمی که مأموریت تضمین دسترسی همهٔ دولت‌ها به فن‌آوری صلح‌آمیز هسته‌ای را هم بر عهده دارد، مأموریت‌های متضادی را به عهده نخواهد داشت.۷۳ استدلال سومی که زاک به نفع یک برنامهٔ منطقه‌ای مخصوص می‌کند آن است که احتمال بیشتری دارد دولت‌های عضو برای این که مانع دستیابی کشوری به سلاح شوند، به سرعت دست به بازرسی‌های ناخوانده بزنند، زیرا آنها اولین و نزدیکترین کسانی هستند که از عواقب گسترش سلاح رنج خواهند برد.۷۴ وی استدلال می‌کند که در مقابل، دولت‌هائی که در یک برنامهٔ جهانی مشارکت دارند به سختی بر سر این که چه چیزی تقلّب به حساب می‌آید توافق می‌کنند زیرا منافعشان یا به علّت دوری جغرافیائی یا به دلائل راهبردی مستقیماً در خطر نیست. وی از این مثال استفاده می‌کند که آسیا معمولاً در مورد مشکلات

---

[70] Chen Zak

آنچه از این پس باید بسازیم

خاورمیانه نگرانی ندارد و خاورمیانه علاقهٔ چندانی به آنچه در کرهٔ شمالی می‌گذرد، نشان نمی‌دهد.۷۵

نیروی انتظامی برای به اجراء درآوردن تصمیمات شورای امنیت

جامعهٔ بین‌المللی مسئولیت دارد که منابع و ابزارهای کافی را در اختیار شورای امنیت بگذارد تا بتواند مأموریتی را که در زمینهٔ حفظ و بازگرداندن صلح و امنیت به عهده دارد، انجام دهد. ما نمی‌توانیم این واقعیت جاری را نادیده بگیریم که شورای امنیت ممکن است استفاده از نیروی نظامی را تجویز کند اما توان اجرای تصمیمش را نداشته باشد. شورای امنیت برای عملکردهای مختلف خود، از جمله جلوگیری از درگیری، پاسداری از صلح و ایجاد آرامش پس از پایان جنگ احتیاج به سپاه دارد. شورای امنیت باید تحت اختیار مستقیم خود سپاه و تجهیزات آماده داشته باشد تا در صورت نیاز بتواند آنها را به سرعت و به نحو مؤثّر وارد میدان سازد. گزارش براهیمی توصیه کرد که سپاهیان بتوانند به فاصلهٔ سی روز از تصویب قطعنامهٔ شورا برای جلوگیری یا مداخله در یک درگیری و به فاصلهٔ ۶ تا ۱۲ هفته پس از پایان یک درگیری، برای پاسداری از صلح وارد میدان شوند.۷۶

فقدان یک نیروی نظامی که تحت فرمان سازمان ملل و آمادهٔ رفتن به میدان باشد، قدرت شورای امنیت را تضعیف می‌کند. بدون در اختیار داشتن یک نیروی نظامی دائمی، کاری که عملاً شورای امنیت در بسیاری از موارد، به خصوص مواردی که استفاده از نیروی قهری در آن لازم بوده، کرده آن بوده که عملیات نظامی را به ائتلافی از کشورهای داوطلب بسپارد و به آنها اختیار عمل طبق فصل ۷ منشور سازمان ملل را بدهد. به این ترتیب شورای امنیت به عنوان یک کلّ عمل نکرده و مهمّتر از آن ترتیبی داده نشده که در وحدت کامل عمل کند. فقدان وحدت قابل مشاهدهٔ جهانی به نحو قابل ملاحظه‌ای از قدرت بازدارندهٔ اقدامی که ائتلاف مذکور می‌کند، می‌کاهد. اگر مشاهده می‌شد که همهٔ دنیا به طور یکپارچه و با استفاده از یک نیروی نظامی دائمی که ورای کنترل ملّی است، عمل می‌کند، پیامی که به ملّت‌های خودسَر فرستاده می‌شد خیلی قوی تر بود می‌بود. بر خلاف وضعیت‌هائی که در آنها مداخلهٔ قهری لازم است، وقتی مداخلهٔ نظامی شورای امنیت مبنی بر رضایت طرفینی است که از شورای امنیت تقاضای ارسال نیرو کرده‌اند، شورای امنیت معمولاً از نیروهائی که تحت فرمان مستقیم آن و در یونیفورم سازمان ملل هستند، استفاده کرده است. این

141

نیروها عموماً به «کلاه‌آبی‌ها» مشهورند. آنها به جای فصل ۷ تحت فصل ۶ منشور سازمان ملل عمل می‌کنند و معمولاً به اجرای یک معاهدهٔ صلح، یا پس از آن که یک درگیری پایان گرفت، به نظارت بر آتش‌بس کمک می‌کنند.

فراهم‌کردن یک ارتش قدرتمند و مجهّز برای شورای امنیت که بتواند سریعاً تحت فرمان شورا صلح را برقرار کند، امری است که مدّت‌ها به تأخیر افتاده است. اعتبار و قدرت شورای امنیت قبلاً به علّت ناتوانی آشکارش از اقدام مؤثّر در مقابل نقض فاحش قانون بین‌المللی و صلح به شدّت آسیب دیده است. استاد علوم سیاسی پاول دیل[71] این نکته را با قوت تمام مطرح می‌کند و می‌گوید درست همان طور که یک بار جوزف استالین پرسید پاپ چند لشکر دارد، دیکتاتورهای امروز هم احتمالاً از خودشان می‌پرسند دبیر کلّ سازمان ملل چند لشکر دارد. وی با توجّه به این که جواب «هیچ» است، چنین نتیجه می‌گیرد که بعید است که دیکتاتوری که مثلاً در فکر نَسل‌کُشی است، اگر کسی ذکری از مشاور مخصوص سازمان ملل در باب جلوگیری از نَسل‌کُشی بکند، به وحشت اُفتَد.۷۷

کسانی هستند که می‌گویند هزینهٔ ایجاد یک ارتش برای سازمان ملل سرسام آور است. اما آنها باید این هزینه را با هزینهٔ حفظ وضع موجود مقایسه کنند. خسارت اتّکاء به ائتلاف تصادفی کشورهای داوطلب از نظر جان انسان‌هائی که از دست می‌رود، رنج و بدبختی که کشیده می‌شود، سقوط حکومت‌ها و بی‌ثباتی های حاصله در منطقه و هزینه‌های مالی جنگ‌هائی که از آنها جلوگیری نشده بسیار بیشتر از هزینهٔ ایجاد یک ارتش برای سازمان ملل است، تازه حتیٰ اگر ذکری از هزینه‌های بازسازی پس ازجنگ به میان نیاوریم. همان طور که میزگرد عالی دبیر کلّ در بارهٔ تهدیدها، چالش‌ها و تغییر در گزارش خود خاطرنشان کرد، اکراه ما از صرف به‌موقع وقت و منابع برای جلوگیری از بروز و اوج‌گیری جنگ منجر به ویرانی‌هائی بس وسیع‌تر و مرگ‌بارتر می‌شود که بعدها رسیدگی به آنها بسیار هزینه‌بردارتر خواهد بود.۷۸ پاول دیل خاطر نشان ساخت که هزینه‌های مالی ایجاد یک ارتش قدرتمند ده–پانزده‌هزار نفره برای سازمان ملل پس از راه‌اندازی حدود یک بیلیون دلار در سال خواهد بود. وی می‌گوید که این هزینه به نسبت هزینه‌های نظامی اکثر کشورهای بزرگ هزینهٔ ناچیزی است.۷۹

ایجاد یک ارتش دائمی برای سازمان ملل از چند راه به صلح و امنیت بین المللی کمک می‌کند. یکی این که کشورهائی را که حال با دقّت در بارهٔ دست

---

[71] Paul Deihl

زدن بدون مجازات به جنایات بین‌المللی نظیر نَسل‌کُشی یا سرپیچی از قوانین بین‌المللی در مورد منع گسترش سلاح فکر می‌کنند، از عمل باز می‌دارد. آنها مجبور خواهند شد که از خود بپرسند که آیا واقعاً ارزش آن را دارد که قهر جامعهٔ بین‌المللی را برانگیزند که اکنون طبق قوانین و مقرّرات منتشر شده‌ای که قبلاً روی آنها توافق شده و بر همه روشن است، وسیلهٔ مؤثّری برای به اجراء درآوردن ارادهٔ جمعی خود دارد؟ ملّت‌های متمرّد دیگر نخواهند توانست چنین استدلال کنند که مداخلهٔ نظامی در امور آنان فقط کار معدود کشورهائی است که انگیزه‌هائی غیراخلاقی نظیر طمع به منابع انرژی یا نفرت نسبت به مردم یا عقیدهٔ آنان یا خواست‌های استعماری دارند.

وقتی سازمان ملل خودش یک ارتش داشته باشد، بار ایفای نقش پلیس جهانی از دوش یک کشور خاصّ برداشته خواهد شد. هیچ کشوری، هر چقدر هم که قوی باشد، واقعاً نمی‌خواهد به تنهائی مشکلات بسیاری را که به نقض صلح منجر می‌شود، حل کند. تجربه به ما آموخته است که بهای جانی و مالی چنین کاری بیش از حدّ سنگین است. به علاوه، ثابت شده که نقش پلیس جهان را بازی کردن کار بی‌اجری است. این کار معمولاً دشمنی بسیاری را بر می انگیزد و تخم خشونت و تروریسمی را که باید با آن مقابله کرد، می‌افشاند. در مقابل، مداخلهٔ نظامی نیروهای تحت فرمان یک هیئت فَراملّیّتی به جای این که نتیجهٔ هوس یا منفعت‌طلبی یک کشور به نظر بیاید حاکی از عمل ارادهٔ جمعی در جهت مصالح مشترک خواهد بود.۸۰ اجرای ارادهٔ جمعی جامعهٔ بین‌المللی به این ترتیب پیام بسیار شدید و مؤثّری می‌دهد مبنی بر این که برخی از رفتارها که در نظام‌نامهٔ شورا مشخّص شده‌اند، تحمّل نمی‌شوند و جامعهٔ بین المللی در مقابل آنها دست به اقدام، و در صورت لزوم با استفاده از سپاه دائمی که در اختیار شوراست دست به اقدام قهری، می‌زند.

ایجاد یک ارتش بین‌المللی از یک طریق دیگر هم موهبتی برای امنیت جهانی خواهد بود. وجود آن به شورا اجازه می‌دهد که به سرعت برای فرونشاندن مشکلات در حال بروز حرکت کند و به این ترتیب جان میلیون‌ها نفر را نجات دهد و از بالاگرفتن غیرضروری مشکل که حل آن را پُرهزینه‌تر می‌کند، جلوگیری نماید. وجود آن همچنین بر احتمال این می‌افزاید که شورای امنیت به جای تعلّل‌کردن و شانه‌خالی‌کردن و منتظر اقدام دیگران شدن، یعنی چیزی که در طول نَسل‌کُشی رواندا رخ داد، به موقع دخالت کند. رومئو دالر[72] سرتیپ کانادائی که فرماندهی سپاه پاسدار صلح را در شروع نَسل‌کُشی رواندا

---

[72] Romeo Dallaire

به عهده داشت، در کتابی که در مورد تجربیاتش نوشته است چنین می‌گوید «در حالی که به نظر می‌رسید اکثر کشورهای دنیا روی این توافق دارند که باید کاری انجام شود، به نظر می‌رسید که هر کشور دلایلی دارد برای این که چرا یک کشور دیگر باید این کار را انجام بدهد. در نتیجه آنجا نشسته بودیم و منتظر بودیم که به وعده‌ای وفا شود، به نقش حسابدارانی تنزّل پیدا کرده بودیم که حساب کسانی را که کشته می‌شدند، نگه می‌داشتند.» ۸۱

شاید مهمّتر از همه این باشد که این ارتش می‌تواند به عنوان نقطه‌ای کانونی که ارادهٔ سیاسی حول آن ترتیب می‌یابد، عمل کند. همان طور که مارک اشنیدر،[73] معاون ارشد گروه بین‌المللی بحران گفته است، ارادهٔ سیاسی نیاز به «یک کانون مؤسّساتی» دارد که بتواند نیرو وارد میدان کند. وی همچنین خاطرنشان می‌کند که ما وقت بیشتری را صرف این می‌کنیم که از فقدان ارادهٔ سیاسی بنالیم تا این که برای « پدیدار گشتن آن سازمان‌دهی» کنیم.۸۲

همین که یک ارتش دائمی برای سازمان ملل ایجاد شد، می‌توان آن را به عنوان وسیلهٔ مؤثری برای حل مشکلات متعددی که جامعهٔ جهانی مبتلای به آنهاست به کار برد. در درجهٔ اوّل و مهمّتر از همه انجام عملیات قهری به فرمان شورای امنیت، به خصوص در مواردی است که دلائل محکمی دال بر سرپیچی یک کشور از خواست‌های شورای امنیت در جهت برگرداندن صلح وجود دارد و یا مواردی که در آن کشوری به نقض جدی قوانین بین‌المللی، مثلاً در زمینهٔ نَسل‌کُشی یا عدم گسترش پرداخته است. دوم، وقتی از سوی آژانس بین‌المللی اطّلاعات و بازرسی هشدار قبلی داده و یا تأیید شده که قرار است یکی از موارد بالا اتّفاق بیفتد، مثلاً قرار است در کشور خاصّی نَسل‌کُشی اتّفاق بیفتد یا نقشه‌هائی برای ساخت غیرقانونی سلاح‌های کشتار جمعی در جریان است، می‌توان از این ارتش به طور خیلی مؤثّری برای صف‌آرائی بازدارنده استفاده کرد. تا این تاریخ، فقط یک مورد روشن از صف‌آرائی بازدارندهٔ موفّق از سوی نیروهای سازمان ملل وجود داشته است و آن هم در جمهوری سابق یوگوسلاوی، مقدونیه، بوده است که مقامات ملّی تقاضای آن را کردند.۸۳ سوم، این ارتش می‌تواند تحریم‌هائی را که شورای امنیت تعیین می‌کند، اجراء نماید. بنا به گفتهٔ کوفی عنان چنین تحریم‌هائی «حدّ واسط لازمی بین حرف و حرب»۸۴ هستند و فقط وقتی مؤثّرند که اجراء شوند. عمل در این رابطه وقتی صورت می‌گیرد که دیده‌بانی تمام‌عیار آژانس بین‌المللی اطّلاعات و بازرسی به دلائل محکمی دال بر این که از تحریم‌ها سرپیچی شده، برسد. چهارم، وقتی

---

[73] Mark Schneider

کشورها از احکام دادگاه جهانی که برای حفظ یا برگرداندن صلح و امنیت جهانی اهمّیّت اساسی دارند، سرپیچی می‌کنند و در نتیجه صلح را به خطر می اندازند، باید از این ارتش برای اجرای این احکام استفاده کرد. پنجم، این ارتش می‌تواند به مقابله با تروریسم و جنایت سازمان‌یافتهٔ فَراملّیّتی کمک کند که تأمین مالی‌شان عمدتاً از طریق فعالیت‌های غیرقانونی شامل قاچاق مواد مخدّر (تخمین زده می‌شود سالانه حدود ۳۰۰ تا ۵۰۰ میلیارد دلار از قاچاق مواد مخدّر به دست می‌آید۸۵)، قاچاق اسلحه و قاچاق انسان صورت می‌گیرد. ششم، می‌توان از این ارتش برای مقابله با شورشیان و شبه‌نظامیانی که فعالیت‌هایشان به تضعیف و بی‌ثباتی یک کشور خاصّ منجر می‌شود و ممکن است به سقوط نهائی آن بیانجامد، استفاده کرد. هفتم، از این ارتش می‌توان برای انتقال غذا به مناطقی که در خطر قحطی قرار دارند، استفاده کرد. هشتم، این ارتش می‌تواند به مقابله با بحران‌هائی که از بلایای طبیعی ناشی می‌شوند، نظیر تسونامی سال ۲۰۰۵ که در نقاطی نظیر باندا آسه[74] در اندونزی، سوماترا، تایلند و هند خرابی به بار آورد یا لرزه‌های مخرّبی نظیر آنچه در ماه دسامبر سال ۲۰۰۳ شهر بم در ایران یا در ماه اکتبر سال ۲۰۰۵ کشمیر را لرزاند، کمک کند.

برای این که این ارتش دائمی در نقش خود به عنوان مجری ارادهٔ جامعهٔ بین‌المللی که از طریق شورای امنیت یا سایر طُرُق قانونی اِعمال می‌شود، موفّق گردد، باید به نحوی سازمان یابد که وفاداری کاملش نسبت به سازمان ملل تضمین گردد. این به آن معناست که این ارتش نباید تحت تأثیر ملاحظات و فشارهای ملّی باشد. بلکه باید تحت فرمان و کنترل دبیر کلّ سازمان ملل باشد تا نیروهای آن را تنها با اجازهٔ شورای امنیت وارد میدان کند. امور مالی آن نیز باید توسّط مجمع عمومی تعیین و تنظیم شود. سپاهیان و سایر کارکنان آن باید از همهٔ مناطق و کشورهای جهان باشند.۸۶ در بهترین حالت، همهٔ ملّت‌ها باید برای این ارتش نفرات و تجهیزات فراهم کنند تا احساس کنند که در پیروزی‌هایش سهم دارند. تضمین استقلال این ارتش از ملاحظات ملّی و وفاداری آن به سازمان ملل برای اجتناب از مشکلات فعلی ضرورتی اساسی دارد. این مشکلات که در گزارش براهیمی به آنها اشاره شده مربوط به ملّیّت فرماندهان نیروها در موقعیت‌های خاصّ می‌باشند که در گِردِهَم‌آمدن نیروها برای وارد شدن به میدان تأخیر ایجاد می‌کنند.۸۷

به علاوه، اهمّیّت زیادی دارد که این ارتش به معیارهای عالی پاسخ‌گوئی در قبال خلاف‌های کارکنانش متعهّد باشد. نظام کنونی که تعقیب قانونی افراد

---

[74] Banda Aceh

لشکرهای ملّی را که جنایتی در کشور محل خدمت خود مرتکب شده‌اند، به کشورهای مربوطه می‌سپارد، باید تغییر کند.۸۸ به این منظور باید یک نظام شفاف هم برای استخدام و هم برای اخراج کارکنان آن وجود داشته باشد. به علاوه، جنایاتی که سربازان در طول خدمت خود انجام می‌دهند باید توسّط یک دادگاه بین‌المللی و تحت مجموعه قوانین جدید بین‌المللی که باید برای تنظیم رفتار آنها وضع شود، مجازات گردند. این امر تضمین می‌کند که نسبت به همهٔ سربازان سازمان ملل، صرف نظر از این که کشور مَبدَئشان چه بوده است، رویکرد برابر و یکسانی اتّخاذ می‌شود و اعتماد شهروندان کشورهای مختلف نسبت به این ارتش و نسبت به نظام بین‌المللی امنیت جمعی بیشتر می‌شود.

در مورد این که چگونه می‌توان برای پشتیبانی سریع و مؤثّر نظامی از شورای امنیت و سازمان ملل ترتیباتی ایجاد کرد، نظرات جدیدی پیدا شده‌اند. طیف این نظرات از احتیاط‌آمیز تا بلندپروازانه کشیده شده است. در انتهای احتیاط‌آمیز این طیف پیشنهاد دبیر کلّ در گزارش «در آزادی بیشتر» قرار دارد که پیشنهاد می‌کند جامعهٔ بین‌المللی صرفاً چهارچوب فعلی ترتیبات سازمان ملل را تغییر دهد.۸۹ اما ضعف‌های متعدّدی در درون نظام آماده‌باش سازمان ملل (UNSAS) وجود دارد که در فصل ۲ این کتاب مورد بحث قرار گرفته است. یکی از این ضعف‌ها ماهیت داوطلبانه و مشروطی تعهّدات آن است. با توجّه به این ضعف‌ها، این نظام باید به طور جدی بازبینی شود تا به ابزار مؤثّرتری در دست شورای امنیت بدل گردد.

در میانهٔ این طیف این نظریه وجود دارد که هر کشور یا هر گروهی از کشورها لشکر ۵۰۰۰ نفرهٔ در اندازهٔ یک تیپ که توان مقابله با یک بحران یا وضعیت اضطراری را داشته باشد، به وجود آورد. تصوّر می‌شود که این کار بهتر از آن است که تعدادی واحد رزمی داشته باشیم که نتوانند با یک دیگر کار کنند.۹۰ شربریگ (SHIRBRIG) یا تیپ ذخیرهٔ چند ملّیّتی با آمادگی بالا برای عملیات سازمان ملل[75] نمونه‌ای از چنین نیروهائی است که برای آموزش نفرات در کنار یکدیگر، به خصوص برای عملیات پاسداری از صلح سازمان ملل، طراحی شده و همهٔ واحدهای آن بخشی از نظام UNSAS هستند. این تیپ می‌تواند نیروهای پیشقراول خود را در عرض ۱۴ روز و نیروهای اصلیش را در عرض ۳۰ روز در منطقه پیاده کند. اما شربریگ به خودی خود یک راه حل کامل نیست. یکی از اساسی‌ترین عیب‌هایش این است که تنها در عملیات مبنی بر رضایت و تحت فصل ۶ منشور سازمان ملل عمل می‌کند و نه

---

[75] Multinational Standby High Readiness Brigade

در عملیات نظامی قهری که تحت فصل ۷ منشور از سوی شورای امنیت به آن مبادرت می‌شود. مهمّتر از آن این که هر کدام از کشورهای شرکت‌کننده در شربریگ در بارهٔ این که آیا نیروهایش در یک عملیات خاصّ شربریگ شرکت کنند یا نه، به طور موردی تصمیم می‌گیرد.

یک نسخهٔ ارتقاء یافته از شربریگ نظری است که دبیر کلّ سابق سازمان ملل، بوتروس بوتروس–قالی درکتاب سال ۱۹۹۵ خود تحت عنوان دستورکاری برای صلح مطرح کرده است. وی از تشکیل یک نیروی واکنش سریع از واحدهائی که به اندازهٔ یک گردان باشند، جانبداری می‌کند. هرچند این نیروها در کشورهای خودشان مستقر خواهند بود اما قادر خواهند بود که در کنار یک دیگر بجنگند، زیرا از مزیت تجهیزات، روال‌های عملی و آموزش مشترک و همچنین یک نظام مشترک ارتباطی برخوردار خواهند بود. وجود آنها شورای امنیت را قادر خواهد ساخت که با سرعت به یک موقعیت تهدیدآمیز پاسخ دهد.۹۱

یک نظریهٔ بازهم بُلندپَروازانه‌تَر و دورآندیشانه‌تر نظریه‌ای است که از سوی گروه کار برای نیروی اضطراری صلح سازمان ملل یا «UN 911» در سال ۲۰۰۵ مطرح شده است. این گروه کار پیشنهاد کرد که یک نیروی دائمی ده–پانزده هزار نفره از نفرات داوطلب برای سازمان ملل تشکیل شود. این داوطلبان بهترین تعلیمات و تجهیزات ممکن را دریافت خواهند کرد و در محل های تعیین‌شده در سراسر دنیا مستقرّ خواهند شد و آماده خواهند بود که در صورت پیش‌آمدن یک خطر یا بحران به سرعت، یعنی در عرض ۴۸ ساعت پس از تفویض اختیار از سوی شورای امنیت، پاسخ دهند. زنجیرهٔ فرمان‌دهی روشن خواهد بود: رئیس این نیرو کسی خواهد بود که دبیر کلّ سازمان ملل انتخاب کرده و به تأیید شورای امنیت رسیده باشد.۹۲ یکی از جنبه‌های برجسته و جالب این پیشنهاد آن است که این نیروها به فرمان شورای امنیت و بدون نیاز به تأیید کشورهای عضو آن وارد میدان می‌شوند. به این ترتیب این نیرو از موانعی که بی‌میلی کشورها نسبت به اعزام واحدهای ملّی خود ایجاد می‌کند، رها خواهند بود. این امر نیروی مذکور را به ابزاری برای جامعهٔ بین‌المللی بدل خواهد کرد تا به نحوی شایسته در خدمت ارادهٔ مشترکی قرار گیرد که شورای امنیت، که وظیفهٔ حفظ صلح و امنیت را به عهده دارد، تعیین می‌کند، و بازیچهٔ هویٰ و هوس ملّت‌هائی که بر اساس منافع خودشان عمل می‌کنند، نخواهد شد.۹۳ هزینهٔ ایجاد این نیروی اضطراری ۲میلیارد دلار و پس از آن سالانه ۹۰۰میلیون دلار تخمین زده می‌شود. این رقم بازهم کمتر از هزینه‌هائی است که اگر بگذاریم درگیری‌ها بالا بگیرند، لازم خواهد شد. فقط در دههٔ

۱۹۹۰ جامعهٔ بین‌المللی حدود ۲۰۰میلیارد دلار برای هفت مداخلهٔ اصلی خود خرج کرده است.۹۴

سرانجام، این نظریه وجود دارد که سازمان‌های امنیت منطقه‌ای تقویت شوند و به عنوان ذخائری استراتژیک که می‌توانند به سرعت در چهارچوب ترتیبات سازمان ملل وارد میدان شوند، به کار گرفته شوند.۹۵ دبیر کلّ سابق سازمان ملل، کوفی عنان خواهان ایجاد یک نظام یکپارچه از توان‌های پاسداری از صلح شد که به سازمان ملل اجازه دهد با سازمان‌های منطقه‌ای «به نحوی قابل پیش‌بینی و قابل اتّکاء» همکاری کند.۹۶ وی نگران آن بود که سازمان ملل و سازمان‌های منطقه‌ای بر سر منابع واحد با یک دیگر به رقابت پردازند.

وقتی رهبران ما تصمیم می‌گیرند که چگونه یک نظام نوین و کارآمد برای امنیت جمعی ایجاد کنند، تضمین این که شورای امنیت تجهیزات و نیروهای ثابتی را در اختیار مستقیم خود داشته باشد، اهمّیّت اساسی دارد. این‌ها ابزارهای حیاتی برای شورای امنیت هستند تا بتواند به مسئولیت خود در زمینهٔ حفظ صلح و امنیت عمل کند. ایجاد یک نظام جدید مستلزم تمایل به بُریدن از روال‌های گذشته و فکر کردن خارج از چهارچوب و ابتکار عمل داشتن است. در عین حال اگر پیشنهادهای مربوط به اصلاحات خیلی ریشه‌ای باشند احتمالاً کنار گذاشته می‌شوند و به نحوی که شایستهٔ آنهاست مورد بررسی قرار نمی گیرند. بنا بر این پیشنهادهای مربوط به نیروی نظامی دائمی باید به نحوی مطرح شوند که هم ابتکاری و هم از نظر سیاسی برای رهبران ما قابل هضم باشند.

احیای مواد ۴۳ تا ۴۷ منشور سازمان ملل

یکی از مسائلی که باید صراحتاً با آن رو به رو شد این است که آیا ممکن یا عاقلانه است موادی از منشور سازمان ملل را که مربوط به تخصیص نیروهای نظامی ملّی به شورای امنیت است، دوباره احیاء کنیم تا آن شورا بتواند از آنها در جهت انجام مسئولیت خود در زمینهٔ پاسداری از صلح استفاده کند؟ یکی از جذابیت‌های چنین کاری این است که مواد این نظام قبلاً مورد توافق قرار گرفته و در منشور سازمان ملل تجسّم یافته است. اما از سوی دیگر چنانچه آشکار باشد که کارآئی ندارد، نباید خود را مؤظّف به وابستگی به موافقت‌نامه‌ای بدانیم که چند دهه قبل حاصل شده است.

آنچه از این پس باید بسازیم

مواد ۴۳ تا ۴۷ دیگر برای فراهم‌کردن نفرات و تجهیزاتی که شورای امنیت برای حفظ صلح وامنیت بین‌المللی به آن نیاز دارد، کافی نیست. این مواد فقط ما را تا حدّی به سوی هدفی پیش می‌راند که حال رهبران ما باید برای آن بکوشند، یعنی ایجاد یک ارتش دائمی که مستقلّ از امیال کشورهائی باشد که نفراتش از آن آمده‌اند و تحت فرمان مستقیم دبیر کلّ به نحوی که شورای امنیت یا یک نهاد فَراملّیّتی مناسب دیگر که ارادهٔ جامعهٔ بین‌المللی تعیین می‌کند، قرار داشته باشد. در نتیجه پیاده‌کردن قرارهای منشور فقط قدم دوم در یک جریان پیشنهادی سه‌مرحله‌ای که به استقرار یک ارتش بین‌المللی خواهد انجامید، به شمار می‌رود.

تجهیز شورای امنیت به ابزار نیرومند مورد نیازش در یک رویکرد عملی‌تر شامل سه مرحلهٔ تدریجی می‌شود. اول شبکه‌ای از سازمان‌های منسجم امنیت منطقه‌ای که تمام سیاره را دربر بگیرد، به وجود آید. دوم یک چهارچوب بین‌المللی در طول خطوطی که در منشور مقرّر شده برقرار شود و از سازمان‌های منطقه‌ای بخواهد که به روابط خود با شورای امنیت رسمیت بخشند و نیروهای نظامی خود را برای استفاده در دسترس شورای امنیت قرار دهند. سوم فرا رفتن از قرارهای منشور سازمان و تقویت و یکپارچه‌سازی نیروهای نظامی منطقه‌ای است تا به صورت یک ارتش دائمی مستقل درآیند که هرچند در نیروهای منطقه‌ای مستقرّ هستند، اما به عنوان واحدهای دائمی سازمان ملل که فقط تحت فرمان شورای امنیت و به کلّی مستقلّ از ملّت‌های منطقهٔ خود هستند، خدمت می‌کنند.

یک شبکهٔ یکپارچه از نیروهای نظامی منطقه‌ای که سیاره را پوشش می‌دهند

ایجاد سنگِ بَناهای منطقه‌ای برای امنیت جمعی به عنوان یک حدّ واسط خوب توصیه شده است، حدّ واسطی که بین نظام فعلی ما که در آن شورای امنیت به هر نیروی ملّی که بتواند جمع کند، اتّکاء می‌کند (نیروهائی که از نظر توانائی و قدرت تفاوت‌های زیادی با یک دیگر دارند) از یک سو؛ و ایجاد یک ارتش دائمی بین‌المللی ازسوی دیگر، قرار می‌گیرد. رویکرد منطقه‌ای مزایای زیادی دارد که آن را خوشایند کند، از جمله این مزیت مهمّ که در مقایسه با ایجاد یک ارتش دائمی بین‌المللی، احتمال بیشتری دارد به مذاق رهبران ما در این مرحله از پیشرفتمان خوش بیاید. ممکن است برای آنها آسان‌تر باشد از

بخشی از حاکمیت امنیتی خود به نفع یک سازمان منطقه‌ای که در آن دخالت فعال دارند چشم‌پوشی کنند؛ تا به نفع یک سازمان بین‌المللی که احساس می‌کنند کمتر بیان‌گر منافع آنهاست. همچنین تفویض حاکمیت به یک هیئت منطقه‌ای فَراملّیّتی می‌تواند به واسطهٔ نقاط مشترک بیشتری که از نظر زبان، فرهنگ، روش زندگی و نگرش بین کشورهای یک منطقه وجود دارد، آسان‌تر باشد.

پذیرفتن مسئولیت در سطح منطقه‌ای و کار کردن جمعی در جهت انجام این مسئولیت این تأثیر مثبت را دارد که به تدریج فرهنگ اقدام جمعی را در هر منطقه ایجاد می‌کند. انگیزهٔ قوی منفعت‌طلبی کشورها را وادار می‌کند کاری کنند تا این نظام مؤثّر از کار درآید. هرچه باشد، اگر خشونت، نقض صلح، و بی‌ثباتی منطقهٔ آنها را دربر بگیرد، دودش زودتر از همه، و احتمالاً بیش از همه، به چشم خود آنها می‌رود.

وقتی به کشورهای یک منطقه که از نظر نظامی قدرتمند هستند اجازه می دهیم نقش پلیس را بازی کنند، مشکلاتی به وجود می‌آید که اگر مسئولیت منطقه ای در قبال امنیت وجود داشته باشد، از آنها جلوگیری می‌شود. متأسفانه، کشورهائی که چنین نقشی را بازی می‌کنند اغلب به خودشان حقّ می‌دهند به عنوان رئیس پلیس منطقه عمل کنند و نهایتاً از حدّ خود تجاوز می‌کنند، حالا هر چقدر هم که در ابتداء حُسن نیَّت داشته باشند. تجربه به ما آموخته است که اتّکاء به چنین کشورهائی، بیش از آنکه مشکلاتی را حلّ کنند، مشکلات جدیدی را به وجود خواهد آورد. یک نمونهٔ بارز تدارک نیروهای پاسدار صلح از سوی سوریه برای کمک به پایان‌دادن به جنگ داخلی لبنان است. کار این نیروها به ماندن در لبنان و اِعمال نفوذ شدید در سیاست و اقتصاد این کشور انجامید. سوری‌ها ۱۴ سال پس از ورود اوّلیهٔ خود، در حالی که بیش از حدّ تحمّل میزبان مانده بودند، تنها وقتی حاضر به ترک لبنان شدند که به دنبال قتل مشکوک یک شخصیت سیاسی لبنانی که مخالف ادامهٔ دخالت‌های سوریه بود، از سوی جامعهٔ بین‌المللی محکوم شدند و گروه وسیعی از کشورها، شامل روسیه، آلمان، فرانسه، عربستان سعودی، مصر، ایالات متّحده و خود مردم لبنان خواستار عقب‌نشینی آنها گشتند.

کار روی این گام اول و بنیادی باید هرچه زودتر آغاز گردد. ما باید از معدود ترتیبات امنیتی منطقه‌ای که در طول زمان و هرچند به طور تصادفی و بدون یک نقشهٔ کلّی ایجاد شده‌اند، به عنوان شالوده استفاده کنیم تا بر روی آن شبکه‌ای یکپارچه و منسجم از ترتیبات امنیتی منطقه‌ای که سیاره را پوشش دهد، بنا نمائیم. این رویکرد با ایجاد یک شبکهٔ غیرمتمرکز از یک سو و در عین حال فراهم‌کردن میزان معیّنی از هدایت و هماهنگی از سوی دیگر، برای

بسیاری که از قدرت متمرکز، به خصوص در سطح بین‌المللی، هراس و نسبت به آن سوءظنّ دارند، جذاب است. این رویکرد همچنین تضمین می‌کند که از نیروی نظامی هیچ کشوری بیش از حدّ استفاده نشود۹۷ و به منابع مالی و انسانی هیچ کشوری به طور بی‌تناسب و ناعادلانه فشار وارد نیاید. این امر به تنهائی باید این پیشنهاد را برای کشورهائی که در حال حاضر نیروهای نظامی شان در چندین منطقه در سراسر عالم به عنوان پاسداران و ایجادکنندگان صلح مستقرّ شده‌اند، جذاب سازد. هرچند مناطقی که منابع مالی و نظامی بیشتری دارند به آنهائی که منابع محدودتری دارند در ساختن و تقویت ترتیبات امنیتی منطقه‌ای کمک خواهند کرد تا روز به روز مستقل‌تر شوند و در عین حال در مواقع بحران از نظر نفرات، تجهیزات و تعلیمات به آنها مدد خواهند رساند، اما بارشان سبک‌تر از موقعی خواهد بود که خودشان قدم به میدان بگذارند و همهٔ کارها را خودشان انجام بدهند. در درازمُدَّت، برداشتن این گام به ساختن یک نظام امنیت جمعی مؤثّر و کارآمد، با قابلیت به‌کارگیری سریع که غیرمتمرکز اما در عین حال هماهنگ بوده و بین مردمان جهان اعتماد به وجود می‌آورد، کمک خواهد کرد. در واقع، پژوهش‌گران توافق دارند که ساختارهای نیرومند امنیتی حتی بدون آن که به طور فعال به کار گرفته شوند، روال‌های خوبی برای حفظ صلح منطقه‌ای به نظر می‌رسند.۹۸ آنها همچنین می‌گویند که شکل‌دادن به ترتیبات امنیتی منطقه‌ای و قراردادن نفرات و تجهیزات در نزدیکی جائی که استفاده از آنها در آنجا لازم خواهد شد، بسیار عاقلانه است.۹۹

اولین گام در این جریان بنیادی؛ تقویت نفرات، تجهیزات و ظرفیت‌های اجرائی و نهادین ترتیبات امنیتی منطقه‌ای فعلی نظیر نیروی ذخیرهٔ اتّحادیهٔ آفریقا و نیروی واکنش سریع اتّحادیهٔ اروپا است.

گام دوم این است که جامعهٔ بین‌المللی ایجاد ترتیبات امنیتی منطقه‌ای جدید در مناطقی که در حال حاضر فاقد چنین ترتیباتی هستند را تشویق کند و اطمینان حاصل نماید که آنها نیز از هر نظر قوی هستند. کارشناسان میزگرد عالی سازمان ملل از چنین اقدامی پشتیبانی کرده‌اند، به خصوص در «مناطق بسیار آسیب‌پذیر جهان که در حال حاضر در آنها هیچ سازمان امنیتی مؤثّری وجود ندارد.»۱۰۰ همان طور که پژوهش‌گر برجسته فرانسیس فوکویاما[76] عنوان کرده است، یکی از مناطقی که ممکن است از چنین ترتیبات امنیتی منطقه‌ای سود ببرد، جنوب شرقی آسیاست.۱۰۱ این منطقه در حال حاضر هیچ ترتیبی برای امنیت جمعی خود ندارد، امّا تا حدی از عملیات پاسداری از صلح

---

[76] Francis Fukuyama

استرالیا سود می‌برد. نمونهٔ دیگر منطقهٔ خاورمیانه است. دبیر کلّ اتّحادیهٔ عرب، امر موسی، خواهان آن شده است که اتّحادیه دست به «اقدامات جمعی متفاوت و شجاعانه» بزند تا عدم رکود خود را تضمین کند.۱۰۲ به علاوه، پژوهش‌گران سیاست خارجی، کن پولاک[77] و ری تکی[78] به نفع یک «ساختار امنیتی جدید در خلیج فارس» استدلال کرده‌اند که در آن ایرانی‌ها و عرب‌ها و آمریکائی‌ها بتوانند راه‌هائی برای همکاری در زمینهٔ علائق امنیتی خود بیابند.۱۰۳ شاید بتوان از شورای همکاری خلیج به عنوان یک شبکهٔ مؤسّساتی برای ایجاد چنین ترتیبات امنیتی منطقه‌ای استفاده کرد. به عنوان نمونهٔ سوم، منطقه‌ای را که شامل جمهوری‌های آمریکای مرکزی می‌شود، در نظر بگیرید. چندین کشور در این منطقه، شامل نیکاراگوا، هوندوراس، اِل‌سالوادور،کوستا ریکا، و گواتمالا عهد بسته‌اند که یک «نیروی سریع» برای مقابله با باندهای خشن جوانان و تهدیدات تروریسم و قاچاق مواد مخدّر ایجاد کنند. بنا بر گزارش‌ها ایالات متّحده در مورد اطّلاعات مربوط به این زمینه‌ها با آنها همکاری می‌کند.۱۰۴

تجربه نشان داده است که ایجاد ترتیبات امنیت منطقه‌ای در جائی که قبلاً نوعی همکاری منطقه‌ای، چه اقتصادی و چه سیاسی، وجود داشته، آسان‌تر است. اتّحادیهٔ اروپا قبل از این که در اواخر دههٔ ۱۹۹۰ تصمیم به ایجاد یک نیروی واکنش سریع بگیرد، به میزان بالائی از یکپارچگی اقتصادی دست یافته بود. به همین منوال سازمان اتّحادیهٔ آفریقائی که در سال ۱۹۶۳ ایجاد شد همکاری در چندین سطح غیرنظامی را ممکن می‌ساخت. این اتّحادیه سرانجام با جامعهٔ اقتصادی آفریقا ادغام شد و در سال ۲۰۰۲ به صورت اتّحادیهٔ آفریقا درآمد. آن وقت بود که این سازمان تازه‌جانشین‌شده نیروی ذخیرهٔ آفریقائی را ایجاد نمود. در اروپا و آفریقا هیئت‌های منطقه‌ای دیگری نیز برای گفتگوی سیاسی و ایجاد اتّفاق نظر وجود داشتند. برای مثال، در اروپا شورای اروپا، سازمان امنیت و همکاری اروپا و ناتو وجود داشت. در آفریقا روند آفریقائی بازنگری همتایان و همکاری جدید برای توسعهٔ آفریقا درآفریقا وجود داشت. هرچه از ارزش چنین گِردهم‌آئی‌ها در ایجاد زیرساختی برای برگزاری جلسات منظّم بین رهبران حکومت‌های یک منطقه برای گفتگوی مستقیم با یک دیگر بگوئیم، کم گفته‌ایم. چنین جلساتی احتمال سوء تفاهمات و درگیری‌های ممکن را کم می‌کند و در کوتاه‌مدّت و بلندمدّت تفاهم و اعتماد به بار می‌آورد. هم در

---

[77] Ken Pollack
[78] Ray Takeyh

مورد اروپا و هم در مورد آفریقا از قبل زیرساخت‌های منطقه‌ای و همکاری‌های سیاسی وجود داشت. اینها به نوبهٔ خود اعتماد مختصری ایجاد نمود که به هر کدام از این سازمان‌ها اجازه داد قدم بعدی را در ایجاد یک ترتیب امنیت جمعی منطقه‌ای و به وجود آوردن نیروهای ذخیره بردارند.

با توجه به تجربهٔ اروپا و آفریقا، شاید بهترین کار این باشد که جریان ایجاد سازمان‌های جدید امنیت منطقه‌ای را با پیوستن آنها به همایش‌ها یا مؤسّسات موجود برای همکاری اقتصادی که در سراسر دنیا زیاد هستند، آغاز کنیم. در جائی که چنین زیرساختی وجود ندارد، رهبران ما می‌توانند با ایجاد مؤسّساتی برای پیشبرد رشد اقتصادی شروع کنند. این‌ها به نوبهٔ خود به پیشبرد روحیه و فرهنگ همکاری با یک دیگر در زمینهٔ بهبود بخشیدن به زندگی مردمان مناطق مربوطه کمک می‌کنند و فضای اعتمادی را به وجود می‌آورند که برداشتن گام بعدی، که ایجاد یک سازمان امنیت منطقه‌ای است، را آسان‌تر می‌سازد.

شمال شرق آسیا با وجود نقش عمده‌ای که در تجارت جهانی بازی می‌کند، فاقد گروه‌بندی اقتصادی خود است.۱۰۵ در واقع در حال حاضر این بخش از دنیا آنقدر نسبت به جنگ آسیب‌پذیراست که تحلیل‌گرانی نظیر مایکل او هان لون،[79] با وجودی که در این منطقه تجربه‌ای در زمینهٔ مؤسّسات چندجانبه وجود ندارد، ایجاد یک ترتیب رسمی برای امنیت جمعی منطقه‌ای بین ژاپن، جمهوری کره (کرهٔ جنوبی)، جمهوری دموکراتیک خلق کره (کرهٔ شمالی)، جمهوری خلق چین و روسیه را پیشنهاد کرده‌اند.۱۰۶ چنین ترتیبی با خطراتی نظیر دزدی دریائی، تروریسم و جنگ بر سر منابع آبهای منطقه مقابله خواهد کرد.۱۰۷ به همین منوال، فرانسیس فوکویاما ایجاد یک سازمان پنج‌قُدرتی در این منطقه را پیشنهاد کرده است که به طور منظّم برای بحث در بارهٔ مسائل امنیتی دیدار کنند. جالب است که وی این را نیز پیشنهاد می‌کند که بحث در بارهٔ امنیت به گِردِهم‌آئی‌های جاری مختلف دیگری، که یا وجود دارند یا در حال بررسی هستند، پیوند زده شود، مانند مجمع کشورهای جنوب شرق آسیا، آسه آن (ASEAN)،[80] یا گفتگوی همکاری شمال شرق آسیا که در اوائل دههٔ ۱۹۹۰ به طور غیررسمی ایجاد شده و کشورهائی را که در حال حاضر در گفتگوهای شش‌جانبه در مورد برنامهٔ هسته‌ای کرهٔ شمالی شرکت دارند، در بر می‌گیرد.۱۰۸ در این رابطه دل‌گرم‌کننده است که علاقه به ایجاد یک ترتیب

---

[79] Michael O'Hanlon

[80] Association of Southeast Asian Nations

امنیت جمعی در شمال شرقی آسیا از سوی رهبران منطقه نظیر رئیس جمهور کرهٔ جنوبی، رو مو–هیون،[81] نیز ابراز شده است.۱۰۹

در حینی که سازمان‌های امنیت منطقه‌ای تازه‌ای ایجاد می‌شوند، ممکن است لازم باشد که ترتیبات امنیت منطقه‌ای موجود و سایر اتّحادیه‌های امنیتی نظیر ناتو از نظر مالی و تدارکاتی، مثلاً در زمینهٔ آموزش و تهیهٔ تجهیزات و نقل و انتقال آنقدر به آنها کمک کنند تا قوی شوند و بتوانند روی پای خودشان بایستند.۱۱۰ در نتیجه در ماه جون ۲۰۰۵ ناتو موافقت کرد که به اتّحادیهٔ آفریقا کمک کند مأموریت پاسداری از صلح خود را در دارفور گسترش دهد و از جولای ۲۰۰۵ ترتیب نقل و انتقال هوائی پاسداران صلح نیروی ذخیرهٔ آفریقا و پلیس غیرنظامی را به داخل و خارج از دارفور بدهد. ناتو از نظر مشاوره و آموزش افسران نیروی ذخیرهٔ آفریقا نیز به اتّحادیهٔ آفریقا کمک کرده است.۱۱۱

همین طور که ما سازمان‌های امنیت منطقه‌ای را تقویت می‌کنیم و رسمیت می‌بخشیم و به عنوان بخشی از ایجاد یک نظام کارآمد و جدید امنیت جمعی سازمان‌های جدیدی به وجود می‌آوریم، رهبران ما هم باید به چند موضوع توجّه جدی داشته باشند. اول این که آیا مانند عضویت در ناتو برای عضویت در یک سازمان امنیت منطقه‌ای هم شرایطی لازم است یا خیر. یک کشور برای این که بتواند عضو ناتو شود باید دولتی دموکراتیک، سیاست خارجی صلح‌طلبانه و ارتشی که تحت اختیار یک دولت غیرنظامی باشد، داشته باشد. هرچند عده‌ای ممکن است بگویند که چنین شروطی می‌تواند باعث محرومیت کشورها از انضباط و مزایای این سازمان شود، اما ایجاد انگیزه برای کشورهائی که مشتاق پیوستن به یک سازمان امنیت منطقه‌ای هستند به پذیرفتن اصول مثبت بالا مزایای زیادی دارد. موضوع دیگری که رهبران ما باید به آن بپردازند این است که آیا بهتر است نیروهای مسلّحی که در اختیار سازمان منطقه‌ای هستند مانند نیروهای واکنش سریع اروپا از لشکرهای ملّی تشکیل شده باشد که به تصمیم مطلق دولت‌های عضو وارد میدان می‌شوند یا این که متعلّق به نیروهای ذخیرهٔ منطقه‌ای باشند و تحت فرمان سازمان منطقه‌ای که به عنوان یک هیئت فَراملّیّتی عمل می‌کند، قرار داشته باشد. رویکرد اخیر تضمین می‌کند که کارآئی یک نیروی منطقه‌ای بازیچهٔ هویٰ و هوس یک دولت خاصّ که ممکن است وسوسه شود به جای منافع گسترده‌تر منطقه‌ای، بنا بر منافع محدود خود عمل کند، قرار نمی‌گیرد. همچنین مزیت ایجاد فرهنگی را دارد که در آن همهٔ کشورها به تدریج به سپردن مسئولیت امنیت جمعی به یک نیروی فَراملّیّتی

---

[81] Roh Moo-Hyun

عادت می‌کنند. این امر نهایتاً انتقال به مرحلهٔ نهائی ایجاد یک ارتش دائمی بین المللی را آسان‌تر می‌سازد. اما در نهایت پاسخ این سئوال بستگی به این دارد که کشورها تا چه حدّ حاضر هستند در زمینهٔ به‌کارگیری اصول اولیه و چشم پوشی از برخی از عناصر حاکمیت ملّی خود در جهت یک هدف بزرگتر پیش بروند.

نکتهٔ دیگری که لازم است خاطرنشان سازیم آن است که همین طور که سازمان‌های امنیت منطقه‌ای با اختیارات قهری منطقه‌ای خود در حال رشد و تحوّل هستند، لازم است که همکاری نزدیکی با دفاتر منطقه‌ای آژانس بین‌المللی اطّلاعات و بازرسی (شامل دفاتر هشدار قبلی آن) داشته باشند که باید به طور همزمان و موازی با آنها شکل گیرند. در واقع کار این دو مجموعه از مؤسّسات مُکمّل یک دیگر است: سازمان‌های منطقه‌ای بدون اطّلاعات و بررسی صحیح، فاقد اطّلاعات و شواهد محکمی خواهند بود که در صورت لزوم، برای اقدام به آن نیاز دارند. از سوی دیگر، بدون نیروی قهری برای پشتیبانی، نمی توان به نحو مؤثّری به مقابله با شواهد نقض فاحش قوانین بین‌المللی و نقض صلح که آژانس اطّلاعات فراهم می‌کند، پرداخت. سرانجام این دو مجموعه از مؤسّسات باید به صورت اجزائی لایَنفَک و متّحد از یک نظام کارآمد و عادلانه و منظّم بین‌المللی درآیند که اساس آن بر ستون‌های امنیت منطقه‌ای در سراسر جهان قرارگرفته باشد.

تعیین رابطهٔ بین شبکهٔ امنیت منطقه‌ای و شورای امنیت

همین که شبکه‌ای از سازمان‌های قدرتمند امنیت منطقه‌ای داشتیم که همهٔ مناطق را پوشش دادند، قدم بعدی آن است که هم اجزاء تکی و هم اجزای سازندهٔ این شبکه در ساختاری که از قبل برای تضمین صلح در سراسر جهان تعیین شده، همکاری نزدیک و یکدستی با سازمان ملل داشته باشند. هستهٔ این فکر از قبل در تفکّر سیاسی معاصر وجود داشته و در سند نتیجه‌گیری همایش رهبران در سپتامبر ۲۰۰۵ به روشنی بیان شده است. این سند ایجاد ترتیبات قابل پیش‌بینی بین نیروهای منطقه‌ای و سازمان ملل را تشویق کرده است.۱۱۲

انتقال به مرحلهٔ همکاری با سازمان ملل می‌تواند از طریق سپردن مسئولیت امنیت هر منطقه از جهان به سازمان امنیت آن منطقه صورت گیرد. به علاوه، کشورهای هر منطقه باید بین خودشان توافق کنند که تهدید هر عضوی نسبت به صلح، تهدیدی نسبت به همه محسوب شده و به طور جمعی با آن برخورد شود.

این در عمل به آن معنا خواهد بود که در صورت بروز تهدیدی نسبت به صلح، نقض صلح، یا یک عمل تجاوزکارانه در آن منطقه، سازمان منطقه‌ای مسئول ملزم خواهد بود که برای حفظ یا بازگرداندن صلح نیروی نظامی خود را وارد میدان کند. ما قبلاً در تابستان ۲۰۰۴ در دارفور سودان، وقتی اتّحادیهٔ آفریقا تنها هیئتی بود که حاضر شد در جهت مقابله با فاجعهٔ نَسل‌کُشی و بازگرداندن صلح قدم به میدان بگذارد و بکوشد، نمونه‌ای از این را که چگونه یک سازمان منطقه‌ای مسئولیت اصلی یک درگیری منطقه‌ای را می‌پذیرد و نفرات خود را وارد میدان می‌کند، دیده‌ایم.۱۱۳ اما در چنین موقعیت‌هائی مداخلهٔ نظامی باید تأیید قبلی شورای امنیت را که در حال حاضر تحت فصل ۸ از منشور سازمان ملل ضروری است، به همراه داشته باشد؛ مگر در موارد نادری که اضطراری بودن موقعیت مستلزم اقدام فوری باشد و زمانی برای درخواست تأیید قبلی وجود نداشته باشد. در این موارد باید به محض این که عمل قهری آغاز شد، این تأیید درخواست شود. میزگرد عالی سازمان ملل از این رویکرد پشتیبانی کرده است.۱۱۴

در حالی که کشورهای جهان در حال وضع قوانین برای یک نظام جدید امنیت جمعی که بر اساس شبکه‌ای از ترتیبات امنیت منطقه‌ای استوار شده باشد، هستند، لازم است رهبران ما در بارهٔ تبعات زیان‌آور روند فعلی که در آن سازمان‌های منطقه‌ای بدون تأیید قبلی شورای امنیت عملیات قهری را مجاز می شمارند، به تفکری جدی، طولانی و صادقانه بپردازند. برای به حدّ اقلّ رساندن موارد این امر، رهبران ما باید موقعیت‌هائی را که در آن نیروهای منطقه‌ای می توانند بدون اجازهٔ قبلی شورای امنیت مداخله کنند، به وضوح شرح دهند و بر سر آنها توافق نمایند. اهمّیّت ملزم‌ساختن ترتیبات امنیت منطقه‌ای به گرفتن تأیید شورای امنیت قبل از عملیات منطقه‌ای توسّط آدمولا عباس[82] پژوهش‌گر به طور مفصّل مورد بحث قرار گرفته است.۱۱۵ سران کشورها باید تشخیص بدهند که اجازهٔ قبلی شورای امنیت برای تضمین یکسان‌بودن معیارهای مقابله با ملّت‌های نقض‌کنندهٔ صلح و همچنین برای تضمین رفتار انسانی نیروهای منطقه ای لازم است. هر دو از شروط عدالت و انصاف هستند. اجازهٔ شورای امنیت همچنین این نگرانی را که یک گروه منطقه‌ای به طور غیرقانونی در امور داخلی یک کشور مداخله کند یا به صورت یک نیروی اشغال‌گر عمل نماید، از بین می‌برد. گزارش‌هائی وجود دارد که در بهار ۲۰۰۵ وقتی اتّحادیهٔ آفریقا تصمیم گرفت تعداد سربازان نیروی ذخیرهٔ خود در دارفور را از ۲۲۰۰ نفر به

---

[82] Ademola Abass

آنچه از این پس باید بسازیم

۷۷۰۰ نفر افزایش دهد سودان چنین اتّهاماتی را مطرح کرد.۱۱۶ از آن زمان به بعد دولت سودان حضور سربازان اتّحادیهٔ آفریقا را در دارفور پذیرفته است، هرچند در آگست ۲۰۰۶ قاطعانه با برنامهٔ شورای امنیت برای جایگزین‌کردن این نیروها مخالفت کرد. برنامهٔ سازمان ملل این بود که این نیروها را که به شدّت باکمبود بودجه مواجه هستند و نتوانسته‌اند خشونت را در دارفور ریشه‌کن کنند با یک نیروی قدرتمند ۲۲۰۰۰ نفرهٔ سازمان ملل جایگزین سازد.۱۱۷ بنا به گزارش رسانه‌ها، رئیس جمهور سودان، آقای عُمَر البَشیر گفته است که نقشهٔ جایگزین‌کردن نیروهای اتّحادیهٔ آفریقا با نیروهای سازمان ملل «توطئه‌ای صهیونیستی» است که هدفش تضعیف دولت‌های منطقه و حرکتی است که به دشمنان سودان اجازه خواهد داد آن را تجزیه و منابعش را غارت کنند.۱۱۸ متعاقباً، سودان با سازش و پذیرش نیروی ترکیبی اتّحادیهٔ آفریقا—سازمان ملل موافقت کرد. اما تا ۲۲ جولای ۲۰۰۷ با بخشی از پیش‌نویس قطعنامهٔ شورای امنیت سازمان ملل که به نیروهای پاسدار صلح ۲۶۰۰۰ نفرهٔ اتّحادیهٔ آفریقا—سازمان ملل حقّ استفاده از نیروی نظامی را در مأموریت دارفور می‌داد، مخالفت کرده و ادّعا کرده بود که چنین مأموریتی به معنای نقض حاکمیت سودان خواهد بود.۱۱۹

طرح بین‌المللی برای عمل از طریق نیروهای منطقه‌ای باید موقعیت‌هائی را پیش‌بینی کند که در آنها کوشش‌های یک سازمان منطقه‌ای برای حفظ یا بازگرداندن صلح کافی نیست. وقتی شورای امنیت به یک سازمان منطقه‌ای اجازه می‌دهد که برای مقابله با یک موقعیت خاصّ وارد عمل شود، باید یک چهارچوب زمانی را تعیین کند تا در آن به بازبینی موقعیت بپردازد و در صورت لزوم برای کمک به سازمان منطقه‌ای اقدام کند. اگر یک سازمان منطقه‌ای و نیروی نظامی آن اقدامی نکردند یا با وجود تلاش زیاد نتوانستند در چهارچوب زمانی مشخّص‌شده صلح را حفظ یا آن را برگردانند، شورای امنیت باید با درخواست کمک از سایر نیروهای منطقه‌ای نزدیک به کمک آنها بشتابد. با ایجاد نظامی که در آن شورای امنیت همواره اولین ایستگاهی است که باید از قبل اجازهٔ عملیات نظامی را داده باشد، می‌توانیم تضمین کنیم که شورای امنیت همچنان مسئولیت نهائی حفظ صلح بین‌المللی را بر عهده خواهد داشت. در عین حال، این نظام می‌تواند بر اساس توانائی‌های سازمان‌های منطقه‌ای استوار شود که نقش آنها در مقابله با موقعیت‌هائی که امنیت جمعی را تهدید کرده‌اند اهمّیّت روزافزونی داشته است. این واقعیت که سازمان‌های منطقه‌ای و شورای امنیت مکمّل یک دیگر هستند به نحو دلگرم کننده‌ای از سوی دولت‌های شرکت‌کننده در نشست شورای امنیت با سازمان‌های منطقه‌ای به رسمیت شناخته شد. این

نشست در ۲۰۰۳ به منظور بررسی راه‌های تقویت امنیت جمعی تشکیل شده بود.۱۲۰

تبدیل نیروهای منطقه‌ای به واحدهای یکپارچهٔ یک ارتش دائمی بین‌المللی

در درازمدَّت همین طورکه این شبکه از سازمان‌های منطقه‌ای از نظر قدرت، تعداد، منابع، اعتماد و کارآئی رشد می‌کنند و کارکردن نرم و روان را آغاز می‌نمایند، سرانجام برای تشکیل سنگ بناهای یک نظام امنیتی مُنسَجِم‌تر چندجانبه که تحت هدایت و رهبری شورای امنیت کار کند، آماده می‌شوند. آن گاه می‌توانند شروع به پذیرش مسئولیت‌هائی بیش از حفظ و اجرای صلح در مناطق خود نمایند. آنها می‌توانند از صورت نیروهائی که در درجهٔ اول نسبت به سازمان‌های منطقه‌ای وفادار هستند، بیرون آیند و به واحدهای یکپارچهٔ یک ارتش دائمی بین‌المللی که فقط و مستقیماً تحت فرمان شورای امنیت قرار دارند و کاملاً از حکومت‌های ملّی منطقه مستقلّ هستند، درآیند. این امر مستلزم ارتباط منظّم‌تر بین شورای امنیت و سازمان‌های منطقه‌ای، از جمله جلسات منظّم بین شورا و رهبران سازمان‌های منطقه‌ای است. همچنین مستلزم تمرین های تعلیماتی مشترک، یک نظام یکپارچهٔ ارتباطی برای برنامه‌های نظامی، تجهیزات هماهنگ و یک زبان مشترک است. از آنجا که استقرار نیروها در مناطقی که بیش از همه احتمال دارد مورد نیاز واقع شوند، هم مزایای عملیاتی دارد و هم مالی (برای مثال، با کوتاه‌کردن زمانی که طول می‌کشد تا نفرات و تسلیحات وارد میدان شوند)، منطقی است که ساختار ارتش بین‌المللی دائمی را طوری شکل دهیم که سربازها در مناطق مستقرّ شوند و هر مجموعه از سربازان در درجهٔ اول به انجام عملیات نظامی در همان منطقه اختصاص داده شوند.

<u>تقویت برنامه‌های عدم گسترش و کنترل تسلیحات و شتاب بخشیدن به کاهش تسلیحات</u>

ما در دنیائی زندگی می‌کنیم که در آن انواع و اقسام اسلحه و تسلیحات فراوان است. تازه به مقادیر عظیم سلاح‌های متعارفی که ذخیره کرده‌ایم راضی

نیستیم و با وجود خسارات عظیمی که می‌توانند به بار آورند، سلاح‌های هسته ای، شیمیائی و زیستی (که مجموعاً سلاح‌های کشتار جمعی خوانده می‌شوند) را نیز به زرّادخانۀ در حال رشد خود افزوده‌ایم. به نظر می‌رسد که مایلیم حدّ اکثر رنج و نابودی را در یک سطح وسیع و ویران‌گر تضمین نمائیم. و، به نظر می رسد که هر چقدر هم که فنّ‌آوری‌های ما متنوّع، بی‌رحمانه یا پیچیده است، باز هم راضی نیستیم، چرا که به جستجوی خود برای سلاح‌های بازهم پیشرفته‌تر کشتارجمعی ادامه می‌دهیم. این جستجوی بیمارگونه ما را به وضعیت کنونی خود کشانده که در آن یکی از بزرگترین خطراتی که در مقابل جهان قرار دارد گسترش چنین سلاح‌هائی است. میزگرد عالی سازمان ملل در بارۀ تهدیدها، چالش‌ها و تغییر چنین نتیجه‌گیری کرد که متوقّف‌کردن گسترش سلاح‌های هسته ای به خصوص باید در اولویت اضطراری جهان باقی بماند.۱۲۱ با این نظامی که زیر فشار خم شده است، چطور می‌توانیم این کار را انجام بدهیم؟۱۲۲ کشورها تعهّدات خود را نسبت به معاهدات عدم گسترش ندیده می‌گیرند یا به کلّی از این معاهدات خارج می‌شوند. خطرات جدیدی نظیر شبکه‌های تروریسم بین‌المللی و انتشار آسان فنّ‌آوری‌های نظامی چشم‌انداز امنیتی جهان را تغییر داده است.۱۲۳ برای تقویت و ترمیم نظام فعلی یا جایگزین‌کردن آن با یک نظام جدید، اقدام فوری لازم است.

اقدام همزمان در دو جبهه ضروری است. باید جلوی ایجاد، تولید و انتقال بیشتر فنّ‌آوری و تسلیحات، به خصوص تسلیحات کشتار جمعی، را بگیریم. به عبارت دیگر باید جلوی گسترش تسلیحات را بگیریم. دوم، باید نیروها و سلاح های موجود را به سطح قابل کنترل و شدیداً ضروری کاهش دهیم. آشکار است که هم خلع سلاح لازم است و هم عدم گسترش تسلیحات. باید در هر دو زمینه به طور همزمان پیش برویم و همان طور که دبیر کلّ سازمان ملل گفته است نباید یکی را در گرو دیگری قرار دهیم.۱۲۴ برای رسیدن به این اهداف، لازم است که صریح و مبتکر باشیم. رهبران فکری در این زمینه تصدیق می‌کنند که ما «به نظرات جدید، هم از نظر جوهری و هم از نظر عملیاتی» نیاز داریم.۱۲۵ آنها خواهان «یک چهارچوب جدید برای کنترل تسلیحات» هستند۱۲۶ و اگر قرار باشد جان به در ببریم «تفکر خارج از چهارچوب» را لازم می‌دانند.۱۲۷

یک نظام موفّق کنترل تسلیحات باید به این موضوعات بپردازد. اول مقرّرات روشن و از نظر قانونی الزام‌آوری که مورد توافق عمومی باشد، باید تشریح کند که هر کشور یا هر عامل غیرحکومتی چه می‌تواند و چه نمی‌تواند بکند. دوم، یک نظام مؤثّر برای نظارت بر اطاعت کشورها باید وجود داشته

باشد که به سرعت موارد نقض این مقرّرات عمومی را کشف کند. سوم، باید یک روال قهری داشته باشیم تا در مواردی که این مقررات نقض می‌شوند، اطاعت از آنها را تضمین کند. برقرار شدن چنین نظامی به جامعهٔ بین‌المللی اجازه می‌دهد که با مشاهدهٔ اولین نشانهٔ بروز مشکل دست به اقدام مؤثّر بزند. هر کدام از این سه عنصر به طور جداگانه مورد بررسی قرار خواهد گرفت.

وضع مقرّرات روشن

گروه مرکزی رهبرانی که برای مشورت در بارهٔ راه‌های رسیدن به صلح گِرد هم می‌آیند باید کمیسیونی را تشکیل دهند که وظیفهٔ اصلی آن مشورت و پیشنهاد مقرّراتی برای جلوگیری از گسترش بیشتر و کاهش نیروها و تسلیحات فعلی باشد. این کمیسیون باید خود را با ضعف‌های نظام کنونی معاهدات و همچنین ترکیب خطراتی که در این قرن در مقابل جامعهٔ بین‌المللی قرار دارد، آشنا سازد. سپس پیشنهادهای این کمیسیون باید در میان رهبران دنیا مورد مشورت قرار گیرد تا روی تصمیمات نهائی برای اقدام توافق کنند. این تصمیمات باید در معاهدهٔ بین‌المللی که از سوی همهٔ کشورهای جهان به تصویب می‌رسد، گنجانده شود.

نقطهٔ آغاز این کار باید تشخیص صریح این واقعیت اساسی از جانب رهبران ما باشد که در زمینهٔ کنترل تسلیحات، به خصوص وقتی جامعهٔ بین المللی یک برنامهٔ غیرقانونی برای تولید سلاح‌های کشتار جمعی یا برای انتقال غیرقانونی فنّ‌آوری‌های مربوطه را کشف می‌کند، دو عامل کلید حل بحران به شمار می‌روند. اوّل، جامعهٔ بین‌المللی باید بر اساس اصول محوری اقدام کند و نه فرصت‌طلبی و نه منافع کوتاه‌مدّت و تنگ‌نظرانه. دوم، مهمّتر از راه حلی که عملاً اتّخاذ می‌شود، چه تحریم‌ها، چه استفاده از نیروی نظامی، چه هر راه حل دیگری، توانائی جامعهٔ بین‌المللی در یک‌صدا بودن و عمل‌کردن در وحدت کامل است. نمایش وحدت در نهایت نیرومندتر و مؤثّرتر از هر راه حل خاصّی است. وقتی کمیسیون این اصول اساسی را تأیید کرد و از صمیم قلب پذیرفت، می تواند پیشنهادهائی را که به دنبال می‌آید بررسی کند.

اوّل، همهٔ مقرّرات و معاهدات مربوط به جلوگیری از گسترش بیشتر و کاهش نیروها باید به طور نظام‌نامه‌ای در مورد همهٔ ملّت‌ها به کار گرفته شود. دیگر استطاعت داشتن یک نظام کنترل تسلیحات که مشارکت دولت‌ها در آن داوطلبانه باشد، را نداریم.۱۲۸ داشتن چنین نظامی دولت‌ها را دعوت می‌کند که

فقط منافع کوتاه‌مدّت و محدود خود را، آن هم به بهای امنیت درازمدّت کلّ جامعهٔ جهانی، در نظر بگیرند. برای مثال مُضحِک است معاهده‌ای که هدفش جلوگیری از گسترش سلاح‌های هسته‌ای است (معاهدهٔ منع گسترش سلاح‌های هسته‌ای که به NPT نیز مشهور است) شرکت کشورهائی نظیر پاکستان، هند، و اسرائیل را که معلوم است سلاح‌های هسته‌ای دارند، انتخابی کرده است. این امر در مورد تدابیر حفاظتی که آژانس بین‌المللی انرژی اتمی برای نظارت بر اطاعت از معاهدهٔ منع گسترش ایجاد کرده است، نیز مصداق دارد. تدابیر حفاظتی مربوط به نظارت باید اجباری باشد.۱۲۹ معنی ندارد که سی عضو از اعضای NPT موضوع هیچ یک از تدابیر حفاظتی مربوط به نظارت نباشند. به علاوه چنین تدابیری نباید همانند وضع کنونی به بهانهٔ «حاکمیت ملّی» کنار گذاشته شوند. به طور خلاصه اگر قرار باشد کشورها به پاداش نهائی، که امنیت برای همه است برسند، زمان آن فرا رسیده که کنترل تسلیحات را حوزه ای بدانند که در آن باید حاضر به گذشتن از بخشی از حاکمیت ملّی خود باشند.

دوم، میثاق بین‌المللی باید شامل قانونی باشد که هر گونه حقّ انصراف از معاهداتی که قوانین حاکم بر عدم گسترش و کاهش تسلحیات را دربر دارند، ملغیٰ سازد. این قانون نتیجهٔ منطقی قانون اول است که اطاعت از چنین مقرراتی را اجباری اعلام می‌کند، و نه اختیاری. به دست آوردن اتّفاق نظر عمومی در بارهٔ چنین قانونی ما را از وضعیت نامعقول کنونی که اکنون خود را در آن می‌بینیم، درمی‌آورد، وضعیتی که در آن برای مثال خود عهدنامهٔ عدم گسترش به امضاءکنندگان اجازه می‌دهد فقط با یک اطّلاع قبلی سی‌روزه به سایر اعضاء و شورای امنیت و به دلائلی که آشکارا در خدمت خودشان است، از جمله تهدید نسبت به مصالح عالی خود و بدون تحمّل هیچ گونه پیامدی انصراف بدهند. چنین مقرّرات انصرافی به یک کشور اجازه می‌دهد تا در معاهده‌ای نظیر معاهدهٔ عدم گسترش تا زمانی که به اهداف آن کمک می‌کند، شرکت جوید، از حدّ اکثر مزایای آن نظیر دستیابی به فنّ‌آوری غیرنظامی هسته ای بهره‌مند شود، در حالی که مخفیانه در حال شکل‌دادن به توان تولید سلاح‌های هسته‌ای خود می‌باشد و بعد وقتی به این نتیجه رسید که به حدّ کافی فهمیده است که چگونه از این دانش استفادهٔ نظامی بکند، از معاهده انصراف بدهد. یک کشور، یعنی کرهٔ شمالی، قبلاً از معاهدهٔ عدم گسترش انصراف داده است، و یک کشور دیگر، یعنی ایران، هم تهدید کرده که همین کار را خواهد کرد.۱۳۰ برخی از پژوهش‌گران نظیر مایکل اِ. لوی و مایکل ای. اوهانولون توصیه کرده‌اند که برای انصراف عواقبی در نظر گرفته شود. برای مثال، کشوری که انصراف می‌دهد، از طریق تهدید به عملیات نظامی برای منهدم

کردن این اموال یا برکنار کردن دولت مربوطه، ملزم شود تجهیزات و فن‌آوری هسته‌ای را که به وسیلهٔ مشارکت در معاهدهٔ عدم گسترش به دست آورده است برگرداند.۱۳۱ دیگران پیشنهاد کرده‌اند کشوری که انصراف می‌دهد برای موارد نقض معاهده قبل از انصراف، مسئول شناخته شود.۱۳۲ اکونومیست توصیه کرده که زمان اطّلاع قبلی برای انصراف را طولانی‌تر کنیم و بخواهیم تمام تجهیزاتی که با تظاهر به استفادهٔ صلح‌آمیز بدست آمده، پیاده شود.۱۳۳ هرچند این پیشنهادها همه متفکرانه هستند، امّا منطقی‌ترین اقدام این است که حقّ انصراف در حوزهٔ معاهدات مربوط به کنترل تسلیحات را به کلّی کنار بگذاریم. تلاش برای انصراف را می‌توان به صورت چیزی که واقعاً هست دید، یعنی یک تهدید بالقوهٔ جدی نسبت به صلح بین‌المللی که به شورای امنیت اختیار می دهد تحت نظام‌نامهٔ پیشنهادی تازه‌اصلاح‌شدهٔ خود دست به اقدام بزند، و از جمله از نیروی نظامی استفاده کند.

سوم در رابطه با کاهش سلاح‌های غیرهسته‌ای، نقطهٔ آغاز برای کمیسیون باید اصلی باشد که در آثار بهائی آمده است، یعنی این اصل که هر کشور مجاز باشد فقط به اندازه‌ای که برای دفاع از خود و حفظ صلح و نظم در درون مرزهایش نیاز دارد، نیرو و تسلیحات داشته باشد. رهبران جهان و ملّت‌ها قبلاً یک بار روی اِعمال چنین خویشتن‌داری توافق کرده‌اند. عهدنامهٔ مجمع اتّفاق ملل که در سال ۱۹۱۹ تهیه و از سال ۱۹۲۰ به اجراء گذاشته شد، تشخیص داد که «حفظ صلح مستلزم کاهش تسلیحات ملّی به حدّ اقلّی است که با سلامت ملّی سازگار است...»۱۳۴ علاوه بر این سطحی که برای هر کشور مشخّص شده، نباید به هیچ کشوری اجازه داد تسلیحات اضافه تولید یا به نحو دیگری کسب کند. هر گونه تولید نیروی اضافه منجر به تحریک سوء ظنّ و عدم اعتماد سایر کشورها می‌شود، تنش بین‌المللی را افزایش می‌دهد و به ناگزیر باعث می شود که سایر کشورها هم به نوبهٔ خود تسلیحات بیشتری به دست آورند. در واقع خیلی از صاحب‌نظران در این زمینه خاطرنشان ساخته‌اند که یکی از دلائل اصلی که بسیاری از کشورها می‌خواهند خود را مسلّح به سلاح‌های هسته‌ای کنند آن است که به خود تسلّی بدهند که در مقابل قدرت و نیروهای غیرهسته‌ای عظیم سایر کشورها در امان و متّکی به خود هستند. به این ترتیب است که چرخهٔ بی‌انتهاء و ویران‌گر مسابقهٔ تسلیحاتی آغاز می‌گردد. این کمیسیون برای اجرای اصلی که حضرت بهاءالله اعلام فرموده‌اند، باید با دقّت جغرافیا، تاریخ، جمعیت‌شناسی و نیازهای هر کشور را در نظر بگیرد و میزان تسلیحات غیرهسته‌ای که معتقد است آن کشور برای دفاع از خود و حفظ صلح و نظم در درون مرزهایش به آن نیاز دارد، پیشنهاد کند. کمیسیون باید در انجام مطالعه و

بررسی خود هم از اطّلاعاتی که خود آن کشور فراهم می‌آورد و هم از اطّلاعات کارشناسان مربوطه استفاده کند. میثاق مجمع اتّفاق ملل هم به همین نحو از شورای مجمع خواست که «موقعیت جغرافیائی و شرائط هر کشور را [در] طرح برنامه‌ای برای این کاهش [به حساب آورد] تا مورد بررسی و اقدام چندین کشور قرار گیرد.» متأسفانه در آن موقع جهان هنوز برای اجرای این نظریهٔ دوراندیشانه آمادگی نداشت. همین که کمیسیون توصیه‌های خود را در بارهٔ سطح تسلیحاتی که هر کشور برای دفاع و نظم داخلی به آن احتیاج دارد، مطرح نمود، گروه مرکزی رهبران باید آنها را بررسی کنند و به تصمیم نهائی برسند تا به عنوان مادهٔ الزام‌آوری از قانون بین‌المللی مورد تصویب همهٔ اعضای جامعهٔ جهانی قرار گیرد.

همین که میزان تسلیحاتی که هر کشور می‌تواند داشته باشد، قاطعانه از سوی قانون تعیین شد، قدم بعدی تعیین تسلیحاتی است که هر کشور از قبل دارد. نظام فعلی که مبنی بر درخواست اعلام سالانهٔ تسلیحات غیرهسته‌ای شامل تسلیحاتی که خرید و فروش شده از سوی کشورهاست تا در دفتر ثبت تسلیحات متعارفی سازمان ملل گنجانده شود، برای رسیدن به این منظور مناسب نیست، زیرا که این اعلام‌ها معمولاً ناقص، بی‌موقع و ناصحیح هستند.۱۳۵ کمیسیون باید برای مطالعهٔ دقیق اختیارات وسیعی داشته باشد تا بتواند از هر پایگاهی در هر کشوری که بخواهد بازدید کند و دانشمندان و کارکنان نظامی را مورد پرسش قرار دهد. همین که به این روش میزان تسلیحاتی که هر کشور در تملّک دارد به درستی تعیین شد، این کمیسیون باید برای نابودسازی هر نوع ذخیره‌ای که بیش از مقدار مجاز است ظرف یک مدّت معیّن برنامه‌هائی را به شورای امنیت پیشنهاد کند. این نابودسازی باید تحت نظارت و بررسی آژانس اطّلاعات و بازرسی که در بالا پیشنهاد شد، باشد.

چهارم، وقتی کشورها خود را به عدم گسترش و کاهش تسلیحات غیرهسته ای متعهّد ساختند، دیگر دلیلی برای نگهداری سلاح‌های کشتار جمعی وجود ندارد و کمیسیون باید پیشنهاد کند که همهٔ سلاح‌های کشتار جمعی نابود شود. برای این منظور، اول باید به طور عمومی و اجباری گسترش و تولید همهٔ سلاح‌های کشتار جمعی و همچنین تولید مواد شکاف‌پذیری نظیر اورانیوم به شدّت غنی‌شدهٔ در حدّ تسلیحات و پلوتونیوم جدا شده به تعلیق درآید. همهٔ کشورها بدون استثناء باید از این قانون تبعیت کنند. نیروهای نظامی و سلاح های غیرهسته‌ای بدون نیاز به نابودسازی بولهوسانهٔ حیات توسّط سلاح‌های کشتار جمعی نیز قادر هستند به اندازهٔ کافی خسارت ایجاد کنند. به علاوه،

داشتن این سلاح‌ها به خودی خود خطرناک است، زیرا جامعهٔ بین‌المللی را در معرض خطر استفادهٔ تصادفی از این سلاح‌ها قرار می‌دهد.

کافی نیست که رهبران ما، مانند آنچه در مورد اعلامیهٔ هزاره کردند، تنها در کلام از پیشنهادهای مربوط به نابودسازی سلاح‌های کشتار جمعی حمایت کنند. ۱۳۶ آن‌ها باید عمل کنند. آن‌ها باید کاملاً گسترش و تولید سلاح‌های کشتار جمعی را متوقّف سازند. اولین گام این خواهد بود که هم معاهدهٔ ممنوعیت جامع آزمایشات هسته‌ای و هم معاهدهٔ قطع تولید مواد شکاف‌پذیر را عمومی و اجباری سازند. تلاش‌های آن‌ها در این جهت موفّقیت‌آمیزتر خواهد بود اگر، همان طور که در بخش قبل بحث شد، یک نیروی نظامی بین‌المللی یا شبکه‌ای از نیروهای منطقه‌ای را نیز ایجاد کنند. ایجاد یک نظام جدید و مؤثّر امنیت جمعی که در آن همهٔ کشورها متعهّد شوند که از یک دیگر دفاع کنند و در آن نیروهای نظامی لازم برای مجازات خلاف‌کاران تحت کنترل بین‌المللی یا منطقه‌ای باشند، این احتمال را که کشورها از سلاح‌های کشتار جمعی خود چشم‌پوشی کنند افزایش می‌دهد.

پس از ایجاد یک نیروی نظامی بین‌المللی و تعهّد کامل به اصل امنیت جمعی، رهبران ما باید یک برنامهٔ زمان‌بندی محکم برای نابودسازی سلاح‌های کشتار جمعی موجود تهیه کنند تا در سراسر دنیا به طور موازی پیش برود. شاید لازم باشد که برای از بین بردن چنین سلاح‌هائی صندوقی برای کمک به کشورهائی نظیر روسیه و کرهٔ شمالی که امکانات مالی این کار را ندارند، تأسیس شود. این جریان باید تحت نظارت و بررسی آژانس بین‌المللی اطّلاعات و بازرسی قرار گیرد.

در حالی که ذخائر تسلیحات هسته‌ای، شیمیائی و زیستی و مواد مربوطه در انتظار نابودسازی به سر می‌برند، باید در پایگاه‌های ذخیره‌ای امنی در سراسر دنیا نگهداری شوند تا در مقابل دزدی و انتقال احتمالی به کشورهای متمرّد یا فعالان غیردولتی خطرناک محافظت شوند. برای مثال، طبق گزارش میزگرد عالی سازمان ملل، در حال حاضر ۱۳۰۰ کیلوگرم اورانیوم شدیداً غنی‌شده در نیروگاه‌های تحقیقاتی ۲۷ کشور موجود می‌باشد. اما اگر مقداری که در پایگاه‌های ذخیره‌ای سراسر دنیا انبار شده را هم به حساب آوریم، حجم کلّی اورانیوم به شدّت غنی‌شده بسیار بیش از اینهاست.۱۳۷ بسیاری از پایگاه‌های ذخیره امنیت کافی ندارند و نسبت به دزدی آسیب‌پذیر هستند. در واقع طبق این گزارش، علناً تأیید شده که مواد هسته‌ای حدود ۲۰ بار از تسهیلات ذخیره‌ای خارج شده‌اند. به علاوه، بیش از دویست مورد مستند از قاچاق مواد هسته‌ای در دههٔ گذشته و بیش از ۶۵۰ کوشش ثبت‌شده در جهت قاچاق چنین موادی

وجود دارد.۱۳۸ اخیراً گام‌های مهمّی برداشته شده است. معاهدهٔ ۱۹۷۹ در مورد حفاظت فیزیکی از مواد هسته‌ای تغییر داده شده تا کشورها را ملزم کند امنیت پایگاه‌های هسته‌ای را افزایش دهند و برای ردیابی مواد هسته‌ای دزدیده یا قاچاق شده همکاری بیشتری داشته باشند. در سال ۲۰۰۵ بسیاری از کشورها به عهدنامهٔ بین‌المللی سرکوب تروریسم هسته‌ای پیوستند، و شورای امنیت قطع نامهٔ شمارهٔ ۱۵۴۰ را به تصویب رساند، که هر دوی اینها دولت‌ها را ملزم به مجازات کسانی می‌کنند که به طور غیرمُجاز تجهیزات اتمی و مواد رادیواکتیو را در اختیار دارند. به هر حال در ماه دسامبر ۲۰۰۵ دکتر البرادعی خواستار توجّه به ضرورت حفاظت بیشتر از مواد هسته‌ای موجود و جلوگیری از دنبال کردن تروریسم هسته‌ای از سوی گروه‌های افراطی شد.

پنجم این کمیسیون باید رهبران همهٔ ملّت‌ها را تشویق کند در بارهٔ این اصل به اتّفاق نظر برسند که هیچ کشوری ذاتاً حقّ ندارد سلاح تولید کند یا آن را بفروشد، حالا هر چقدر هم که این کار پُرمَنفِعَت باشد. هر کشوری باید مسئول کنترل و نظارت بر تولید و فروش تسلیحات از سوی شرکت‌ها و افرادی باشد که در حوزهٔ قضائی آن عمل می‌کنند. چنین تخمین زده می‌شود که تجارت سالانه فقط در زمینهٔ سلاح‌های کوچک حدوداً ۴۰ میلیارد دلار۱۳۹ و یکی از علل اصلی بی‌ثباتی در کشورهای در حال توسعه در سراسر جهان بوده است. رهبران جهان باید فوراً تولید همهٔ تسلیحات را تحت نظارت ابتدائی و کنترل نهائی یک آژانس فَراملّیّتی قرار دهند. این کار می‌تواند در ابتداء در یک سطح منطقه‌ای انجام شود تا کشورها تا حدّی در زمینهٔ چشم‌پوشی از کنترل مطلق در این حوزه آرامش پیدا کنند. چنین آژانسی می‌تواند تضمین کند سلاح‌هائی که تولید می‌شود تنها به مقداری است که، همان طور که مورد توافق جامعهٔ بین المللی است، برای تأمین نیازهای قانونی کشورها، یعنی دفاع از خود و حفظ نظم داخلی، لازم است. همچنین تضمین می‌کند که به مقاصد درست حمل می شوند و به سوی گروه‌های افراطی یا فعالان غیردولتی خشن هدایت و یا منحرف نمی‌گردند.

ششم، کمیسیون باید با این مشکل دست و پنجه نرم کند و پیشنهاد دهد که تنش بین نیاز به فنّآوری صلح‌آمیز هسته‌ای برای تأمین نیازهای رو به رشد انرژی جهان و ضرورت کنترل گسترش مواد و سلاح‌های هسته‌ای چگونه باید حل شود،۱۴۰ به خصوص که گزارش اخیر آژانس بین‌المللی انرژی اتمی در مورد کاهش ذخایر نفت و گاز مورد نیاز برای رشد اقتصادی جهان در سال‌های آینده هشدار می‌دهد.۱۴۱ در یک سوی قضیه تعداد فزاینده‌ای از کشورها را داریم که برای تأمین نیازهای انرژی رو به رشد خود به انرژی هسته‌ای رو می

کنند. در واقع نشستی که از وزرا و مقامات انرژی ۴۷ کشور در مارچ ۲۰۰۵ در پاریس تشکیل شد، به این نتیجه رسید که کشورها برای تأمین نیازهای رو به اوج خود، و در عین حال برطرف کردن خطر فاجعهٔ زیست محیطی بازهم بیشتر به دنبال انرژی هسته‌ای خواهند بود.۱۴۲ همین طور که کشورهائی نظیر هند و چین به رشد خود ادامه می دهند، احتمالاً سوخت‌های فسیلی به تنهائی نمی‌توانند نیازهای آنها را به انرژی تأمین کنند.۱۴۳ حتی اگر ممکن باشد، اتّکاء به سوخت‌های فسیلی مطلوب نیست، زیرا گازهائی که از سوخت این مواد فسیلی منتشر می‌شود تأثیر منفی عظیمی روی محیط زیست ما دارد، در حالی که انرژی هسته‌ای از این نظر تمیزتر است که کمتر گازهای گُل‌خانه ای (greenhouse gases) که آب و هوا را تغییر می‌دهند، تولید می کند.۱۴۴

ارزیابی گروه پاریس از همین الآن صحت خود را اثبات کرده است. کشورهای مختلف به طور فعال در جستجوی راه‌هائی برای ساختن نیروگاه‌هائی برای انرژی هسته‌ای هستند. آنها همچنین در مورد راه‌های جدیدی برای تولید انرژی هسته‌ای دست به آزمایش زده‌اند. به این منظور کنسرسیومی متشکّل از ۶ همکار: ایالات متّحده، روسیه، چین، ژاپن، کرهٔ جنوبی و اتّحادیهٔ اروپا در جون ۲۰۰۵ تشکیل شد. این کنسرسیوم یک نیروگاه هسته‌ای آزمایشی حرارتی که بین المللی است در فرانسه خواهد ساخت. ظاهراً این پروژهٔ ۱۰میلیارد دلاری از نظر بسیاری از دانشمندان برای حل مشکل نیازهای انرژی آیندهٔ جهان اهمّیّت حیاتی دارد.۱۴۵ سایر نشانه‌های تمایل کشورها به تأمین انرژی از منابع هسته‌ای فراوان است. روسیه یک برنامهٔ بلندپروازانه برای تأمین نیرو طراحی کرده است تا هر سال دو نیروگاه هسته‌ای بسازد، به این هدف که انرژی هسته‌ای یک چهارم از نیازهائی را که در سال ۲۰۳۰ به انرژی خواهد داشت (محاسبه از نرخ جاری ۱۶ تا ۱۷ درصد)، تأمین نماید.۱۴۶ گزارش شده است که بریتانیا برای کاهش تولید گازهای گُل‌خانه‌ای (greenhouse gases) که از سال ۲۰۰۲ با نرخ ۲/۱ درصد در حال افزایش بوده است و همچنین مقابله با این نگرانی که بیش از آنچه که می‌تواند تولید کند یا استطاعت وارد کردنش را داشته باشد انرژی مصرف خواهد کرد، ساخت نیروگاه‌های هسته‌ای را در دست بررسی دارد.۱۴۷ در مارچ ۲۰۰۶ ایالات متّحده، این طور که خودش می‌گوید، برای تأمین نیازهای فزایندهٔ هند به نیروی برق قول داد که هم سوخت هسته‌ای و هم فن‌آوری غیرنظامی در اختیار آن بگذارد.۱۴۸ هدفی که ایران برای تسهیلات هسته‌ای خود اعلان کرده تأمین نیازهایش به نیروی برق است، حقّی که تحت معاهدهٔ NPT ادعای آن را دارد.۱۴۹

از سوی دیگر، حتی این که به نیروگاه‌های هسته‌ای غیرنظامی اجازهٔ گسترش دهیم، این خطر را افزایش می‌دهد که مواد و فنّآوری هسته‌ای به سوی استفادهٔ نظامی منحرف شود یا به دست گروه‌ها یا افراد بی‌وجدانی بیفتد که هیچ عذاب وجدانی نسبت به استفادهٔ خصمانه از آن نداشته باشند. بسیاری از افراد در جامعهٔ بین‌المللی همین نگرانی‌ها را در مورد برنامهٔ توسعهٔ هسته‌ای ایران دارند. ادعای ایران مبنی بر این که حقّ دارد فنّآوری هسته‌ای غیرنظامی خود را ایجاد کند نمونه‌ای از یکی از ضعف‌های برنامهٔ عدم گسترش فعلی است. ایران و برخی از سایر کشورها مادهٔ ۴ معاهدهٔ عدم گسترش را چنین تعبیر می کنند که به آنها اجازهٔ دستیابی به فنّآوری غیرنظامی هسته‌ای را می‌دهد. اما تمام چیزی که NPT در واقع وعدهٔ آن را به اعضایش می‌دهد حقّ برخورداری از مزایای نیروی هسته‌ای غیرنظامی است، در حالی که در عین حال به شدّت فعالیت‌های مربوط به تسلیحات را ممنوع می‌سازد.۱۵۰

یکی از راه حل‌های تنگنای تأمین نیازهای انرژی بدون گسترش فنّآوری های بالقوه خطرناک هسته‌ای در این است که همهٔ نیروگاه‌های هسته‌ای، چه مورد استفادهٔ نظامی باشند چه غیرنظامی، و همهٔ تولیدات سوخت هسته‌ای، به خصوص بخش‌هائی از چرخهٔ سوخت که شامل تولید اورانیوم شدیداً غنی‌شده و پردازش مجدّد پلوتونیوم می‌شود، تحت اختیار یک آژانس فَراملّیتی یا بین‌المللی قرار گیرد. این آژانس باید همچنین مسئول تضمین این باشد که همهٔ تولیدات مواد هسته‌ای برای استفادهٔ نظامی متوقّف شود و سوخت هسته‌ای برای استفادهٔ غیرنظامی، همان طور که مورد نیاز است، عادلانه توزیع گردد. به نظر می رسد که این پیشنهاد پُردامنه مورد حمایت رئیس دیده‌بان هسته‌ای جهان، یعنی آژانس بین‌المللی انرژی اتمی (IAEA) است که خودش پیشنهاد کرده تولید و فروش سوخت هسته‌ای تحت کنترل یک مرجع چندملّیّتی قرار گیرد و IAEA به عنوان «بانک ذخیرهٔ سوخت» برای کشورهای دارای امتیاز عمل کند.۱۵۱ شاخهٔ دوم این پیشنهاد نیز مورد حمایت میزگرد عالی سازمان ملل است که گزارش آن توصیه می‌کند که IAEA به عنوان تأمین‌کنندهٔ مواد شکاف‌پذیر برای استفاده‌کنندگان غیرنظامی هسته‌ای عمل کند.۱۵۲ هرچند پیشنهاد آقای البرادعی هنوز مورد پذیرش جامعهٔ بین‌المللی قرار نگرفته، اما نشانه‌هائی وجود دارد که جهان با احتیاط رویکردهای جدیدی را امتحان می‌کند و ممکن است سرانجام به این مسیر بیفتد. برای مثال، روسیه پیشنهاد کرده است که در خاک روسیه برای ایران اورانیوم غنی‌شده تولید و به ایران حمل کند و بعد سوخت مصرف‌شده را برای پردازش مجدّد به روسیه برگرداند، به نحوی که ایران در مدیریت و امور مالی سهم داشته باشد، اما هیچ سهمی در فنّآوری تولید نداشته باشد.۱۵۳

نظارت بر اطاعت از قوانین کنترل تسلیحات

همین که رهبران ما در مورد مقرّرات عمومی که قانوناً همهٔ کشورها ملزم به اطاعت از آن هستند، توافق کردند، بایستی نظامی برای نظارت بر اطاعت از این قوانین ایجاد کنند. قوانین به تنهائی فائدهٔ چندانی ندارند. این حقیقت را جامعهٔ بین‌المللی وقتی کشف کرد که در دههٔ ۱۹۹۰ با حیرت تمام دریافت که دو کشور از امضاءکنندگان NPT، یعنی عراق و کرهٔ شمالی با وجود تدابیر حفاظتی IAEA که آنها را امضاء کرده و ملزم به اطاعت از آنها بودند، صاحب برنامه‌های غیرقانونی پیشرفته‌ای برای تولید سلاح‌های هسته‌ای هستند. برای این که نظام امنیت جمعی حقیقتاً مؤثّر و عملی باشد، لازم است یک نظام اطّلاعاتی معتبر و مشترک که به جامعهٔ بین‌المللی اجازه دهد نشانه‌های اولیهٔ نقض معاهده را کشف کند، و به همراه آن یک نظام قدرتمند نظارت و بررسی برای تضمین اطاعت، وجود داشته باشند. همان طور که دبیر کلّ سازمان ملل خاطرنشان کرده است، آنچه لازم داریم این است که نظارتی پابَرجاتر، اجرائی مؤثّرتر و به اطاعت واداشتنی محکم‌تر داشته باشیم تا کشورها به روال کار چندجانبه اعتماد پیدا کنند.۱۵۴ به این منظور باید به آژانس بین‌المللی اطّلاعات و بازرسی مسئولیت نظارت بر اطاعت همهٔ کشورها هم از قوانین عدم گسترش و هم از قوانین کاهش تسلیحات داده شود.

آژانس بین‌المللی انرژی اتمی که تاکنون دیده‌بان هسته‌ای جهان بوده است و همین طور سازمان منع سلاح‌های شیمیائی (OPCW) و هر آژانسی که ممکن است برای نظارت و دیده‌بانی و کنترل سلاح‌های زیستی ایجاد شود را می‌توان به بخشی از این آژانس تبدیل ساخت. جناح دیده‌بانی این آژانس باید دارای اختیارات به خوبی تعریف شده‌ای باشد، تا بتواند قاطعانه، بدون تردید و بلادرنگ و با اطمینان از اختیارات خود عمل کند. تنها فکر و ذکر آن باید کشف واقعیات در این زمینه باشد. همچنین باید یک نظام هشدار قبلی داشته باشیم که همان طور که قبلاً در بخش ۳ این کتاب مورد بحث قرار گرفت، در مورد نقض احتمالی قوانین مربوط به کنترل تسلیحات به جامعهٔ بین‌المللی هشدار دهد. نظام هشدار قبلی مانند سایر اجزای آژانس بین‌المللی اطّلاعات و بازرسی باید به صورت شبکه‌ای از دفاتر هشدار قبلی ملّی عمل کند که در آن دفاتر ملّی، دفاتر منطقه‌ای اطّلاعات و بازرسی را تغذیه مطّلع کنند و آنها نیز به نوبهٔ خود گزارش فعالیت‌های خود را به آژانس بین‌المللی اطّلاعات و بازرسی بدهند. هشدار قبلی و اطّلاعات باید با دیده‌بانی کارآمد، مؤثّر و عادلانهٔ موقعیت همراه

شود تا مشخّص کند آیا تسلیحات و یا فنّاوری‌های خطرناک به طور غیرقانونی تولید و یا جابه‌جا می‌شوند یا خیر.

برای این که آژانس بین‌المللی اطّلاعات و بازرسی و شاخه‌های مختلفش از جمله IAEA و یا همتایان آن به درستی از عهدهٔ مسئولیت‌های خود برآیند، نباید درگیر ملاحظات سیاسی شوند یا در مقابل فشارهای سیاسی تسلیم گردند. چنین کاری اعتبار آنان را تضعیف خواهد کرد و واقعیاتی را که گزارش می‌کنند در معرض سئوال و تردید قرار می‌دهد. به خصوص در موقعیت‌هائی که عملیات قهری لازم است، خیلی مهمّ است که این آژانس بتواند شواهد محکم، قابل بررسی و قابل اتّکائی فراهم کند. سیاست‌زدائی مؤسّساتی نظیر IAEA که وظیفه‌اش پی بُردن به واقعیات است، این نظام را در نظر جامعهٔ بین‌المللی معتبرتر و در نتیجه مؤثّرتر می‌سازد.

آژانس بین‌المللی اطّلاعات و بازرسی باید اختیارات وسیعی داشته باشد تا بتواند در همهٔ کشورها به بازرسی‌ها و تحقیقات الزامی و ناخوانده بپردازد، بدون این که ملزم باشد از قبل اطّلاع دهد. این آژانس باید بتواند به ارادهٔ خود بازرسی‌های تصادفی، بدون خبر، یا با اطّلاع کوتاه‌مدّت انجام دهد. این اختیار باید شامل مصاحبه و صحبت با دانشمندانی که در شکل‌دادن به برنامه‌های تسلیحاتی ملّی دخیل هستند، به خصوص تسلیحات کشتار جمعی بشود. تجربه به ما آموخته است که اختیاراتی که توافق‌های اولیه تحت NPT بر سر تدابیر حفاظتی و حتی اختیاراتی که عهدنامهٔ الحاقی به NPT فراهم کرده‌اند، برای ممانعت از برنامه‌های غیرقانونی تولید سلاح‌های هسته‌ای کافی نیستند. در واقع کارشناسان این حوزه ادعا می‌کنند که اختیارات ناخواندهٔ کمیسیون مخصوص سازمان ملل (UNSCOM) برای تحقیق تا به حال موفّق‌ترین الگو بوده است. در اینجا نیز لازم است کشورهائی که در ابتدا مایل نیستند از حاکمیت ملّی خود چشم‌پوشی کنند، بپذیرند که چشم‌پوشی از بخشی از اختیارات خود برای تضمین امنیت جهانی لازم است. برای این که به غلبه بر نگرانی‌های مربوط به حاکمیت ملّی کمک شود، آژانس بین‌المللی اطّلاعات و بازرسی باید واقعاً یک آژانس فَراملّیّتی باشد که کارکنانش تنها به علّت مهارت فنّی خود و بدون هیچ ملاحظهٔ سیاسی استخدام شده باشند. باید دقّت کرد که مانند دادگاه بین‌المللی تضمین شود که مقامات و کارکنان این آژانس حقیقتاً از هر نوع فشار سیاسی آزاد هستند و مراقبت شود که واقعاً هم آزاد باشند.

هرچند آژانس بین‌المللی فراگیر اطّلاعات و بازرسی می‌تواند تصمیم بگیرد برای انجام کارش در هر منطقه به دفاتر منطقه‌ای تکیه کند، کشورهای نگران از این مسئله که مبادا بیش از حدّ از حقّ حاکمیت خود چشم‌پوشی کنند ممکن

است یک الگوی دیگر را راحت‌تر بپذیرند. این الگو شامل تشویق منظّم و کمک به کشورهاست تا آژانس‌های نظارت و بازرسی منطقه‌ای خود را ایجاد کنند. این نظر مبنی بر این است که شبکه‌ای از چنین آژانس‌هائی در سراسر دنیا ایجاد شود که بتوانند سرانجام هماهنگ شوند و تحت پوشش آژانس بین المللی اطّلاعات و بازرسی قرار بگیرند. هر آژانس منطقه‌ای از دفاتر و کارکنانی که متعلّق به همان منطقه هستند، تشکیل می‌شود. هر آژانس منطقه‌ای مسئول نظارت بر اطاعت از مقرّرات عدم گسترش، و کاهش، تسلیحات در کشورهای همان منطقه خواهد بود. یک نمونهٔ موجود از آژانس منطقه‌ای بازرسی که به نظر می‌رسد به خوبی عمل می‌کند اوراتوم (EURATOM)[83] یا جامعهٔ انرژی اتمی اروپا است که یافته‌های خود را به IAEA گزارش می دهد. نمونه‌های موجود دیگر از آژانس‌های منطقه‌ای عبارتند از اوپانال (OPANAL)[84] یا آژانس منع تسلیحات هسته‌ای در آمریکای لاتین و کارائیب و ABACC[85] یا آژانس برزیلی – آرژانتینی برای حسابرسی و کنترل مواد هسته‌ای. همان طور که قبلاً در بخش ۳ این کتاب به تفصیل مورد بحث قرار گرفت، پژوهش‌گرانی نظیر چن زاک که در حوزهٔ کنترل تسلیحات کار می‌کنند چنین استدلال کرده‌اند که احتمال موفّقیت هیئت‌های بررسی منطقه‌ای بیشتر است تا یک هیئت بین‌المللی. در نهایت، آژانس‌های مختلف منطقه‌ای یافته‌های خود را به یک آژانس فَراگیر گزارش می‌دهند که به نوبهٔ خود اطّلاعات را هماهنگ می‌کند و موارد عدم اطاعت و نقض را برای عمل قهری به شورای امنیت گزارش می‌دهد.

همین که آژانس بین‌المللی اطّلاعات و بازرسی یا شبکه‌ای از آژانس‌های بازرسی منطقه‌ای ایجاد شدند و اختیار بازرسی‌های ناخوانده در زمینهٔ کنترل تسلیحات به آنها داده شد، نباید از بیم این که یک بازرسی ممکن است مدرکی دال بر نقض قوانین به بار نیاورد، از استفاده از اختیارات خود هراس داشته باشند. پس اگر تحقیقی که بدون اطّلاع قبلی انجام شده، هیچ مدرکی دال بر نقض قوانین به بار نیاورد، چه می‌شود؟ چنین نتیجه‌ای نباید لزوماً انعکاس بدی برای آژانس بین‌المللی یا منطقه‌ای داشته باشد، انعکاس بد در صورتی است که

---

83 European Atomic Energy Community

84 Agency for the Prohibition of Nuclear Weapons in Latin America and the Caribbean

85 The Brazilian-Argentine Agency for Acounting and Control of Nuclear Materials

این آژانس کار خودش را انجام ندهد، در حالی که این امر نشان می‌دهد که نظام امنیت جمعی ما به طور مؤثّر در حال کار است.

شرط دیگر نظارت مؤثّر، عادلانه، و کارآمد آن است که همهٔ کشورها به طور کامل با آژانس‌های منطقه‌ای و آژانس بین‌المللی اطّلاعات و بازرسی همکاری و رابطهٔ شفافی داشته باشند. در واقع، یک قانون کلّی باید وضع شود که هر گونه پنهان‌کاری، دروغ‌گوئی یا موش و گربه بازی از نوعی که در رابطه با بعضی کشورها نظیر عراق، ایران و کرهٔ شمالی شاهد آن بوده‌ایم باید مجازات‌های معناداری را به دنبال داشته باشند.

اجرای مقرّرات مربوط به عدم‌گسترش و کاهش تسلیحات

برای این که هر نظامی که قرار است ایجاد، تولید و توزیع تسلیحات را تنظیم و آنها را کاهش دهد مؤثّر باشد، باید از سوی یک نیروی نظامی قدرتمند پشتیبانی شود. تجربه نشان داده است که بدون نیروی جبری مؤثّر، این امکان وجود دارد که قوانین بدون هیچ گونه مجازاتی نادیده گرفته شوند. یکی از ضعف‌های اساسی در نظام کنونی کنترل تسلیحات آن است که هیچ روندی برای تضمین این که معاهدات با استواری اجرا می‌شوند وجود ندارد. حتی اگر اراده ای برای اجرای معاهدات وجود داشته باشد، ابزار مناسبی برای اجرای قوانین وجود ندارد؛ هیچ نیروی نظامی بین‌المللی در کار نیست. این امر به خودی خود عدم امنیت ایجاد می‌کند و کشورها را بر آن می‌دارد که به امید رسیدن به خوداتّکائی و امنیت به ذخیره‌کردن تسلیحات بپردازند. در دنیائی که روز به روز بیشتر پیوسته و در هم تنیده می‌شود، کشورها هنوز طوری عمل می‌کنند که گوئی می‌توانند به تنهائی پیش بروند، هرچند تجربه بارها و بارها نشان داده است که نمی‌توانند. فقدان یک نیروی نظامی بین‌المللی به این معناست که بزرگترین نگرانی کشوری که ثابت شده این قوانین را نقض کرده، ارجاع به شورای امنیت است. اما ارجاع‌ها و تهدیدهای این شورا مدّت‌هاست که دیگر جلوی کَسی را نمی‌گیرد، زیرا تجربه نشان داده که حتی وقتی ارجاع صورت می‌گیرد، بعید است که شورای امنیت اقدامی بکند، زیرا یک کشور یا بیشتر ازحقّ وتو استفاده می‌کند. به علاوه حتی اگر قرار باشد شورای امنیت اقدامی بکند، معمولاً محدود به اِعمال تحریم‌های اقتصادی است که کشورها در دور زدن آن خِبرِه شده‌اند و جامعهٔ بین‌المللی در اجرای آن جدی نبوده است.

وقت آن فرا رسیده است که رهبران ما روی مقرّرات استفاده از نیروی جبری توافق کنند. این قوانین از قبل توافق شده باید مشخّص کنند که اگر آژانس بین‌المللی اطّلاعات و بازرسی مدارک روشن، قانع‌کننده، و قابل اثباتی ارائه داد که کشوری تعهّدات خود را نسبت به مقرّرات کنترل تسلیحات زیر پا گذاشته و مثلاً در حال ساخت سلاح‌های هسته‌ای است، جامعهٔ بین‌المللی باید چه گام‌هائی را از طریق شورای امنیت بردارد. اگر روی مراحل استفاده از نیروی قهری توافق قبلی وجود داشته باشد، دیگر یک کشور یا گروه کوچکی از کشورها مجبور نخواهند بود دوباره از اوّل بقیهٔ دنیا را در مورد اِعمال مجازات‌هائی که باید بر کشوری که صلح را تهدید می‌کند وارد آید، قانع کنند. فقدان وضوح در بارهٔ مراحل استفاده از نیروی قهری باعث شد آقای لاوروف،[86] وزیر امور خارجهٔ روسیه به هنگام بحث در بارهٔ مشکلات ارجاع ایران به علّت نقض قوانین عدم گسترش از سوی آژانس بین‌المللی انرژی اتمی به شورای امنیت بگوید: «هیچ راهبُردی وجود ندارد که قبلاً روی آن بحث و توافق شده باشد و مشخّص کند که اگر موضوع به شورای امنیت بکشد، ما چه خواهیم کرد.» وی اضافه کرد کشورهای اروپائی گفته‌اند که از نیروی نظامی استفاده نخواهد شد، اما ایالات متّحده گفته است که هیچ گزینه‌ای کنار گذاشته نخواهد شد.۱۵۵

تحت قوانین استفاده از نیروی نظامی، شورای امنیت باید بتواند به موقع و به محض دریافت گزارش‌های مربوط به هشدار قبلی در مورد ساخت یا انتقال تسلیحات یا فنّ‌آوری‌های خطرناک کشتار جمعی از آژانس اطّلاعات، مداخله کند. عمل به موقع مانع از این می‌شود که اوضاع وخیم‌تر شود و به مرحله‌ای برسد که گزینه‌های موجود برای مقابله با مشکل خیلی محدود شوند. این قوانین باید به زبانی روشن، بدون ابهام و ساده مشخّص کنند که دقیقاً چه شرایطی باعث اقدام شورای امنیت به نمایندگی از جامعهٔ بین‌المللی خواهد شد و این اقدام دقیقاً چه خواهند بود. این شرایط باید شامل آنچه که پژوهش‌گران، مایکل لوی و مایکل اوهانلون توصیه کرده‌اند، نیز بشود، یعنی تولید اورانیوم به شدّت غنی شده، به دست آوردن سلاح‌های پیشرفتهٔ کشتار جمعی، ایجاد تسهیلات برای پردازش دوبارهٔ پلوتونیوم و عدم حفاظت از سلاح‌های کشتار جمعی و فنّ‌آوری های مربوطه. در مورد دامنهٔ اقداماتی که شورای امنیت ممکن است انجام دهد، آشکار است که باید شامل استفاده از نیروی نظامی هم باشد. در واقع محدود کردن گسترش و کاهش تسلیحات آن قدر برای صلح و امنیت دنیای ما حیاتی هستند که نقض قوانین مربوط به عدم گسترش و کاهش تسلیحات باید به عنوان

---

[86] Mr Lavrov

آنچه از این پس باید بسازیم

تهدیدی نسبت به صلح، نقض صلح یا عمل تجاوزکارانه تلقّی شوند و به شورای
امنیت حقّ دهند که از نیروی نظامی بین‌المللی یا نیروهای منطقه‌ای بخواهد قدم
به میدان بگذارند. این نمونهٔ کاملی از شرایطی است که در آن نیروی نظامی
باید در خدمت عدالت قرار گیرد. کشورهائی که از مقرّرات عدم گسترش
سرپیچی می‌کنند و ثبات و صلح سیاره را به خطر می‌اندازند باید به سرعت و
به طور مؤثّر و شدید تحت فشار قرار گیرند. واکنش‌های شدید درس عبرتی
خواهد بود برای کشورهائی که در آینده می‌خواهند مقرّرات منع گسترش و
کنترل تسلیحات را نقض کنند.۱۵۶

وقتی تصمیمات مربوط به استفاده از نیروی قهری بر اساس قوانین روشن
اتّخاذ می‌شوند و نه سیاست‌های مبهم، مقابلهٔ مشابه باموقعیت‌های مشابه و
همچنین احتراز از خطرات پنهان فرصت‌طلبی آسان‌تر می‌شود. با کشورهائی
که به گسترش تسلیحات می‌پردازند باید به طور یکسان مقابله شود، صرف نظر
از این که چقدر قدرتمند یا محبوب هستند یا در کوتاه‌مدّت چقدر می‌توانند برای
برخی از کشورها سودمند باشند. به علاوه این تهدیدات نباید به صِرف این که
به طور مستقیم منافع کشورهای قدرتمند را به خطر نمی‌اندازند، کوچک شمرده
شوند. تهدیدهای مشابه باید به یک اندازه جدی گرفته شوند، صَرف نظر از این
که در کجا واقع شده‌اند. یک نظام منطقی و مبنی بر قانون، نظامی مُنصِف و
بی‌طرف به نظر می‌رسد که فرصت‌طلبی و تبعیض در آن جائی ندارد. این امر
به نوبهٔ خود به اعتبار نظام امنیت جمعی کمک می‌کند و بر تأثیر آن می‌افزاید.
به علاوه، همین که قوانین ایجاد شدند، جامعهٔ بین‌المللی باید مجازات‌هائی را که
به آنها تهدید کرده اِعمال کند، وَگرنه هرگز جدی گرفته نخواهد شد. ما باید از
تکرار اشتباهات گذشته خودداری کنیم. برای مثال، در سال ۱۹۹۲ رئیس
شورای امنیت بیانیه‌ای صادر کرد به این مفهوم که «شورای امنیت هرگونه
گسترش سلاح‌های کشتار جمعی را تهدیدی نسبت به صلح و امنیت بین‌المللی»
خواهد دانست و اعضای آن «در مقابل هرگونه نقضی که آژانس بین‌المللی
انرژی اتمی گزارش کند، اقدام مقتضی را به عمل خواهند آورد.»۱۵۷ متأسفانه
هنگامی که چین اوّلین درخواست آژانس بین المللی انرژی اتمی را برای یک
بازرسی مخصوص وتو کرد، این بیانیه تمامی اعتبار خود را از دست داد.
تعجبی ندارد که این آخرین باری هم بودکه آژانس بین‌المللی انرژی اتمی برای
انجام یک بازرسی مخصوص درخواست اجازه کرد.

علاوه بر اجرای قهری مقرّرات از سوی شورای امنیت، هر کدام از
کشورها نیز می‌توانند و باید ملزم باشند که با وضع قوانینی که فعالیت‌های
مربوط به ایجاد یا مالکیت سلاح‌های زیستی، شیمیائی، یا هسته‌ای را جُرم اعلام

کند، به اجرای معاهدات مربوط به کنترل تسلیحات کمک کنند. گام‌های مقدّماتی قبلاً در این رابطه برداشته شده است، از جمله تصویب قطع‌نامهٔ شمارهٔ ۱۵۴۰ در سال ۲۰۰۴ از سوی شورای امنیت. شورای امنیت با استفاده از اختیاراتش تحت فصل ۷ منشور سازمان ملل حکم کرد که همهٔ کشورها مسئول هستند قوانینی داخلی را به تصویب برسانند۱۵۸ که «تولید، خرید، مالکیت، ایجاد، حمل و نقل، انتقال یا استفاده از سلاح‌های هسته‌ای، شیمیائی یا زیستی و وسائل دستیابی به آنها، به خصوص به مقاصد تروریستی» را از سوی فعالان غیردولتی ممنوع اعلام کنند. این قطع‌نامه در سال ۲۰۰۵ با تصویب پیمان‌نامهٔ بین‌المللی سرکوب تروریسم هسته‌ای دنبال شد که از همهٔ کشورهای عضو می خواهد تدابیری را اتّخاذ کنند، از جمله قوانینی داخلی وضع کنند، تا أعمال جنایت‌کارانه‌ای را که در این پیمان‌نامه مشخّص شده مطابق با درجهٔ وخامت آنها مجازات کنند.

شکل‌بخشیدن و یکپارچه‌کردن برخی از روال‌های خاصّ ضدّ گسترش، مانند ممنوعیت و کنترل صادرات، نیز می‌تواند به چهارچوب اجرائی بین‌المللی اضافه شود. برای مثال، ابتکار امنیتی در مقابل گسترش که از سوی ایالات متّحده و دَه کشور دیگر در پائیز سال ۲۰۰۳ سازمان داده شده (استرالیا، فرانسه، آلمان، ایتالیا، ژاپن، هلند، لهستان، پرتغال، اسپانیا و انگستان) با ممنوع ساختن حمل مواد مورد استفاده در ساختن سلاح‌های کشتار جمعی، به خصوص در آب‌های ساحلی کشورهای شرکت‌کننده، در ریشه‌کن‌سازی موج گسترش تسلیحات بسیار موفّق بوده است. این ابتکار می‌تواند از این گروه اصلی ۱۵ کشور فراتر رفته و ۶۵ کشور دیگر را هم که موافقت کرده‌اند به طور غیررسمی در آن شرکت کنند، دربر بگیرد. تنگ‌تر ساختن کنترل صادرات نیز می‌تواند کمک کند، هرچند برای آن که به حدّ اکثر نتیجه برسیم، این تنگ‌تر ساختن باید در سراسر عالم به صورتی منظّم و هماهنگ صورت بگیرد و نه تکه‌تکه توسّط تَک‌تَک کشورها. سرانجام کار گروه تأمین کننده ی هسته ای که اخیرا" به طورمحرمانه دیدارمی کنند باید با چارچوب بین المللی کنترل تسلیحات یکپارچه وشفاف شود تا تضمین گردد که مطابق با قوانین مورد توافق بین المللی عمل می کند.

بازبینی و تثبیت مرزهای دائمی

معلوم است که هر گونه نظام کارآمد امنیت جمعی باید روالی را برای جامعهٔ بین‌المللی دربر داشته باشد تا بتواند به طور مؤثّر اختلافات مرزی و ارضی را شناسائی و حل کند. اما تا این تاریخ ما عمداً چشمان خود را به روی اختلافات رو به وخامت ارضی و مرزی که اغلب حاصل مرزهای موروثی و ساختگی استعماری و همچنین اقتصادهای استعماری است، بسته‌ایم.۱۵۹ ما دیگر نمی‌توانیم به این راضی شویم که کشورهای درگیر در اختلاف مرزی را رها کنیم تا یا داوطلبانه مورد خود را به دادگاه بین‌المللی عدالت تسلیم کنند یا با ابزار نظامی کشورهای یک دیگر را ویران کنند. نمی‌توانیم بازهم عقب بایستیم و اجازه دهیم که تصمیمات دادگاه جهانی بدون مجازات نادیده گرفته شوند. برای ساختن یک دنیای امن باید راه حل‌های مبتکرانه‌ای برای مشکلات دیرپائی نظیر اختلافات مرزی پیدا کنیم، نه این که همین طور که پیش می‌آیند نسبت به هر کدام از بحران‌ها واکنش نشان بدهیم و همین طور که پیش می‌رویم راه حل های غیرمؤثّر و کوتاه‌مدّتی را سَرِهَم‌بَندی کنیم.

برای این منظور، آشکارا لازِم است رویکردی فعالانه‌تر در پیش بگیریم تا به ایجاد نظامی منجر گردد که هدفش دستیابی به موارد زیر باشد. اول، یک نظام کارآمدتر که به موقع کانون‌های بالقوهٔ بحران‌آفرین را شناسائی کند و به سرعت از همهٔ طرف‌های دخیل اطّلاعات بخواهد. دوم، لازم است روی اصول و مقرّراتی که باید در موارد مربوط به اختلافات مرزی و ارضی به کار گرفته شوند، به توافق برسیم. سوم، یک هیئت بین‌المللی، ترجیحاً غیر از شورای امنیت و دادگاه جهانی، باید با یک نظام‌نامهٔ جدید و اختیارات لازم برای به کارگیری این اصول و مقرّرات منصوب بشود. چهارم، یک روال برای به کارگیری نیروی قهری که اطاعت طرفین یک اختلاف ارضی یا مرزی را از تصمیم نهائی این هیئت بین‌المللی که وظیفهٔ حل این اختلافات را دارد، تضمین کند.

اولین قدم در ایجاد این نظام آن است که یک کمیسیون مرزی بین‌المللی ایجاد شود که تنها وظیفه‌اش بررسی دقیق همهٔ دعاوی متضادّ ارضی و انضمامی (دعاوی که خواستار بازگشت سرزمین‌هائی است که سابقاً به آن کشور تعلّق داشته‌اند) باشد. ملل و اقوام باید تشویق شوند که همهٔ این دعاوی را به این کمیسیون تسلیم نمایند تا با بررسی شواهد مربوطه و صدور احکام لازم الاجراء به حل اختلافات بپردازد. به علاوه شبکهٔ آژانس‌های منطقه‌ای هشدار قبلی که در بالا پیشنهاد شد باید به طور منظّم کمیسیون را از مشکلاتی که در

منطقهٔ خود در حال وخیم‌تر شدن است، مطّلع سازند. این کمیسیون باید اختیار داشته باشد که از طرفین بخواهد، و در صورت لزوم آنها را مجبور کند، که اختلافات خود را برای یافتن راه حل به آن تسلیم کنند.

قدم دوم این است که اصول و قوانین روشنی در ارتباط با تعیین مرز وضع شود تا کمیسیون بتواند آنها را به نحوی عادلانه، ثابت و منظّم در مورد همهٔ اختلافات مرزی، صرف نظر از محلی که از آن برخاسته‌اند، به کار گیرد. این امر ما را از نظام‌نامهٔ کنونی دادگاه عدالت که وسیع و مبهم است، فراتر می‌برد. مطابق با این نظام‌نامه این دادگاه باید به هنگام تصمیم‌گیری در تمام موارد به کارگیری قانون بین‌الملل، از جمله موارد مربوط به اختلافات ارضی و مرزی، از منابع خاصّی از قانون استفاده کند. این منابع قانونی در مادهٔ ۳۸ قانون دادگاه بین‌المللی عدالت آمده‌اند و شامل معاهدات بین‌المللی، قوانین عرفی بین المللی به میزانی که بازتابی از روال عمومی پذیرفته‌شده به عنوان قانون هستند، اصول کلّی قانون که از سوی کشورهای غیرنظامی به رسمیت شناخته شده‌اند و تصمیمات قضائی و تعالیم مُجَرَّب‌ترین متخصّصین حقوق بین‌الملل در کشورهای مختلف می‌شوند. به علاوه، وقتی طرفین موافق باشند، دادگاه می‌تواند در مورد آن اختلاف با استفاده از اصول عدالت تصمیم بگیرد. وسعت و عمومیت این منابع قانونی مستلزم آن است که هر بار که دادگاه می‌خواهد در بارهٔ دعوائی، از جمله یک اختلاف مرزی، حکم بدهد، مردابی از قوانین و اصول را زیر و رو کند تا تصمیم بگیرد که کدام‌ها به مناسب‌ترین شکل در مورد آن مصداق دارند. در نتیجه، دادگاه حتی وقتی با دعواهای مرزی سر و کار دارد ترکیب‌های مختلفی از قوانین و اصول را به کار می‌گیرد. در مقابل اگر مجموعهٔ مشخّصی از اصول و قوانین را که فقط مربوط به اختلافات مرزی هستند، در اختیار این کمیسیون بگذاریم، کار کمیسیون تسهیل می‌شود و همچنین تضمین می‌شود که عموماً قوانین و اصول یکسانی در مورد همهٔ اختلافات مرزی به کار گرفته شود. در نتیجه احتمال بیشتری دارد کشورهائی که به این باور رسیده‌اند که با آنها عادلانه و بر اساس معیارهائی یکسان با سایر کشورها رفتار خواهد شد، چنین اختلافاتی را به کمیسیون ارجاع دهند.

در سومین گام به سوی امنیت بیشتری که از توافق روی مرزها حاصل می شود، کمیسیون باید با دقّت و بی‌طرفانه همهٔ دعاوی را که در مقابلش قرار دارد، بررسی کند و از غنای اطّلاعاتی که خوشبختانه در این عصر اطلاعات در اختیار خود داریم، کمک بگیرد. این اطّلاعات باید شامل واقعیات تاریخی در بارهٔ این که مرزهای کنونی چگونه ایجاد شده‌اند باشد، مثلاً با به ارث رسیدن مرزهای اداری قبل از استقلال که از سوی یک نیروی استعماری سابق یا در

اثر اعمال نفوذ یکی از طرفین ایجاد شده‌بوده به کشورهای تازه استقلال یافته. اما این عوامل سنّتی که از سوی قانون عمومی معاهده تکمیل شده‌اند، مسئلهٔ مرزها را به طور کامل حل نمی‌کنند. دادگاه بین‌المللی عدالت تاکنون ترجیح داده است که موارد مربوط به مرزهای زمینی را درست با اتّکاء به همین سه عامل حل کند. اما همان طور که پژوهش‌گران استدلال می‌کنند، نتایج حاصله ثبات و پیش‌بینی‌پذیری را که دادگاه به دنبال آن بوده، به بار نیاورده است.۱۶۰ کمیسیون مرزی باید از این رویکردهای قانونی فراتر برود و عوامل حیاتی دیگر مانند جغرافیای منطقه شامل رشته‌کوه‌ها، رودخانه‌ها، اقیانوس‌ها و سایر توده‌های آب؛ ملاحظات زمین‌شناسی نظیر وجود مواد خام و منابع با ارزش نظیر نفت، طلا، الماس و چوب در آن سرزمین یا راه آب‌ها؛ زیربنای اقتصادی آن منطقه نظیر کشت زمین، صنعت یا معدن ؛ راه‌های حمل و نقل داخلی و بین المللی که برای حمل کالا مورد استفاده قرار می‌گیرد شامل لوله‌ها، جاده، راه‌آهن ها و بندرها و ترکیب قومی مردم و فرهنگ آنها شامل زبان، مذهب و سایر مشخّصات فرهنگی را به حساب بیاورد. کمیسیون باید پس از بررسی همهٔ این عوامل توصیه‌نامهٔ مستدلّی را منتشر و مرزهای قابل اجراء را معیّن کند و مبنای توصیه‌های خود را توضیح دهد.

همین که کمیسیون برای همهٔ اختلافات ارضی بلاتکلیف مرزهائی را توصیه نمود، رهبران جهان باید توصیه‌های کمیسیون را بررسی و تأیید کنند و آن را در جامهٔ یک معاهدهٔ مرزی جدید درآورند که همهٔ ملّت‌ها روی آن توافق داشته باشند. با گذشت زمان ممکن است به علت تغییر شرایط، مثلاً به علّت تغییر مسیر یک رودخانه اختلافات جدیدی پیش بیاید. برای اطمینان از این که چنین اختلافاتی به موقع حل خواهند شد، این کمیسیون پس از کار اوّلیهٔ خود که منجر به ایجاد معاهدهٔ مرزی می‌شود باید بخواهد که اختلافات جدید به طور سالانه برای بررسی به آن تسلیم شوند. علاوه بر آن باید بر هشدارهائی تکیه کند که از سوی آژانس‌های شبکهٔ هشدار قبلی خود در بارهٔ اختلافات مرزی تازه ای که در حال بروز هستند، به آن داده می‌شود. این کمیسیون باید توصیه‌هایش را به رهبران عالم ارائه دهد تا بررسی کنند و هر پنج سال یک بار تصمیمات خود را به عنوان ضمیمه‌ای به معاهدهٔ مرزی منتشر سازند.

قدم پنجم و آخر آن است که اطمینان حاصل شود تصمیمات مرزی اجراء می‌شوند. برای این منظور، معاهده‌ای که در نتیجهٔ این جریان برای تعیین مرزها در سراسر جهان تنظیم می‌شود باید به شورای امنیت اختیار بدهد که مداخله کند و در صورت لزوم از نیروی نظامی که در اختیار دارد (چه نیروهای منطقه‌ای باشند و چه نیروی نظامی دائمی بین‌المللی) برای اجرای

قهری این تصمیمات استفاده کند. نقض معاهدهٔ مرزی نیز باید در نظام‌نامهٔ شورای امنیت از جمله شرایطی به حساب آید که نقض صلح به شمار می‌روند و به شورای امنیت اختیار می‌دهند که در صورت لزوم برای بازگرداندن صلح از نیروی قهری استفاده کند.

برخی از پژوهش‌گران پیشنهاد کرده‌اند که اگر مردم را تشویق کنیم که مثل شهروندان کشورهائی که اتّحادیهٔ اروپا را می‌سازند خودشان را اعضای یک گروه منطقه‌ای بدانند که در عین حال منابع نظامی را که در دسترس سازمان ملل قرار دارند تقویت می‌کنند، از تنش‌های ارضی و مرزی کاسته خواهد شد. این پژوهش‌گران چنین استدلال می‌کنند که در این گروه‌های منطقه‌ای اقلّیت‌ها به رشد و بالند گی می‌رسند و این آرزوی خود را که جدا شوند و به صورت کشورهای کوچکی درآیند، از دست می‌دهند. اتّحادیهٔ اروپا برنامه‌ها و سیاست های متعدّدی را دقیقاً برای کمک به کاهش کِشِش‌ها و فشارهای تجزیه‌طلبانه در درون و مابین برخی از کشورهای عضو درپیش گرفته است. درست همان طور که اتّحادیهٔ اروپا از جوامع اقلیت که در غیر این صورت ممکن بود احساس کنند در درون حکومت‌های ملّی خود سرکوب شده‌اند، پشتیبانی می‌کند، همین طور هم سایر گروه‌بندی‌های منطقه‌ای ممکن است ثمرات مشابهی به بار آورند.۱۶۱

علاوه بر تنش‌های فرهنگی و قومی و سایر تنش‌های اجتماعی، یکی از علل اصلی اختلافات ارضی و مرزی رقابت بر سر منابع طبیعی است. یک راه برای کاهش تمایل به غلبه و دستیابی به مواد خام و سایر منابع حیاتی مانند نفت، اورانیوم و آب آن است که آنها را تحت اختیار یک هیئت فَراملّیتی شبیه جامعهٔ ذغال و فولاد اروپا قرار دهیم تا توزیع عادلانهٔ آنها را در بین همهٔ کشورهای دنیا تضمین کند. این توصیه را به زودی به تفصیل مورد بحث قرار خواهیم داد. نمونه‌ای از اختلافی که به کمک چنین اقداماتی می‌شد از آن اجتناب کرد، اختلافی بود که بین لیبی و چاد بر سر نوار آزو که شایع است معادن اورانیوم دارد و در چاد شمالی است، ایجاد شد. این اختلاف در سال ۱۹۹۰ از سوی هر دو کشور تسلیم دادگاه بین‌المللی گردید و سرانجام دادگاه به نفع چاد رأی داد.۱۶۲

بازبینی دادگاه جهانی

یک هیئت بین‌المللی داوری یا یک دادگاه جهانی نیرومند باید نقشی محوری را در هر گونه نظام مؤثّر امنیت جمعی ایفا کند. جامعهٔ بین‌المللی باید بتواند بر چنین دادگاهی اتّکاء کند تا اختلافات را قبل از این که به درگیری و بی‌ثباتی منجر شوند، حل و صلح را حفظ نماید. برای این که این دادگاه مؤثّر باشد باید اعتماد و احترام کشورها و سایر فعالان بین‌المللی را جلب نماید. اگر این دادگاه به نحوی که شایسته است عمل کند و اختلافات بین‌المللی را به سرعت و به طور مؤثّر و عادلانه حل کند، اعتماد آنهائی را که در آینده شکایات بین‌المللی خواهند داشت جلب خواهد کرد و آنها را بر آن می‌دارد که برای حل اختلافات خود به جای پناه‌بردن به نیروی نظامی از این دادگاه کمک بگیرند.

وقتی این دادگاه برای اوّلین بار ایجاد شد، امید آن بود که «حل و فصل قضائی بین‌المللی جانشین جنگ بشود». اما همان طور که قاضی شوبل[87] در سال ۱۹۹۸ در سخنرانی خود خطاب به مجمع عمومی سازمان ملل خاطرنشان کرد «معلوم شد که این امید غیرواقع‌بینانه بوده است.»۱۶۳ حل و فصل قضائی بین‌المللی صلح ایجاد نکرده است. برعکس صلح باعث حل و فصل اختلافات بین‌المللی از طریق داوری بین‌المللی بوده است. الگوئی که ظاهر شده این است که وقتی میزان تنش بین‌المللی بالا بوده، کشورها معمولاً از حل و فصل قضائی اجتناب کرده‌اند، اما وقتی میزان این تنش پائین بوده، کشورها تمایل بیشتری داشته‌اند تا برای حل اختلافات خود به دادگاه رو کنند.

ارزیابی قاضی شوبل ممکن است به درستی نقش تاریخی دادگاه جهانی را در نظام ناقص بین‌المللی دهه‌های گذشته ترسیم کند، اما ما محکوم به تکرار این تاریخ نیستیم. برعکس، می‌توانیم از تاریخ بیاموزیم که چه تغییراتی لازم است. سئوال واقعی این است که آیا دادگاه جهانی را می‌توان طوری اصلاح کرد که وقتی میزان تنش بالاست و صلح جهانی بیش از همیشه به خطر افتاده است، کشورها به آن روکنند؟ این کتاب می‌گوید آرمانی که به هنگام ایجاد دادگاه بین‌المللی عدالت در نظر کسانی بود که به چهارچوب منشور سازمان ملل شکل دادند، هنوز قابل دستیابی است، به شرط آن که معایبی که در فصل قبلی خطوط کلّی آن آمد، اصلاح شوند.

اصلاح این معایب باید از آن جا شروع شود که رهبران ما به صراحت تصدیق کنند این دادگاه در ساختار فعلی خود دیگر در جهت منافع بشریت نیست

[87] Schwebel

و اگر قرار باشد نقشی محوری در ایجاد و حفظ صلح و امنیت بین‌المللی ایفا کند، باید اصلاح و تقویت گردد. رهبران ما باید همچنین مایل باشند که تغییرات اساسی لازم را با به‌کارگیری اصول محوری که در بارهٔ آن به اتّفاق نظر رسیده اند و قبلاً در این کتاب مشخّص شده‌اند، صورت دهند. این اصول شامل وحدت، عدالت، بی‌طرفی و رفتار منصفانه، این که نیروی قهری باید در خدمت عدالت قرار گیرد، و لزوم کاستن از حاکمیت بی قید و شرط ملّی می‌شود. این اصول اشاره به پنج مرحله دارند که باید درپیش گرفته شوند.

اوّل، این دادگاه باید دوباره اعتماد و احترام آنهائی را که موضوع قضاوت آن هستند، به دست آورد. آنها باید به آن به عنوان نمایندهٔ جامعهٔ بین‌المللی کشورها که عادلانه و بر اساس مصلحت جمعی آنها عمل می‌کند، بنگرند. در واقع بدون چنین اعتمادی، هر گونه تلاش برای تقویت این دادگاه با مقاومت دائم التزایدی رو به رو خواهد شد. این مقاومت در نگرانی‌های فیلیپ سندز که دانشگاهی و وکیل حقوقی است بازتاب یافته است که می‌گوید ظهور یک نظام قضائی بین‌المللی با قدرت فزاینده سئوالات مهمّی را ایجاد می‌کند، مانند این که قضات آن چه کسانی هستند، چگونه منصوب می‌شوند، و چه چیز قدرت آنها را محدود می‌کند.۱۶۴ از ضروریات اساسی چنین اعتمادی باید این باشد که قضات دادگاه بین‌المللی نه تنها قاضی‌هائی توانا و از نظر اخلاقی غیرقابل سرزنش، بلکه به کلّی بی‌طرف باشند. یک مطالعهٔ دانشگاهی که اخیراً صورت گرفته است در مورد این که ترکیب گذشتهٔ این دادگاه به این هدف رسیده باشد، تردید ایجاد کرده است. استادان اریک پوزنر[88] و جان یو[89] الگوهای رأی‌دادن قضات را در اختلافاتی مورد مطالعه قرار داده‌اند که کشورمنصوب‌کنندهٔ آنها نیز در آنها درگیر بوده است. آنها دریافتند که در ۹۰ درصد موارد قضات به نفع کشور منصوب‌کنندهٔ خود رأی داده‌اند، سایر قضات فقط در ۵۰ درصد موارد به یک کشور دیگر رأی داده‌اند.۱۶۵ این یافته‌ها آنقدر نامطبوع بود که انجام‌دهندگان این تحقیق از خود پرسیدند چرا اصلاً کشورها به استفاده از این دادگاه ادامه می‌دهند. و در واقع آنها دریافتند که استفاده از پروتوکل اختیاری که در آن قضاوت الزامی این دادگاه پذیرفته می‌شود، حدود ۲۰ سال است که در حال کاهش بوده است.۱۶۶

علاوه بر بی‌طرف‌بودن و بی‌طرف شناخته‌شدن، قضات دادگاه باید از فشارهای سیاسی کشورهای خود و حکومت‌ها و مردمانی که در تصمیمات

---

[88] Eric Posner
[89] John Yoo

دادگاه درگیر هستند، آزاد باشند. این موضوع مورد بررسی دقیق دانشگاهیان نیز قرار گرفته است. برخی از آنها به این نتیجه رسیده‌اند که دادگاه‌های بین المللی شامل دادگاه عدالت اروپا و اعضای میزگرد حل اختلاف تحت معاهدهٔ عمومی تعرفه‌های گمرکی و تجارت و سازمان تجارت جهانی، اغلب تصمیمات خود را مطابق با واکنش دولت‌های طرف اختلاف شکل می‌دهند زیرا این قضّات می‌دانند که صِرف اعتبار دادگاهشان بستگی به پذیرش حکم دادگاه از سوی طرف‌های درگیر دارد.۱۶۷ این انگیزهٔ انحراف‌آمیز باعث نمی‌شود که نسبت به استقلال یک نظام قضائی که قرار است بر اساس حکومت قانون و مصلحت کلّ جامعه حکم‌های بی‌طرفانه‌ای صادر کند، اعتماد ایجاد شود.

بنا بر این روشن است که رهبران ما باید نظام جدیدی را به منظور انتخاب قاضی برای دادگاه بین‌المللی طراحی کنند که شفاف باشد و قضّاتی را انتخاب کند که هم واقعاً نمایندهٔ جامعهٔ بین‌المللی و نظام‌های حقوقی مناطق مختلف آن باشند و هم بی‌طرف و مستقل از فشارهای ملّی و سیاسی. به علاوه، همه باید انگیزهٔ احکام آنها را منفعت جامعهٔ بین‌المللی در کلّ بدانند و نه منفعت یک یا چند بخش از بخش‌های تشکیل‌دهندهٔ آن.

آثار بهائی رهنمودهائی را برای این نظام جدید ارائه می‌دهند. طبق این رهنمودها، پارلمان هر کشوری به نسبت مستقیم با اندازهٔ جمعیت آن کشور باید دو یا سه نمایندهٔ ملّی انتخاب کند. این نماینده‌ها باید اطّلاع کافی از روابط و قانون بین‌المللی و از نیازهای جاری دنیا داشته باشند و در کشور خود بسیار محترم و ممتاز باشند. انتخاب آنها از سوی پارلمان باید از سوی همهٔ اجزای تشکیل‌دهندهٔ قوهٔ مقننه و همچنین قوهٔ مُجریه و رئیس حکومت، چه رئیس جمهور باشد و چه پادشاه، تأیید شود. آن گاه مجموع کلّ این نمایندگان که از سراسر دنیا انتخاب شده‌اند، اعضای دادگاه جهانی را از میان خودشان انتخاب می‌کنند. اگر از این رهنمودها پیروی شود، اعضای دادگاه هم واقعاً نمایندهٔ مردمان جهان خواهند بود و هم نمایندهٔ دولت‌های آنان، و اصل وحدت را به اجراء درخواهند آورد.۱۶۸

انتخاب اعضای دادگاه جهانی باید برای یک دورهٔ حدوداً ۱۰ ساله باشد تا وسوسه نشوند حکم‌هائی بدهند که برای انتخاب مجدّدشان به مقام قضائی حمایت جلب کند. بعد از آن تقاضای مشاغل یا انتصابات دولتی باید برایشان ممنوع باشد تا وسوسه نشوند به امید به‌دست‌آوردن یک مقام پُردَرآمَد، برای یک دولت خاصّ خودشیرینی کنند. به علاوه همین که انتخاب شدند باید به طور کاملاً مستقل عمل کنند و بدون توجّه به محبوبیت تصمیماتشان فقط به مشورت‌ها و ندای وجدان خود اتّکاء داشته باشند. انجام چنین کاری اصول محوری عدالت،

بی‌طرفی و رفتار منصفانه را به عرصهٔ عمل وارد می‌کند. این اصول باید در قانون دادگاه جهانی گنجانده شوند. همچنین باید برای برکنار ساختن قاضی که بی‌طرف نبودنش آشکار است از سوی پارلمان جهانی (که به زودی در بارهٔ آن بحث خواهد شد) پیش‌بینی‌هائی شده باشد. سرانجام، همهٔ تصمیمات دادگاه باید یا به اتّفاق نظر حاصل شود، یا در صورتی که امکان‌پذیر نباشد و برای پرهیز از بُن‌بَست، با دوسوم آراء.

گام دوم در جهت تقویت دادگاه جهانی و کسب اعتبار برای آن این است که رهبران جهان توافق کنند که روی همهٔ اختلافات بین‌المللی که صلح جهان را به خطر اندازند، حقّ قضاوت اجباری داشته باشد و همهٔ کشورها و برخی فعالان غیردولتی، از جمله سازمان‌های بین‌المللی در حوزهٔ قضاوت آن باشند. کمیسیون در باب ادارهٔ جهان ضرورت تلاش در جهت ایجاد حقّ قضاوت اجباری را تشخیص داد.۱۶۹ اما پذیرش حقّ قضاوت این دادگاه را دیگر نمی توان به تصمیم داوطلبانهٔ هر کدام از کشورها یا سایر فعالان بین‌المللی سپرد. همان طور که دبیر کلّ سازمان ملل در گزارش خود تحت عنوان «در آزادی بیشتر» و همچنین رهبران جهان در همایش سپتامبر ۲۰۰۵ که در نیویورک برگزار شد، توصیه کرده‌اند، زمان آن گذشته است که از دولت‌ها بخواهیم در بارهٔ به رسمیت شناختن حقّ قضاوت اجباری این دادگاه به بررسی بپردازند.۱۷۰ این حوزه‌ای است که دولت‌ها باید حاضر باشند در آن از قسمتی از حقّ حاکمیت خود به نفع صلح جهانی و مصلحت کلّی‌تر چشم‌پوشی کنند. اگر بخواهیم یک دادگاه کارآمد جهانی با مسئولیت حفظ صلح داشته باشیم و با توانائی این که به نحوی مؤثّر، کارآمد و عادلانه عمل کند و از اوج‌گرفتن اختلافات به سوی درگیری‌های پُرخشونت جلوگیری نماید، باید به آن اختیارات و ابزارهای لازمه را بدهیم. اگر قرار است این دادگاه در نظر جهانیان معتبر باشد و احترامی را که برای عَمل‌کَرد شایسته نیاز دارد، به خود جلب کند، همهٔ کشورها و فعالان بین‌المللی باید در حوزهٔ قضائی آن قرار داشته باشند و قانون بین‌المللی باید به نحوی برابر در مورد همه به کار گرفته شود. به هیچ کدام نباید امکان داد که بنا به تصمیم خود از حوزهٔ قضائی این دادگاه خارج شود. به کارگیری اصول وحدت، عدالت، بی‌طرفی و رفتار منصفانه مستلزم کمتر از این نیست. جالب است که ایجاد نسبتاً اخیر دادگاه جنائی بین‌المللی تمرین آموزنده‌ای در اهمّیّت ایجاد یک دادگاه بین‌المللی که حقّ قضاوت در مورد همهٔ کشورها را داشته باشد، بود. هیچ کشوری نمی‌تواند انتظار داشته باشد که سایر اعضای جامعهٔ بین‌المللی در مورد نقض قوانین بین‌المللی مسئول شناخته شوند، در حالی که خودش را از عواقب اعمال غیرقانونی خود حفاظت می‌کند. همهٔ کشورها

باید راضی شوند که با آنها به طور برابر رفتار شود، زیرا در غیر این صورت بدخواهی و سوء ظنّ ایجاد خواهد شد.

قدم سوم در جهت اصلاح و تقویت دادگاه جهانی افزایش توان آن از دو طریق است: اول، وسعت‌دادن به دامنهٔ موارد قابل بررسی توسّط دادگاه بنا به نیازهای جدید و دوم، اعطای جایگاه به فعالان غیرحکومتی برای ظاهر شدن در مقابل دادگاه. این فعالان غیرحکومتی دارای جایگاه باید برای نمونه شاخه‌های مختلف سازمان ملل و شاید در موارد مناسب شرکت‌ها و افراد را دربر بگیرند. وسعت‌بخشیدن به حوزهٔ قضاوت این دادگاه مدّتهاست که لازم بوده است. در واقع، فقدان آن به ایجاد دادگاه‌های بین‌المللی جدیدی انجامیده است تا به گروه‌های مهمّ و جدیدی از موارد که دامنهٔ رو به افزایشی از فعالان بین‌المللی را درگیر ساخته‌اند، بپردازند. تعداد روزافزونی از این دادگاه‌ها دائمی، بدون محدودیت زمانی، یا محدود به یک واقعهٔ خاصّ تاریخی هستند.

دادگاه‌های بین‌المللی دائمی جدید معمولاً موضوعی بوده‌اند. بنا بر این، برای مثال، دادگاه جنائی بین‌المللی به عنوان یک دادگاه بین‌المللی دائمی برای پی‌گیری و اجرای عدالت در مورد افرادی که مرتکب جنایات جدی بین‌المللی نَظیر نَسل‌کُشی، جنایت بر علیه بشریت، جنایات جنگی و تجاوز شده‌اند، ایجاد شد. سازمان تجارت جهانی و میزگردهای حل مشکل شبه‌قضائی آن به موضوعات مربوط به تجارت بین‌المللی می‌پردازند و هیئت داوری بین‌المللی برای قانون دریا به موضوعات مربوط به اجرای معاهدات قانون دریا می پردازد. اما باید توجّه داشت که هرچند این دادگاه‌های دائمی خلق‌الساعه نیازهای مهمّی را برطرف کرده‌اند، اما نفوذ آنها در شکل‌گیری قانون بین‌المللی به برنامه‌های معاهدات مختلفی که تحت آنها ایجاد شده‌اند، محدود شده است. در مقابل، دادگاه بین‌المللی عدالت نقش مخصوصی در شکل‌گیری قانون بین‌المللی بر عهده داشته است. این دادگاه نه فقط تنها دادگاه بین‌المللی است که می‌تواند در مورد مسائل عمومی قانون بین‌المللی بیانیه صادر کند، بلکه در عمل بیانیه های آن برای سایر نهادها و دادگاه‌های بین‌المللی اهمیت زیادی دارد و معمولاً هم از سوی حکومت‌ها و هم از سوی جامعهٔ دانشگاهی مورد بحث و تجزیه و تحلیل قرار می‌گیرد.

تعدّد دادگاه‌های بین‌المللی ما را به قدم چهارمی می‌رساند که رهبران ما باید بردارند، یعنی تعیین روشن سلسله مراتب دادگاه‌ها و هیئت‌های داوری. نوعی سلسله مراتب لازم است تا تضمین کند که در یک نظام غیرمتمرکز از دادگاه های بین‌المللی یکپارچگی قانون بین‌المللی به خطر نمی‌افتد. برای مثال خیلی اهمّیّت دارد که با اطمینان حاصل کردن از این که مقرّرات و اولویت‌ها به طور

دستیابی به امنیت جمعی

یکسانی تعبیر و به کار گرفته می‌شوند، تضمین کنیم با موارد مشابه به صورت مشابه، و در نتیجه به طور عادلانه، برخورد خواهد شد. یکسان‌بودن به مشروعیت نظام حقوقی بین‌المللی کمک می‌کند. به علاوه هیچ تداخلی نباید در حوزه‌های قضائی دادگاه‌ها وجود داشته باشد. درغیر این صورت طرفین یک دعوا ضمن تضعیف حسّ عدالت و رفتار منصفانه خواهند کوشید به دنبال دادگاه مناسبی بروند که تصوّر می‌کنند مطلوب‌ترین حکم را صادر خواهد کرد. یک نظر این است که دادگاه بین‌المللی عدالت به یک دادگاه فَراگیر تبدیل شود که کار دادگاه‌های موضوعی پائین‌تر، چه آنها که از قبل وجود دارند و چه آنها که ممکن است ایجاد شوند، را مثلاً با تخصیص مواردی که باید به آنها بپردازند، هماهنگ کند. رهبران ما باید ایجاد یک حقّ نهائی برای استیناف دادن از دادگاه‌های تخصّصی، مانند میزگردهای حل اختلاف سازمان تجارت جهانی، هیئت داوری بین‌المللی برای قانون دریا، دادگاه جنائی بین المللی و مانند آن را به دادگاه جهانی بررسی کنند. دادگاه جهانی در نظام بین‌المللی به عالی‌ترین دادگاه استیناف بدل خواهد شد و اختیار بررسی تصمیمات دادگاه‌های پائین‌تر را خواهد یافت. به علاوه شاید رهبران ما بخواهند ایجاد چند دادگاه موضوعی جدید را هم برای پرداختن به مسائلی نظیر قاچاق بین‌المللی انسان، مواد مخدّر و تروریسم بین‌المللی بررسی کنند.

گام پنجم تضمین این است که احکام دادگاه جهانی اجراء می‌شوند. در حال حاضر ما فاقد یک فرهنگ جهانی هستیم که برای بیانیه‌ها و احکام این دادگاه اقتدار کامل و خود به خود قائل بشود. ۱۷۱ به علاوه، همان طور که کمیسیون در باب ادارهٔ جهان خاطرنشان کرده، روشن است که مادهٔ ۹۴ منشور سازمان ملل که به شورای امنیت قدرت می‌دهد «برای تنفیذ احکام [دادگاه جهانی] توصیه‌هائی بکند یا اسبابی را اختیار کند»، به کلّی نادیده گرفته شده است. ۱۷۲ برای تضمین اطاعت از احکام این دادگاه و افزایش احترام به قانون، چیزی بیش از حمایت ظاهری اعلامیهٔ هزاره لازم است. ۱۷۳ برداشتن گام‌های مشخّصی لازم است. رهبران جهان باید توافق کنند که عدم اجرای حکمی که این دادگاه بر خلاف میل کشوری صادر کرده است، از سوی آن کشور، قانوناً نقض صلح و ثبات نظم جهان شمرده شود. در واقع، این باید در نظامنامهٔ شورای امنیت به عنوان یکی از شرایطی که باید نقض صلح دانست، گنجانده شود. به علاوه عواقب بیان شدهٔ چنین خلافی باید آن باشد که جامعهٔ بین‌المللی به عنوان یک هیکل متّحد و در صورت لزوم با استفاده از نیروی نظامی دائمی یا نیروهای منطقه‌ای که گوش به فرمان شورای امنیت هستند، برای اجرای قهری حکم دادگاه به پا خیزد.

تمام احکام دادگاه جهانی باید به طرفین مهلت مشخصی برای اجراء بدهند. دادگاه ملزم است همین که این مهلت بدون این که اطاعتی صورت بگیرد، تمام شود، فوراً شورای امنیت را مطلع سازد. شورای امنیت باید به نوبۀ خود با یک هشدار نهائی و دادن یک مهلت دیگر کار را دنبال کند یا از نیروی نظامی برای تضمین اطاعت و حفظ نظم جهانی استفاده کند. اگر قرار باشد دادگاه جهانی جدی گرفته شود و احترام کشورها را جلب کند، ایجاد روالی که تصمیمات آن را قابل اجرا سازد اهمّیّت حیاتی دارد. این به‌کارگیری آشکار این اصل است که نیروی نظامی باید در خدمت اجرای عدالت قرار گیرد. باید با همۀ کشورها به طور یکسان رفتار شود و همۀ تصمیمات باید به طور مساوی اجراء شوند تا تصوّر نشود به هیچ کشوری اجازه داده می‌شود بدون این که مجازات گردد از قوانین سرپیچی کند.

قدم ششم در جهت تقویت دادگاه جهانی تعریف روشن رابطۀ آن با سایر نهادهای بین‌المللی مانند مجمع عمومی و شورای امنیت است. در بهترین حالت، نظام بین‌المللی به صورت قوای جداگانۀ حکومت جهانی از جمله یک قوۀ مقننه، قوۀ مجریه و قوۀ قضائیۀ بین‌المللی در حال رشد و توسعه که هر کدام حوزۀ نفوذ به روشنی تعریف شدۀ خود را داشته باشد، شکل خواهد گرفت. اما، یکی از مباحث کلیدی برای تصمیم‌گیری در مورد ایجاد کنترل‌ها و میزان‌ها این است که آیا دادگاه بین‌المللی باید حقّ داشته باشد مطابقت تصمیمات شورای امنیت را با قانون بررسی کند یا خیر. اگر نه، چه مانعی در مقابل شورای امنیتی وجود خواهد داشت که خارج از حوزۀ اختیارات خود عمل می‌کند؟ در عین حال، ایجاد یک رابطۀ محترمانه و بدون خدشه بین حوزه‌های مختلف حکومت به طوری که بتوانند برای هدف مشترک ایجاد یک سیارۀ متّحد و صلح‌آمیز کار کنند، نیز به همین اندازه اهمّیّت دارد.

تدوین قانون امنیت جهانی

برای تنظیم و تدوین تودۀ مقرّرات و قوانین جهانی که در حال حاضر بر روابط بین کشورها حاکم هستند، به خصوص آنهائی که چندجانبه می‌باشند، دلائل گریزناپذیر بسیاری وجود دارد. یکی از این دلائل، که برخی از آنها قبلاً ذکر شده، آسان‌تر کردن فهم تعهّدات بین‌المللی کشورها نسبت به یک دیگر و در نتیجه افزایش احتمال انجام این تعهّدات است. تنظیم قوانین به خصوص در حوزه‌هائی که توافق‌نامه‌های بین‌المللی پیچیدۀ زیادی بر آنها حاکم است، اهمّیّت

حیاتی دارد. یک نمونه از این حوزه‌ها محیط زیست است که در حال حاضر بیش از ۴۰۰ معاهدهٔ چندجانبهٔ منطقه‌ای و بین‌المللی در زمینهٔ آن وجود دارد که موضوعات مختلفی از جمله بیابان‌زِدائی، تغییر آب و هوا، و تنوّع زیستی را در بر می‌گیرد.۱۷۴ تنظیم مقرّرات با حذف وظیفهٔ ارائهٔ گزارش‌های چندگانهٔ غیرضروری که هم گیج‌کننده و هم خسته‌کننده هستند، اجرای تعهّدات را برای کشورها آسان‌تر می‌کند. علاوه بر آن وقتی به روشنی مشخّص شود که چه کسی متعهّد است چه کاری انجام دهد، نظارت بر اطاعت کشورها از قوانین بین المللی برای جامعهٔ جهانی آسان‌تر می‌شود. تدوین قوانین همچنین شفافیت خاصّی را ایجاد می‌کند که فضای اطمینانی را که برای کارآئی همهٔ نظام‌های امنیت جمعی اهمّیّت بسیار دارد، فراهم می‌آورد. به علاوه، تدوین و تنظیم روشن تعهّدات، جامعهٔ بین‌المللی را قادر می‌سازد که از یک ساختار تکه‌تکهٔ مؤسّساتی به سوی یک ساختار یکپارچه‌تر و کارآمدتر که در آن اجزای مؤسّساتی به خوبی هماهنگی یافته‌اند تا از دوباره‌کاری اجتناب شود، پیش برود. این به نوبهٔ خود رقابت‌های تنگاتنگ را بر سر قلمرو اداری، که همیشه اتلاف کارانه و مخرّب است، از بین می‌برد. جامعهٔ بین‌المللی چگونه باید کار عظیم تنظیم و تدوین مقرّرات را انجام بدهد؟ با توجّه به عظمت مطلق این کار که انبوه قوانین بین‌المللی را که هم در معاهدات چندجانبه و هم در عُرف بین‌المللی تجسم یافته‌اند، دربر می‌گیرد، باید کار را با شناسائی حوزه‌هائی آغاز کنیم که برای صلح و امنیت جهانی اهمیت حیاتی و فوری دارند. این حوزه‌ها باید حوزه های عدم گسترش و کاهش تسلیحات، حقوق بشر، محیط زیست، تروریسم، جنایات سازمان‌یافتهٔ فَراملّیّتی، فساد و تنظیم منابع جهانی را دربر بگیرند.

وقتی حوزه‌هائی که باید برای آنها اولویت قائل شد، شناسائی شدند، مسئلهٔ بعدی این است که مسئولیت عظیم تنظیم و تدوین قوانین را به چه کسی باید سپرد؟ هیئت مناسب برای به‌عُهده‌گرفتن این کار کمیسیون قانون بین‌الملل (ILC) است که مجمع عمومی سازمان ملل در سال ۱۹۴۸ دقیقاً برای تدوین قانون بین‌المللی تأسیس کرده است. این کمیسیون که در حال حاضر از ۳۴ عضو که به علّت تخصّص و عدم تعلّق به یک دولت خاصّ انتخاب شده‌اند، تشکیل شده، در تدوین قوانین بین‌المللی در حوزه‌هائی از قانون به غیر از امنیت بین‌المللی مهارت بسیار زیادی به دست آورده است. توافق‌نامهٔ رهبران جهان باید از این کمیسیون بخواهد که نیروی خود را در حال حاضر روی تدوین و تنظیم قوانین در حوزه‌هائی که قبلاً ذکر شد و مستقیماً به امنیت جمعی مربوط می‌شوند، متمرکز سازد.۱۷۵

کمیسیون قانون بین‌الملل باید پیش‌نویسی از قوانین تدوین‌شده در بارهٔ هر موضوعی که به آن سپرده شده، تهیه و مطرح کند. آن گاه رهبران جهان باید برای بررسی و رأی‌گیری در مورد هر پیش‌نویس جمعی را تشکیل دهند. در گذشته کار کمیسیون قانون بین‌الملل در معاهداتی گنجانده می‌شد که امضای آن داوطلبانه و آزاد بود و کشورها می‌توانستند تصمیم بگیرند که از آنها پیروی کنند یا نکنند. اما با توجّه به لزوم یکسان‌بودن و عمومیت در این حوزه‌های حیاتی از امنیت جمعی نباید به کشورها اجازه داد از این قوانین تدوین‌شده کناره بگیرند. در واقع باید اول که وظیفهٔ تدوین به این کمیسیون سپرده می‌شود، همهٔ کشورها از قبل توافق کنند که اگر اکثریت پیش‌نویس این کمیسیون را تأیید کردند، از قوانین تدوین‌شده پیروی کنند. در واقع اگر این پیش‌نویس از سوی اکثریت رهبران جهان که در این مجمع حاضر هستند تأیید شود، همهٔ کشورها ملزم به اجرای قوانینی که جدیداً تدوین شده خواهند بود.

همهٔ کشورها باید قویاً پشت این تعهّدات اساسی بایستند. دیگر نمی‌توانیم به تَک‌تَک کشورها واگذار کنیم که تصمیم بگیرند آیا می‌خواهند به موافقت‌نامه‌های بین‌المللی خاصّی که برای تضمین صلح و امنیت جهانی حیاتی هستند، نظیر معاهدات مربوط به عدم گسترش سلاح‌های کشتار جمعی یا معاهده بر علیه نَسل کُشی، بپیوندند یا خیر. تجربه بارها و بارها به ما نشان داده است که یک نظام داوطلبانه کاری از پیش نمی‌برد. در واقع همان طور که دبیر کلّ سابق سازمان ملل در گزارش خود «در آزادی بیشتر» خاطرنشان ساخته، برخی از معاهدات مهمّ به علّت این که بسیاری از کشورها با امضای آن مخالفت کرده‌اند، حتی به مورد اجراء هم گذاشته نشده است.۱۷۶ حال وقت آن است که رهبران ما با الزامی‌کردن اخلاقی و حقوقی پیوستن همهٔ کشورها به چنین معاهدات اساسی گام سرنوشت‌ساز بعدی را در جریان رشد و بلوغ جامعهٔ ما بردارند.

به سوی حکومت جهانی و توزیع عادلانهٔ منابع حیاتی

ما در جهانی زندگی می‌کنیم که دچار دوگانگی است. از یک سو کشورها روز به روز به هم پیوسته‌تر می‌شوند و سرنوشت‌هایشان به نحو گریزناپذیری به هم گره می‌خورد، و از سوی دیگر نیروهای جدائی‌اَفکن ملّیّت‌گرائی هنوز مُحکَم سنگر گرفته و حاضر نیستند تسلیم شوند. هرچند هم لازم و هم گریزناپذیر است که ملّیّت‌گرائی مفرط تسلیم اتّحاد فراملّیّتی بیشتری شود، دنیا هنوز حاضر نیست گامی را که منجر به ایجاد یک اتّحادیهٔ جهانی خواهد شد،

بردارد. در واقع هر پیشنهادی در جهت ایجاد یک اتّحادیهٔ جهانی یا اَبَردولت بدون شک با مقاومت شدید رو به رو خواهد شد و محکوم به شکست خواهد بود. اما رویکرد روزافزون به سوی یکپارچگی رو به گسترش سیاسی و اقتصادی جامعهٔ کشورها که ترکیبی از ضرورت عملی، منفعت‌طلبی جمعی، و آرمان‌گرائی آن را به پیش می‌راند، ممکن است همان طور که در اروپا موفق بوده است، در اینجا نیز موفّق باشد. هرچند تجربهٔ اروپا ممکن است تجربه‌ای نباشد که کلّ جهان بتواند، یا درست باشد، از همهٔ جنبه‌ها مورد تقلید قرار دهد، اما درس‌های سودمندی به ما می‌دهد.

بخش نهائی این کتاب از برخی از جنبه‌های تجربهٔ اروپا بهره می‌جوید تا مراحلی را توصیه کند که اگر رهبران ما در کوتاه‌مدّت در پیش بگیرند، ما را در جهت ایجاد یک نظام امنیت جمعی بسیار پیش می‌برد. برای تصمیم‌گرفتن در مورد این که از چه جنبه‌هائی از تجربهٔ اروپا کمک گرفته شود و همچنین مراحل خاصّی که باید طی شود، برای اولویت‌بندی اضطراری‌ترین مشکلاتی که بشر را به ستوه آورده‌اند و همچنین میزان احتمال پذیرش راه حل‌های پیشنهادی از سوی عموم رهبران ما در این مرحله از تاریخ نوع بشر، تفکر و بررسی زیادی به عمل آمده است.

ایجاد یک مرجع فراملّیّتی برای کنترل، تنظیم و توزیع عادلانهٔ منابع حیاتی

در دنیائی که رفاه مردم و رشد اقتصادی با چنین شدّتی به برخی منابع حیاتی نظیر نفت، گاز، انرژی هسته‌ای و آب بستگی دارد، دیگر منطقی نیست که کشورهائی که از قضای روزگار روی منبع خاصّی واقع شده‌اند که همه به آن نیاز دارند، در بارهٔ اداره و توزیع این منابع تصمیم بگیرند. مسلّماً غیرعادلانه به نظر می‌رسد که بقیهٔ دنیا اسیر کشورهائی باشند که شرایط را اغلب بر مبنای منفعت‌طلبی کوتاه‌مدّت و فرصت‌طلبی در حال نوسان تعیین کنند. همچنین منطقی نیست اجازه دهیم که یکی از علل عمدهٔ اختلافات و جنگ‌های مرزی در کلّ ادامه یابد وقتی که از بین بردن آن دنیا را به مکانی صلح‌آمیزتر بدل می‌کند. وقت آن است که رهبران جهان برای تأسیس یک مرجع فراملّیّتی که مسئول کنترل، تنظیم و توزیع این منابع حیاتی باشد، با یک دیگر متّحد شوند. هرچند احتمال دارد رهبران ما با مخالفت شدید ملّت‌ها و منافع خصوصی که در حال حاضر این منابع را در دست دارند، رو به رو شوند، اما

آنچه از این پس باید بسازیم

لازم است تشخیص دهند که به‌کارگیری اصول محوری که در بخش اوّل فصل ۳ این کتاب پیشنهاد شد، شامل وحدت اقوام و ملل، عدالت، بی‌طرفی و رفتار منصفانه با تمام اقوام، محدود کردن حاکمیت مفرط ملّی و همکاری و وحدت عمل بین‌المللی مستلزم آن است که منابع حیاتی تحت کنترل، تنظیم و توزیع یک مرجع فَراملّیّتی قرار گیرند. متمرکز کردن منابع حیاتی جهان در دست یک مرجع مستلزم این نیز هست که رهبران ما یک نظام مناسب نظارت، شفافیت و پاسخ‌گوئی ایجاد کنند تا از بروز فساد احتمالی در این نظام جلوگیری کند.

این مرجع فراملّیّتی باید به صورت یک مرجع فراگیر که چهار شاخهٔ جداگانه داشته باشد، طراحی شود. اولین شاخه روی منابع عمدهٔ انرژی طبیعی، نظیر نفت و گاز، کنترل خواهد داشت. خوشبختانه رهبران ما نمونهٔ بسیار موفّق جامعهٔ ذغال و فولاد اروپا را به عنوان الگو در مقابل دارند. در این جامعه حاکمیت بر بخش‌های ذغال و فولاد بین شش کشور اوّلیهٔ عضو تحت سرپرستی یک مرجع عالی که به طور مشترک کنترل می‌شد، تقسیم گردید. یکی از اهداف آن این بود که بازارهای فرانسه و آلمان یکپارچه شود تا تأمین ذغال و فولاد هر دو کشور با شرایط مساوی تضمین گردد. این نیز به همین آسانی که ممکن است به نظر بیاید نبود، زیرا آلمان از تسهیلات تولید فولاد و معادن ذغال بسیار ارزان‌تر و بزرگ‌تری بهره‌مند بود. اما با این حال رهبران آن روز مزایای از بین بردن سرچشمه‌های قدیمی حسادت و اسباب مادی جنگ مسلّحانه بین این دو کشور را برای هر دوی آنها تشخیص می‌دادند. به همین منوال یکی از اهداف شاخهٔ انرژی مرجع پیشنهادی فَراملّیّتی تضمین آن است که منابع حیاتی نفت و گاز با شرایط مساوی و عادلانه برای همهٔ کشورها تأمین خواهد شد. این آژانس بر سطح عرضه و تقاضا هر دو نظارت خواهد داشت تا اطمینان حاصل کند نفت و گاز کافی برای تأمین نیازهای جهان تولید می‌شود. این امر از بروز مشکلاتی مانند نوسانات شدید در قیمت که ناشی از تلاقی عرضهٔ کم و تقاضای زیاد است، جلوگیری می‌کند که نمونه‌اش را در افزایش زیاد و غیرمنتظرهٔ تقاضای نفت در سال‌های اخیر از سوی هر دو کشور هند و چین می‌توان دید. جالب است که تشخیص لزوم ایجاد شفافیت بیشتر در بازار نفت اخیراً منجر به ایجاد گردهمائی بین‌المللی انرژی گردیده است که در آن هم کشورهای تشنهٔ انرژی و هم کشورهای بزرگ تولیدکنندهٔ نفت شرکت دارند. همان طور که وزیر نفت عربستان سعودی، علی النائمی در تشریح لزوم این پروژه گفت: «فقدان اطّلاعات روشن و صحیح، به خصوص در مواردی نظیر عرضه، تقاضا، تولید و ذخیره، یکی از بزرگترین مشکلاتی است که در مقابل بازارها و صنعت نفت قرار دارد.»۱۷۷ یکی از راه‌هائی که از طریق آن این

آژانس عرضهٔ کافی را تضمین خواهد کرد تضمین سرمایه‌گزاری کافی در صنعت نفت و زیرساخت‌های آن، شامل سَکوهای حفّاری نفت، ظرفیت پالایش، تانکرها و اکتشاف ذخائر جدید نفتی است.

ایجاد این آژانس فَراملّیّتی انرژی مشکلات مهمّ دیگری را نیز که در مقابل جامعهٔ بین‌المللی قرار دارد حل می‌کند و مزایای مهمّ دیگری را نیز به بار می آورد. از آنجا که دو سوم ذخائر نفت جهان در پنج کشور خلیج فارس تمرکز یافته است، قیمت نفت، به خصوص در مقابل تغییرات ناگهانی مانند بی‌ثباتی سیاسی، تحریم‌ها و حملات تروریستی به این منطقهٔ متمرکز بازار آسیب‌پذیر است. چنین تغییراتی در بازارهای انرژی ترس ایجاد می‌کند و منجر به افزایش قیمت نفت می‌گردد. ایجاد یک آژانس انرژی فَراملّیّتی قیمت نفت را پایدار می کند و به نوسانات شدیدی که در اقتصاد اختلال ایجاد می‌کنند، پایان می‌بخشد. همچنین مشکل «ملّیّت‌گرائی منابع» را حل می‌کند. کشورها دیگر از ترس این که ممکن است نیازهای انرژی آنها در درازمدّت برآورده نشود، خود را مجبور حسّ نمی‌کنند که تا حدّ اکثر توان خود سهم بزرگتری از نفت را به دست آورند.۱۷۸

وجود یک آژانس فَراملّیّتی انرژی به این رویهٔ کشورهای دارای منابع غنی انرژی پایان می‌دهد که در روابط بین‌المللی از نفت و گاز به عنوان وسیلهٔ آشکاری برای معامله استفاده می‌کنند. آنها دیگر نخواهند توانست با پیشنهاد معاملات سودمند برای دستیابی به منابع نفت و گاز طبیعی به برخی کشورها و دریغ‌کردن آن از بقیه، حمایت سیاسی کشورها را برای دنبال‌کردن فعالیت‌های غیرمُجاز خود بخرند. به همین منوال کشورهائی که به انرژی نیاز دارند دیگر وسوسه نخواهند شد که از ترس این که مبادا دسترسی خود را به منابع حیاتی انرژی از دست بدهند، اصول خود را زیر پا بگذارند و رفتار غیراخلاقی کشورهای صاحب منابع انرژی را نادیده بگیرند. داشتن چنین آژانسی همراه با کنترل‌های دقیق و پاسخ‌گوئی و نظارت صحیح جلوی مشکلات مربوط به فساد و عدم کارآئی را می‌گیرد. این مشکلات وقتی ایجاد می‌شود که کشورهای جداگانه که در مقابل یک مرجع بالاتر پاسخ‌گو نیستند نقش مهمّی را در بهره برداری از منابع نفتی بازی می‌کنند.

شاخهٔ دوم این مرجع فَراملّیّتی مسئول ادارهٔ همهٔ منابع کلیدی که می‌تواند برای تولید تسلیحات و انرژی هسته‌ای به کار رود، نظیر اورانیوم و پلوتونیوم، همراه با تسهیلات مربوط به پردازش آنها و همهٔ نیروگاه‌های هسته‌ای است. این شاخه مسئول توزیع عادلانهٔ سوخت هسته‌ای نیز خواهد بود و به عنوان بانک ذخیرهٔ سوخت عمل خواهد کرد تا تأمین مواد شکاف‌پذیر برای استفاده‌کنندگان

غیرنظامی هسته‌ای را تضمین کند. یکی دیگر از عملکردهای مهمّ آن اجراء و اِعمال معیارهای بین‌المللی در مورد ردیابی و انهدام مواد زائد هسته‌ای و سوخت مصرف‌شده است. برای جلوگیری از بروز موقعیت‌هائی نظیر آن چه که در سال ۲۰۰۵ گزارش شد، ردیابی قوی‌تری ضروری است. در این سال مقامات انرژی هسته‌ای رد سوخت مصرف‌شده از سه نیروگاه هسته‌ای در ایالات متّحده در ورمونت، کانتیکات و کالیفرنیا را که گفته شد مفقود شده‌اند، گم کردند.۱۷۹ ردیابی این نوع مواد زائد برای اطمینان پیدا کردن از این که به دست فعالان غیردولتی یا کشورهای خطرناک نمی‌افتند، ضروری است.

آب منبع دیگری است که برای سعادت مردمان سراسر جهان ضروری است. پیش‌بینی می‌شود که تا سال ۲۰۱۵، ۱/۸ میلیارد نفر از مردم جهان به آب دسترسی نداشته باشند. کنترل روی این منبع حیاتی باید به شاخهٔ سوم داده شود که ذخائر و نیازهای سراسر جهان به آب تصفیه‌شده را زیر نظر خواهد گرفت و مسئول تضمین این خواهد بود که همهٔ مردم جهان دسترسی عادلانه‌ای به ذخائر آب تصفیه‌شده داشته باشند.

شاخهٔ چهارمی هم باید برای تنظیم و نظارت بر معادن و استخراج منابع ارزش‌مند ایجاد شود. لازم است اول رهبران ما روی فهرست چنین منابعی توافق کنند. و بهتر است برای انجام این کار از اطّلاعات و نتیجه‌گیری‌هائی کمک بگیرند که در گزارش‌های میزگردهای کارشناسی متعدّدی که در سال‌های اخیر از سوی شورای امنیت تشکیل شده، آمده است. این گزارش‌ها ارتباط بین برخی جنگ‌ها را، مانند جنگهائی که در لیبریا، جمهوری دموکراتیک کنگو، آنگولا و سیرالئون برپاست، با استخراج منابع طبیعی نشان داده‌اند.۱۸۰ بر اساس این گزارش‌ها و سایر مطالعاتی که توسّط سازمان‌های غیردولتی۱۸۱ (NGOs) که در این زمینه کار می‌کنند، صورت گرفته، این فهرست باید الماس، طلا، کولتان،[90] کبالت و چوب را دربر بگیرد، زیرا نشان‌داده‌شده که میل به کنترل این منابع باعث برپا شدن جنگ می‌شود. استخراج و تجارت غیرقانونی منابع از سوی جناح‌های در حال جنگ وسیلهٔ تأمین مالی و ادامهٔ جنگ‌های داخلی در بسیاری از کشورها بوده است و به یکی از بزرگترین انگیزه‌های درگیری و خشونت در دنیای در حال توسعه بدل گشته است. کشورهای آفریقائی به خصوص مستعدّ ابتلا به این نوع درگیری بوده‌اند. یک

[90] نوعی سنگ معدن فلزی به رنگ سیاه کدر که عناصر نیوبیوم و تانتالوم از آن استخراج می شود. تانتالوم حاصله اغلب درمحصولات الکترونیکی مصرفی مانند تلفونهای سلولی، پخش کننده های دی وی دی و رایانه ها به کار می روند.

نمونهٔ آن آنگولاست که در آن استخراج زمام‌گسیختهٔ الماس سال‌هاست آشوب گران یونیتا[91] را تأمین مالی می‌کند، در حالی که استخراج نفت منبع مالی جناح دولتی بوده است. در واقع تحقیقات پاول کولیر[92] که یکی از اقتصاددانان آکسفورد است، به نحوی بسیار روشن رابطهٔ بین غنای منابع طبیعی و بروز جنگ را نشان داده است. این گزارش می‌گوید که در هر دورهٔ پنج‌ساله احتمال این که یک کشور آفریقائی دچار جنگ داخلی بشود از کمتر از یک درصد در کشورهائی که منابع غنی ندارند به ۲۵ درصد در کشورهائی می‌رسد که چنین منابعی را دارند.۱۸۲ اما، جنگ بر سر منابع به هیچ وجه به آفریقا محدود نمی شود. سایر مناطق، نظیر بلوچستان، برمه و پاپوآ نیز در حال حاضر طعمهٔ چنین جنگی شده‌اند.

یکی از مسئولیت‌های حسّاس شاخهٔ چهارم این مرجع عالی وضع و اجرای قوانین حاکم بر استخراج منابع طبیعی خواهد بود. این قوانین وضع می‌شوند تا برای مثال با ضروری‌کردن شفافیت و پاسخگوئی معاملات مربوط به معادن یا فعالیت‌های مربوط به استخراج، تضمین کنند که این منابع برای تأمین مالی گروه‌های سَرکش و یا شورشیان به کار نخواهند رفت. اقدامات اولیه برای تضمین این نوع از شفافیت و پاسخ‌گوئی از قبل صورت گرفته است ولی لازم است که شدیدتر شود و بیشتر اصلاح گردد. برای مثال رَوَند کیمبرلی[93] دولت های تولیدکننده و مصرف‌کننده، فعالان صنعت الماس و برخی از سازمان‌های غیردولتی را گِرد هَم آورد تا جریان «الماس‌های جنگی» را ریشه‌کن سازند. این طرف‌ها توافق‌نامه‌ای را امضاء کردند که کشورهای تولیدکننده را مُلزَم می کند رد همهٔ الماس‌های خام را از معدن تا صادرات دنبال و گواهی کنند الماس هائی که از کشور آنها خارج می شود، آلوده به جنگ نیست. کشورهای مصرف‌کننده نیز موافقت کردند فقط الماس‌هائی را بخرند که گواهی شده با جنگ ارتباطی ندارند و شرکت‌های الماس فقط به خریداران الماس تراشیده‌شده اجازه می‌دهند الماس‌هائی را خریداری کنند که به استناد گواهی که برای هر قطعه الماس تهیه کرده‌اند، ارتباطی با جنگ ندارند. در معاهدهٔ ابتکار عمل برای شفاف‌سازی صنایع استخراج نفت، گاز و مواد معدنی (EITI)[94]، کوشش دیگری را که در این جهت صورت گرفته می‌توان یافت. EITI هم از شرکت ها و هم از دولت‌ها می‌خواهد که گزارش‌های منظّم و مفصّلی از همهٔ دریافت

---

[91] UNITA
[92] Paul Collier
[93] Kimberley Process
[94] Extractive Industries Transparency Initiative

هائی که دولت‌ها از شرکت‌های فعال در زمینه‌های مذکور داشته‌اند، منتشر کنند و تمام دفاتر خود را به روی حساب‌رسی دقیق باز نمایند. ابتکار عمل دیگر برای تضمین شفافیت معاملات مربوط به منابع ابتکار تجارت، اداره و اجرای قانون جنگل (FLEGT)[95] اتّحادیهٔ اروپاست. این اتّحادیه می‌کوشد به وسیلهٔ این ابتکار چوب قانونی را در کشور مبدء شناسائی و به آن اجازهٔ صادرات به اتّحادیهٔ اروپا بدهد.۱۸۳ علاوه بر وضع و اجرای مقرّراتی نظیر این برای استخراج و تجارت منابع طبیعی، سوء استفاده از منابع و نقض مقرّراتی که از سوی مرجع عالی وضع شده است باید تحت قانون بین‌المللی جُرم محسوب شده و از سوی دادگاه بین‌المللی که به این کار تخصیص خواهد یافت قابل تعقیب باشد.

آژانس فَراملّیّتی معدن‌کاری و استخراج معادن باید آسیب‌های محیطی حاصل از معدن‌کاری و استخراج نادرست را نیز بررسی کند و بکوشد برای کاستن از این آسیب‌ها راه حل‌هائی بیابد. برای مثال، در زمینهٔ استخراج فلز و طلا، استفادهٔ رایج از محلول سیانید برای جدا کردن طلا از سنگ، برخی از معادن را تقریباً شبیه محل‌های دفن زباله‌های هسته‌ای کرده است که دائماً باید تحت مراقبت باشند.۱۸۴ میزان آسیب وقتی معلوم می‌شود که مُجَسّم کنیم در برخی از بزرگترین معادن معدن‌چیان روزانه نیم‌میلیون تُن خاک را جا به جا می‌کنند و تل‌های خاک حاصله را با محلول سمی سیانید خیس می‌کنند.۱۸۵ آژانس معدن شاید بخواهد این روش را ممنوع کند و به مطالعهٔ جایگزین‌های دیگری بپردازد که از نظر اقتصادی به صرفه بوده و به محیط زیست کمتر آسیب برسانند.

جامعهٔ بین‌المللی به هنگام ایجاد این شاخهٔ چهارم باید از تجربهٔ خود در ایجاد برنامهٔ معاهدات بین‌المللی برای سازمان‌دادن و کنترل فعالیت‌های مربوط به منابع معدنی در بستر بین‌المللی دریا کمک بگیرد که شامل نظم‌بخشیدن به اکتشاف، معدن‌کاری و استخراج منابع مناطق عمیق دریا می‌شود. از نحوهٔ ایجاد و عمل هیئت بین‌المللی مربوطه، یعنی مرجع بین‌المللی بستر دریا و جمعی که در مورد اختلافات مربوطه حکم می‌دهد، یعنی هیئت داوری بین‌المللی برای قانون دریا درس‌هائی گرفته شده که باید از آنها بهره‌برداری شود. رهبران ما باید هم شکست‌ها و هم پیروزی‌ها و هم ضعف‌ها و هم نقاط قوت برنامهٔ بین‌المللی بستر دریا را بررسی و از آن درس بگیرند. سرانجام منطقی

[95] Forest Law Enforcement, Governance, and Trade

خواهد بود که کنترل روی استخراج منابع دریای عمیق و منابع آب زمینی و ساحلی زیر چتر یک سازمان فَراملّیّتی قرار گیرد.

ایجاد یک پارلمان جهانی

به دنبال جنگ سرد دو نیروی محرّکه ظاهرشده است: جهانی‌شدن و دموکراتیزه‌شدن. و عجیب است که با وجود هیاهوی مردم همهٔ نقاط جهان بر سر این که باید حقّ شرکت در تصمیم‌گیری‌هائی را که بر زندگی آنان تأثیر دارد داشته باشند، هنوز فاقد یک مجلس قانون‌گزاری هستیم که به نحو دموکراتیک انتخاب شده باشد. زمان آن فرا رسیده که یک گروه مرکزی از رهبران ما پیش قدم شوند و تأسیس یک پارلمان جهانی که نمایندهٔ هم شهروندان و هم دولت‌های آنان باشد را پیشنهاد دهند، و سخت بکوشند تا حمایت همهٔ رهبران همتای خود را جلب کنند. پارلمان جهانی باید یا با اصلاح منشور سازمان ملل، یا با یک معاهدهٔ جهانی جداگانه، ایجاد شود. با توجّه به تجربهٔ اخیر جامعهٔ بین‌المللی در مورد تشکیل موفّقیت‌آمیز اتّحادیهٔ اروپا و دادگاه جنائی بین‌المللی که هر دو از طریق معاهده ایجاد شده‌اند، راه دوم ممکن است گزینهٔ امکان‌پذیرتر و واقع‌بینانه تری باشد.

با توجّه به تجربهٔ یکپارچه‌شدن اروپا، باید این مجلس را نمایندهٔ واقعی هم ملّت‌ها و هم دولت‌های آنان ساخت و به این ترتیب از اوّل مشروعیت این پارلمان را از نظر ملّت‌های جهان تضمین نمود. از همان ابتدا اعضای پارلمان جهانی باید مستقیماً از سوی مردم هر کشور انتخاب و از سوی دولت‌های مربوطهٔ خود تأیید شوند. رهبران جهان نباید یک مرحلهٔ میانه ایجاد کنند و به انتظار این که به تدریج این پارلمان مستقیماً از سوی مردم انتخاب شود، در ابتدا آن را از نمایندگان پارلمان‌های ملّی تشکیل دهند، یعنی همان راهی که اتّحادیهٔ اروپا پیمود. به هر حال لازم است رابطهٔ بین پارلمان جهانی و مجمع عمومی سازمان ملل روشن شود. از آنجا که مجمع عمومی نمایندهٔ دولت‌هاست و به طور مستقیم از سوی شهروندان انتخاب نشده است، یک رویکرد جایگزین این خواهد بود که با ایجاد یک قوهٔ مقننهٔ دو مجلسی آغاز کنیم که در آن مجمع عمومی نمایندهٔ دولت‌ها باشد و پارلمان جهانی نمایندهٔ شهروندان آنها. این امکان از سوی استادان قانون بین‌الملل ریچارد فالک[96] و اندرو اشتراوس[97] در مقاله

---

[96] Richard Falk

ای که در سال ۲۰۰۱ برای نشریهٔ امور خارجه نوشته‌اند، مطرح شده است.۱۸۶ در طول زمان این دو هیئت می‌توانند یکی شوند و به صورت مجلسی درآیند که مستقیماً از سوی شهروندان همهٔ کشورها انتخاب و از سوی دولت‌های آنان تأیید گشته است.

به هر حال جامعهٔ بین‌المللی باید از قبل روی حدّ اقلّ شرایط عضویت برای کشورهائی که می‌خواهند در این پارلمان شرکت کنند، شرایطی شبیه آنچه که برای عضویت در اتّحادیهٔ اروپا لازم است، به توافق رسیده باشد. این شرایط برای کشورهائی که شهروندانشان می‌خواهند اعضای پارلمان جهانی را انتخاب کنند باید شامل شرط برگزاری انتخابات به طور منظّم، عمومی و با رأی سرّی بشود. دست کَم کَم آنها باید صریحاً تصدیق کنند که می‌کوشند به این معیارها دست بیابند و نشَان بدهند که پیشرفت ملموسی در این جهت کرده‌اند. به علاوه، نباید معیارهای اساسی حقوق بشر را نقض کنند.۱۸۷

پرداختن صریح و صادقانه به نظری که اخیراً خیلی در بارهٔ آن صحبت می شود نیز اهمّیّت زیادی دارد، یعنی افزایش نقش جامعهٔ مدنی در مذاکرات سازمان ملل. اصطلاح «جامعهٔ مدنی» مترادف با سازمان‌های غیردولتی (NGOs) در نظر گرفته می‌شود. اما واقعیت این است که سازمان های غیردولتی در نهایت سازمان‌هائی غیرانتخابی و خودجوش هستند که لزوماً نمایندهٔ اکثریت یا هیچ اقلّیّتی از مردم نیستند. سازمان‌های غیردولتی دستور کار و منابع مالی خود را دارند و بنا به قول پژوهش‌گرانی که آنها را مطالعه می کنند، ارزیابی ماهیت و تأثیر و علائق آنها تقریباً غیرممکن از کار درآمده است.۱۸۸ آنها بیشتر شبیه گروه‌های فشار عمل می‌کنند و با شبکه‌کردن و بسیج کردن اعضایشان می‌توانند نفوذ بیش از حدّی روی تصمیم‌گیرندگان و شکل گیری سیاست‌های جهانی داشته باشند. چرا باید این سازمان‌های خودجوش به مراجع تصمیم‌گیری بین‌المللی دسترسی داشته باشند و صدایشان را به گوش آنها برسانند، در حالی که عموم شهروندان نمی‌توانند؟ اصول وحدت، عدالت، بی طرفی و انصاف مستلزم آن است که همهٔ سخنان فرصت شنیده‌شدن داشته باشند. در نهایت، صَرف نظر از ارزش بدون شک مشارکت سازمان‌های غیردولتی و بدون کوچک شمردن اهمّیّت نقشی که می‌توانند در افزایش آگاهی و آموزش عموم مردم و دفاع از گروه‌ها بازی کنند، این سازمان‌ها نمی‌توانند جانشینی برای یک پارلمان جهانی گردند که حقیقتاً نمایندهٔ مردمان جهان بوده و با رأی مستقیم آنان انتخاب شده باشد. پارلمان جهانی باید حقوق خاصّی، هرچند در

Andrew Strauss [97]

ابتدا محدود، داشته باشد تا قوانینی برای جامعهٔ جهانی وضع کند که الزام‌آور باشد. نباید صرفاً از توان مشاوره‌ای این پارلمان استفاده شود. با توجّه به تجربهٔ اروپا می‌توان در ابتدا حوزهٔ محدودی را برای قانون‌گزاری این پارلمان تعیین کرد و بعد همین طور که این پارلمان می‌آموزد قدرت قانون‌گزاری خود را به کار بندد و ملل و اقوام جهان به آن اعتماد پیدا می‌کنند، می‌توان این حوزه را توسعه داد. با گذشت زمان کشورهای عضو که شهروندان آنها در پارلمان نماینده دارند و دولت‌های آنها نیز یا به عنوان اعضای یک مجموعهٔ دو مجلسی یا با تأیید نمایندگان منتخب شهروندان خود در آن مشارکت دارند، به مزایای بی چون و چرای رویکرد فَراملّیّتی نسبت به رویکرد صرفاً بین دولتی به قانون گزاری جهانی پی می‌برند. در نتیجه به طور روزافزونی تمایل پیدا می‌کنند که اختیارات بیشتری به این پارلمان بدهند و از حاکمیت انحصاری در برخی از حوزه‌ها بگذرند و در سایر حوزه‌ها این حاکمیت را با دیگران تقسیم کنند. احتمال آن می‌رود که شکل‌گیری پارلمان جهانی بازتابی باشد از دنبالهٔ کِش‌مَکش میان رویکرد بین دولتی و رویکرد فراملّیّتی که مشخّصهٔ شکل‌گیری اتّحادیهٔ اروپا بود. اما به موقع خود احتمال آن می‌رود که مانند آنچه که ظاهراً در اروپا واقع شد، در اینجا نیز نیروهای فَراملّیّتی غلبه پیدا کنند.

به سوی اتّحادیهٔ جهانی

ایجاد یک پارلمان جهانی که به صورت یک قوهٔ مقنّنهٔ جهانی تحوّل خواهد یافت، صرفاً بخشی از زیرساخت‌های مؤسّساتی بین‌المللی است که برای تضمین امنیت جمعی ما لازم است. سایر اجزای این زیرساخت در توصیه‌هائی که در آخرین فصل این کتاب آمده است، تجسّم یافته‌اند. در واقع این توصیه‌ها اگر به تمامه اجرا شوند چهارچوب و اسکلت نظام در حال ظهور دولت جهانی را تشکیل خواهند داد. ما، یعنی جامعهٔ جهانی، با وادار کردن رهبران خود به این که به جای جهش مستقیم به سوی نوعی از دولت جهانی، مراحل توصیه‌شده را طی کنند، به آنها کمک می‌کنیم که به تدریج نظام جهانی لازم را بر اساس درک لزوم ایجاد آن به وجود آورند. در نتیجه برداشتن این گام‌های توصیه‌شده نباید ترس بی‌دلیلی را که مطرح‌شدن موضوع حکومت جهانی در بسیاری از افراد ایجاد می‌کند، به وجود آورد.

اما اگر قرار باشد به مشکلات امنیتی متعدّدی که ما را رنج می‌دهد، بپردازیم، داشتن نوعی دولت جهانی گریزناپذیر است. مراحل توصیه‌شده در

بخش‌های قبلی به تضمین این امر کمک می‌کند که دولت جهانی که ظاهر خواهد شد سه مرکز جداگانهٔ قدرت که برای تضمین تفکیک و تعادل نیروها و عَمل گَردها لازم است و همچنین یک نظام مناسب برای کنترل و توازن داشته باشد. یکی از این مراکز قدرت قوهٔ مقنّنهٔ جهانی خواهد بود که در بالا در بارهٔ آن بحث شد. این قوهٔ مقنّنه به موقع خود بر کار مرجع فَراملّیتی که مسئول کنترل، تنظیم و توزیع منابع حیاتی سیاره است، نظارت خواهد داشت. همچنین بر کار کمیسیون مرزی که در این کتاب توصیه شده و کمیسیونی که تغییر و اصلاحاتی را در برنامه‌های عدم گسترش و کاهش تسلیحات پیشنهاد خواهد داد، نظارت خواهد کرد.

مرکز دوم قدرت قوهٔ مجریهٔ جهانی خواهد بود. اعطای اختیارات شدید به شورای امنیت تا با قاطعیت عمل کند و در شرایط خاصّ از نیروی قهری استفاده نماید و همچنین فراهم‌کردن رهنمودها و روال‌های عملی مناسب برای آن، این شورا را تقویت و آن را قادر خواهد ساخت که رشد کند و به یک قوهٔ مجریهٔ مناسب جهانی بدل گردد. لغو حقّ وتو و تضمین این که شورای امنیت به نحو مناسبی نمایندهٔ ملّت‌های جهان است، مشروعیت و کارآئی آن را افزایش می‌دهد. به علاوه فراهم‌کردن ابزاری که شورای امنیت برای عمل به مسئولیت های اجرائی خود به آن نیاز دارد، از جمله آژانس بین‌المللی اطّلاعات و بازرسی که توصیه شده است و نیروهای نظامی بین‌المللی و منطقه‌ای که برای اجرای تصمیماتش به آن احتیاج دارد، به تقویت این مرکز بین‌المللی قدرت کمک زیادی خواهد کرد.

مرکز سوم قدرت دادگاه جهانی خواهد بود. اصلاح دادگاه بین‌المللی عدالت، به خصوص تغییر نحوهٔ انتخاب قُضاتش و اعطای حقّ قضاوت اجباری به آن و تضمین این که احکام آن در صورت لزوم به کمک نیروی قهری به اجراء درآید، آن را تقویت کرده و بر اعتبار آن خواهد افزود و به این ترتیب وجود یک مرکز سوم قَوی قدرت را تضمین خواهد کرد. لازم است رهبران ما تضمین کنند همین که این سه مرکز قدرت در نظم بین‌المللی یکی‌یکی شکل گرفتند و تقویت شدند، با هماهنگی و به طور نزدیک با یک دیگر کار کنند و متقابلاً یک دیگر را تقویت نمایند.

اصول محوری وحدت، عدالت و بی‌طرفی، از بین بردن فرصت‌طلبی، محدود کردن حاکمیت بی قید و شرط ملّی، به خدمت گرفتن نیروی قهری در جهت اجرای عدالت و وحدت در فکر و عمل اساس نظام امنیت جمعی است که در این کتاب پیشنهاد شده، و همچنین ملاتی است که آن را به صورت یک کلّ هماهنگ به هم می‌چسباند. در واقع این کتاب این اصول محوری را در مورد

دستیابی به امنیت جمعی

جدی‌ترین مشکلاتی که بر امنیت این سیاره اثر گذاشته‌اند به کار می‌گیرد. حاصل این کار توصیه‌هائی است که این کتاب برای ایجاد یک نظام کارآمد، مؤثّر و عملی برای امنیت جمعی می‌کند، نظامی که صلحی را به ارمغان می آورد که مدّت‌هاست بشر در انتظار آن بوده است.

نتیجه گیری

هدف این کتاب این بوده است که شهروندان عادی، زنان و مردان سراسر دنیا را به گفتگوئی وارد کند که بیش از یک قرن است به طور نامنظم در مورد شکل و جهتی که نظام در حال رشد امنیت جمعی و نظم جهانی باید داشته باشد در جریان بوده است. این کتاب کوشیده است که رگه‌های جداگانه و مختلف فکری افراد و گروه‌ها را گرد هم آورد و آنها را در چهارچوب وسیع منظری که آثار بهائی از امنیت جمعی به دست می‌دهد، بررسی کند. ضمن این کار این کتاب کوشیده است نشان دهد که چگونه کار ظاهراً پراکندهٔ مردان و زنانی که در سراسر دنیا مشتاق یافتن راه حل‌هائی برای مشکلات بشریت بوده‌اند، مانند قطعات یک جورچین در کنار هم می‌نشینند تا نقشهٔ عمومی جاده‌ای را که به صلح منتهی می‌شود فراهم سازند. این افکار که متقابلاً یک دیگر را تقویت می کنند، می‌توانند به ایجاد یک نظام جدید و کارآمد امنیت جمعی کمک کنند. سرانجام این کتاب با الهام از منظر بهائی و با بهره‌گیری از نظراتی که در آثار بهائی ارائه شده و نظرات متفکرانی که در حوزه‌های مربوط به امنیت جمعی کار می‌کنند، مجموعه‌ای از توصیه‌های عینی برای عمل دارد.

با جلب مشارکت مردم همهٔ نقاط جهان، از طریق استفاده از نظرات آنها و دعوت آنها به شرکت در این بحث، می‌توانیم نظام امنیت جمعی جدیدی به وجود آوریم که اعتماد و حمایت مردم دنیا را جلب کند و به این ترتیب رهبران جهان را بر آن دارد تا اقدامات لازم را برای تأمین نیازها و خواست‌های شهروندان خود به عمل آورند. همان طور که دوایت آیزنهاور[98] در سال ۱۹۵۹ گفت: «... در درازمدّت مردم بیشتر از دولت‌ها در ترویج صلح خواهند کوشید. در واقع، فکر می‌کنم مردم آنقدر خواهان صلح هستند که بهتر است یکی از همین روزها دولت‌ها از سر راهشان کنار بروند و بگذارند آنها به صلح خود برسند.» ۱

[98] Dwight Eisenhower

کتاب‌شناسی

کتاب‌شناسی فارسی

حضرت بهاءالله. *منتخباتی از آثار حضرت بهاءالله*، لانگهاین، لجنهٔ نشر آثار امری به لسان فارسی و عربی، ۱۴۱ بدیع (۱۹۸۵).

— *مجموعه‌ای از الواح جمال اقدس ابهیٰ که بعد از کتاب اقدس نازل شده*، لانگهاین، لجنهٔ نشر آثار امری به زبان فارسی و عربی، ۱۳۷ بدیع (۱۹۸۱).

— *نبذة من تعالیم حضرة بهاءالله*، قاهره، ۱۳۴۳ هجری.

— *لوح مبارک خطاب به شیخ محمّدتقی اصفهانی معروف به نجفی* (لوح ابن ذئب)، کانادا، مؤسّسهٔ معارف بهائی، ۱۵۷ بدیع (۲۰۰۱).

حضرت عبدالبهاء. *رسالهٔ مدنیه*، مطبعهٔ کردستان علمیه، ۱۳۲۹ هجری.

حضرت شوقی افندی. قرن بدیع، ترجمهٔ نصرالله مودّت، طهران، مؤسّسهٔ مطبوعات امری، ۱۲۵ بدیع (۱۹۶۹).

— *نظم جهانی بهائی*، ترجمه و اقتباس از هوشمند فتحِ‌اَعظم، انتشارات مؤسّسهٔ معارف بهائی به زبان فارسی، کانادا، ۱۴۶ بدیع (۱۹۸۹).

— *ظهور عدل الهی*، ترجمهٔ نصرالله مودّت، طهران، مؤسّسهٔ مطبوعات امری، ۱۳۳ بدیع (۱۹۷۷).

بیت‌العدل اعظم الهی. *وعدهٔ صلح جهانی*، حیفا، بیت‌العدل اعظم، ۱۹۸۵.

جامعهٔ جهانی بهائی. *نقطهٔ عطفی برای کلّیهٔ ملل جهان: بیانیهٔ جامعهٔ بین‌المللی بهائی به مناسبت پنجاهمین سالگرد تأسیس سازمان ملل متحد*، ۱۹۹۵.

انوارهدایت: یک کتاب مرجع بهائی؛ گردآوری: هلن هورن‌بای، طهران، ۱۵۹ بدیع (۲۰۰۳).

کتابشناسی انگلیسی

کتاب‌ها

Abbas, Ademola. *Regional Organisations and the Development of Collective Security: Beyond Chapter VIII of the UN Charter*. Oxford: Hart, 2004.

'Abdu'l-Bahá. *The Secret of Divine Civilization*. Wilmette, IL: Bahá'í Publishing Trust, 1990.

— *Selections from the Writings of 'Abdu'l-Bahá*. Haifa: Bahá'í World Centre, 1978.

Bahá'í International Community. *Turning Point for All Nations: A Statement of the Bahá'í International Community on the Occasion of the 50th Anniversary of the United Nations*. New York: Bahá'í International Community United Nations Office, 1995.

Bahai Scriptures: Selections from the Utterances of Baha'u'llah and 'Abdu'l-Baha. Ed. Horace Holley. New York: J.J. Little and Ives, 1928.

Bahá'u'lláh. *Epistle to the Son of the Wolf*. Wilmette, IL: Bahá'í Publishing Trust, 1988.

— *Gleanings from the Writings of Bahá'u'lláh*. Wilmette, IL: Bahá'í Publishing Trust, 1983.

— *The Proclamation of Bahá'u'lláh*. Haifa: Bahá'í World Centre, 1967.

— *Tablets of Bahá'u'lláh*. Wilmette, IL: Bahá'í Publishing Trust, 1988.

Basic Facts about the United Nations. New York: United Nations Office of Public Information, 2004.

Blix, Hans. *Disarming Iraq*. New York: Pantheon, 2004.

Boutros-Ghali, Boutros. *An Agenda for Peace*. New York: United Nations, 2nd ed. 1995.

Commission on Global Governance. *Our Global Neighbourhood*. New York: Oxford University Press, 1995.

Coudenhove-Kalergi, Richard N. *Pan-Europa*. Vienna: Pan Europa Verlag, 1923.

Dallaire, Lt. Gen. Romeo. *Shake Hands With the Devil: The Failure of Humanity in Rwanda*. New York: Carroll & Graf, 2004.

Dedman, Martin J. *The Origins and Development of the European Union 1945–95*. London: Routledge, 1996.

Dinan, Desmond. *Europe Recast: A History of European Union*. Basingstoke: Palgrave MacMillan, 2004.

Evans, Gareth. *Cooperating for Peace: The Global Agenda for the 1990s and Beyond*. St Leonards, NSW: Allen and Unwin, 1993.

Eyffinger, Arthur. *The International Court of Justice*, Kluwer Law International, 1996.

Fontaine, Pascal. *A New Idea for Europe: The Schuman Declaration 1950–2000*. Luxembourg: European Commission, 2000.

Gray, Christine. *International Law and the Use of Force*. Oxford: Oxford University Press, 2004.

Hoopes, Townsend and Douglas Brinkley. *FDR and the Creation of the U.N.* London: Yale University Press, 1997.

Lawson, Stephanie. *The New Agenda for Global Security: Cooperating for Peace and Beyond.* London: Allen & Unwin, 1995.

Levi, Michael and Michael O'Hanlon. *The Future of Arms Control.* Washington DC: Brookings Institution Press, 2005.

Lights of Guidance: A Bahá'í Reference File. Compiled by Helen Hornby. New Delhi: Bahá'í Publishing Trust, 2nd ed. 1988.

Merrills, J. G. *International Dispute Settlement.* Cambridge: Cambridge University Press, 4th rev. ed. 2005.

O'Hanlon, Michael and Mike Mochizuki. *Crisis on the Korean Peninsula: How to Deal with a Nuclear North Korea.* New York: McGraw-Hill, 2003.

Rosenne, Shabtai. *The Law and Practice of the International Court 1920–2004.* Leiden: Brill, 4th rev. ed. 2004.

Sands, Philippe. *Lawless World: America and the Making and Breaking of Global Rules.* Harmondsworth: Allen Lane, 2005.

Shaw, Malcolm N. *International Law.* Cambridge: Grotius, 4th ed. 1997.

Shoghi Effendi. *The Advent of Divine Justice.* Wilmette, IL: Bahá'í Publishing Trust, 1990.

— *God Passes By*. Wilmette, IL: Bahá'í Publishing Trust, rev. ed. 1995.

— *The World Order of Bahá'u'lláh*. Wilmette, IL: Bahá'í Publishing Trust,1991.

Streit, Clarence K. *Union Now: A Proposal for a Federal Union of the Democracies of the North Atlantic*. London: Harper & Brothers, 1939.

The Universal House of Justice. *The Promise of World Peace*. London: Bahá'í Publishing Trust, 1985.

Zak, Chen. *Iran's Nuclear Policy and the IAEA: An Evaluation of Program 93+2*. Military Research Papers no. 3. Washington DC: The Washington Institute for Near East Policy, 2004.

سخنرانی‌ها، گزارش‌ها، نشریات، مقالات و رسانه‌ها

'Accepting Nobel, ElBaradei Urges a Rethinking of Nuclear Strategy'.*New York Times*, 11 December 2005.

'African Union Lifts Togo Sanctions'. Associated Press, 27 May 2005. *New York Times* online. www.nytimes.com.

'African Union Lifts Togo Sanctions'. *Economist*, 28 April 2005.

'African Union to Triple Sudan Peacekeepers'. Associated Press, in *New York Times*, 28 April 2005.

Ames, Paul. 'Annan Seeks Overhaul of Security Measures'. Associated Press, 13 February 2005.

'Annan Opens World Summit with plea not to let down billions around the globe'. UN News Centre, 14 September 2005. www.un.org/apps/news.

'APEC Wants Bigger Push on N. Korea Nuclear Talks'. Reuters, *New York Times*, 19 November 2005.

Asia Times, 8 March 2005.

'AU Agrees to Enlarge Darfur Force'. *Aljazeera*. 29 April 2005. www.globalpolicy.org.

'AU Extends Darfur Troops Mandate'. BBC, 21 September 2006. http://news.bbc.co.uk/2/hi/africa/5362762.stm.

Bahree, Bhushan. 'IEA Warns of Impending Crunch in Gas Supply'. *Wall Street Journal*, 9 July 2007. www.wsj.com.

'Bracing for Penalties, Iran Threatens to Withdraw from Nuclear Treaty'. *New York Times*, 12 February 2006.

Brauer, R. H. 'International Conflict Resolution: The ICJ Chambers and the Gulf of Maine Dispute'.*Virginia Journal of International Law*, vol. 23, 1982–3.

Brinkley, Joel. 'U.S. Official Says North Korea Could be Bluffing on Nuclear Arms'. *New York Times*, 16 February 2005.

Carter, Ashton B. Speech at the annual meeting of the World Economic Forum in 2 February 1999. www.weforum.org/site/knowledgenavigator.nsf.

Charney, Jonathan I. 'The Impact on the International System of the Growth of International Courts and Tribunals'. *Journal of International Law and Politics*, vol. 31,1999.

Churchill, Winston. Speech given in Zurich, 19 September 1946. www.ena.lu/mce.cfm.

Cowell, Alan and Eamon Quinn. 'Two Former Enemies are Sworn in to Lead Northern Ireland's Government', 9 May 2007. www.nytimes.com.

'Crisis in Darfur'. Report of the International Crisis Group, May 2007. www.icg.org.

'Curbing Proliferation: How to Stop the Spread of the Bomb'. *The Economist*, 28 April 2005.

Diehl, Paul F. 'Once Again: Nations Agree Genocide Must Be Stopped. Can They Find the Mechanism to Do It?' *Washington Post*. 15 May 2005.

Dinmore, Guy. 'US Draws Up List of Unstable Countries'. *Financial Times*, 28 March 2005. www.globalpolicy. org.

Eisenhower, Dwight. Speaking to UK Prime Minister Harold Macmillan in a television broadcast, London, 31 August 1959. www.eisenhower.archives.gov/ ss1.htm.

'ElBaradei: Protect Nuclear Material'. Associated Press, 6 December 2005.

Erlanger, Steven. 'Backing Fatah and Abbas, Egypt Organizes Summit Meeting for Palestinian Leader'. 22 June 2007. www.nytimes.com.

— and Graham Bowley. 'Palestinian President Dissolves Government'. *New York Times*, 14 June 2007. www.nytimes.com.

Evans, Gareth. 'Aceh is Building Peace from Its Ruins'. *International Herald Tribune*, 23 December 2005. www.crisisgroup.org.

— 'Darfur: What Next?' Keynote address to the International Crisis Group/Save Darfur Coalition/European Policy Centre Conference: 'Towards a Comprehensive Settlement for Darfur', Brussels, 22 January 2007. www.icg.org.

— 'Genocide or Crime: Actions Speak Louder than Words in Darfur'. *The European Voice*, 18 February 2005. www.crisisgroup.org.

— 'Meeting the Challenge of War. Report of Rapporteur for Security and Geopolitics'. World Economic Forum, Davos, January 2003. www.icg.org.

— 'The Responsibility to Protect: Evolution and Implementation'. Keynote address to the London School of Economics/Kings College London Conference on Ethical Dimensions of European Foreign Policy, London, 1 July 2005. www.icg.org.

— 'The Responsibility to Protect: When It's Right to Fight'. Progressive Politics, July 2003. www.progressive-governance.net/publications/publications.aspx?id=804

— 'UN Reform: Why It Matters for Africa'. Address to Africa Policy Forum, Addis Ababa, 26 August 2005. www.crisisgroup.org.

'Experts Discuss Nuclear Power as Energy'. Associated Press, 21 March 2005.

Falk, Richard and Andrew Strauss. 'Toward Global Parliament'. *Foreign Affairs*, vol. 80, no.1, January/February 2001.

— and David Krieger. 'United Nations Should be Less Reliant on US'. *Daily Bruin*, 13 November 2002. www.Globalpolicy.org/unitedstates/unpolicy/gen2002/1118dep.htm.

'Famine Relief – Starving for the Cameras: People Dying from Hunger Like Those in Niger Should Not Have to Wait for the TV Crews to Arrive'. *The Economist*, 18 August 2005.

Fattah, Hassan M. 'Conference of Arab Leaders Yields Little of Significance', *New York Times*, 24 March 2005.

— 'Syria Ends Military Domination of Lebanon'. Associated Press, 26 April 2005. *New York Times* online. www.nytimes.com.

— 'U.N. Envoy and Syrian President Meet'. *New York Times*, 12 June 2005.

'FBI Opens Anti-gang Office in Central America'. Reuters, *New York Times*, 4 May 2004.

'From Brussels Without Love'. *The Economist*, 24 February 2005.

Fukuyama, Francis. 'Re-Envisioning Asia'. *Foreign Affairs*. January/February 2005.

'Global or National: The Perils Facing Big Oil'. *The Economist*, 28 April 2005.

'Global Oil Producers Discuss Supply'. Reuters, 19 November 2005, *New York Times* online. www.nytimes.com.

Goormaghtigh, John. 'European Coal and Steel Community'. *International Conciliation*, vol. 30, 1997.

Graham, Bradley. 'Pentagon Strategy Aims to Block Internal Threats to Foreign Forces'. *Washington Post*, 19 March 2005.

Grono, Nick. 'Addressing the Links between Conflicts and Natural Resources'. Speech at the Conference on Security, Development and Forest Conflict, Brussels, 9 February 2006.

— 'Natural Resources and Conflict'. Speech at the EIS Symposium on Sustainable Development and Security, European Parliament, Brussels, 31 May 2006.

'Hamas Arms Roundup Still Leaves Plenty of Guns in Gaza'. Associated Press, 21 June 2007. www.iht.com/articles/ap/2007/06/21/Africa/ME-GEN-Palestinians-Arms-Roundup.php.

'Hamas Controls Gaza, Says It Will Stay in Power'. CNN, 14 June 2007. www.cnn.com/2007/WORLD/meast/06/14/gaza/index.html.

'Hamas Hails "Liberation" of Gaza'. BBC, 14 June 2007. http:///news.bbc.co.uk/2/hi/middle_east/6751079.stm.

Hamilton, Adrian. 'The Idea of the Nation State is Fatally Flawed'. *The Independent*, 19 August 2004. www.globalpolicy.org.

Harrison, Selig S. 'Did North Korea Cheat?' *Foreign Affairs*, January/February 2005.

Hill, Felicity. 'The Military Staff Committee: A Possible Future Role in UN Peace Operations?' Global Policy Forum. www.globalpolicy.org/security/peacekpg/reform/2001/msc.htm.

International Law Reports. Cambridge. Individual reports cited below. See Documents: International Court of Justice documents (abbreviated as ILR).

'Interview with Dr Mohammed ElBaradei, Director General of the International Atomic Energy Agency' (interview on 2 December 2003). *The Fletcher Forum*, Winter 2004.

'IRA "has destroyed all its arms"'. BBC, 26 September 2005. http://news.bbc.co.uk/1/hi/northern_ireland/4283444.stm.

'Iran and Nuclear Diplomacy – A Yes or a No?' *The Economist*, 28 June 2007.

'Iran Plans to Build a Second Nuclear Plant'. Associated Press, 5 December 2005.

'Iran Says It's Not Afraid of Security Council'. 8 November 2005. *New York Times* online. www.nytimes.com.

'Iranian Warns Against Added Nuclear Sanctions'. Associated Press, 6 June 2007. www.nytimes.com.

'Iran's Nuclear Politics: Mahmoud and the Atomic Mullahs'. *The Economist*, 30 June 2005.

Jahn, George. 'Iran Makes Major Nuclear Concessions'. *Washington Post*, 13 July 2007.

Johansen, Robert C. 'Put Teeth in "Never Again" Vow with Fast, Full-Scale UN Response'. *Christian Science Monitor*, 7 September 2004.

Kagan, Robert. 'The Crisis of Legitimacy: America and the World'. The 21st Annual John Bonython Lecture, the Grand Hyatt, Melbourne, Tuesday 9 November 2004.

Kissinger, Henry. Luncheon talk at the Metropolitan Club, Washington DC, 21 April 2005.

Knowlton, Brian. 'Bush's "Priceless" War'. *Asia Times*, 25 February 2005.

Koh, Professor Harold. 'Is International Law Useful to the US?' Speech at American Society of International Law panel, Washington DC, 30 March–2 April 2005.

Langille, Peter. 'Preventing Genocide: Time For a UN 911'. *Globe and Mail*, 19 October 2004. www.globalpolicy.org/security/peacekpg/reform/2004/1019timefor.htm.

Lavery, Brian. 'I.R.A. Destroys What It Says Were the Last of Its Weapons'. *New York Times*, 27 September 2005.

Lederer, Edith M. 'Annan Appeals to World Leaders at Summit'. Associated Press, 15 September 2005. http://aolsvc.news.aol.com/news.

Maitra, Ramtanu. 'India Takes its Arms Beefs to the UN'. *Asia Times*, 24 February 2005.

McDoom, Opheera. 'Sudan Rejects Use of Force by UN-AU Darfur Mission'. Reuters Africa, 22 July 2007. http://africa.reuters.com/wire/news/usnB269619.html.

McGann, James and Mary Johnstone. 'The Power Shift and the NGO Credibility Crisis'. *Journal of World Affairs*, Winter/Spring 2005.

Moodie, Michael. 'Confronting the Biological and Chemical Weapons Challenge: The Need for an "Intellectual Infrastructure"'. *The Fletcher Forum*, vol. 28, no. 1, Winter 2004.

'NATO's Assistance to the African Union for Darfur'. NATO OTAN, 15 June 2007. www.nato.int/issues/darfur/index.html.

New York Times database 'Arms Control'. 31 October 2005.

'NI Deal Struck in Historic Talks'. BBC, 26 March 2007. http://news.bbc.co.uk/1/hi/northern_ireland_/6494599.stm.

'Nigeria: Rehabilitation, harassment concerns mar Bakassi pullout'. 27 September 2006. http://www.irinnews.org.

'Nigerian troops leaving Bakassi'. 11 August 2006. http://news.bbc. co.uk/2/hi/Africa.

'North Korea's Nuclear Test: The Fallout' (produced by the International Crisis Group). *Asia Briefing*. 13 November 2006. www.icg.org.

'Nuclear Confusion'. *The Economist*, 22 October 2005.

Paul, James and Celine Nahory. 'Theses Towards a Democratic Reform of the UN Security Council'. *Global Policy Forum*. 13 July 2005. www.globalpolicy.org/security/reform/2005/0713theses.htm

Perlez, Jane and Kirk Johnson. 'Behind Gold's Glitter: Torn Lands and Pointed Questions'. *New York Times*, 24 October 2005.

Polgreen, Lydia. 'West Africa Wins Again, with Twist'. *New York Times*, 27 February 2005.

Pollack, Kenneth and Ray Takeyh. 'Taking on Tehran'. *Foreign Affairs*, March/April 2005.

Posner, Eric A. 'All Justice, Too, Is Local'. *New York Times*, 30 December 2004.

— Speech at the American Society of International Law panel,Washington DC, Spring 2005.

'Quartet Urges Palestinians to Dismantle Militias'. Reuters, *New York Times*, 20 September 2005.

Quinn, Eamon and Alan Cowell. 'Ulster Factions Agree to a Plan for Joint Rule'. 27 March 2007. www.nytimes.com.

'S. Korea to Play Neutral Role in Asia'. Associated Press, *New York Times*, 10 April 2005.

Sanger, David E. 'Atomic Agency Concludes Iran is Stepping Up Nuclear Work'. *New York Times*, 14 May 2007.

— 'Month of Talks Fails to Bolster Nuclear Treaty'. *New York Times*, 28 May 2005.

Schneider, Mark. 'The Responsibility to Protect: The Capacity to Prevention and the Capacity to Intervene'. Statement to the Woodrow Wilson International Center for Scholars, Washington DC, 5 May 2004.

Schwebel, Judge Stephen M. Address to the General Assembly of the United Nations, 27 October 1998. www.icj-cij.org/icjwww/ipre.../SPEECHES/ SpeechPresidentGA98.htm.

Sciolino, Elaine and William J. Broad, 'At the Heart of the United Front On Iran, Vagueness on Crucial Terms'. *New York Times*, 18 June 2006.

'Security Council Tightens Sanctions against Iran over Uranium Enrichment'. 24 March 2007. www.un.org/apps/news.

Solana, Dr Javier. 'Securing Peace in Europe'. Speech at the Symposium on the Political Relevance of the 1648 Peace of Westphalia, Munster, 12 November 1998. www.nato.int/docu/speech/1998/s981112a.htm.

Steinberg, Richard H. 'Judicial Lawmaking at the WTO: Discursive, Constitutional, and Political Constraints'. *American Journal of International Law*, vol. 98, April 2004.

Strauss, Scott. 'Darfur and the Genocide Debate'. *Foreign Affairs*. January/February 2005.

Sumner, Brian Taylor. 'Territorial Disputes at the International Court of Justice'. Duke Journal, vol. 53, 2004.

'Talks between Iran and Europe End without Agreement'. Associated Press, *New York Times*, 3 March 2006.

Tan, Col Jimmy. 'Regional Security Partners: The Potential for Collective Security'. Paper. National War College, 1999.

Tyson, Ann Scott. 'Two Years Later, Iraq War Drains Military – Heavy Demands Offset Combat Experience'. *Washington Post*, 19 March 2005.

'UN Assembly Approves Weakened Summit Blueprint'. Reuters, 13 September 2005. *New York Times* online. www.nytimes.com.

'The UN Gets Tougher: After Years of Inaction, UN Peacekeepers Crack Heads'. *The Economist*, 10 March 2005.

'The UN and Iran: Playing with fallout'. *The Economist*. 24 May 2007.

'UN Passes Iran Nuclear Sanctions'. 23 December 2006. http://news.bbc.co.uk.

'UN Security Council Report on Its Recent Visit to Sudan'. *Sudan Tribune*,17 June 2005. www.globalpolicy.org.

The Universal House of Justice. Letter to a National Spiritual Assembly, 9 February 1967.

'U.S. and India Reach Agreement on Nuclear Cooperation'. *New York Times*, 2 March 2006.

Vedantam, Shankar. 'Nuclear Plants Not Keeping Track of Waste',*Washington Post*, 12 April 2005.

Wadhams, Nick. 'Sudan Won't Allow Darfur Peacekeepers to Use All Means Necessary'. Voice of America, 23 July 2007. http://voanews.com/english/2007-07-23-voa35.cfm.

'Who's in Charge?'. *The Economist*, 28 April 2005.

Wright, Robin. 'Nation Must Withdraw From Lebanon or Face Isolation'. *Washington Post*, 11 March 2005.

اسناد و مدارک ملّی و بین‌المللی

Covenant of the League of Nations. www.Yale.edu/ lawweb/Avalon/leagcov.htm#art8.

Letter from Secretary-General to the President of the General Assembly, and identical letter to the President of the Security Council, both 21 August 2000 (A/55/305–S/2000/809).

'Responsibility to Protect'. Report of the International Commission on Intervention and State Sovereignty. http://www.iciss.ca/menu-en.asp.

Schuman Declaration of 9 May 1950. http://europa.eu/ abc/symbols/9-may/decl_en.htm.

Terms of Reference of High-Level Panel on Threats, Challenges and Change.

اسناد دادگاه بین المللی

Australian Declaration Under Paragraph 2 of Article 26 of the Statute of the International Court of Justice 1945, lodged at New York on 22 March. http://beta.austlii.edu.au/au/other/dfat/nia/2002/20.htm l.

Case Concerning the Territorial Dispute (Libyan Arab Jamahiriya/Chad). http://www.icj-

cij.org/docket/index.php?p
1=3&p2=3&code=dt&case=83&k=cd.

Corfu Channel Case, ICJ Reports, 1948. www.icj-cij.org/docket/

index.php?p1=3&p2=3&code=cc&case=1&k=cd); ILR, vol. 15, pp. 349, 354.

ICJ Reports, 1949, p. 4; ILR, vol. 16, p. 155.

ICJ Reports, 1974, p. 3; ILR, vol. 55, p. 238.

ICJ Reports, 1974, p. 253; ILR, vol. 57, p. 350.

ICJ Reports, 1978, p. 3; ILR, vol. 60, p. 562.

ICJ Reports, 1980, p. 3; ILR, vol. 61, p. 530.

Land and Maritime Boundary (Cameroon v. Nigeria: quatorial Guinea intervening), 2002 ICJ 303 (10 October). http://www.icj-cij.org/presscom/index.php?pr=294&pt=1&p1 =6&p2=1.

Land and Maritime Boundary between Cameroon and Nigeria (Cameroon v. Nigeria: Equatorial Guinea intervening). http://www.icj-cij.org/docket/index.php?p1=3&p2 =3&code =cn&case=94&k=74.

Maritime Delimitation and Territorial Questions (Qatar v. Bahrain), 2001 ICJ 40 (16 March). http://www.icj-cij.org/presscom/index.php?pr=234&pt=1&p1=6&p2= 1.

Maritime Delimitation and Territorial Questions between Qatar and Bahrain (Qatar v. Bahrain). http://www.icj-cij.org/docket /index.php ?p1=3&p2=3&code=qb&case=87&k=61.

The Nuclear Tests cases (Australia vs. France; New Zealand vs. France), ICJ Reports, 1974. p. 253. http://www.icjcij. org/ docket/index.php?p1=3&p2=3&k=78&case=58&code =af&p3=4.

Sovereignty over Certain Frontier Land Belgium/Netherlands). http://www.icj-cij.org/docket/index.php?p1=3&p2=3&code =bnl&case=38&k=32.

Frontier Land Belgium/Netherlands), 1959 ICJ 209 (20 June). http://www.icj-cij.org/presscom/index. php ?p1=6&p2=1&p3=-1&pt=1&y=1959.

Statute of the International Court of Justice. http://www.icj-cij.org/documents/index.php?p1=4&p2=2&p3=0.

Temple of Preah Vihear (Cambodia v. Thailand). http://www.icj-cij. org/docket/index.php?p1=3&p2=3&code =ct&case=45&k=46.

Temple of Preah Vihear (Cambodia v. Thailand), 1962 ICJ 6 (15 June). http://www.icj-cij.org/presscom/index.php?p1=6&p2=1&p3=1&pt=1&y=1962.

Territorial Dispute (Libya/Chad), 1994 ICJ6 (3 February).

Territorial Dispute (Libyan Arab Jamahiriya/Chad): Judgement of the Court (03/02/1994–1994/4). http://www.icj-cij.org/presscom/index.php?p1=6&p2=1&p3=-1&pt=1&y=1994.

کتابشناسی

اسناد سازمان ملل متحد

Charter of the United Nations: http://www.un.org/aboutun/charter/.

معاهدات و پیمان نامه ها

Convention on the Prohibition of the Development, Production and Stockpiling of Bacteriological (Biological) and Toxin Weapons and on their Destruction (Biological Weapons Convention (BWC) or Biological and Toxin Weapons Convention (BTWC)).http://www.unog.ch/80256EE600585943/(httpPages)/04FBBDD6315AC720C1257180004B1B2F?OpenDocument.

Treaty on the Non-Proliferation of Nuclear Weapons (Nuclear Non-Proliferation Treaty (NPT)). http://www.un.org/events/npt2005/npttreaty.html.

قطعنامه ها ی مجمع عمومی و شورای امنیت

Corfu Channel case, UNSCR, 9 April 1947.

S/1501.

S/RES/1718 (2006).

United Nations Millennium Declaration (A/res/55/2).

UNSCR 82 (1950).

UNSCR 598.

UNSCR 660 (1990).

UNSCR 667 (1990).

UNSCR 678 (1990).

UNSCR 687 (1991) (S/RES/687 (1991)).
http://www.fas.org/news/un/iraq/sres/sres0687.htm.

UNSCR 1540 (2004): www.un.org/docs/sc.

UNSCR 1706.

UNSCR 1737 (23 December 2006); S/RES/1737(2006).

UNSCR 1747 (24 March 2007); S/RES/1747(2007).

World Summit Outcome, 24 October 2005 (A/60/L.1);
A/RES/60/1.

مصاحبه های مطبوعاتی

Address delivered by Secretary-General Kofi Annan to
the General Assembly, 23 September 2003,
SG/SM/8891, GA/10157.
www.un.org/News/Press/docs/2003.

'Security Council Condemns Continuing Exploitation of
Natural Resources in Democratic Republic of Congo',
SC/7925, 19 November 2003.

'Security Council Meets with Regional Organizations to
Consider Ways to Strengthen Collective Security'.
Press Release SC/7724, 4 November 2003.
www.un.org/news/press/docs/2003/sc7724.doc.htm.

گزارشات

'In Larger Freedom: Towards Development, Security and Human Rights For All'. Report of the Secretary General (A/59/2005). http://www.un.org/largerfreedom/report-largerfreedom.pdf.

Final report of the Panel of Experts on the Illegal Exploitation of Natural Resources and Other Forms of Wealth in the Democratic Republic of the Congo, S/2003/1027.

'A More Secure World: Our Shared Responsibility'. Report of the Secretary-General's High-Level Panel on Threats, Challenges and Change, United Nations 2004 (A/59/565). www.un.org/secureworld/panelmembers.html; http://66.102.9.104/search?q=cache:pQYiL3caa4EJ:www.un.org/secureworld/report.pdf+Threats,+Challenges+and+Change,+%60A+More+Secure+World:+Our+Shared+Responsibility%27+(A/59/565)+secretary+general+comments+diverse&hl=en&ct=clnk&cd=1&gl=uk (accessed 16 June 2007).

Report of the Panel of Experts Appointed Pursuant to Security Council resolution 1306 (2000) in relation to Sierra Leone, S/2000/1195, 20 December 2000.

Report of the Panel of Experts Pursuant to Security Council resolution 1343 (2001) concerning Liberia, S/2001/1015, 26 October 2001.

Report of the Panel of Experts on Violations of Security Council Sanctions Against UNITA Pursuant to Security Council resolution 1237 (1999) of 7 May 1999 (S/2000/203, 10 March 2000).

دستیابی به امنیت جمعی

Report of the Panel on United Nations Peace Operations (A/55/305- S/2000/809).

Secretary-General. Address to the General Assembly, 23 September 2003. http://www.un.org/webcast/ga/58/statements/sg2eng0 30923.htm.

ایالات متحده

The Atlantic Charter. Department of State Executive Agreement Series no. 236. http: usinfo.state.gov/usa/ infousa/facts/democrac/53.htm.

International Boundary Study by US State Department, no. 40(revised), 23 November 1966.

تارنماها

African Union Mission in Sudan: http://enwikipedia.org/ wiki/African_Union_Mission_in_Sudan.

Bahá'í Community: www.bahai.org.

Bakassi: http://en.wikipedia.org/wiki/Bakassi.

International Law Commission: www.un.org/law/ilc.

Multinational Standby High Readiness Brigade for UN Operations:http://shirbrig.dk/html/main.htm.

Organization for the Prohibition of Chemical Weapons: www.opcw.org/factsandfigures.

Report of the Panel on UN Peace Operations: www.un.org/peace/reports/peace_operations/.

'Responsibility to Protect': www.iciss.ca/report-en.asp.

Secretary-General's Address to the 2005 World Summit, New York, 14 September 2005. http://www.globalpolicy.org/secgen/annanindex.htm.

UN Millennium Development Goals: www.un.org/ millenniumgoals/.

World Summit Outcome (A/60/L.1): www.google.co.uk/search?Sourced=navclient&ie=UTF-8&rlz=1T4SKPB_enGB211GB211&q=World+ Summit+Outcome+A%2f60%2fL%2e1.

مراجع و یادداشتها

<u>پیش‌گفتار</u>

۱– Evans, 'Meeting the Challenge of War', p. 1.

۲– 'A more secure world', p. 14.

۳– «یک ملت به تنهائی نمی‌تواند افراطیون را شکست دهد» و «جلوگیری از گسترش سلاحهای خطرناک همکاری بسیاری از ملتها را به خود می‌طلبد». دانالد رامسفلد در:

Ames, 'Annan seeks overhaul of Security Measures', Associated Press article, 13 February 2005.

۴– Tyson, 'Two Years Later, Iraq War Drains Military', Washington Post, 19 March 2005, A.01.

۵– Knowlton, 'Bush's "Priceless" War', Asia Times, 25 February 2005.

۶– O'Hanlon, 'Crisis on the Korean Peninsula.'

۷– کوفی عنان می‌گوید در بسیاری از حوزه‌ها اشتیاقی به یک اتفاق نظر جدید وجود دارد که بتواند مبنای عمل جمعی قرار گیرد. به «در آزادی بیشتر»، ص۳، مراجعه کنید.

۸– Polgreen, 'West Africa Wins Again, with Twist', New York Times News Analysis, 27 February 2005; and 'African Union Lifts Togo Sanctions', New York Times online, 27 May 2005.

آقای ناسینگ به متعاقباً به عنوان یکی از دو کاندیدای احراز این مقام نامزد شد و در حالی که ادعا می‌شد در انتخابات تقلّب شده است، شصت درصد آرا را بدست آورد.

'Who's in Charge?', Economist, 28 April 2005; and 'African Union Lifts Toto Sanctions', ibid.

224

٩– 'Syria Ends Military Domination of Lebanon,' 26 April 2005; Fattah, 'U.N. Envoy and Syrian President Meet', New York Times, 12 June 2005.
١٠– Wright, 'Nation Must Withdraw From Lebanon or Face Isolation', Washington Post, 11 March 2005.

فصل اوّل

١– آنهائی که علاقه‌مند هستند بیشتر در بارهٔ حضرت بهاءالله یا دیانت بهائی بدانند، می‌توانند به کتاب *قرن بدیع*، اثر حضرت شوقی افندی، و یا تارنمای www.bahai.org مراجعه نمایند.
٢– بیت العدل اعظم، *وعدهٔ صلح جهانی*، پاراگراف ٣۶
٣– همان، پاراگراف ٣٧
۴– حضرت ولی امرالله، *نظم جهانی بهائی*، ص۵٠
۵– همان، ص١۴٩
۶– همان، ص۶٠
٧– همان
٨– همان، ص١۶۴
٩– شوقی افندی در بیت‌العدل اعظم، *وعدهٔ صلح جهانی*، پاراگراف ۴۴
١٠– حضرت ولی امرالله، نظم جهانی بهائی، ص١۵٧
١١– Goormaghtigh, 'European Coal and Steel Community', *International Conciliation*, pp. 398– 400.
١٢– حضرت ولی امرالله، *نظم جهانی بهائی*، ص۵٧
١٣– 'A More Secure World', p. 17.
١۴– حضرت ولی امرالله، *نظم جهانی بهائی*، ص۵٩
١۵– حضرت عبدالبهاء، *رسالهٔ مدنیه*، ص٨٣
١۶– همان
١٧– همان، ص٧۶ و حضرت ولی امرالله، *نظم جهانی بهائی*، ص۵۶
١٨– *Bahá'í Scriptures*, p. 280.
١٩– حضرت بهاءالله، در *نظم جهانی بهائی*، اثر حضرت ولی امرالله، صص ١۶۴–١۶۵
٢٠– همان، ص١۵٩

۲۱– همان، ص۵۰

۲۲– حضرت عبدالبهاء، رسالۀ مدنیه، ص۷۵

۲۳– همان

۲۴– همان، ص۷۶

۲۵– همان

۲۶– حضرت ولی امرالله، نظم جهانی بهائی، ص۵۲؛ حضرت عبدالبهاء، رسالۀ مدنیه، ص۷۶

۲۷– حضرت عبدالبهاء، رسالۀ مدنیه، ص۷۶

۲۸– همان؛ منتخباتی از آثار حضرت بهاءالله، ص۱۶۰؛ لوح مقصود

۲۹– حضرت عبدالبهاء، رسالۀ مدنیه، ص۷۷

۳۰– همان

۳۱– حضرت عبدالبهاء، نقل در نظم جهانی بهائی، اثر حضرت ولی امرالله، ص۱۴۷

۳۲– حضرت بهاءالله، نقل در نظم جهانی بهائی، اثر حضرت ولی امرالله، ص۱۴۶

۳۳– منتخباتی از آثار حضرت بهاءالله، ص۱۸۴

۳۴– حضرت عبدالبهاء، رسالۀ مدنیه، ص۷۷

۳۵– حضرت ولی امرالله، نظم جهانی بهائی، ص۱۶۵

۳۶– همان، ص۵۶

۳۷– همان، ص۱۴۷

۳۸– همان، ص۵۶

۳۹– از نامه‌ای که به تاریخ ۱۹ نوامبر سال ۱۹۴۵ از طرف حضرت ولی امرالله خطاب به یک فرد نگاشته شده است، مندرج در انوار هدایت، شمارۀ ۱۰۷۴ (ص۴۰۶)؛ حضرت عبدالبهاء، نقل در انوار هدایت، شمارۀ ۱۰۷۵، (ص۴۰۶)

۴۰– حضرت عبدالبهاء، نقل در انوار هدایت، شمارۀ ۱۰۷۵ (ص۴۰۶)

۴۱– حضرت ولی امرالله، نظم جهانی بهائی، صص ۵۶ و ۱۶۵

۴۲– همان

۴۳– همان

۴۴– حضرت عبدالبهاء، نقل در انوار هدایت، شمارۀ ۱۰۷۵ (ص۴۰۶)

۴۵– حضرت ولی امرالله، نظم جهانی بهائی، ص۵۵

۴۶– همان، ص۵۱

۴۷– حضرت ولی امرالله، نظم جهانی بهائی، ص۱۶۵

۴۸– همان، ص۱۶۶

۴۹– همان

۵۰– حضرت ولی امرالله، نظم جهانی بهائی، صص ۵۶ و ۱۶۵

۵۱– همان، ص۵۶

۵۲– همان، ص۱۰۱

فصل دوم

۱– حضرت ولی امرالله، ظهور عدل الهی، صص ۱۵۱–۱۵۲

۲– حضرت ولی امرالله، نظم جهانی بهائی، ص۹۷

۳– اعلامیهٔ هزارهٔ سازمان ملل (A/res/55/2)، ص۱

۴– همان.

۵– همان، ص۲

۶– همان.

۷– «راهداف توسعهٔ هزارهٔ سازمان ملل»، «/www.un.org/millenniumgoals.

۸– اعلامیهٔ هزارهٔ سازمان ملل (A/res/55/2)، ص۱

۹– گزارش میزگرد عملیات صلح سازمان ملل (A/55/305–S/2000/809).

۱۰– نامه‌های یکسان مورخ ۲۱ آگست سال ۲۰۰۰ از طرف دبیر کل به رئیس مجمع عمومی و رئیس شورای امنیت (A/55/305–S/2000/809).

۱۱– همان.

۱۲– گزارش میزگرد عملیات صلح سازمان ملل(A/55/305–S/2000/809)، ص۱۰

۱۳– همان، ص۱۴

۱۴– همان، ص۱۵

۱۵– گزارش میزگرد عملیات صلح سازمان ملل (A/55/305–S/2000/809)، ص۱۷

۱۶– همان.

۱۷– همان، ص۴۶

۱۸– 'A More Secure World' (A/59/565).

۱۹– «شرایط رجوع به میزگرد عالی تهدیدها، چالش‌ها و تغییر».

۲۰– سخنرانی دبیر کل خطاب به مجمع عمومی در روز ۲۳ سپتامبر.

۲۱– «ایجاد یک دنیای امن تر، مسئولیت مشترک ما» (A/59/565).

۲۲– یادداشت دبیرکل، پاراگراف ۲۵ در همان.

۲۳– «ایجاد یک دنیای امن‌تر، مسئولیت مشترک ما» (A/59/565) ص۱۶.

۲۴– همان، ص۱

۲۵– همان، صص ۱–۲

۲۶– همان، ص۱۷

۲۷– همان، ص۱۸

۲۸– همان، ص۴

۲۹– همان، صص ۲–۳

۳۰– همان، ص۱۷

۳۱– همان، ص۳

۳۲– همان، ص۱۹

۳۳– همان، ص۳۲

۳۴– همان، ص۳

۳۵– همان، ص۶۲

۳۶– همان، ص۳۸

۳۷– همان، ص۳۵

۳۸– همان.

۳۹– همان.

۴۰– 'In Larger Freedom' (A/59/2005).

۴۱– همان، ص۶

۴۲– همان، ص۵۶

۴۳– همان، ص۳

۴۴– همان، ص۶

۴۵– همان.

۴۶– همان.

۴۷– همان، ص۲۵

۴۸– همان، ص۳۱

۴۹– همان، ص۳۳

۵۰– همان.

۵۱– همان، ص۳۵

۵۲– همان، ص۳۴

۵۳– همان، ص۲۵

۵۴– همان، صص ۲۸–۲۹

۵۵– همان، ص۳۶

۵۶– همان، ص۳۸

۵۷– همان، ص۴۸

۵۸– همان، ص۴۰

۵۹– همان، ص۲۳

۶۰– همان، ص۴۰

۶۱– سند نتیجهٔ همایش جهانی سران (A/60/L.1).

۶۲– 'UN Assembly Approves Weakened Summit Blueprint', Reuters, 13 September 2005; and Lederer, 'Annan Appeals to World Leaders at Summit', Associated Press, 15 September 2005.

۶۳– افسوس که به علت این که نامزدی برای عضویت در شورای جدید حقوق بشر از روی نفع‌طلبی صورت گرفته این شورا قبلاً در برخی محافل اعتبار خود را از دست داده است.

۶۴– Shaw, *International Law*, p. 357.

۶۵– همان، ص۳۵۴

۶۶– همان، ص۳۵۵

۶۷– راه دیگری هست که طرفین یک اختلاف مرزی می توانند به کمک آن بدون رفتن به دادگاه در حل اختلاف خود بکوشند. این روش شامل توافق بین طرفین برای ایجاد یک کمیسیون مرزی مستقل است که در مورد اختلاف داوری می‌کند و حکم نهائی را که قابل استیناف دادن نیست، صادر می کند. این همان روندی است که اتیوپی و اریتره به عنوان بخشی از توافق صلح الجزایر با آن موافقت کردند.

۶۸– تعیین حدود دریائی و مسائل مرزی بین قطر و بحرین (پروندهٔ قطر در مقابل بحرین)؛ و تعیین حدود دریائی و مسائل مرزی (پروندهٔ قطر در مقابل بحرین)، سال ۲۰۰۱، دادگاه بین‌المللی عدالت ۴۰ (۱۶ مارچ).

۶۹– حاکمیت بر برخی سرزمین‌های مرزی (پروندهٔ بلژیک/هلند)؛ حاکمیت بر برخی سرزمین‌های مرزی (پروندهٔ بلژیک/هلند)، سال ۱۹۵۹، دادگاه بین المللی عدالت، ۲۰۹ (۲۰ جون).

۷۰– معبد پریا وی هیر (پروندهٔ کامبوج در مقابل تایلند)؛ معبد پریا وی هیر (پروندهٔ کامبوج در مقابل تایلند)، سال ۱۹۶۲، دادگاه بین‌المللی عدالت، ۶ (۱۵ جون).

۷۱– مطالعهٔ مرزهای بین‌المللی از سوی وزارت امور خارجهٔ ایالات متّحده، شمارهٔ ۴۰ (اصلاح‌شده)، ۲۳ نوامبر ۱۹۶۶.

۷۲– مرزهای آبی و خشکی بین کامرون و نیجریه (پروندهٔ کامرون در مقابل نیجریه؛ مداخلهٔ گینهٔ استوائی)؛ مرزهای آبی و خشکی (پروندهٔ کامرون در مقابل نیجریه؛ مداخلهٔ گینهٔ استوائی)، سال ۲۰۰۲، دادگاه بین‌المللی عدالت، ۳۰۳ (۱۰ اکتبر).

۷۳– مراجعه کنید به :

http://en.wikipedia.org/wiki/Bakassi; and
http://www.answers.com/topic/bakassi; 'NIGERIA:
mar Bakassi pullout' Rehabilitation, harassment concerns
troops leaving at http://www.irinnews.org; and 'Nigerian
Bakassi' at http://news.bbc.co.uk/2/hi/Africa).

۷۴– پروندهٔ مربوط به اختلاف ارضی (پروندهٔ جمهوری عرب لیبی / چاد)؛ اختلاف ارضی (پروندهٔ لیبی/چاد)، سال ۱۹۹۴، دادگاه بین‌المللی عدالت، ۶ (۳ فوریه).

۷۵– Asia Times, 8 March 2005.

۷۶– «اعلامیهٔ استرالیا تحت بند دوم مادهٔ ۲۶ از اساس‌نامهٔ دادگاه بین‌المللی عدالت ۱۹۴۵»، که به تاریخ ۲۲ مارچ در نیویورک تسلیم شد.

۷۷– قطعنامه شورای امنیت سازمان ملل ۶۸۷ (۱۹۹۱)، (S/RES/687(1991))

۷۸– Basic Facts about the United Nations, p. 102.

۷۹– Evans, 'Responsibility to Protect', in Progressive Politics.

۸۰– 'In Larger Freedom' (A/59/2005), p. 6.

۸۱– Kagan, 'The Crisis of Legitimacy', p. 1.

۸۲– همان.

۸۳– همان.

۸۴– 'In Larger Freedom' (A/59/2005), p. 35.

۸۵– همان.

۸۶– Evans, 'Meeting the Challenge of War', p. 1.

۸۷– همان.

۸۸– همان.

۸۹– Evans, 'Responsibility to Protect', in Progressive Politics.

۹۰– «مسئولیت دفاع»، گزارش کمیسیون ICSS.

۹۱– همان ، ص۶۹
۹۲– «ایجاد یک دنیای امن‌تر، مسئولیت مشترک ما» (A/59/565)، بند ۲۰۳.
۹۳– 'In Larger Freedom' (A/59/2005), p. 35.
۹۴– همان.
۹۵– سند نهائی همایش جهانی سران (A/60/L.1)، ص۳۱.
۹۶– حضرت بهاءالله، *لوح ابن ذئب*، ص۶۶.
۹۷– حضرت بهاءالله، بشارات در *نبذة من تعالیم حضرة بهاءالله*، صص ۳۴–۳۵.
۹۸– از پیام بیت‌العدل اعظم الهی خطاب به یکی ازمحافل ملّی به تاریخ ۹ فوریه ۱۹۶۷ نقل در *انوار هدایت*، شمارهٔ ۱۳۵۴، صص ۵۱۵–۵۱۶.
۹۹– «مسئولیت دفاع»، گزارش کمیسیون ICSS، بخش ۱، بند ۳۵.
۱۰۰– همان، بخش ۲.
۱۰۱– Solana, 'Securing Peace in Europe'.
۱۰۲– 'In Larger Freedom' (A/59/2005), p. 4.
۱۰۳– همان، ص۷
۱۰۴– همان، ص۶
۱۰۵– همان، ص۳
۱۰۶– حضرت عبدالبهاء ، نقل شده در *نظم جهانی بهائی*، اثر حضرت ولی امرالله، ص۵۴
۱۰۷– 'In Larger Freedom' (A/59/2005), p. 6.
۱۰۸– همان، ص۳
۱۰۹– همان، ص۲۵
۱۱۰– همان، ص۳۹
۱۱۱– همان، ص۶
۱۱۲– بیت‌العدل اعظم الهی، *وعدهٔ صلح جهانی*، ص۲
۱۱۳– 'In Larger Freedom' (A/59/2005), p. 3.
۱۱۴– *Basic Facts about the United Nations*, p. 259.
۱۱۵– 'In Larger Freedom' (A/59/2005), p. 51.
۱۱۶– معاهدهٔ عدم گسترش سلاح‌های هسته‌ای، مادهٔ ۱۰(۱)
۱۱۷– همان ، مادهٔ ۳
۱۱۸– *Basic Facts about the United Nations*, p. 103.
۱۱۹– 'Iran Says it's not afraid of Security Council', *New York Times* online, 8 November 2005.

۱۲۰– قطعنامهٔ ۱۷۳۷ شورای سازمان ملل مورخ ۲۳ دسامبر ۲۰۰۶
(2006)S/RES/1737 و
'UN passes Iran nuclear sanctions' at http://news.bbc.co.uk.
۱۲۱– قطعنامهٔ ۱۷۴۷ شورای امنیت سازمان ملل به تاریخ ۲۴ مارچ ۲۰۰۷
(2007) S/RES/1747 و
Iran over 'Security Council tightens sanctions against uranium enrichment' at http://www.un.org/apps/news.
۱۲۲– 'Iranian Warns Against Added Nuclear Sanctions', 6 June 2007, at www.nytimes.com. Associated Press,
۱۲۳– 'The UN and Iran: Playing with fallout', *Economist*, 24 May 2007.
۱۲۴– معاهدهٔ عدم گسترش سلاح‌های هسته‌ای، مادهٔ ۶
۱۲۵– *Basic Facts about the United Nations*, p. 112.
۱۲۶– 'A More Secure World' (A/59/565), p. 40.
۱۲۷– پایگاه اینترنتی «سازمان منع سلاح‌های شیمیائی» در:
http://www.opcw.org/factsandfigures.
۱۲۸– معاهدهٔ سلاح‌های زیستی، مادهٔ ۲.
۱۲۹– اخبار بی‌بی‌سی به تاریخ ۲ مارچ ۲۰۰۶. همچنین مراجعه کنید به:
'Nuclear Confusion', *The Economist*, 22 October 2005, p. 31.
۱۳۰– سخنرانی دبیر کل خطاب به همایش جهانی ۲۰۰۵ سران، نیویورک، ۱۴ سپتامبر ۲۰۰۵
۱۳۱– *New York Times*, 31 October 2005 (see database under Arms Control).
۱۳۲– مادهٔ ۲۴ منشور سازمان ملل
۱۳۳– مادهٔ ۳۹ منشور سازمان ملل
۱۳۴– قطعنامهٔ S/1501؛82 شورای امنیت سازمان ملل
۱۳۵– قطعنامهٔ ۵۰۲ شورای امنیت سازمان ملل
۱۳۶– قطعنامهٔ ۵۹۸ شورای امنیت سازمان ملل
۱۳۷– قطعنامهٔ ۶۶۰ شورای امنیت سازمان ملل (۱۹۹۰)
۱۳۸– 'A More Secure World: Our Shared Responsibility' (A/59/565), p. 31.
۱۳۹– همان.

۱۴۰– Hill, 'Military Staff Committee', p. 2.

۱۴۱– همان، صص ۴–۵

۱۴۲– قطعنامهٔ 82(1950)؛S/1501 شورای امنیت سازمان ملل

۱۴۳– قطعنامهٔ 660 (1990) شورای امنیت سازمان ملل

۱۴۴– قطعنامهٔ 667 (1990) شورای امنیت سازمان ملل

۱۴۵– قطعنامهٔ 678 (1990) شورای امنیت سازمان ملل

۱۴۶– Shaw, *International Law*, p. 868, note 217.

۱۴۷– 'The UN gets tougher: After years of inaction, UN peacekeepers crack heads', *The Economist*, 10 March 2005. See also www.un.org/ Depts/dpko/missions/monuc/facts.html.

۱۴۸– 'A More Secure World: Our Shared Responsibility' (A/59/565), p. 32.

۱۴۹– همان.

۱۵۰– Press release SG/SM/8891 GA/10157, 23 September 2003, and www.un.org and http://www.un.org/webcast/ga/58/statements/sg2eng030923 .htm.

۱۵۱– «مسئولیت مشترک دفاع»، بخش تحت عنوان «چکیده – اصول مسئولیت دفاع برای مداخلهٔ نظامی».

۱۵۲– منشور سازمان ملل، مادهٔ ۹۲

۱۵۳– اساسنامهٔ دادگاه بینالمللی عدالت، مادهٔ ۳۴.

۱۵۴– منشور سازمان ملل، مادهٔ ۹۳. همچنین مراجعه کنید به: Eyffinger, *International Court of Justice*.

۱۵۵– Shaw, *International Law*, p. 755.

۱۵۶– همان، ص۷۶۱

۱۵۷– Rosenne, *Law and Practice*, vol. 1, chapter 10.

۱۵۸– پروندهٔ کانال کورفو، گزارشهای دادگاه بینالمللی عدالت، سال ۱۰۴۸، صص ۱۵، ۳۱–۳۲؛ 15IRL صص ۳۴۹، ۳۵۴ و قطعنامهٔ شورای امنیت سازمان ملل به تاریخ ۹ آوریل ۱۹۴۸ که توصیه میکنند طرفها مورد خود را به دادگاه جهانی ارجاع دهند.

۱۵۹– پروندهٔ آزمایشات هستهای، گزارشهای دادگاه بینالمللی عدالت، ۱۹۷۴، ص۴۷۷.

۱۶۰– منشور سازمان ملل، مادهٔ ۹۴.
۱۶۱– Shaw, *International Law*, p. 766.
۱۶۲– گزارش‌های دادگاه بین‌المللی عدالت، ۱۹۴۹، ص۴؛ 16 ILR, p. 155
۱۶۳– گزارش‌های دادگاه بین‌المللی عدالت، ۱۹۷۴، ص۳؛ 55 ILR, p. 238
۱۶۴– گزارش‌های دادگاه بین‌المللی عدالت،۱۹۸۰، ص۳؛ 61 ILR, p. 530
۱۶۵– گزارش‌های دادگاه بین‌المللی عدالت، ۱۹۷۴، ص۳؛ 55 ILR, p. 238
۱۶۶– گزارش‌های دادگاه بین‌المللی عدالت، ۱۹۷۴، ص۲۵۳؛ 57 ILR, p.350
۱۶۷– گزارش‌های دادگاه بین‌المللی عدالت، ۱۹۷۸، ص۳؛ 60 ILR, p. 562
۱۶۸– گزارش‌های دادگاه بین‌المللی عدالت، ۱۹۸۰، ص۳؛ 61 ILR, p. 530
۱۶۹– Shaw, *International Law,* p. 748.
۱۷۰– قاضی اودا Oda، نقل شده در همان، ص۷۴۹؛ گزارش‌های دادگاه بین المللی عدالت، ۱۹۸۷، صص ۱۰، ۱۳، ۹۷؛ و ILR صص ۱۳۹، ۱۴۲.
۱۷۱– Merrills, *International Disputes Settlement*, p. 126; and Brauer, 'International Conflict Resolution', 23 Va JIL, 1982–3, p. 463; quoted in Shaw, *International Law*, p. 748.
۱۷۲– Shaw, *International Law*, p. 776.
۱۷۳– منشور آتلانتیک
۱۷۴– همان، اصل هشتم
۱۷۵– همان.
۱۷۶– Hoopes and Brinkley, *FDR and the Creation of the U.N.*, p. 27.
۱۷۷– نسخهٔ نهائی با بیان قصد روزولت و چرچیل به «کمک و تشویق همهٔ طرق دیگر که بار خردکنندهٔ تسلیحات را برای مردم صلح‌طلب روشن کند»، به پایان رسید. منشور آتلانتیک.
۱۷۸– Hoopes and Brinkley, *FDR and the Creation of the U.N.*, pp. 45–6.
۱۷۹– همان، ص۱۹
۱۸۰– همان، ص۱۱۰
۱۸۱– استناد شده در همان، ص۲۰
۱۸۲– همان، ص۵۶
۱۸۳– همان، صص ۶۵–۶۶

۱۸۴– همان، ص۱۱۳، پانویس ۷ که اشاره می‌کند به «پیش‌نویس بیانیهٔ برنامه ریزی بعد از جنگ»، ۱۵ مارس ۱۹۴۴، کمیتهٔ برنامه‌ریزی بعد از جنگ وزارت امور خارجه، صندوق ۱۴۱، بایگانی ملّی، واشنگتن دی‌سی.

۱۸۵– Dinan, *Europe Recast*, p. xiii.

۱۸۶– Dedman, *Origins and Development of the European Union*, p. 61.

۱۸۷– سخنرانی چرچیل در زوریخ به تاریخ ۱۹ سپتامبر ۱۹۴۶، http://www.ena.lu/mce.cfm.

۱۸۸– Dinan, *Europe Recast*, p. 24.

۱۸۹– Fontaine, *New Idea for Europe*, p. 12.

۱۹۰– Goormaghtigh, 'European Coal and Steel Community', *International Conciliation*, vol. 30, p. 348, note 48.

۱۹۱– همان، ص۵۷، که شرح روبرت ماریولین، یکی از ناظران معاصر، را از جامعهٔ ذغال و فولاد اروپا نقل می‌کند.

۱۹۲– Schuman Declaration, 9 May 1950.

۱۹۳– Dinan, *Europe Recast*, p. 98.

۱۹۴– همان، ص۱۹۹

فصل سوم

۱– سخنرانی هنری کیسینجر به تاریخ ۲۱ آوریل ۲۰۰۵ در ضیافت ناهاری در باشگاه متروپولیتن، واشنگتن دی‌سی.

۲– *وعدهٔ صلح جهانی*، بند ۳۷.

۳– Evans, 'Responsibility to Protect', in *Progressive Politics*, July 2003.

۴– 'In Larger Freedom' (A/59/2005), p. 6.

۵– Sands, *Lawless World*, p. xvi.

۶– حضرت بهاءالله، کلمات فردوسیه، در *نبذة من تعالیم حضرة بهاءالله*، صص ۵۱–۵۲.

۷– Kofi Annan in 'Annan Opens World Summit with plea not to let down billions around the globe'. UN News Centre, www.un.org/apps/news, 14 September 2005.

۸– Sanger, 'Month of talks fails to bolster nuclear treaty', *New York Times*, 28 May 2005.

۹– پروفسور هارولد کو Harold Koh، رئیس دانشکدهٔ حقوق دانشگاه ییل، که در میزگرد انجمن آمریکائی قانون بین‌الملل سخن می‌گفت، در جلساتی که از ۳۰ مارچ تا ۲ آوریل ۲۰۰۵ در واشنگتن دی‌سی برگزار می‌شد، این سئوال را مطرح کرد که «آیا قانون بین‌الملل برای ایالات متّحده مفید است؟»

۱۰– رسالهٔ مدنیه، ص۸۳

۱۱– همان، ص۸۴

۱۲– Evans, 'Responsibility to Protect', *Progressive Politics*, July 2003, www.icg.org.

۱۳– Levi and O'Hanlon, *Future of Arms Control*, p. 12.

۱۴– Blix, *Disarming Iraq*, p. 4.

۱۵– 'In Larger Freedom' (A/59/2005), p. 34.

۱۶– Graham, 'Pentagon Strategy Aims to Block Internal Threats to Foreign Forces', in *Washington Post*, 19 March 2005, p. A02.

۱۷– همان.

۱۸– 'Iran's nuclear politics: Mahmoud and the atomic mullahs', *Economist*, 30 June 2005.

۱۹– 'In Larger Freedom' (A/59/2005), p. 33.

۲۰– مراجعه کنید به سخنرانی گرث ایوانز در آدیس آبابا خطاب به «همایش سیاست آفریقا»:

'UN Reform: Why It Matters For Africa', 26 August 2005.

۲۱– سخنرانی دبیر کل کوفی عنان خطاب به مجمع عمومی به تاریخ ۲۳ سپتامبر ۲۰۰۳.

۲۲– Strauss, 'Darfur and the Genocide Debate', *Foreign Affairs*, January/February 2005, p. 129.

۲۳– Ashton B. Carter, speaking at an annual meeting of the World Economic Forum in 2 February 1999.

۲۴– Evans, 'Aceh is Building Peace From Its Ruins' in *International Herald Tribune*, 23 December 2005.

۲۵– 'IRA "has destroyed all its arms"', BBC article reported at http://news.bbc.co.uk/1/hi/northern_ireland/4283444.stm.

۲۶– 'NI deal struck in historic talks', reported by the BBC, 26
March 2007, at http://news.bbc.co.uk/1/hi/northern_ireland
_/6494599.stm; and 'Ulster Factions Agree to a Plan For
Joint Rule', reported on 27 March 2007 by Eamon Quinn
and Alan Cowell at www.nytimes.com.

۲۷– 'Two Former Enemies are Sworn in to Lead Northern
Ireland's Government', reported by Alan Cowell and
Eamon Quinn, 9 May 2007, www.nytimes.com.

۲۸ – حماس که خودش با خلع سلاح خود مخالفت کرده بود، وقتی در ماه جون
۲۰۰۷ قدرت را در نوار غزه به دست گرفت ، با یک تغییر جهت عجیب
خواستار خلع سلاح داوطلبانه شد که ناموفق از کار درآمد. مراجعه کنید به :
'Hamas arms roundup still leaves leaves plenty of guns in
Gaza', reported by the Associated Press, 21 June 2007 at
http:/www.iht.com/articles/ap/2007/06/21/Africa/ME-
GEN-Palestinians-Arms-Roundup.php.

۲۹ – مراجعه کنید به :
'Quartet Urges Palestinians to Dismantle Militias', Reuters,
in *New York Times*, 20 September 2005.

۳۰– 'Hamas hails "liberation" of Gaza', reported by BBC, 14
June 007, at http:///news.bbc.co.uk/2/hi/middle_east/
6751079.stm.

۳۱– 'Hamas controls Gaza, says it will stay in power', reported
http://www.cnn.com/2007/ by CNN, 14 June 2007, at
WORLD/meast/06/14/gaza/index.html; and Palestinian
reported by Steven President Dissolves Government',
Erlanger and Graham Bowley on 14 June 2007 at
www.nytimes.com.

۳۲– 'Backing Fatah and Abbas, Egypt Organizes Summit
Meeting for Palestinian Leader', reported on 22 June 2007
at www.nytimes.com.

۳۳ – برای مثال مراجعه کنید به طرح دکترین مداخلهٔ انسان‌دوستانه از سوی
بریتانیای کبیر که کریستین گری Christine Gray درکتابش شرح داده

است:

International Law and the Use of Force, pp. 29–30.

۳۴– Evans, 'The Responsibility to Protect'.

۳۵– World Summit Outcome (A/60/L.1).

۳۶– 'A More Secure World' (A/59/565), pp. 66–67.

۳۷– 'In Larger Freedom' (A/59/2005), p. 52 این منشوردو بار اصلاح شده است تا عضویت در شورای امنیت و شورای اقتصادی– اجتماعی را وسیع‌تر سازد.

۳۸– Paul and Nahory, 'Theses Towards a Democratic Reform of the UN Security Council'.

۳۹– گزارش «میزگرد در بارۀ عملیات صلح سازمان ملل» (A/55/305-S/2000/809), p. 10.

۴۰– S/RES/1441 (2002), clauses 4, 11 and 12.

۴۱– Blix, 'Disarming Iraq', p. 183.

۴۲– Sciolino and Broad, 'At the Heart of the United Front On Iran, Vagueness on Crucial Terms', *New York Times*, 18 June 2006.

۴۳– 'A More Secure World: Our Shared Responsibility' (A/59/565), p. 12.

۴۴– 'Interview with Dr. Mohammed ElBaradei, Director General of the International Atomic Energy Agency', Fletcher Forum, p. 38.

۴۵– 'A More Secure World: Our Shared Responsibility' (A/59/565), p. 34.

۴۶– Blix, *Disarming Iraq*, p. 207.

۴۷– همان، ص۱۸۲.

۴۸– Pollack and Takeyh, 'Taking on Tehran', in *Foreign Affairs*, March/April 2005, pp. 30–31.

۴۹– 'Iran and nuclear diplomacy – A yes or a no?', *Economist*, 28 June 2007.

۵۰– Sanger, 'Atomic Agency Concludes Iran is Stepping Up Nuclear Work', *New York Times*, 14 May 2007; and Jahn,

مراجع و یادداشتها

Washington Post, 'Iran Makes Major Nuclear Concessions'
13 July 2007.

۵۱– 'Iran and nuclear diplomacy – A yes or a no?', *Economist*,
28 June 2007.

۵۲– Blix, *Disarming Iraq*, p. 33.

۵۳– همان، ص۱۷۹.

۵۴– Evans, 'Genocide or Crime: Actions Speak Louder than
Words in Darfur', *The European Voice*, 18 February 2005;
and Evans, 'Darfur: What Next?'

۵۵– Strauss, 'Darfur and the Genocide Debate', *Foreign
Affairs*, January/February 2005, p. 131.

۵۶– S/RES/1706 (2006).

۵۷– International Crisis Group, 'Crisis in Darfur'.

۵۸– 'UN Security Council Report on Its Recent Visit to Sudan',
Sudan Tribune, 17 June 2005.

۵۹– 'From Brussels Without Love', *Economist*, 24 February
2005.

۶۰– *Economist*, 26 February–4 March 2005, pp. 48–49.

۶۱– Brinkley, 'U.S. Official Says North Korea Could be
Bluffing on Nuclear Arms', *New York Times*, 16 February
2005.

۶۲– Harrison, 'Did North Korea Cheat?', *Foreign Affairs*,
January/February 2005, pp. 100–101.

۶۳– S/RES/1718 (2006), and 'North Korea's Nuclear Test: the
Fallout', *Asia Briefing*, 13 November 2006.

۶۴– 'A More Secure World: Our Shared Responsibility'
(A/59/565), p.16.

۶۵– Zak, *Iran's Nuclear Policy and the IAEA*, p. 53.

۶۶– Blix, *Disarming Iraq*, p. 47.

۶۷– Zak, *Iran's Nuclear Policy and the IAEA*, p. 44.

۶۸– Dinmore, 'US Draws Up List of Unstable Countries',
FinancialTimes, 28 March 2005.

۶۹– 'A More Secure World' (A/59/565), p. 34.

۷۰– 'Famine Relief – Starving for the Cameras: People dying from hunger like those in Niger should not have to wait for the TV crews to arrive', *Economist*, 18 August 2005.

۷۱–Zak, *Iran's Nuclear Policy and the IAEA*, p. 66.

۷۲– همان، ص۶۷

۷۳– همان.

۷۴– همان.

۷۵– همان.

۷۶– Brahimi Report, pp. 14–15.

۷۷– Diehl, 'Once Again: Nations Agree Genocide Must be Stopped', *Washington Post*, 15 May 2005, p. B01.

۷۸– 'A More Secure World' (A/59/565), pp. 18–19.

۷۹– Diehl, 'Once Again: Nations Agree Genocide Must be Stopped', Washington Post, 15 May 2005, p. B01.

۸۰– Falk and Krieger, 'United Nations Should be Less Reliant on US', *Daily Bruin*, 13 November 2002.

۸۱– Dallaire, *Shake Hands with the Devil*, p. 374.

۸۲– بیانیهٔ مارک اشنیدر خطاب به «مرکز جهانی وودرو ویلسون برای پژوهشگران»:
'The Responsibility to Protect – The Capacity to Prevention and the Capacity to Intervene', Washington DC, 5 May 2004

۸۳– 'A More Secure World: Our Shared Responsibility' (A/59/565), p. 8.

۸۴– 'In Larger Freedom' (A/59/2005), p. 30.

۸۵– 'A More Secure World: Our Shared Responsibility' (A/59/565), p. 53

۸۶– جامعهٔ جهانی بهائی، *نقطهٔ عطفی برای کلیهٔ ملل جهان*، ص۲۳

۸۷–Brahimi Report, p.16.

۸۸–'In Larger Freedom' (A/59/2005), p. 31.

۸۹– همان.

۹۰–Brahimi Report, p. 19.

۹۱– Diehl, 'Once Again: Nations Agree Genocide Must Be Stopped', *Washington Post,* 15 May 2005, p. B01.

۹۲– Johansen, 'Put Teeth in "Never Again" Vow With Fast, Full–Scale UN Response', in *Christian Science Monitor*, 7 September 2004; Langille, 'Preventing Genocide', *Globe and Mail*, 19 October 2004, p. 3.

۹۳– Diehl, 'Once Again: Nations Agree Genocide Must Be Stopped', *Washington Post*,15 May 2005, p. B01.

۹۴– اطلاعات برگرفته از «کمیسیون کارنگی جلوگیری از درگیری‌های مرگبار» و از «کمیسیون بین‌المللی مداخله و حاکمیت ملّی» نقل در:
Johansen, 'Put Teeth in "Never Again" Vow with Fast, Full–Scale UN Response', in *Christian Science Monitor*, 7 September 2004, p. 2.

۹۵– 'In Larger Freedom' (A/59/2005), p. 31.

۹۶– همان.

۹۷– Tan, 'Regional Security Partners'.

۹۸– O'Hanlon and Mochizuki, *Crisis on the Korean Peninsula*, p. 153

۹۹– همان، ص۱۶۴

۱۰۰– 'A More Secure World: Our Shared Responsibility' (A/59/565), p. 85

۱۰۱– همان.

۱۰۲– نقل شده در:
Fattah, 'Conference of Arab Leaders Yields Little of Significance', *New York Times*, 24 March 2005.

۱۰۳– Pollack and Takeyh, 'Taking on Tehran', *Foreign Affairs*,March/April 2005, p. 29.

۱۰۴– 'FBI opens anti–gang office in Central America',Reuters, *New York Times*, 4 May 2004.

۱۰۵– 'APEC Wants Bigger Push on N. Korea Nuclear Talks', Reuters, *New York Times*, 19 November 2005.

۱۰۶– O'Hanlon and Mochizuki, *Crisis on the Korean Peninsula*, p. 149.

۱۰۷– همان، ص۱۵۵

۱۰۸– Fukuyama, 'Re-Envisioning Asia', *Foreign Affairs*, January/February 2005, p. 75.

۱۰۹– 'S. Korea to Play Neutral Role in Asia', Associated Press, *New York Times*,10 April 2005.

۱۱۰– 'A More Secure World: Our Shared Responsibility', (A/59/565), p. 86.

۱۱۱– 'NATO's Assistance to the African Union for Darfur'.

۱۱۲– 2005 World Summit Outcome, A/RES/60/1, 24 October 2005, Article 93, p. 23.

۱۱۳– African Union Mission in Sudan at http://enwikipedia.org/wiki/African_Union_Mission_in_Sudan.

۱۱۴– 'A More Secure World: Our Shared Responsibility' (A/59/565), p. 85.

۱۱۵– Abbas, *Regional Organisations and the Development of Collective Security*.

۱۱۶– 'AU Agrees to Enlarge Darfur Force', *Aljazeera*, 29 April 2005.

۱۱۷– قطعنامۀ شمارۀ ۱۷۰۶ شورای امنیت.

۱۱۸– 'AU extends Darfur troops mandate', 21 September 2006.

۱۱۹– 'Sudan rejects use of force by UN–AU Darfur mission', 22 July 2007, Reuters Africa; and Wadhams, 'Sudan Won't Allow Darfur Peacekeepers to Use All Means Necessary', 23 July 2007, Voice of America.

۱۲۰– 'Security Council Meets with Regional Organizations to Consider Ways to Strengthen Collective Security', Press Release SC/7724, 4 November 2003.

۱۲۱– 'A More Secure World: Our Shared Responsibility' (A/59/565), p. 39.

۱۲۲– Evans, 'Meeting the Challenge of War'.

۱۲۳- 'A More Secure World: Our Shared Responsibility' (A/59/565), p. 40.
۱۲۴- 'In Larger Freedom' (A/59/2005), p. 28.
۱۲۵- Moodie, 'Confronting the Biological and Chemical Weapons Challenge', *The Fletcher Forum*, Winter 2004, vol. 28, no. 1, p. 43.
۱۲۶- Levi and O'Hanlon, *Future of Arms Control*, p. 1.
۱۲۷- ElBaradei, 'In–depth Interview with the Director General of the International Atomic Energy Agency', *The Fletcher Forum*, Winter 2004, vol 28, no. 1, p. 42.
۱۲۸- Levi and O'Hanlon, *Future of Arms Control*, p. 13.
۱۲۹- 'Curbing Proliferation', *Economist*, 28 April 2005, p. 12.
۱۳۰- 'Bracing for Penalties, Iran Threatens to Withdraw from Nuclear Treaty', *New York Times*, 12 February 2006.
۱۳۱- Levi and O'Hanlon, *Future of Arms Control*, p. 136.
۱۳۲- A More Secure World: Our Shared Responsibility' (A/59/565), p. 45.
۱۳۳- 'Curbing Proliferation', *Economist*, 28 April 2005, p. 12.
۱۳۴- عهدنامهٔ مجمع اتفاق ملل، مادهٔ ۸
۱۳۵- *Basic Facts about the United Nations*, p. 116.
۱۳۶- اعلامیهٔ هزاره، بخش ۲، مادهٔ ۹
۱۳۷- 'A More Secure World: Our Shared Responsibility' (A/59/565), p. 39, article 112.
۱۳۸- 'ElBaradei: Protect Nuclear Material', Associated Press, 6 December 2005.
۱۳۹- Maitra, 'India Takes its Arms Beefs to the UN', *Asia Times*, 24 February 2005.
۱۴۰- 'A More Secure World: Our Shared Responsibility' (A/59/565), p. 44.
۱۴۱- Bahree, 'IEA Warns of Impending Crunch in Gas Supply', *Wall Street Journal*, 9 July 2007.
۱۴۲- 'Experts Discuss Nuclear Power as Energy', Associated Press, *New York Times*, 21 March 2005.

۱۴۳– همان.

۱۴۴– 'The Atomic Elephant', *Economist*, 30 April 2005, p. 53.

۱۴۵– 'France Will Get Fusion Reactor. To seek a Future Energy Source', 9 June 2005.

۱۴۶– 'Russia Drafts Ambitious Nuclear Power Plan', Associated Press, 28 February 2006.

۱۴۷– 'The Atomic Elephant', *Economist*, 30 April 2005, p. 63.

۱۴۸– 'U.S. and India Reach Agreement on Nuclear Cooperation', *New York Times*, 2 March 2006.

۱۴۹– 'Iran Plans to Build a Second Nuclear Plant', Associated Press, 5 December 2005.

۱۵۰– 'Curbing Proliferation: How to Stop the Spread of the Bomb', *Economist*, 28 April 2005, p. 12.

۱۵۱– 'Accepting Nobel, ElBaradei Urges a Rethinking of Nuclear Strategy', *New York Times*, 11 December 2005.

۱۵۲– 'A More Secure World: Our Shared Responsibility' (A/59/565), p. 44.

۱۵۳– 'Bush and Putin Want Iran to Treat Uranium in Russia', *New York Times*, 19 November 2005.

۱۵۴– 'In Larger Freedom' (A/59/2005), p. 25.

۱۵۵– 'Talks between Iran and Europe End without Agreement', Associated Press, *New York Times*, 3 March 2006.

۱۵۶– Blix, *Disarming Iraq*, pp. 82 and 179.

۱۵۷– Zak, *Iran's Nuclear Policy and the IAEA,* p. 40.

۱۵۸– قطعنامهٔ ۱۵۴۰(۲۰۰۴) شورای امنیت سازمان ملل، مادهٔ ۲

۱۵۹– 'A More Secure World: Our Shared Responsibility' (A/59/565), p. 11.

۱۶۰– Sumner, 'Territorial Disputes at the International Court of Justice', *Duke Journal*, 2004, vol. 53, p. 1779.

۱۶۱– Hamilton, 'The Idea of the Nation State is Fatally Flawed', *Independent*, 19 August 2004.

۱۶۲– اختلاف ارضی (لیبی/چاد)، ۱۹۹۴ دادگاه بین‌المللی عدالت ۶ (۳ فوریه).

۱۶۳– سخنرانی قاضی استفان ام شوبل Stephen M. Schwebel، رئیس دادگاه بین‌المللی عدالت خطاب به مجمع عمومی سازمان ملل، ۲۷ اکتبر ۱۹۹۸.

۱۶۴– Sands, *Lawless World*, pp. xvii–xviii.

۱۶۵– Posner, 'All Justice, Too, Is Local', *New York Times*, 30 December 2004.

۱۶۶– پروفسور اریک اِ پوزنر، «میزگرد انجمن آمریکائی قانون بین‌الملل»، واشنگتن دی‌سی، بهار ۲۰۰۵.

۱۶۷– Heiner Schulz, ibid. See also Steinberg, 'Judicial Lawmaking at the WTO', *American Journal of International Law*, vol. 98, April 2004, p. 247.

۱۶۸– حضرت عبدالبهاء، نقل در انوار هدایت، شمارهٔ ۱۰۷۵، ص۴۰۶

۱۶۹– Commission on Global Governance, *Our Global Neighbourhood.*

۱۷۰– 'In Larger Freedom' (A/59/2005), p. 36; and World Summit Outcome (A/RES/60/1), 24 October 2005, p. 30.

۱۷۱– Charney, 'The Impact on the International System of the Growth of International Courts and Tribunals', *Journal of International Law and Politics*, vol. 31, pp. 702–3.

۱۷۲– Commission on Global Governance, *Our Global Neighbourhood.*

۱۷۳– اعلامیهٔ هزارهٔ سازمان ملل (A/res/55/2)، ص۳

۱۷۴– 'In Larger Freedom' (A/59/2005), p. 51.

۱۷۵– *Basic Facts about the United Nations*, p. 261; and http://www.un.org/law/ilc/.

۱۷۶– 'In Larger Freedom' (A/59/2005), p. 36.

۱۷۷– 'Global Oil Producers Discuss Supply', Reuters, reported *by New York Times* online, 19 November 2005.

۱۷۸– همان.

۱۷۹– Vedantam, 'Nuclear Plants Not Keeping Track of Waste', *Washington Post*, 12 April 2005, p. A19

۱۸۰– گزارش نهائی میزگرد کارشناسی در باب بهره‌برداری غیرقانونی از منابع طبیعی و سایر صور ثروت در جمهوری دموکراتیک کنگو

(S/2003/1027) و متعاقباً انتشار جزوهٔ «شورای امنیت ادامهٔ بهره‌برداری از منابع طبیعی در جمهوری دموکراتیک کنگو را محکوم می‌کند» از سوی شورای امنیت (SC/7925) در ۱۹ نوامبر ۲۰۰۳؛ گزارش میزگرد کارشناسان منصوب برای پیگیری قطعنامهٔ شمارهٔ ۱۳۰۶ (۲۰۰۰) در ارتباط با سیرالئون (S/2000/1195)، ۲۰ دسامبر ۲۰۰۰؛ گزارش میزگرد کارشناسی برای پیگیری قطعنامهٔ شمارهٔ ۱۳۴۳ (۲۰۰۱) شورای امنیت در بارهٔ لیبریا (S/2001/1015)، ۲۶ اکتبر ۲۰۰۱؛ گزارش میزگرد کارشناسی در بارهٔ نقض تحریمات شورای امنیت بر علیه UNITA در تعقیب قطعنامهٔ شمارهٔ ۱۲۳۷ (۱۹۹۹) مربوط به ۷ می ۱۹۹۹ (S/2000/203)، ۱۰ مارس ۲۰۰۰.

۱۸۱ـ این سازمان‌های غیردولتی عبارتند از: «همایش سیاست جهانی»، «شاهد جهانی»، «دیدگاه جهانی»، «دیده‌بان حقوق بشر»، «مدرسهٔ صلح جهانی»، «اتحادیهٔ نجات کودکان» و «گروه بحران جهانی».

۱۸۲– Grono, 'Natural Resources and Conflict', EIS Symposium on Sustainable Development and Security, European Parliament, Brussels, 31 May 2006.

۱۸۳– Grono, 'Addressing the links between conflicts and natural resources', Conference on Security, Development and Forest Conflict, Brussels, 9 February 2006.

۱۸۴– Perlez and Johnson, 'Behind Gold's Glitter', *New York Times*, 24 October 2005.

۱۸۵ـ همان.

۱۸۶– Falk and Strauss, 'Toward Global Parliament', *Foreign Affairs*, vol. 80, no. 1, January/February 2001.

۱۸۷ـ جامعهٔ جهانی بهائی، *نقطهٔ عطفی برای کلیهٔ ملل جهان*، ص۱۸

۱۸۸– McGann and Johnstone, 'The Power Shift and the NGO Credibility Crisis', *Journal of World Affairs*, Winter/Spring 2005.

نتیجه‌گیری

۱ – دوایت آیزنهاور ضمن صحبت با نخست وزیر انگلستان، مک‌میلان MacMillan، در یک برنامهٔ تلویزیونی در لندن به تاریخ ۳۱ آگست ۱۹۵۹.